# Farbige Seiten und Materialien

Manche Materialien oder auch ganze Seiten haben eine besondere Farbe.

## Methoden

Bei dem orangefarbenen Material steht die Methode im Vordergrund. Das bedeutet, es ist besonders wichtig zu verstehen, wie du arbeiten sollst.

### Methode

## Ein Rollenspiel durchführen

Die Diskussion der Familie zeigt, dass Menschen unterschiedliche Wünsche und Befürchtungen haben. Damit eine gemeinsame Lösung gefunden werden kann, werden die Argumente ausgetauscht. ...

## Aktiv

Hier kannst du aktiv sein. Vielleicht sollst du z. B. etwas zeichnen, ein Experiment durchführen oder etwas spielen.

### Aktiv

## Bundesländer-Memory

Um die Bundesländer und ihre Hauptstädte leichter zu lernen, kannst du dir ein Memory basteln. Überlege dir, wie viele Karten du zu den jeweiligen Bundesländern gestalten möchtest.

## Extra

Hier findest du Inhalte, die du bearbeiten kannst, wenn du schnell gearbeitet hast, oder die dich besonders interessieren.

### Extra

## Gesteine im Schwarzwald

M6 Buntsandstein: „Aufschluss" und Baumaterial

Der *Buntsandstein* besteht aus Sandkörnern, die fest miteinander verbunden sind. Der Stein ist sehr wasserdurchlässig und wurde gerne als Baustein für Häuser genutzt. Der Sandstein entstand aus Ablagerungen und zählt deshalb zum *Deckgebirge*.

## Wiederholen

Am Ende eines Kapitels gibt es die Wiederholen-Seiten. Diese stehen für Wiederholen. Hier kannst du selbst überprüfen, ob du den wichtigsten Lernstoff beherrschst.

# Berlin

## Kannst du schon

– wichtige politische und touristische Einrichtungen bzw. Gebäude nennen? (S. 136/137)

## Zeig, was du kannst

**1** Welche der Begriffe gehören zu Berlin?

Brandenburger Tor     Bundestag

Elbphilharmonie    Oktoberfest    Römer

Reichstagsgebäude

**M3**

*westermann*

# Seydlitz
## GEOGRAPHIE

**1**

Differenzierende Ausgabe
Baden-Württemberg

Autorinnen und Autoren:

Jürgen Alber
Andreas Langbein
Hartmut Meier
Birgit Neuer
Brigitte Ochsenwadel
Johannes Ruckenbrod
Hans-Jürgen Schutzbach


unter Mitwirkung der
Verlagsredaktion

**Mit Beiträgen von:**

Stefanie Bacigalupo, Frank Broscheit, Ulrike Busching, Joachim Dietz, Katharina Eckinger, Sabine Gottwald, Stephanie Fürstenberg, Cornelia Heindl, Charly Hoenig, Martin Kuhli, Franz Peter Mager, Harald Mertins, Marianne Schmidt, Gerhard Sutor, Dieter Vorrath, Jürgen Wetzel

Ernst von Seydlitz-Kurzbach lebte von 1784 bis 1849. Mit der Herausgabe des Lehrbuches „Leitfaden der Geographie" im Jahre 1824 begründete er das traditionsreiche Unterrichtswerk **Seydlitz**.

© 2023 Westermann Bildungsmedien Verlag GmbH, Georg-Westermann-Allee 66, 38104 Braunschweig
service@westermann.de, www.westermann.de

Druck A³ / Jahr 2025
Alle Drucke der Serie A sind im Unterricht parallel verwendbar.

Redaktion: Bernd Junge, Jan-Berent Schmidt
Layout: Gerald Riemann LIO Design GmbH
Druck und Bindung: Westermann Druck GmbH, Georg-Westermann-Allee 66, 38104 Braunschweig

ISBN 978-3-14-**113325**-5

# Eine Welt für alle ...

... für die wir Verantwortung tragen. Das Fach Geographie beschäftigt sich mit der Erde – einer Welt für uns alle. Es wird dir helfen, die Erde und unser Leben auf diesem Planeten zu erkunden. Du wirst viel Neues und Erstaunliches über deine Heimat, Deutschland und die Welt erfahren. Zusammen mit deinen Mitschülerinnen und Mitschülern wirst du auf Forschungsreise gehen, eigene Karten und Modelle anfertigen, Versuche durchführen, ferne Länder vorstellen und Interviews führen.

Die Autorinnen und Autoren wünschen dir viel Freude und Erfolg im Geographieunterricht.

## Unser blauer Planet 8

## Wetter und Klima beeinflussen unser Leben 30

## Landwirtschaft bei uns 46

# Inhaltsverzeichnis

## Deutschland im Überblick ............... 128

## Arbeit und Versorgung ................. 160

## Klima- und Vegetationszonen Europas ........ 178

## Europa im Überblick ........ 196

## Anhang

# 1

# Unser blauer Planet

M1 Die Erde aus dem Weltraum gesehen (Simulation)

In diesem Kapitel lernst du ...
... die Erde, unseren Heimatplaneten,
näher kennen. Dazu machst du verschiedene Versuche und arbeitest mit Modellen.
Mit welchen Hilfsmitteln du dich auf der
Erde zurechtfinden kannst, zeigt der
zweite Teil dieses Kapitels.

# Unsere Erde im Weltall

## Ein neues Weltbild entsteht

Vor 500 Jahren glaubten die Menschen noch, dass sich die Sonne, der Mond und die Sterne um die Erde drehen und die Erde im Mittelpunkt des Weltalls steht. Der Astronom (Himmelskundler) Nikolaus Kopernikus (1473–1543) fand durch Beobachtung und Berechnung heraus, dass die Erde sich um die Sonne dreht. Die *Planeten* erhalten von der Sonne Licht und Wärme. Doch nur die Erde befindet sich genau im richtigen Abstand zur Sonne, sodass Leben möglich ist.

Zusammen mit Milliarden anderen Himmelskörpern ist unser *Sonnensystem* Teil einer *Galaxie*, der Milchstraße. Dieses spiralförmige Gebilde aus Sternen, Gas und Staub hat einen Durchmesser von etwa 100 000 Lichtjahren (M6). Doch auch diese Galaxie ist nur ein winzig kleiner Teil des Weltalls – das auch Weltraum, Kosmos oder Universum genannt wird.

## Die Erde – der blaue Planet

Vom Weltall aus sehen Astronautinnen und Astronauten die Erde als eine riesige Kugel und erkennen Erdteile und Meere. Die meisten Menschen können die Erde aber nur im Modell betrachten. Dazu muss die Erde stark verkleinert werden. Ein solches Modell der Erdkugel bezeichnet man als *Globus*.

Zur besseren Orientierung wurden gedachte Linien um die Erde gezogen. Um die Mitte der Erde verläuft der *Äquator*. Er teilt die Erde in eine Nordhalbkugel und eine Südhalbkugel. Der Äquator ist rund 40 000 km lang. Der nördlichste Punkt der Erde ist der *Nordpol*, der südlichste Punkt ist der *Südpol*. Wie alle anderen Planeten bewegt sich die Erde auf einer *Umlaufbahn* um die Sonne. Das dauert genau ein Jahr.

## Der Mond

Der *Mond* hat Ebenen, die als dunkle Flecken erscheinen, und Gebirge, die hell wirken. Auf dem Mond gibt es keine Luft (Atmosphäre). So schwanken die Temperaturen von minus 184 °C bei Nacht bis plus 214 °C bei Tag. Seine Entfernung zur Erde beträgt 384 000 km. Den Mond erleben wir als Halb-, Voll- und Neumond, je nach Sonnenstand. Mondfinsternisse beeindrucken immer wieder die Menschen. Heute nimmt man an, dass durch eine Kollision der Erde mit einem Objekt von der Größe des Planeten Mars der Mond entstanden ist.

**M1** Mittelalterliches Weltbild

**M2** Nikolaus Kopernikus

**M3** Satellitenbild der Erde und Bild des Mondes, so wie wir ihn von der Erde aus sehen (im richtigen Größenverhältnis)

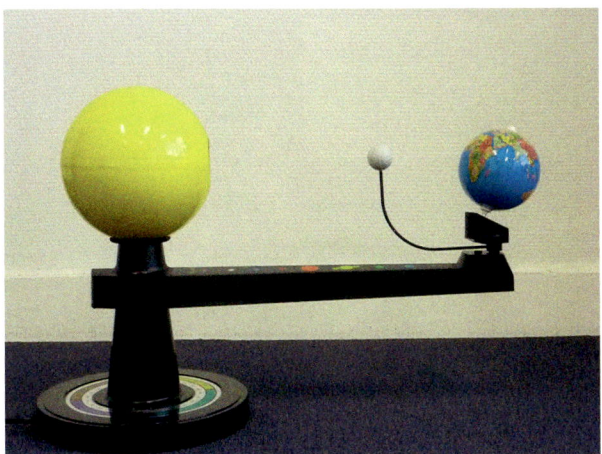

**M4** Mit so einem Tellurium könnt ihr die Bewegungen der Erde und des Mondes sowie deren Beleuchtung darstellen.

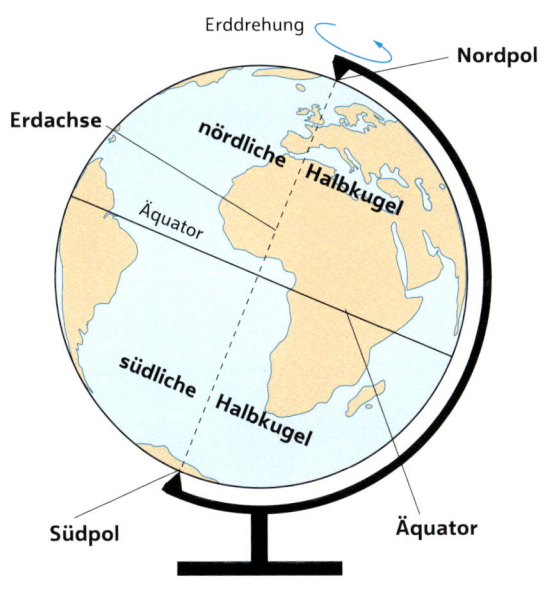

**M5** Schema eines Globusses

36989EX_5

### Extra

**Das Weltall**

Durchmesser:
13 500 000 000 Lichtjahre

**Unsere Galaxis – die Milchstraße**

Durchmesser:
100 000 Lichtjahre

**Unser Sonnensystem**

Neptun
Uranus
Sonne
Merkur
Venus
Erde
Mars
Saturn
Jupiter

Durchmesser inneres Sonnensystem:
11 Lichtstunden

Lichtgeschwindigkeit: 300 000 km/s
Lichtjahr: 9 460 800 000 000 km

**M6** Unendliche Weiten

## Aufgaben

**1** Finde eine Erklärung für die Bezeichnung „Blauer Planet".

**2** **a)** Skizziere die Erde nach M5. Trage auch die Begriffe ein. ↗ 222
**b)** Erkläre folgende Begriffe:
Äquator, Erdachse, Nordpol, Südpol.

**3** Erstelle einen Steckbrief zum Mond mithilfe von Informationen aus dem Internet.

**4** Erkläre den Begriff „Lichtjahr". Berechne anschließend die Strecke, die das Licht in einer Minute und an einem Tag zurücklegt.

**5** Versetze dich in einen Menschen, der vor 500 Jahren lebte. Würdest du Nikolaus Kopernikus glauben?

# Tag und Nacht auf der Erde

## Die Entstehung von Tag und Nacht

Die Erde dreht sich auf ihrer Bahn um die Sonne wie ein Kreisel um ihre eigene Achse – die *Erdachse* (siehe Seite 11, M5). Diese Drehung wird *Erdrotation* genannt. Für eine volle Drehung benötigt die Erdkugel 24 Stunden. Wegen der Kugelgestalt erreichen die Sonnenstrahlen immer nur eine Hälfte der Erde. Hier ist dann Tag. Die andere Hälfte liegt im Schatten. Dort ist also Nacht. Während der Drehung werden immer andere Teile der Erde beleuchtet. Überall ist dann einmal Tag und einmal Nacht.

Für uns auf der Erde sieht es so aus, als ob sich die Sonne am Himmel bewegt. Wir sehen sie im Osten aufgehen und im Westen untergehen. Tatsächlich dreht sich jedoch die Erde von Westen nach Osten.

**M1** Jeff aus Sydney ruft seinen Freund Jonas in Mainz an

## Aufgaben

1. Führe den Versuch M3 selbst durch und erkläre, wie Tag und Nacht entstehen.
2. Begründe, warum die Aussage „Die Sonne geht auf" eigentlich falsch ist (siehe M2).
3. Erkläre den Begriff „Erdrotation" mit eigenen Worten.
4. Überprüfe am Globus: Was wäre, wenn die Erde sich nicht um ihre eigene Achse drehen würde? Welche Auswirkungen sind zu erwarten?

**M2** „Die Sonne geht auf" (von der ISS aus gesehen)

## So kannst du die Entstehung von Tag und Nacht nachstellen

Du benötigst: einen Globus (= Erde), eine Taschenlampe oder eine andere Lichtquelle (= Sonne).

**M3** Schülerversuch

Durchführung

1. Markiere Deutschland auf dem Globus mit einem Klebepunkt.
2. Stelle den Globus auf einen Tisch und verdunkle den Raum.
3. Beleuchte den Globus mit der Lichtquelle.
4. Drehe den Globus langsam von Westen nach Osten, also von oben betrachtet gegen den Uhrzeigersinn (vgl. S. 11, M6).
5. Beobachte, wie sich die hellen und dunklen Bereiche auf der Erde verändern. Achte darauf, ob an dem markierten Punkt Tag oder Nacht ist.
6. Notiere deine Beobachtungen.

# Verschiedene Zeiten auf der Erde

Durch die Erdrotation haben die Menschen rund um den Erdball auch unterschiedliche Tageszeiten. Seit einer internationalen Vereinbarung von 1836 sind auf der Erde Zeitzonen festgelegt worden. Sie regeln die Uhrzeiten in den verschiedenen Staaten.

Die 24 Zeitzonen verlaufen von Norden nach Süden. Damit innerhalb kleinerer Staaten nicht mehrere Zeiten gelten, wurden die Zeitgrenzen den Staatsgrenzen angepasst. Alle Orte innerhalb dieser Zone haben die gleiche Uhrzeit.

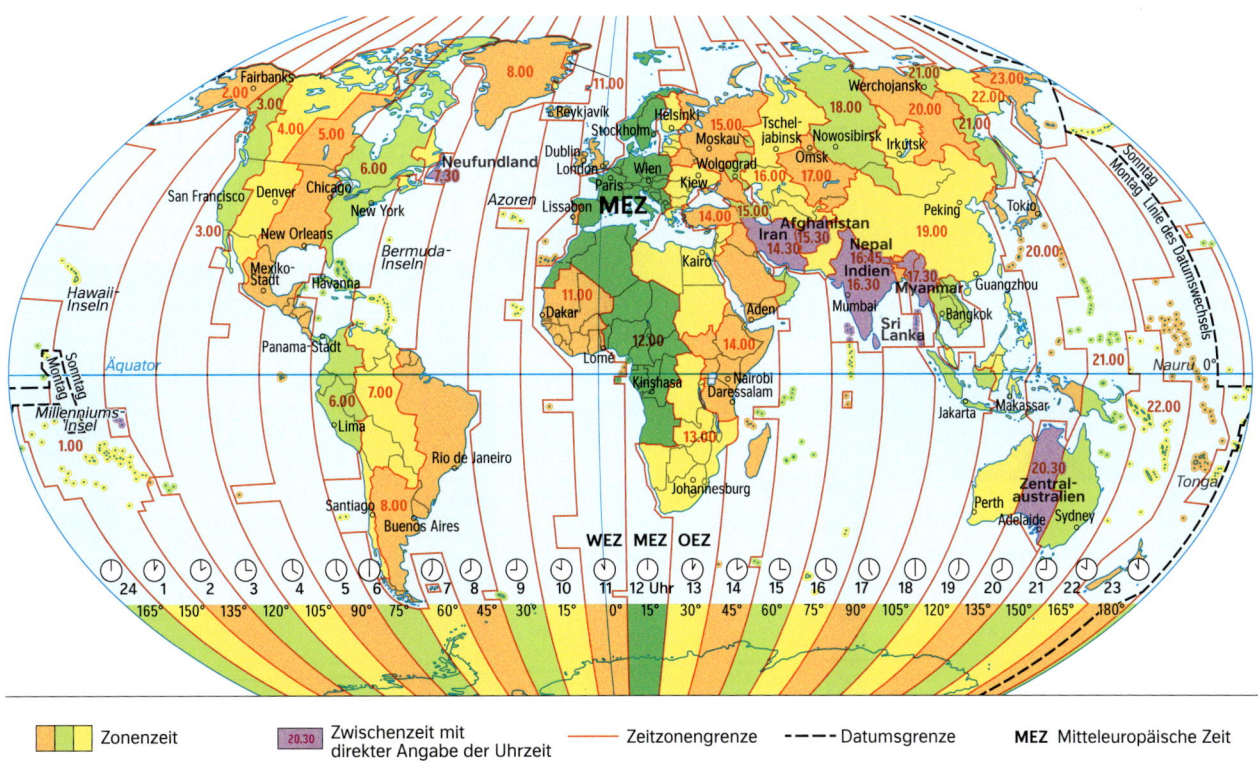

© Westermann 506EX_15

**M1** Zeitzonenkarte

**M2** In einer Hotelrezeption

## Aufgaben

**1** Nenne Staaten, die an mehreren Zeitzonen Anteil haben.

**2** In der Karte findest du auch Staaten, die Anteil an mehreren Zeitzonen hätten, aber dennoch eine einheitliche Zeit eingeführt haben.
   **a)** Nenne einige dieser Staaten.
   **b)** Überlege, welche Auswirkungen dies auf das Leben der Menschen hat.

**3** Finde mithilfe der Karte im Atlas heraus: In Karlsruhe ist es 12 Uhr, wie spät ist es dann in Bangkok, Tokio, Vancouver und Rio de Janeiro?

# Ein Blick auf unser Sonnensystem

**Jupiter – der Gasriese**
Der größte Planet im Sonnensystem ist ein Gasriese ohne feste Oberfläche (143 000 km Durchmesser). Auffällig ist der „Große Rote Fleck", ein riesiger Wirbelsturm von doppelter Erdgröße und bis zu 400 km/h schnell.

SATURN

**Mars – der rote Planet**
Der erdnächste Planet zeigt sich wegen seiner Gesteine in roter Farbe. Lebensspuren wurden trotz zahlreicher Untersuchungen bisher noch nicht gefunden (Durchmesser 7000 km).

JUPITER

MARS

**Venus – der Abend- und Morgenstern**
Die Venus ist der hellste Planet und mit dem bloßen Auge erkennbar. Unter dichten Schwefelwolken erreichen die Temperaturen bis zu 450 °C (Durchmesser 12 000 km).

ERDE

**Erde – der blaue Planet**
Die Erde ist einzigartig in unserem Sonnensystem, da es von Leben „wimmelt". Voraussetzung für die Entwicklung des Lebens war der Abstand der Erde zur Sonne, der günstige Temperaturen und das häufige Vorkommen von Wasser ermöglichte (Durchmesser 13 000 km).
Eine *Erdrevolution* dauert 365 Tage und 6 Stunden.

VENUS

MERKUR

**Merkur, der schnelle Planet**
Er umrundet die Sonne in 88 Tagen und ist ihr am nächsten. Die Tageshöchsttemperaturen erreichen 427 °C, die Tiefstwerte liegen bei minus 183 °C (Durchmesser 5000 km).

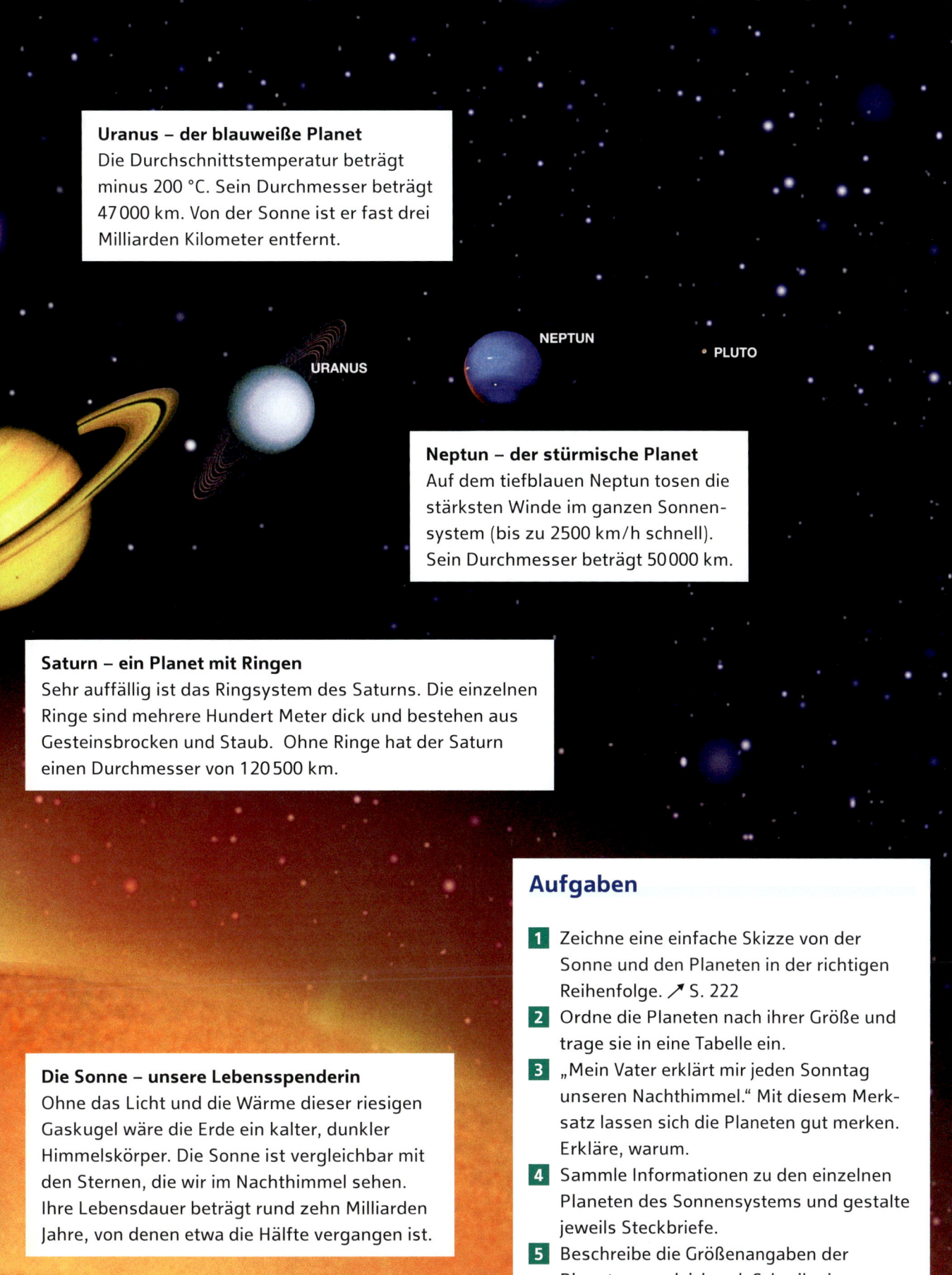

**Uranus – der blauweiße Planet**
Die Durchschnittstemperatur beträgt
minus 200 °C. Sein Durchmesser beträgt
47 000 km. Von der Sonne ist er fast drei
Milliarden Kilometer entfernt.

NEPTUN

PLUTO

URANUS

**Neptun – der stürmische Planet**
Auf dem tiefblauen Neptun tosen die
stärksten Winde im ganzen Sonnensystem (bis zu 2500 km/h schnell).
Sein Durchmesser beträgt 50 000 km.

**Saturn – ein Planet mit Ringen**
Sehr auffällig ist das Ringsystem des Saturns. Die einzelnen
Ringe sind mehrere Hundert Meter dick und bestehen aus
Gesteinsbrocken und Staub.  Ohne Ringe hat der Saturn
einen Durchmesser von 120 500 km.

## Aufgaben

**1** Zeichne eine einfache Skizze von der
Sonne und den Planeten in der richtigen
Reihenfolge. ↗ S. 222
**2** Ordne die Planeten nach ihrer Größe und
trage sie in eine Tabelle ein.
**3** „Mein Vater erklärt mir jeden Sonntag
unseren Nachthimmel." Mit diesem Merksatz lassen sich die Planeten gut merken.
Erkläre, warum.
**4** Sammle Informationen zu den einzelnen
Planeten des Sonnensystems und gestalte
jeweils Steckbriefe.
**5** Beschreibe die Größenangaben der
Planeten vergleichend. Schreibe in ganzen
Sätzen. ↗ S. 222

**Die Sonne – unsere Lebensspenderin**
Ohne das Licht und die Wärme dieser riesigen
Gaskugel wäre die Erde ein kalter, dunkler
Himmelskörper. Die Sonne ist vergleichbar mit
den Sternen, die wir im Nachthimmel sehen.
Ihre Lebensdauer beträgt rund zehn Milliarden
Jahre, von denen etwa die Hälfte vergangen ist.

# Kontinente und Ozeane

Die Wasser- und Landflächen sind auf der Erde unterschiedlich verteilt. Die Landflächen lassen sich in sieben *Kontinente* (Erdteile) gliedern. Sie werden von den Weltmeeren, den *Ozeanen*, umgeben. Die Ozeane sind mit Nebenmeeren verbunden, die teilweise weit in die Landflächen ragen. Zu diesen Meeren gehören z.B. das Mittelmeer, die Nordsee und die Ostsee.

Fast alle Kontinente sind durch Meeresteile oder Meere getrennt. Nur Europa und Asien bilden eine geschlossene Landfläche. Die *Antarktis* am Südpol ist ein eisbedeckter Kontinent. Die *Arktis* am Nordpol ist kein Kontinent und besteht nur aus Eis.

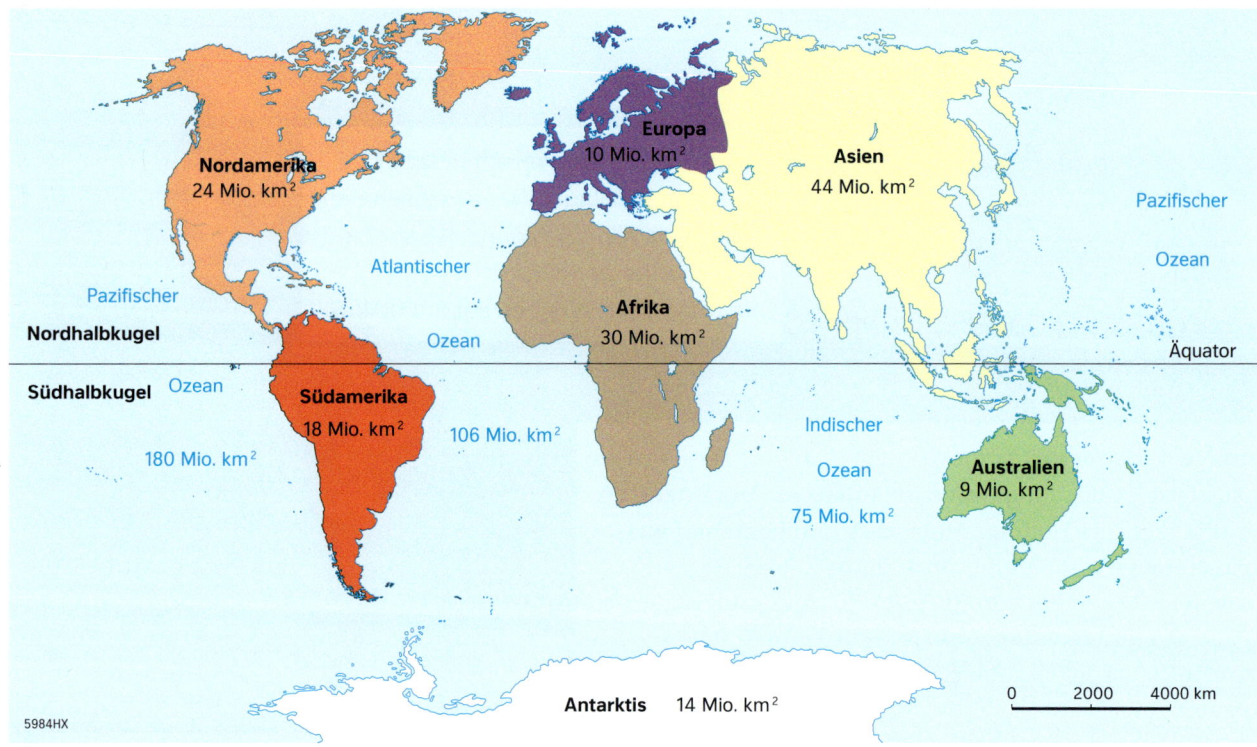

**M1** Kontinente und Ozeane

**M2** Der Pazifische Ozean auf dem Globus

## Aufgaben

1. a) Nenne die Kontinente, die vorwiegend auf der Nordhalbkugel und auf der Südhalbkugel liegen.
   b) Notiere die Kontinente, durch die der Äquator verläuft.
2. Ordne in einer Tabelle jeweils die Kontinente und Ozeane nach ihrer Größe. ↗ S. 222
3. Zeichne auf einem Rechenblatt oder Millimeterpapier ein Säulendiagramm für die Flächengröße der Kontinente und Ozeane (vgl. S. 17).
4. Rechne jeweils die Flächengröße der Kontinente und der Ozeane zusammen. Vergleiche.
5. Warum ist die Antarktis in der Karte nicht korrekt dargestellt? ↗ S. 222

# Zeichnen eines Säulendiagramms

Zahlenangaben wie die Flächengröße der Kontinente und Ozeane sind wenig anschaulich. Du kannst die Größen auch in einem *Säulendiagramm* zeichnerisch darstellen. Dann lassen sie sich besser miteinander vergleichen.

## Vorüberlegungen

Zunächst musst du wissen, wie hoch dein Diagramm werden soll. Überprüfe die Zahlen, für die du später die Säulen zeichnen willst, und lege die Größe deiner Zeichnung fest.

Durchführung

### So zeichnest du ein Säulendiagramm

Du benötigst ein DIN-A4-Blatt (Millimeterpapier oder Rechenheft), ein Lineal, einen Bleistift und Buntstifte in verschiedenen Farben.

**1. Schritt**
- Zeichne an der linken Seite des Blattes die Hochachse. Lass zum äußeren Rand 2–3 cm Platz, zum unteren Rand ungefähr 4–5 cm.
- Unterteile die Linie in Abständen von 1 cm. Schreibe an das untere Ende die Zahl 0 und an die Striche die Zehnerzahlen von 10 bis 180. Der erste Strich von unten entspricht 10 Mio. km² Fläche, der zweite 20 Mio. km² usw.
–

**2. Schritt**.
- Zeichne nun von der Zahl 0 aus die zweite Achse nach rechts (Rechtsachse). Ihre Länge richtet sich nach der Anzahl und der Breite der Säule, die du zeichnen willst.
- In unserem Beispiel benötigst du für die Ozeane drei Säulen. Jede Säule soll 1 cm breit und zwischen den Säulen 0,5 cm Platz sein. Daher muss die Rechtsachse 5 cm lang werden.

**3. Schritt**.
- Zeichne die Säulen. Beschrifte die Säulen mit den Namen der Ozeane.
- Male die Säulen mit unterschiedlichen Farben an.

In unserem Fall eignet sich: 10 Mio. km² entsprechen 1 cm Säulenhöhe. Da der größte Ozean 180 Mio. km² Fläche hat, wird die höchste Säule 18 cm hoch. Das bedeutet, dass die senkrechte Achse (Hochachse) etwas länger als 18 cm lang sein muss.

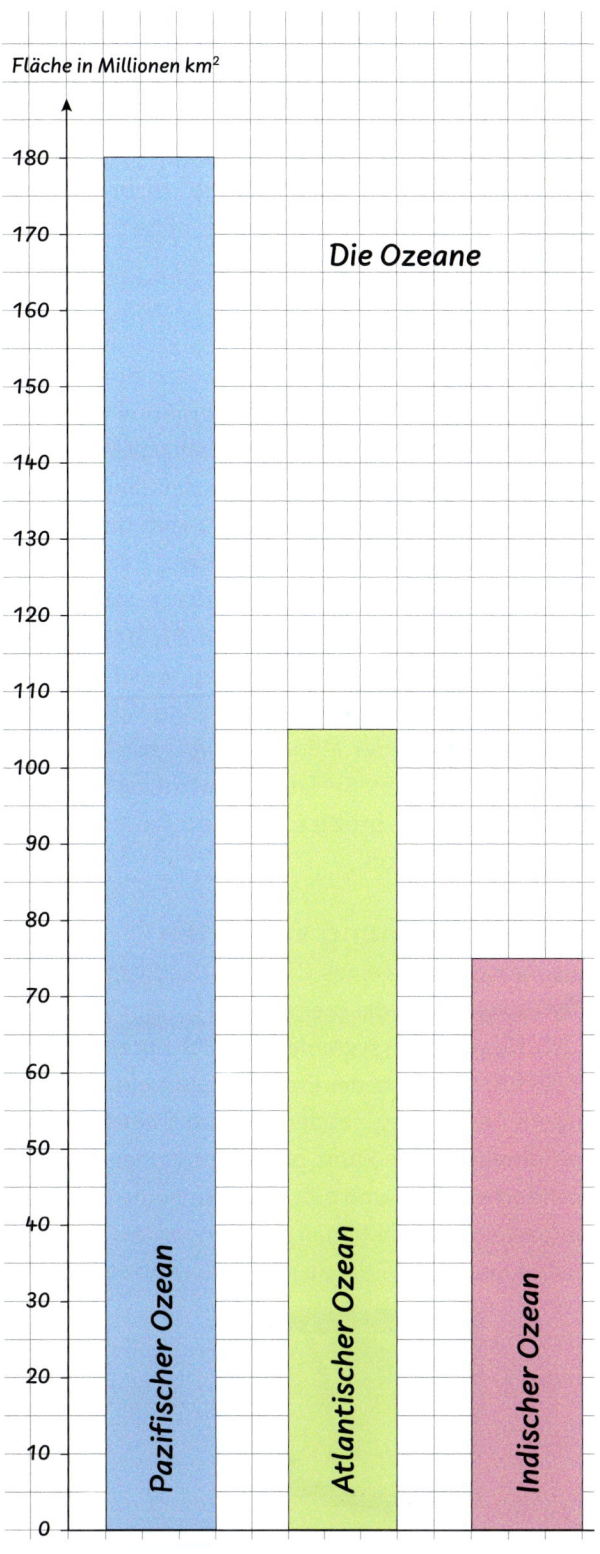

**M1** Selbst gezeichnetes Säulendiagramm

# Das Gradnetz der Erde

## Breitenkreise

Der Äquator ist der längste *Breitenkreis* (40 077 km) und trägt die Breitenkreiskennzeichnung 0 Grad (0°). Zwischen dem Äquator und dem Nord- bzw. Südpol zählt man jeweils 90 Breitenkreise. Zwei benachbarte Breitenkreise haben immer einen Abstand von 111 km. Zu den Polen verringert sich der Umfang der Breitenkreise immer mehr. Am Pol selbst ist der Breitenkreis nur noch ein Punkt. Damit klar ist, ob die *Nord-* oder *Südhalbkugel* gemeint ist, muss noch die Bezeichnung „nördliche Breite" (n. Br. oder N) oder „südliche Breite" (s. Br. oder S) angegeben werden.

## Längenkreise

Nord- und Südpol sind auf dem Globus durch Halbkreise verbunden. Sie werden *Meridiane* genannt. Zwei gegenüberliegende Meridiane bilden einen Längenkreis. Im Jahre 1911 wurde der Längenkreis, der durch die Sternwarte von Greenwich bei London verläuft, als *Nullmeridian* festgelegt.

Von ihm aus zählt man 180 Meridiane nach Osten und 180 Meridiane nach Westen. Zur Unterscheidung erhalten sie die Bezeichnung „westliche Länge" (w. L. oder W) bzw. „östliche Länge" (ö. L. oder O). Der Abstand der Meridiane wird zu den Polen hin immer geringer. Sie laufen dort zu einem Punkt zusammen. Den größten Abstand haben sie am Äquator mit 111 km.

## Lagebestimmung von Orten

Will man die Lage eines Ortes im Gradnetz bestimmen, so gibt man die Breiten- und Längenkreise an. Auch *Navigationssysteme* wie *GPS* nutzen dieses gedachte Gradnetz der Erde. Mittels elektronischer Datenübertragung senden sie ihre Standortdaten an Satelliten. So kann punktgenau der aktuelle Standort ermittelt und z. B. eine Fahrtroute errechnet werden. Diese Funktionen mit Standortbestimmung leisten heute auch die meisten Smartphones.

**M1** Modenes Navigationsgerät

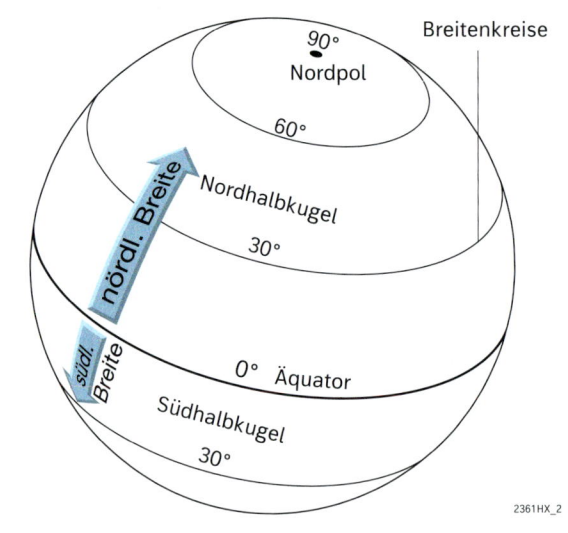

**M2** Breitenkreise

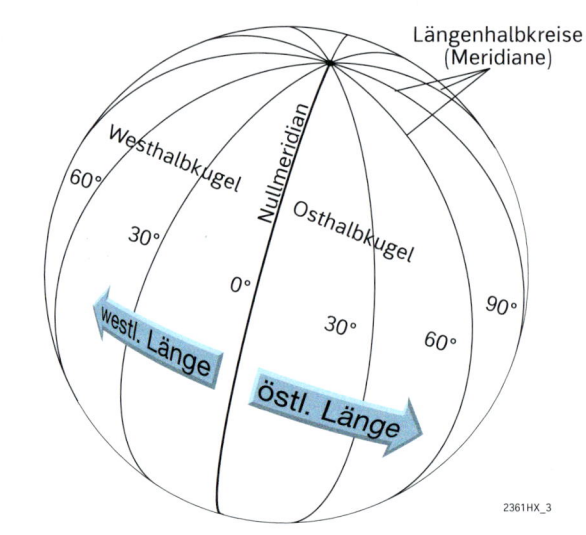

**M3** Längenkreise

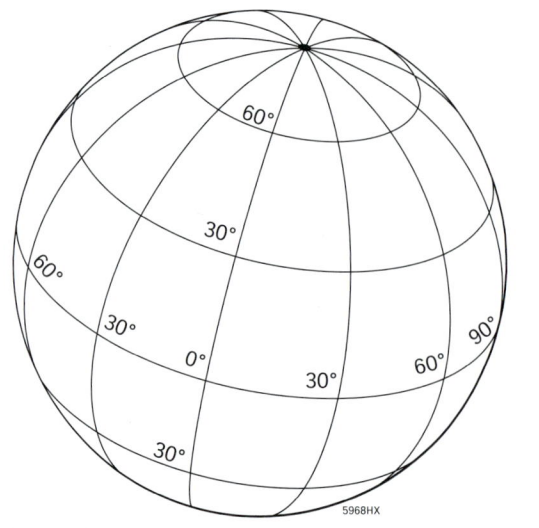

**M4** Das Gradnetz der Erde

Die Katastrophe ereignete sich in der Nacht vom 14. auf den 15. April 1912. Auf der Fahrt von England nach Amerika rammte die Titanic einen Eisberg. Ein Funker gab pausenlos die Position des Schiffes durch: „*SOS – Titanic ist mit Eisberg zusammengestoßen – Wasser dringt in das Schiff – Brauchen Hilfe – Position 42 Grad Nord / 50 Grad West – ...*" Um 2:20 Uhr sank die Titanic. 1517 Menschen starben im eiskalten Atlantik. Doch 703 Menschen wurden gerettet. Denn die Schiffe, die den Notruf aufgefangen hatten, konnten den Unglücksort genau finden. Wie geht das?

Damit man die Lage eines Ortes auf der Erdkugel bestimmen kann, wurden Breitenkreise und Längenkreise festgelegt. Auf dem Globus kann man sie als Linien erkennen. Sie sind nummeriert, tragen die Bezeichnung Grad und umgeben den Globus wie ein Netz, das *Gradnetz*.

**M5** Untergang der Titanic

Aktiv

## Mache einen Versuch zu den Breiten- und Längenkreisen

### Benötigtes Material
einen Globus, mehrere farbige Fäden.

### Die Breitenkreise
Lege einen Faden entlang des Äquators um den Globus. Schneide die Länge ab. Verfahre ebenso mit zwei anderen Breitenkreisen, z. B. 30° und 60°. Vergleiche die drei Fäden miteinander. Was stellst du fest?

### Die Längenkreise
Lege einen Faden entlang des Nullmeridians vom Nordpol zum Südpol. Schneide die Länge ab. Versuche nun, mit diesem Faden verschiedene andere Meridiane entsprechend nachzulegen.
Was stellst du fest?

**M6** Schülerinnen beim Versuch

## Aufgaben

1 Nenne den Unterschied von Breiten- und Längenkreis.

2 Wie viele Breitenkreise bzw. Längenkreise gibt es?

3 Nenne die Breitenkreise, die genau aus einem Punkt bestehen.

4 Erkläre, warum die sinkende Titanic auf dem offenen Meer gefunden werden konnte.

5 Durch welche Kontinente und Ozeane verlaufen folgende Breiten- und Längenkreise: 30° n. Br., 60° n. Br., 30° s. Br., 120° ö. L., 60° w. L.? ↗ S. 222

6 In welchen Kontinenten schneiden sich folgende Breiten- und Längenkreise: 30° s. Br./60° w. L.; 30° s. Br./120° ö. L.; 60° n. Br./90° ö. L.?

7 Bestimme die Lage deines Heimatortes.

8 Wo ist die Titanic untergegangen? Suche den ungefähren Ort im Atlantik.

# Mein Schulweg

Rahel wohnt in der Karlsruher Nordstadt. Seit diesem Schuljahr besucht sie die Klasse 5b der Hebel-Realschule in der Moltkestraße. Ihren Schulweg legt Rahel meistens mit dem Fahrrad zurück. Nur im Winter fährt sie manchmal mit der Straßenbahn.

Morgens, wenn es schnell gehen muss, fährt sie auf dem Fahrradweg entlang der Erzbergerstraße in Richtung Innenstadt. An der Kreuzung Erzbergerstraße und Knielinger Allee biegt sie nach links in östlicher Richtung ab. Den stark befahrenen Adenauerring überquert sie auf einer großen Brücke für Fußgängerinnen und Fußgänger sowie Fahrradfahrende. Nach der Brücke geht es auf der Knielinger Allee geradeaus weiter bis zur Schule.

Nachmittags hat Rahel für den Weg von der Schule zurück nach Hause meistens mehr Zeit. Dann radelt sie gerne durch wenig befahrene Nebenstraßen oder auf den Fußwegen zwischen den Häusern. Sie könnte aber auch durch den Hardtwald nach Hause radeln.

**M1** Rahels Schulwegskizze

**M2** Stadtplanausschnitt von Karlsruhe

## Die Legende

Rahel hat auf ihrer Schulwegskizze viele Dinge vereinfacht dargestellt. Für die Kirche an der Erzbergerstraße hat sie ein Kreuz gezeichnet. Die Straßenbahnschienen und die meisten Gebäude hat sie weggelassen.

Auch der Stadtplan Karlsruhe stellt die Wirklichkeit vereinfacht dar. Die Straßenbahnschienen werden als rote Linie dargestellt, die Haltestellen als rote Punkte. Wohngebäude sind hellgraue Flächen, die verschiedene Formen haben.

Damit man eine Karte lesen, das heißt verstehen kann, muss ihr eine Zeichenerklärung beigefügt werden. Dort werden die verwendeten Farben und Zeichen, auch Signaturen genannt, erklärt. Diese Erklärung nennt man *Legende*.

Wenn du eine Karte mit der Wirklichkeit vergleichst, stellst du auch fest, dass auf Karten alles verkleinert ist. Viele Einzelheiten können aufgrund der Verkleinerung eigentlich gar nicht mehr auf der Karte eingezeichnet werden. Daher werden wichtige Straßen, Flüsse oder Schienen auf der Karte größer dargestellt, als sie eigentlich sind.

Für besondere Gebäude wie Kirchen, Burgen oder Schlösser oder wichtige Einrichtungen wie Fußballstadien oder zoologische Gärten werden bestimmte Symbole verwendet.

**M3** Zwei Karten – ein Thema

## Aufgaben

1 Verfolge Rahels Schulweg in M1 und M2. Nenne mögliche Gefahrenstellen, an denen sie als Fahrradfahrerin aufpassen muss.

2 Beschreibe die Signaturen für Schloss/Burg, Tierpark/Zoo und Freizeitpark/Erlebnispark. Was fällt dir auf?

3 Schreibe auf, welche Gebäude in M2 grau und welche orange dargestellt werden?

4 Arbeite mithilfe der Karte M2 heraus, auf welchem Weg Rahel nach Hause radeln könnte. Verwende bei deiner Beschreibung auch die Himmelsrichtungen.

5 **a)** Zeichne eine Skizze von deinem Schulweg. Worauf musst du beim Zeichnen achten?

**b)** Markiere auf der Skizze die Stellen, an denen du besonders auf den Verkehr achten musst.

6 Suche in M2 die Sportplätze und erläutere, wie sie dargestellt werden. Entwirf eine Signatur für ein Fußballstadion und ein Eishockeystadion.

7 Erstelle für die Kartenskizze deines Schulwegs eine Legende.

8 Suche gedruckte Karten, Stadtpläne oder auch digitale Karten, auf denen dein Schulweg abgebildet ist. Entwirf zu diesem Gebiet eine Legende für einen Kinderstadtplan.

# Mein Atlas

Der *Atlas* ist nicht nur das größte Buch in der Schultasche, sondern auch ein ganz besonderes. In ihm ist nämlich die ganze Welt abgebildet. Allerdings ist ein Atlas kein normales Buch, denn anstelle von Texten wirst du darin viele verschiedene Karten entdecken. Um die Karte zu finden, die du suchst, musst du zunächst lernen, wie ein Atlas aufgebaut ist.

**M1** Verschiedene Atlanten

## Verschiedene Kartentypen

*Physische Karten* geben Auskunft über die Oberflächenformen eines Gebietes. Dies erfolgt mithilfe von farbigen Höhenschichten.

Bei diesen Karten gilt: Je dunkler das Grün, desto tiefer liegt die Landschaft. Je dunkler das Braun, desto höher liegt die Landschaft.

Diese Karten ermöglichen einen schnellen Überblick über die Lage von Gebirgen und Tälern. Es sind auch Städte, Seen und Flüsse dargestellt. Darum eignen sich die physischen Karten gut zur Orientierung.

*Thematische Karten* enthalten Informationen zu einem bestimmten Thema. Viele Einzelheiten, die auf physischen Karten dargestellt sind, müssen auf den thematischen Karten zurückweichen, da diese sonst zu unübersichtlich werden. So ist es manchmal sinnvoll, thematische und physische Karten nebeneinander zu betrachten.

Bei den thematischen Karten ist die genaue Betrachtung der Legende besonders wichtig, da die Farben oft eine andere Bedeutung haben als auf den physischen Karten.

Die *politische Karte* (Staatenkarte) ist eine spezielle Form der thematischen Karte. Sie ist sehr übersichtlich, da sie nur eine begrenzte Anzahl von Informationen enthält. Eine politische Weltkarte zeigt beispielsweise die Namen von Ländern und deren Hauptstädte.

**M2** Ein Raum – drei verschiedene Karten

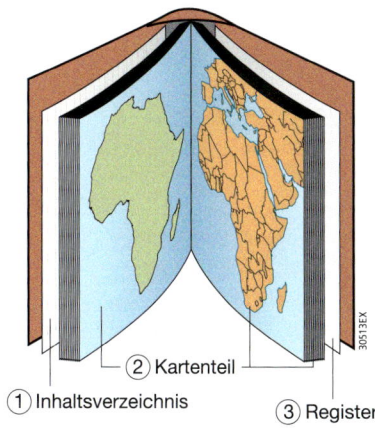

| | |
|---|---|
| **das Inhaltsverzeichnis** | Wie jedes Buch beginnt auch der Atlas mit einem Inhaltsverzeichnis. Hier sind alle Karten nach Regionen sortiert. |
| **die Karten** | In jedem Atlas gibt es verschiedene Karten mit unterschiedlichen Maßstäben. Je nach Karteninhalt unterscheidet man zwischen physischen und thematischen Karten. |
| **das Register** | Das *Register* befindet sich auf den letzten Seiten im Atlas. Orte, Städte, Flüsse, Berge, Länder und Regionen sind alphabetisch aufgelistet. Die Zahl hinter einem Namen gibt die Seitenzahl im Atlas an. Es folgen ein Buchstabe und eine Zahl, die ein *Planquadrat* benennen. Dort befindet sich der gesuchte Ort, z. B. Mosbach 34, E3. Das bedeutet, Mosbach liegt auf Seite 34 im Planquadrat E3. |

① Inhaltsverzeichnis  ② Kartenteil  ③ Register

**M3** So ist ein Atlas aufgebaut

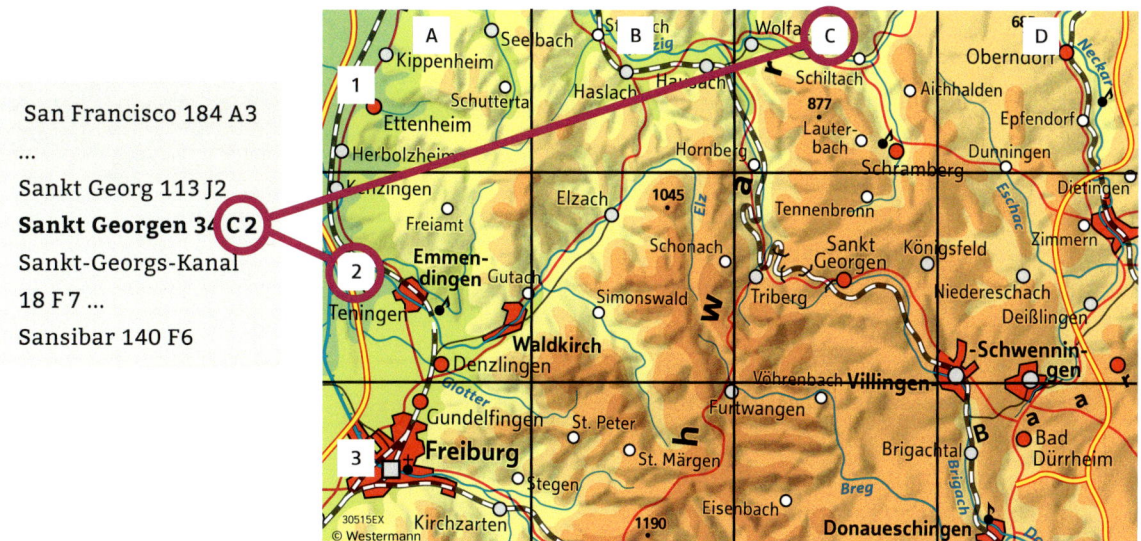

San Francisco 184 A3

...

Sankt Georg 113 J2

**Sankt Georgen 34 C 2**

Sankt-Georgs-Kanal

18 F 7 ...

Sansibar 140 F6

**M4** Ausschnitt aus einem Register und einer Atlaskarte

## Aufgaben

**1** Beschreibe das Inhaltsverzeichnis deines Atlasses.

**2** Suche im Atlas mithilfe des Registers folgende Städte:
Abidschan, Birmingham, Chicago, Madras, Perth, Rio de Janeiro. Notiere Seitenzahl und Planquadrat und nenne die Kontinente, in denen diese Städte liegen. ↗ S. 222

**3** Finde jeweils eine politische und physische Karte im Atlas für Baden-Württemberg, Deutschland und Europa und nenne die Seitenzahl.

**4** Suche auf den Karten M2 die Pyrenäen. Beschreibe, wie das Gebirge jeweils dargestellt wird und welche Informationen du über die Pyrenäen erhältst.

**5** Im Atlas werden Mannheim und Ludwigshafen mit derselben Signatur dargestellt, obwohl Mannheim fast doppelt so groß ist wie Ludwigshafen. Warum?

**6** Physische Karten und thematische Karten ergänzen sich. Überprüfe diese Aussage anhand der Karten von M2. ↗ S. 222

# Orientierung mit der Karte

Schon vor über 2000 Jahren wurde in China der *Kompass* genutzt, um die *Himmelsrichtungen* zu bestimmen. Heute können das auch GPS-Geräte. Aber Vorsicht: Wer beim Laufen den Kompass eines GPS-Gerätes nutzt, muss dieses waagerecht halten. Der GPS-Kompass ist digital und nicht magnetisch wie der echte Kompass.

GPS-Geräte bieten viele weitere Funktionen. Sie zeigen im Display eine *digitale Karte*, mit der du dich orientieren kannst. Oft haben sie auch einen Höhenmesser und einen Kilometerzähler. Dieser misst, wie weit du gelaufen bist, kann aber auch angeben, wie schnell du warst.

## Entfernungen in der Karte bestimmen

Eine Karte zeigt einen Ausschnitt auf der Erde in verkleinerter Form. Wie stark die Verkleinerung ist, erfährst du durch den *Maßstab*. In der Legende einer Karte ist der Maßstab meistens zwei Mal angegeben, durch die Maßstabsleiste und als Maßstabszahl.

Die Maßstabsangabe 1:100 000 (sprich: eins zu einhunderttausend) bedeutet zum Beispiel, dass du die Landschaft auf der Karte 100 000-mal kleiner siehst als in Wirklichkeit. 1 cm auf der Karte sind also in Wirklichkeit 100 000 cm = 1 km. Auf vielen Karten im Atlas werden unterschiedliche Höhen mit verschiedenen Farben dargestellt. Tief liegende Gebiete werden mit grünen, mittlere Höhen mit gelblichen und Gebirge mit braunen Farbtönen gekennzeichnet.

Wanderkarten werden meistens nach topografischen Karten gezeichnet. Das sind amtliche Karten, die Siedlungen, Wege und Oberflächenformen so genau wie möglich wiedergeben. Daher verwenden diese Karten *Höhenlinien*, um Berge abzubilden. Höhenlinien verbinden alle Punkte, die auf einer gleichen Höhe liegen. Liegen die Höhenlinien eng beisammen, ist das Gelände eher steil.

## Hilfe aus dem All

Navigationshilfen wie GPS-Geräte können ihre genaue Position nur mithilfe von Satelliten bestimmen. Ohne diese Helfer in 20 Kilometer Höhe würden sie nicht funktionieren. Wie genau das GPS ist, hängt davon ab, ob du dich im Wald aufhältst oder dich in der Stadt zwischen hohen Gebäuden bewegst. Die Position lässt sich auch bei guten Bedingungen höchstens auf einige Meter genau bestimmen.

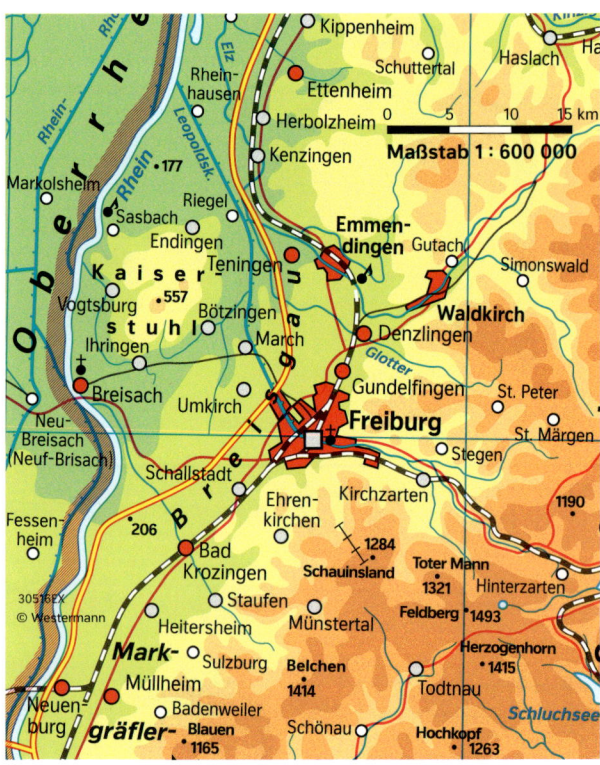

**M1** Ausschnitt aus einer physischen Karte

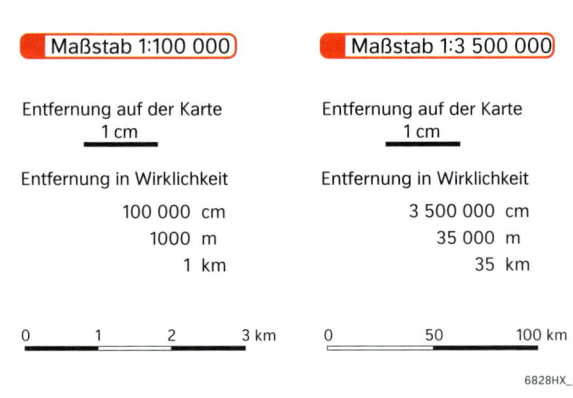

**M2** Unterschiedliche Maßstäbe

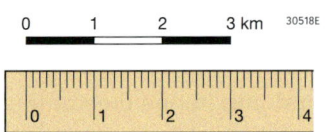

Lege ein Lineal an die Maßstabsleiste an. So kannst du herausfinden, wie lang die Strecke von Freiburg nach Ehrenkirchen auf der Karte ist.

**M3** Die Maßstabsleiste

**M4** Seitenansicht eines Berges

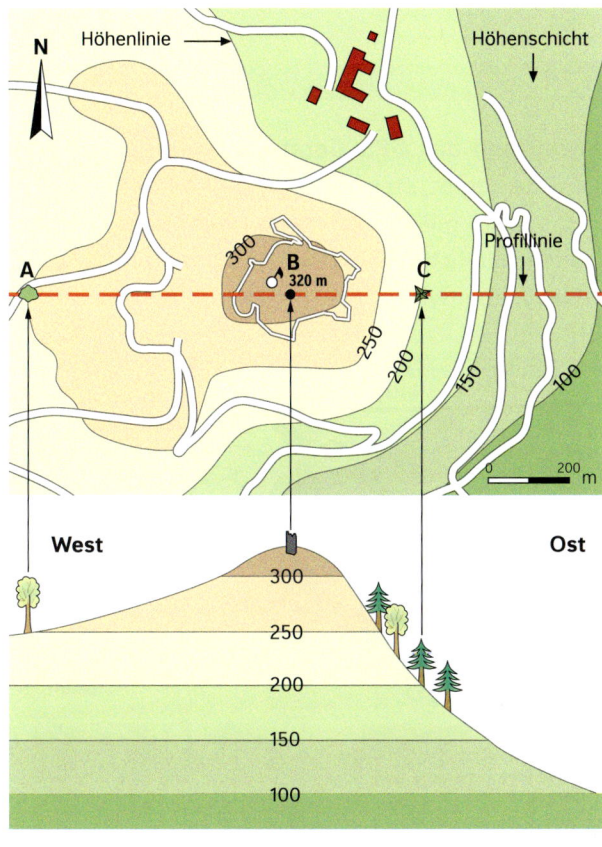

N

Höhenlinie →

Höhenschicht

Profillinie

300

A

B
320 m

C

250

200

150

100

0    200 m

West

Ost

300

250

200

150

100

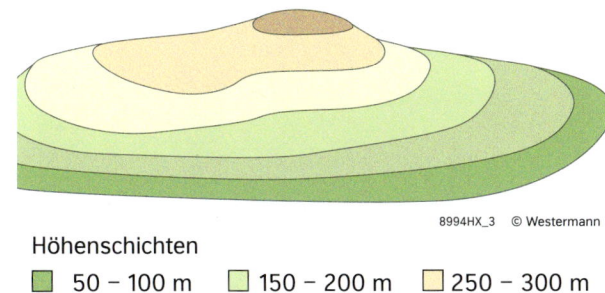

8994HX_3    © Westermann

Höhenschichten

⬛ 50 – 100 m    ⬛ 150 – 200 m    ⬛ 250 – 300 m
⬛ 100 – 150 m    ⬜ 200 – 250 m    ⬛ über 300 m

♂ Burgruine    ■ Haus

**M5** Höhenlinien in der Karte

**M6** Ohne Satelliten kein GPS

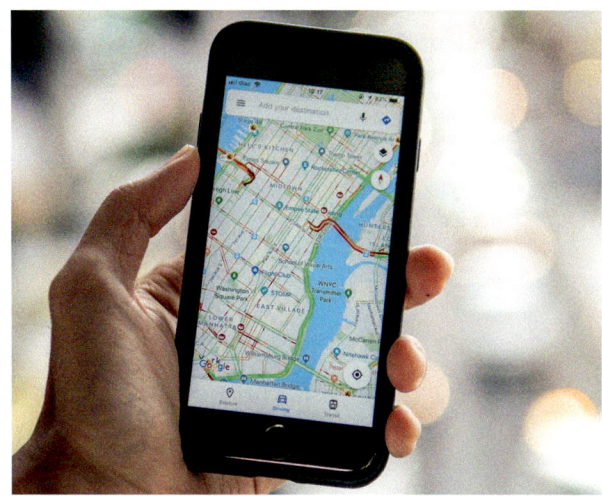

**M7** Karte auf dem Smartphone

## Aufgaben

**1** **a)** Welchen Maßstab hat die Karte in M1?
**b)** Miss die Strecke von Vogtsburg bis Teningen und nenne die Kilometer, die in Wirklichkeit zwischen den beiden Orten/ Städten liegen.

**2** Beschreibe, wie man die Höhe eines Gebietes in Karten darstellen kann.

**3** Vergleiche die Angaben in M2 und vervollständige den Satz „Bei einer Maßstabszahl von 1 : 3,5 Mio. sehe ich die Landschaft ___-mal kleiner als in der Wirklichkeit."

**4** Mit dem Lineal misst du auf einer Karte die Luftlinie zwischen zwei Punkten. Entwickle Vorschläge, wie du anstelle der Luftlinie die richtige Länge einer kurvenreichen Straße messen kannst.

**5** Welche Vorteile, aber auch Nachteile hat ein GPS-Gerät gegenüber einer Karte. Begründe deine Aussagen.

# Geocaching: Schatzsuche mit GPS

Cache ist englisch und bedeutet Versteck oder geheimes Lager. Geocaching ist eine moderne Form der Schatzsuche, bei der versteckte Caches mithilfe von vorgegebenen *Koordinaten* und *GPS*-Geräten gesucht werden. Es gibt verschiedene Arten von Caches. Sehr kleine Caches sind oft schwer zu finden. Bei manchen Caches muss ein Rätsel gelöst werden, andere erkennt man nur nachts.

Alle Caches haben gemeinsam, dass sie gut versteckt sind. In vielen Schatzdosen findest du ein Logbuch, in das du dich eintragen kannst. Aus manchen Caches darfst du einen Gegenstand herausnehmen, wenn du etwas Neues für andere Schatzsuchende hineinlegst.

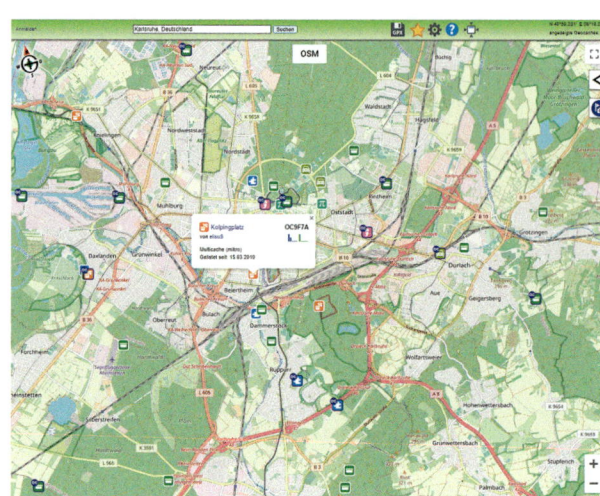

**M1** Geocaches in Karlsruhe

## Teil 1

> **Einladung**
> zum Geocaching
> **N 49°01'37.3" E 8°23'17.3"**

Diese Einladung haben Theresa, Hanna, Sina und Henna von ihren Freundinnen Valerie und Charlotte erhalten. Aber wo findet das Geocaching statt? In der Einladung steht geheimnisvoll …

> unser Treffpunkt liegt:
> – in der Nordstadt …
> – östlich der Haltestelle …
> **Beginn: Samstag 14:00 Uhr**

Mithilfe einer Wanderkarte lösen die Mädchen das Rätsel und sind rechtzeitig am Treffpunkt, wo die anderen schon auf sie warten.

Vor Ort angekommen teilen sie sich in zwei Gruppen auf. Ein Team bekommt zwei GPS-Geräte, das andere eine Karte und einen Kompass. Welche Gruppe erreicht zuerst das Ziel?

## Teil 2

Während das GPS-Gerät die Entfernung zum Cache angibt, steht in der Wegbeschreibung für das Team mit der Karte nur „Folgt dem Weg in südlicher Richtung bis zum nächsten Treffpunkt." Okay, aber wie weit ist jetzt die Strecke?

Die Kinder suchen den Maßstab ihrer Karte. Sie finden ihn unten auf der Karte. Kurz darauf wissen sie, dass sie ganz schön weit laufen müssen.

## Teil 3

Theresa, Hanna, Sina und Henna kommen zuerst an. Jetzt stehen sie mit ihrem GPS-Gerät vor einem Berg. „Lohnt sich vielleicht ein Umweg?", fragt Sina.

Nachdem sie eine ganze Weile überlegt haben, wählen sie den direkten Weg bergauf.

Das Team mit der Karte erreicht die Stelle kurz darauf. Sie fragen sich auch, ob sie den direkten Weg den Berg hinaufgehen können. Sie schauen auf der Karte ganz genau, wie die Höhenlinien verlaufen.

Sie erkennen sehr schnell, dass sie keinen Umweg gehen müssen. Das Team wählt den direkten Weg bergauf.

## Teil 4

Beide Teams kommen fast gleichzeitig am Ziel an. Zum Glück, denn jetzt müssen sie zusammenarbeiten, um den versteckten Cache zu finden.

Der Schatz ist fast gefunden. Um herauszufinden, wo die Dose versteckt ist, müssen die Kinder noch ein Rätsel lösen.

Da sie beim Rätsel Fragen zum Geocaching mit Karte und GPS beantworten müssen, ist echte Teamarbeit gefragt.

### Aufgaben

1 Nenne fünf Gegenstände, die sich gut für einen kleinen Cache eignen.

2 Erläutere, wie richtiges Verhalten beim Suchen und Verstecken eines Geocaches aussieht. Nutze dazu eine Geocaching-Seite im Internet.

# Die Erde als Planet

**Kannst du schon**

– erklären, wie der Globus aufgebaut ist. (S. 11)
– die Begriffe Äquator, Nordpol, Südpol und Erdachse erklären. (S. 10/11)
– erklären, wie sich die Erde bewegt und welche Folgen das hat? (S. 12/13)
– Merkmale der Planeten unseres Sonnensystems nennen? (S. 14/15)
– Größenverhältnisse im Weltall einschätzen. (S. 14/15)

## Zeig, was du kannst

**1** Zeichne das Schema eines Globusses und beschrifte es.

**2** Ordne die folgenden Objekte nach ihrer Größe (Ausdehnung). Beginne mit dem kleinsten: Erde – Galaxie – Jupiter – Mond – Sonne – Sonnensystem

**3** Schreibe den Text M1 in dein Heft und fülle die Lücken mit den Begriffen aus.

**4** Planeten raten. Zeichne das Kreuzworträtsel M2 ab und löse es:

In ... dreht sich die Erde ein Mal um sich selbst. Dadurch entstehen ... und ... . Man nennt diese Bewegung ... . Auf ihrer Umlaufbahn benötigt die Erde ... für einen Umlauf um die Sonne. Diese Bewegung nennt man ...

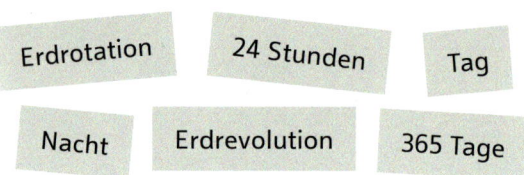

Erdrotation  24 Stunden  Tag

Nacht  Erdrevolution  365 Tage

**M1**

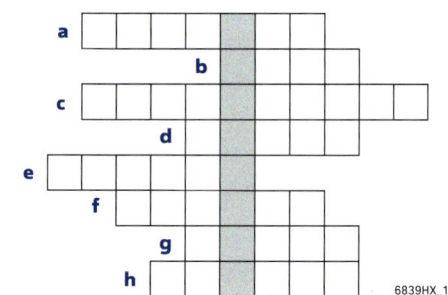

6839HX_1

a der größte Planet
b der Blaue Planet
c Drehung der Erde um die Sonne: Erd ...
d unser Abend- und Morgenstern
e der blauweiße Planet
f der Sonne am nächsten
g Mars nennt man auch den „...“ Planeten
h Planet, auf dem starke Winde rauschen

**M2**

# Kontinente und Gradnetz

**Kannst du schon**

– die Kontinente und Ozeane benennen und nach ihrer Größe ordnen? (S. 16)
– die Begriffe Breitenkreis und Längenkreis (Meridiane) erklären? (S. 18/19)
– mithilfe von Gradnetzangaben Orte auf der Erde finden? (S. 18/19)

## Zeig, was du kannst

**5** M2 zeigt die sieben Kontinente. Notiere sie der Größe nach mit ihren Namen (5 = ...).

**6** In welchem Kontinent und Land kreuzen sich die folgenden Koordinaten (M4, Atlas).

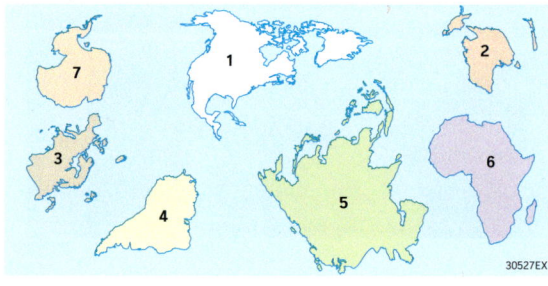

30527EX

**M3**

10° ö.L.  60° w.L.  20° ö.L.
20° n.Br.  5° s.Br.  80° s.Br.
30528EX_a  30528EX_b  30528EX_c

**M4**

## Stadtplan lesen

**Kannst du schon**

– einen Weg anhand einer Karte beschreiben? (S. 20)

– Himmelsrichtungen auf einer Karte bestimmen? (S. 20)

– Ort mithilfe von Planquadraten finden? (S. 23)

– Entfernungen auf einer Karte mit der Maßstabsleiste ermitteln? (S. 24)

### Zeig, was du kannst

**7** Jonas wohnt im Anglerweg (Planquadrat A 1)und will zur Stadtbücherei (C 2). Beschreibe seinen Weg dorthin und notiere die Straßennamen.

**8** Nun ist Jonas bei der Stadtbücherei:
a) Was sieht er, wenn er in Richtung Westen schaut?
b) In welcher Himmelsrichtung befindet sich von ihm aus sein Wohnhaus?

**9** Welche Behörde liegt im Planquadrat C 3?

**10** Ermittle mithilfe der Maßstabsleiste die Entfernung von der St. Bernward-Kirche zum Finanzamt.

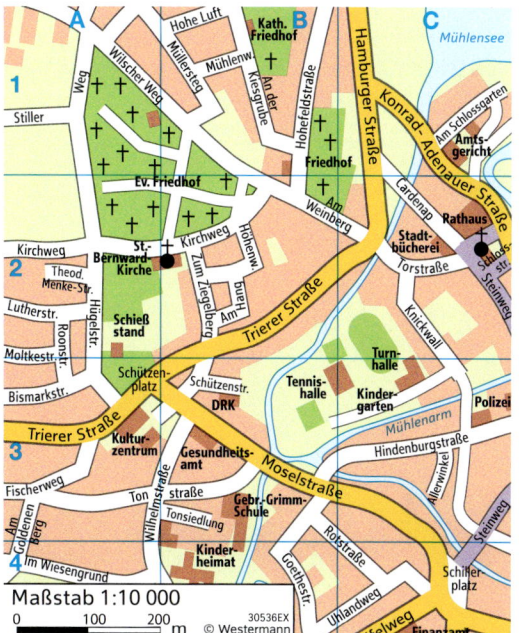

M5

## Höhenlinien

**Kannst du schon**

– anhand von Höhenlinien die Form eines Berges erkennen? (S. 24)

### Zeig, was du kannst

**11** Ordne die Höhenlinien 1 und 2 den entsprechenden Profilen A und B zu.

**12** Zeichne zu den Höhenlinien 3 selbst das passende Profil.

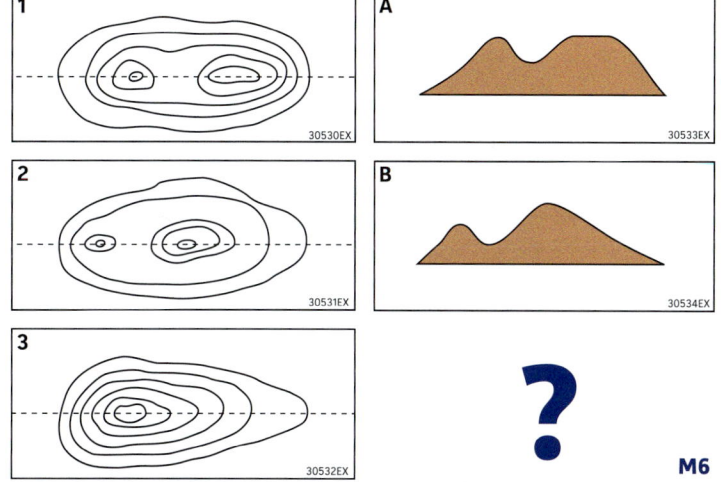

M6

**Fachbegriffe**

– **Die Erde als Planet:** Erdachse, Erdrevolution, Erdrotation, Globus, Sonnensystem, Weltall, Zeitzonen

– **Orientierung auf der Erde:** Äquator, Kontinent, Nordhalbkugel, Ozean, Pol, Südhalbkugel

– **Umgang mit dem Atlas:** Atlas, physische Karte, politische Karte, Register, thematische Karte

– **Orientierung vor Ort:** Geocaching, GPS, Himmelsrichtungen, Höhenlinien, Höhenschichten, Kompass, Legende, Maßstab, Navigationssystem

# 2
# Wetter und Klima beeinflussen unser Leben

**M1** Eine Regenfront zieht heran

In diesem Kapitel lernst du …
… dass Wetter und Klima unser Leben
bestimmen. Dabei lernst du den
Zusammenhang der Wetterelemente
untereinander kennen. Das Zeichnen und
Auswerten von Klimadiagrammen ermöglicht es dir, einzelne Orte der Erde besser
beschreiben zu können. Du erfährst etwas
über den Klimawandel und dessen
Ursachen, aber auch wie er unser Leben
verändern könnte.

# Das Wetter beeinflusst unseren Alltag

## Das Wetterpuzzle

Für viele Menschen ist es wichtig, wie das *Wetter* heute oder in den nächsten Tagen wird. Dabei gehen die Meinungen über gutes Wetter weit auseinander: *„Hoffentlich haben wir auf unserem Schulausflug nächste Woche schönes Wetter"*, wünschen sich Aische und Sophie aus der Klasse 5b.
*„Dieses Jahr ist es viel zu trocken"*, klagt der Landwirt. *„Es ist Zeit, dass es endlich mal kräftig regnet."*
*„Ich arbeite jeden Tag im Büro, da ist es mir egal, wie das Wetter draußen ist"*, meint dagegen die Büroangestellte.

Über das Wetter gibt es also ganz unterschiedliche Meinungen. Jeder hat etwas anderes vor und wünscht sich das dazu passende Wetter. Allerdings: Das Wetter lässt sich nicht beeinflussen, vielmehr müssen wir uns nach ihm richten.
Du kannst das Wetter spüren und fühlen. Du spürst es als Hitze oder Kälte, als Regen, der auf uns fällt, oder als Wind, der dir ins Gesicht bläst.

## Sonne und Temperatur

Dass die Sonne für die Höhe der Temperaturen verantwortlich ist, weißt du schon. Doch warum ist die Temperatur je nach Jahreszeit so unterschiedlich? Das liegt daran, dass die Erdachse nicht senkrecht, sondern geneigt ist. So ist in unserem Sommer die Nordhalbkugel, im Winter die Südhalbkugel der Sonne zugewandt. Die Sonnenstrahlen treffen also je nach Jahreszeit in einem anderen Winkel auf die Erdoberfläche auf. Je steiler dieser Winkel ist (M4), desto wärmer wird es. In unseren Breiten treffen die Sonnenstrahlen immer schräg auf, sie haben immer einen kleineren Einfallswinkel als am Äquator, deshalb haben wir gemäßigte Temperaturen.

## Die Sonne als treibende Kraft

Die Vorgänge, die unser Wetter bestimmen, spielen sich in der *Atmosphäre* ab. Treibende Kraft ist dabei die Sonne, die deshalb in der Mitte des Wetterpuzzles steht (M2). Sie liefert das Licht und die Energie, ohne die kein Leben auf der Erde möglich wäre.
Die Strahlen der Sonne erwärmen die Erdoberfläche. Von dort aus strahlt Wärme zurück in die Atmosphäre und beeinflusst dadurch die Lufttemperatur (M3), die Entstehung von Wolken oder auch den Luftdruck.

Trainieren wir nächste Woche schon in der Halle oder spielen wir noch auf dem Sportplatz?

Wenn es morgen noch regnet, können wir nicht weiterarbeiten. Dann wird der Bau bestimmt nicht pünktlich fertig.

Wir brauchen unbedingt Regen. Im Garten vertrocknet sonst alles.

Muss ich morgen früher zur Arbeit fahren, weil die Straßen gefroren sind?

Wir brauchen in diesem Winter unbedingt Schnee. Sonst muss ich meine Skikurse absagen.

**M1** Verschiedene Wünsche für das Wetter

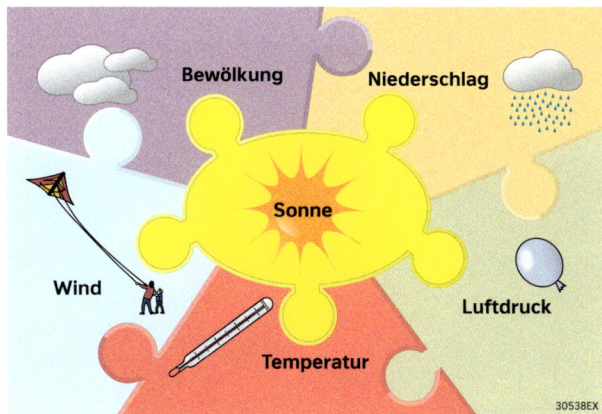

M4 Sonneneinstrahlung im Sommer und Winter

Unter Wetter versteht man das Zusammenspiel verschiedener Wetterelemente zu einem bestimmten Zeitpunkt an einem bestimmten Ort.
Die wesentlichen Wetterelemente sind:
die Lufttemperatur, der Niederschlag, die Bewölkung, der Wind, der Luftdruck und die Luftfeuchtigkeit.
Je nachdem, wie die verschiedenen Wetterelemente zusammenwirken, ist das Wetter sonnig, heiter, klar, windig, regnerisch, kalt oder warm.

M2 Zusammenspiel der Wetterelemente

## Sind Sonnenbäder eigentlich gefährlich?

Mal ehrlich: Ist es nicht schön, draußen die Sonne zu genießen? Doch sollte man sich besonders im Hochsommer nicht stundenlang ungeschützt der Sonne aussetzen. Denn bestimmte Strahlen der Sonne schädigen die Haut. Je heller diese ist, desto leichter kann man einen Sonnenbrand bekommen. Mit Sonnencreme kannst du dich dagegen schützen. Dabei ist der Lichtschutzfaktor wichtig: Je höher dieser ist, desto besser. Lichtschutzfaktor 15 bedeutet, dass du fünfzehnmal so lang vor der Sonne geschützt bist wie ohne Sonnenschutzmittel.

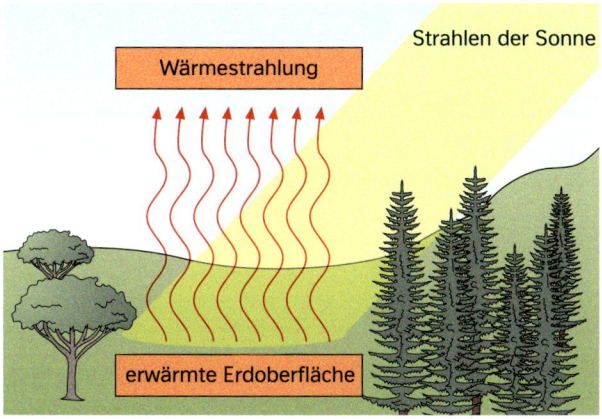

M3 Sonnenstrahlen erwärmen die Erdoberfläche

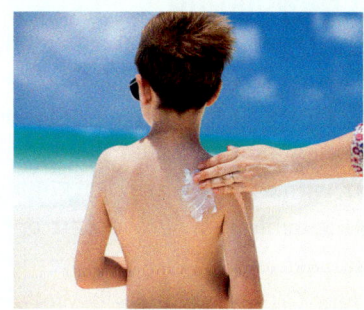

M5 Eincremen nicht vergessen!

## Aufgaben

1 Überlege dir das Wunschwetter für die in M1 gezeigten Szenen.

2 Beschreibe das heutige Wetter an deinem Schulort. ↗ 222

3 Ordne die Begriffe „warm, kalt, feucht, windig, stürmisch, regnerisch, neblig" den einzelnen Teilen des Wetterpuzzles zu. Fallen dir noch weitere Begriffe ein?

4 „Die Sonne als treibende Kraft." Erläutere diese Aussage in Verbindung mit den einzelnen Wetterelementen und dem Leben auf der Erde.

5 Erkläre mit eigenen Worten, warum es im Sommer bei uns wärmer ist als im Winter.

6 Unsere Atmosphäre wird auch als Wetterküche bezeichnet. Kannst du dir vorstellen, warum?

# Die Elemente des Wetters

## Wetterelement Temperatur

Wenn du im Wetterbericht die Temperaturangaben hörst, ist damit die Lufttemperatur gemeint. Draußen kannst du spüren, wie warm oder kalt es ist. Genau messen kannst du die *Temperatur* mit einem Thermometer in Grad Celsius (°C). Für die Erwärmung der Luft ist die Sonneneinstrahlung verantwortlich. Innerhalb eines Tages ändert sich diese ständig – daher kann auch die Lufttemperatur im Laufe eines Tages unterschiedlich sein. Um die Tagesdurchschnittstemperatur zu ermitteln, gehen die Meteorologen folgendermaßen vor:

Sie messen die Temperatur dreimal am Tag: um 7, 14 und 21 Uhr. Der gemessene Wert von 21 Uhr wird doppelt genommen, damit nachts keine Messung durchgeführt werden muss. Alle Messwerte werden addiert und anschließend durch vier geteilt.

| | |
|---|---|
| 7 Uhr: | 12 °C |
| 14 Uhr: | 28 °C |
| 21 Uhr: | 20 °C |
| 21 Uhr: | 20 °C |
| | 80 °C → 80 °C : 4 = 20 °C Tagesmittel |

## Wetterelement Bewölkung

Blickst du hinauf in den Himmel, kannst du meistens Wolken sehen: viele kleine Wolken oder große dicke Wolken oder die Bewölkung ist so dicht, dass du die Sonne nicht mehr sehen kannst. Wenn die Sonne komplett verdeckt ist, wird es sofort merklich kühler. Eine Wolke ist eine Ansammlung vieler Wassertröpfchen. Nach ihrem Aussehen und ihrer Art werden Wolken in verschiedene Gruppen eingeteilt. Wolken geben uns Hinweise über die momentane Wetterlage (S. 36), über das momentane Wetter sowie die weitere Wetterentwicklung.

**M1** Temperatur

**M2** Bewölkung

**Aktiv**

Beobachte die Bewölkung im Verlauf eines Vormittages und erstelle einen Bericht. Zur näheren Beschreibung der Bewölkung kannst du folgende vier Stufen verwenden:

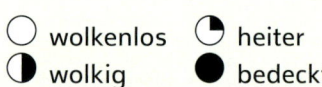

◯ wolkenlos   ◑ heiter
◐ wolkig   ● bedeckt

Wechsle dich mit deinen Mitschülerinnen und Mitschülern ab und verfolge den Grad der Bewölkung im Verlauf einer Woche oder eines Monats.

**Aktiv**

### Wolken im Glas

Du kannst „Wolken im Glas" selbst erzeugen: Durch Wärme verdunstet Wasser, das dann als unsichtbarer Wasserdampf in der Luft enthalten ist. Warme Luft kann mehr Wasser speichern als kalte Luft. Kühlt sie sich beim Aufsteigen ab, so kondensiert der Wasserdampf zu sichtbaren Wassertröpfchen. Die *Luftfeuchtigkeit* (= Wasserdampfgehalt der Luft) nimmt zu. Eine Wolke entsteht. Werden die Wassertropfen größer, beginnt es zu regnen.

In einem großen, möglichst hohem Glas mit heißem Wasser (Vorsicht!) kannst du das Verdunsten und Kondensieren nachstellen, indem du das Glas durch eine Metallschale mit Eiswürfeln abdeckst. Beobachte, was im Glas geschieht.

## Wetterelement Niederschlag

Wenn du im Wetterbericht hörst, dass es Niederschlag geben wird, kann damit vieles gemeint sein: Regen, Schnee, Hagel, aber auch Tau oder Nebel. *Niederschlag* ist also die Feuchtigkeit, die in verschiedenen Formen zur Erde gelangt.

Je höher die Luft steigt, umso mehr kühlt sie ab. Die Wolken werden immer schwerer und dichter. Irgendwann sind die Wolken so schwer, dass sie als Regentropfen wieder auf die Erde fallen. Ist die Luft in der Höhe sehr kalt, entstehen keine Wassertropfen, sondern Eiskristalle. Oft beginnt der Regen seinen Weg zur Erde als Eiskristall. Wenn die Luft bis zum Boden kalt bleibt, fällt Schnee.

Die Niederschläge werden mit einem Regenmesser aufgefangen. Um die monatliche Niederschlagsmenge zu berechnen, wird der Niederschlag von allen Tagen eines Monats addiert. Alle zwölf Monate ergeben zusammengezählt dann den Jahresniederschlag.

Niederschläge können unterschiedlich stark ausfallen. Ein Gewitterregen kann die gesamte Niederschlagsmenge eines Monats innerhalb von Minuten abladen. Tau dagegen hinterlässt morgens nur einen Hauch von Niederschlag am Boden.

## Wetterelemente Luftdruck und Wind

Die Atmosphäre besteht aus einem Gemisch von verschiedenen unsichtbaren Gasen. Dennoch haben die Luftteilchen ein Gewicht. Dieses wird als *Luftdruck* bezeichnet. Die riesige Luftmasse übt einen enormen Druck auf die Erdoberfläche aus. Dieser Druck kann mit einem Barometer gemessen werden (Einheit: Hektopascal). Er ist in Bodennähe am höchsten und wird mit zunehmender Höhe geringer.

Je nach Wetter ändert sich der Luftdruck. Wird die Luft erwärmt, steigt sie nach oben. Von beiden Seiten strömt kältere Luft nach. Diese Strömung kannst du als Wind spüren und mit einem Anemometer messen.

Wind ist also bewegte Luft – eine horizontale Ausgleichsströmung zwischen Gebieten mit unterschiedlichem Luftdruck. Den Luftdruck selbst spüren wir dagegen nur, wenn er sich rasch verändert, zum Beispiel beim Start eines Flugzeuges.

**M3** Barometer

**M4** Niederschlag

**Du kannst den Wind spüren:**

Dass Wind eine Ausgleichsströmung vom hohen Luftdruck zum tiefen Luftdruck ist, zeigt folgender Versuch:

Wenn du einen Luftballon aufbläst und die Luft entweichen lässt, kannst du deinen eigenen Wind erzeugen.

Ist der Luftdruck im aufgeblasenen Ballon höher oder niedriger als in der Umgebungsluft?

**Du kannst die Wirkung des Luftdrucks erleben:**

Mit einem kleinen Versuch kannst du nachweisen, dass der Luftdruck in alle Richtungen wirkt:

Fülle ein Trinkglas randvoll mit Wasser und decke es mit einer Postkarte so ab, dass die glatte Bildseite zum Wasser zeigt.

Halte die Postkarte fest und drehe das Glas mit der Karte um. Lasse nun die Karte los und beobachte, was geschieht.

Warum?

**M5** Wind und Luftdruck

# Wetterkarte und Wettervorhersage

## Wie wird das Wetter in den nächsten Tagen?

Diese Frage zu beantworten ist die Aufgabe der *Meteorologie*. In Wetterstationen auf der ganzen Welt wird die Temperatur, der Niederschlag oder auch die Windrichtung und Windstärke gemessen. Die gesammelten Wetterdaten werden an die Wetterdienste übermittelt.

Wettersatelliten und Wetterballons unterstützen die Meteorologie zusätzlich (M3 und M4). Die Satelliten fotografieren regelmäßig das Wettergeschehen und senden ihre Bilder ebenfalls an die Wetterdienste. Dort werden die gesammelten Informationen von Computern verarbeitet und es entstehen Satellitenbilder (M2). Sie geben die Auskunft über das aktuelle Wetter.

Aus den Satellitenbildern, den in den Wetterstationen gemessenen Daten und langjähriger Erfahrung können die Meteorologinnen und Meteorologen Wetterberichte oder Wettervorhersagen für die folgenden Tage erstellen. Sie stellen ihre Ergebnisse in Wetterkarten dar, in die zum Beispiel Angaben zu einzelnen Wetterelementen eingetragen werden. Solche Wetterkarten findest du in der Tageszeitung, in Fernsehen oder im Internet.

## Wie zuverlässig sind Wettervorhersagen?

Lange bevor es Wetteraufzeichnungen gab, hat man sich an den Erfahrungen aus der Landwirtschaft orientiert. Die mehrere Jahrhundert alten Bauernregeln sind zwar nicht immer tauglich, gaben aber oft wichtige Hilfestellungen für die Arbeit in der Landwirtschaft: „Wenn die Schwalben im August schon ziehn, sie vor nasser Kälte fliehn." Vielleicht hast du selbst schon Bauernregeln gehört.

Die langjährigen amtlichen Wetteraufzeichnungen seit 1901 erlauben recht genaue Aussagen für einzelne Regionen über die Großwetterlage in bestimmten Monaten. Diese sind wichtig für die Landwirtschaft, wenn es z. B. um den richtigen Termin für die Aussaat (Frost) oder die Heuernte (Trockenheit) geht.

Heutzutage lassen sich genaue Wettervorhersagen für etwa drei Tage erstellen. Manche Meteorologinnen und Meteorologen wagen auch Sieben-Tage-Vorhersagen. Diese sind aber wegen des unbeständigen Wetters in unseren Breiten oft unzuverlässig.

**Die Wetterlage**
Heute ist es überwiegend stark bewölkt. Die Temperaturen liegen tagsüber um 24 °C, nachts um 15 °C. Der Wind weht mäßig aus westlichen Richtungen.

**Die weiteren Aussichten**
Morgen ist es stark bewölkt und es regnet immer wieder. Am Freitag wird es freundlicher. Sonne und Wolken wechseln und es bleibt meist trocken.

Im Internet findest du aktuelle Wetterberichte und Vorhersagen für alle Regionen der Erde, für Europa, Deutschland oder auch für deine Stadt. Dazu werden die Wetterdaten vieler Wetterstationen ausgewertet, verglichen und eine Wettervorhersage wird erstellt. Wettervorhersagen in Fernsehen, Radio und den Tageszeitungen zeigen oder beschreiben die Großwetterlage mit Tief- und Hochdruckgebieten über Europa und beziehen sich auf Vorhersagen für Deutschland und die jeweiligen Bundesländer.

**M1** Wo du Wetterkarten und Wettervorhersagen findest

**M2** Satellitenbild eines Tiefdruckwirbels

**M3** Wettersatelliten sind mit Spezialkameras ausgerüstet und liefern Funkbilder der aktuellen Wetterlage zur Erde.

**M4** Mit Helium oder Wasserstoff gefüllte Wetterballons transportieren Messgeräte. Sie steigen bis in 30 km Höhe auf.

30572EX
© Westermann

**M5** Vereinfachte Wetterkarte für Deutschland

## Aufgaben

**1** Nenne technische Hilfsmittel, die Wetterdaten für eine Wettervorhersage sammeln.

**2** Beschreibe mithilfe der Wetterkarte (M5) das Wetter in Warschau, Dublin und Lissabon.

**3** Schreibe einen Wetterbericht für den heutigen Tag und vergleiche ihn mit einer Vorhersage von vor drei Tagen.

**4** Vergleiche die Wettervorhersage der nächsten drei Tage mit dem tatsächlichen Wettergeschehen. ↗ 222

**5** Was ziehst du zum Wandertag am besten an, wenn laut Vorhersage mit „wechselhaftem Wetter" zu rechnen ist?

# Aus Wetterdaten werden Klimadiagramme

## So erstellst du ein Klimadiagramm

Zeichne zuerst den Rahmen des Diagramms ①
Auf der unteren Linie (12 cm lang) trägst du die
Anfangsbuchstaben der Monate ein.

1. Links erstellst du eine Achse für die Temperatur: 1 cm entspricht hier 10 °C.
2. Erstelle rechts eine Achse für die Menge der Niederschläge: (1 cm entspricht 20 mm Niederschlag).

**Temperaturkurve:**
3. Lies aus der Tabelle den Wert für den jeweiligen Monat ab.
4. Zeichne für jeden Monat ein kleines Kreuz mit dem Wert, den du abgelesen hast.
5. Verbinde die Kreuze ②

**Niederschlagssäulen:**
6. Lies aus der Tabelle den Wert für den jeweiligen Monat ab.
7. Zeichne für jeden Monat einen Balken mit der entsprechenden Höhe ③.
8. Notiere anschließend den Ort, die durchschnittliche Jahrestemperatur und den Jahresniederschlag ④.

Gestalte das Klimadiagramm mit den entsprechenden Farben rot, hellblau und dunkelblau ⑤.

**Wetter**
Das *Wetter* entsteht durch das Zusammenwirken der Wetterelemente (Temperatur, Niederschlag, Bewölkung, Wind, Luftdruck). Es ändert sich täglich, manchmal sogar mehrmals am Tag.

**Witterung**
Bleibt das Wetter in einem Gebiet über einen längeren Zeitraum, das heißt mehrere Wochen, beständig (gleich), spricht man von Witterung.

## So wertest du das Klimadiagramm aus

**Lesen der Temperaturkurve**
*Wie hoch ist die Durchschnittstemperatur?*
*Welches ist der wärmste, welches der kälteste Monat?*
Diese Fragen beantwortet dir die rote Temperaturkurve im Klimadiagramm.
– Beschreibe die Temperaturkurve. Gehe dabei auf die Temperaturen im Winter und im Sommer ein.
– Berechne mithilfe des wärmsten Monats und des kältesten Monats die Temperaturschwankung innerhalb eines Jahres.

**Lesen der Niederschlagssäulen**
*Wie viel Niederschlag fällt im Jahr?*
*Welches ist der niederschlagsreichste, welches der niederschlagsärmste Monat?*
Diese Fragen beantworten die Niederschlagssäulen.
– Beschreibe den Verlauf der Niederschlagssäulen. In welcher Jahreszeit fällt der meiste Niederschlag?

**Allgemeine Fragen**
*Welche Bedeutung haben Temperatur und Niederschlag für uns?*

**Klima**
Beobachtet und misst man die Wetterelemente eines Gebietes über 30 Jahre und trägt die gemessenen Daten zusammen, so erkennt man bei der Auswertung Besonderheiten. Die langjährig ermittelten Durchschnittswerte ergeben das *Klima*.

**M1** Stichworte

Stuttgart, 401 m ü.NN

| | J | F | M | A | M | J | J | A | S | O | N | D | Jahr |
|---|---|---|---|---|---|---|---|---|---|---|---|---|---|
| T (°C) | 1 | 0 | 5 | 8 | 13 | 16 | 18 | 17 | 14 | 9 | 4 | 0 | 9 |

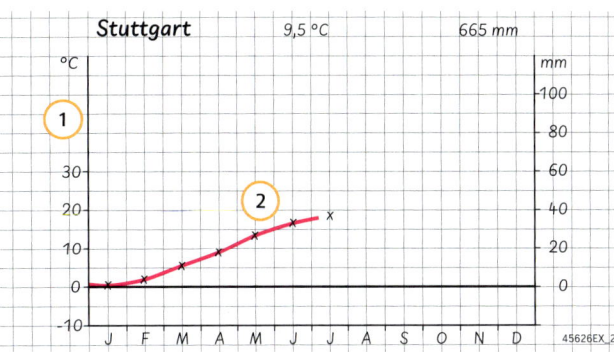

**M2** Temperaturwerte von Stuttgart (Werte gerundet)

Stuttgart, 401 m ü.NN

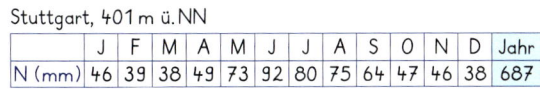

| | J | F | M | A | M | J | J | A | S | O | N | D | Jahr |
|---|---|---|---|---|---|---|---|---|---|---|---|---|---|
| N (mm) | 46 | 39 | 38 | 49 | 73 | 92 | 80 | 75 | 64 | 47 | 46 | 38 | 687 |

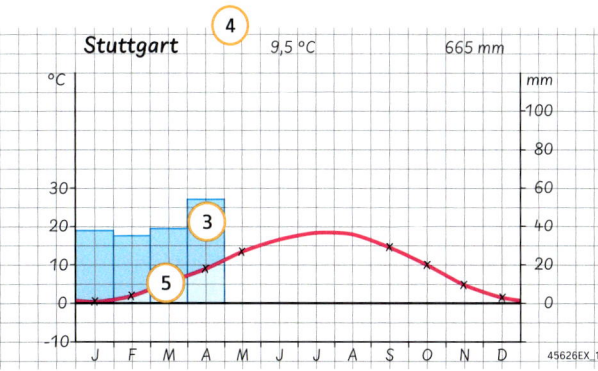

**M3** Niederschlagswerte von Stuttgart

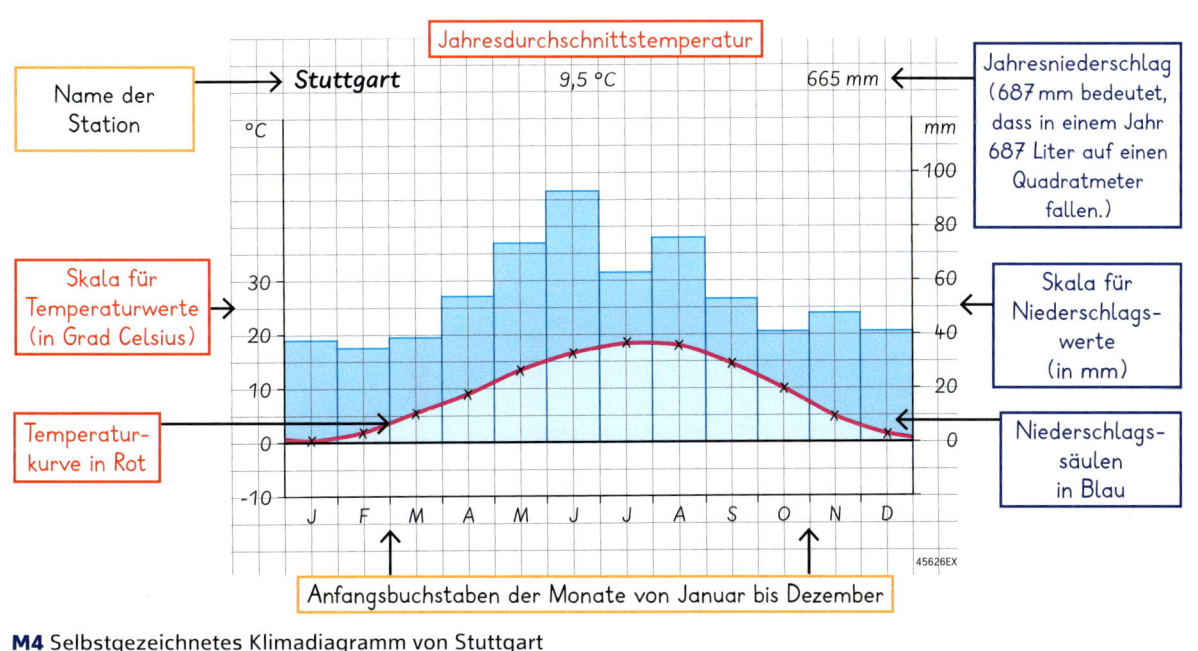

**M4** Selbstgezeichnetes Klimadiagramm von Stuttgart

## Aufgaben

**1** Was unterscheidet Wetter von Klima?

**2** Überlege dir Fragen zum Klimadiagramm von Stuttgart und stelle sie einer Mitschülerin oder einem Mitschüler.

**3** Zeichne ein Klimadiagramm deiner nächstgelegenen größeren Stadt. Die Daten dazu findest du im Internet. ↗ 222

**4** Wann ist Wetter wichtig für dich, wann Klima?

# Wolken im Stau

Marcel aus Freiburg macht mit seiner Klasse einen Tagesausflug auf den Feldberg. Obwohl es in Freiburg an diesem Tag richtig warm ist, sollen alle eine Jacke mitnehmen. Marcel wundert sich, denn es ist keine Wolke am Himmel zu sehen und es sind nur etwa 45 km zu fahren.

Als sie am Parkplatz auf dem Feldberg ankommen, ist Marcel froh, den Ratschlag befolgt zu haben, denn es ist wesentlich kühler. Woran liegt das?

## Steigungsregen

Marcel kann es noch immer nicht glauben, dass es hier oben auf dem Feldberg das ganze Jahr über wesentlich kühler sein soll als zu Hause und es außerdem wesentlich häufiger regnet. Er erkundigt sich deshalb und erhält folgende Informationen: „Wehen Luftmassen auf ein Gebirge zu, müssen sie vor diesem Hindernis aufsteigen. Im Tal ist es wärmer als zur gleichen Zeit auf den Bergen. Deshalb kühlt sich aufsteigende Luft ab. Der erst unsichtbare Wasserdampf der Luft kondensiert zu kleinen Tröpfchen. Wir sehen dann Wolken, die sich an den Berghängen stauen. Bei weiterem Anstieg der Wasser-

tröpfchen und zunehmender Abkühlung werden diese immer größer und schwerer. Die Luft kann sie nicht mehr halten: Es regnet. Diesen Regen nennt man Stau- oder *Steigungsregen*. Er ist an der windzugewandten Seite (Luvseite) der Gebirge zu beobachten. Die Gebiete im Wind- beziehungsweise Regenschatten (Leeseite) sind dagegen regenärmer. Hier hat die Luft bereits das Gebirge überquert. Sie sinkt ab und erwärmt sich wieder. Dieses Phänomen kann man in vielen Gebirgen (z. B. Alpen) oder Mittelgebirgen (z. B. Schwarzwald) beobachten."

**M1** Klimadiagramm von Freiburg

**M2** Klimadiagramm vom Feldberg

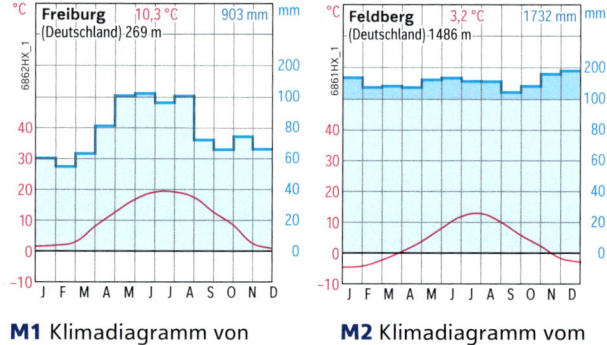

**M3** Querschnitt durch das Oberrheinische Tiefland

## Aufgaben

**1** Werte die beiden Klimadiagramme von Freiburg und vom Feldberg aus (vgl. Seite 39).

**2** Erkläre in eigenen Worten, wie Steigungsregen entsteht. Verwende dabei folgenden Begriffe: Abkühlung, Erwärmung, Lee-Seite, Luv-Seite, Regenschatten, Steigungsregen, Wolken.

**3** a) Ordne die Begriffe aus Aufgabe 2 den Ziffern im Querschnitt M3 zu.
b) Welche Begriffe könntest du auch zweimal in der Abbildung verwenden? Warum?

# Ein Mystery zum Thema Klimawandel

*Mystery*

Wie stehen die beiden Aussagen in Bild A und B miteinander in Verbindung? Bei einem Mystery ist es deine Aufgabe, den Zusammenhang zwischen zwei Aussagen, die auf den ersten Blick nichts miteinander zu tun haben, herauszufinden. Dabei gehst du folgendermaßen vor:

– Stelle mit deiner Gruppe Vermutungen auf, wie die beiden Aussagen zusammenhängen könnten.
– Betrachte die Bilder und lies die Texte.
– Gibt es Bilder und Texte, die zusammenpassen?
– Bitte deine Lehrperson, euch die Bilder und Texte von M1 zu kopieren.
– Schneide dann die Bilder und Texte aus und bringe sie in einen sinnvollen Zusammenhang.

Behalte dabei beide Aussagen vom Anfang im Blick.
– Pfeile und andere Symbole veranschaulichen deine Anordnung.
– Stelle deinen Lösungsvorschlag der Klasse vor. Beachte dabei, dass es bei einem Mystery immer mehrere Lösungsmöglichkeiten gibt.
– Wie hängen die beiden Aussagen miteinander zusammen? Beantworte abschließend diese Frage und überprüfe deine Vermutungen.

Wenn Marvin mit dem Fahrrad zur Schule fährt, statt sich von seinen Eltern mit dem Auto bringen zu lassen, ... **A**

**?**

... dann wird Ibu Mohamed Solih vielleicht seine Heimat behalten. **B**

---

**Mystery**

Ibu Mohamed Solih bewohnt eine Insel im Indischen Ozean.

Ein Auto verbrennt fossile Energieträger (Benzin/Diesel aus Erdöl gewonnen).

Wissenschaftler bestätigt: Grönlandeis geht erneut stark zurück.

**Weltweiter $CO_2$ -Ausstoß**
Mrd. Tonnen
© Westermann 30542EX_2

40
30
20
10
0
1970   1980   1990   2000   2010   2020

Bei der Verbrennung von Erdöl entsteht $CO_2$ (Kohlendioxid).

Marvins Schule ist zwei Kilometer von seiner Wohnung entfernt.

°C
15,0
14,5
14,0
13,5
1880 1900 1920 1940 1960 1980 2000 2020
1101FX_2

**$CO_2$-Ausstoß pro Person**
7129HX_1

Bus → 44 g/km
Auto → 161 g/km
Fahrrad → 0 g/km

Marvin hat keine Lust, mit dem Fahrrad zu fahren.

$CO_2$ ist mitverantwortlich für die Erderwärmung.

Wird Wasser erwärmt, vergrößert es sein Volumen.

Marvin lässt sich lieber mit dem Auto zur Schule bringen.

**M1**

# Der Klimawandel ist da

Auf der Erde wird es immer wärmer. In den letzten hundert Jahren ist die Durchschnittstemperatur weltweit um 0,8 °C gestiegen. Der Blick auf die Folgen macht deutlich, dass selbst solche geringen Änderungen große Auswirkungen haben können. Die Gletscher in den Gebirgen und an den Polen schmelzen immer mehr ab. Durch das Abschmelzen stieg seit 1993 der Meeresspiegel jährlich um 3 mm. *Wetterextreme* wie Wirbelstürme, anhaltende Dürren und schwere Gewitter treten immer häufiger auf.

## Was erwartet Deutschland?

Für Deutschland ist zu erwarten, dass in Zukunft durch den Klimawandel verstärkt trockene und heiße Sommer sowie milde und feuchte Winter auftreten. Wetterextreme wie die Stürme Lothar oder Kyrill sowie Trockenzeiten wie im Jahr 2003 werden zunehmen. Sicheren Schnee wird es nur noch in höheren Lagen der Alpen und Mittelgebirge geben.

Die Nord- und Ostseeküste wird für Badeurlauber attraktiver. Für Kraftwerke wird weniger Kühlwasser zur Verfügung stehen und die Schifffahrt wird durch niedrige Wasserstände beeinträchtigt werden.

Am meisten wird der Klimawandel das niederschlagsarme nordostdeutsche Tiefland, den Oberrheingraben und die Alpenregion betreffen. Dort wird sich die Forst- und Landwirtschaft verstärkt an die veränderten Klimabedingungen anpassen müssen.

Flussbett des Rheins (Düsseldorf 2003)

## Europa im Schwitzkasten

Sommer 2003: Im Juni, Juli und August war es so heiß wie noch nie seit Beginn der Wetteraufzeichnungen 1893. In einigen Regionen Europas fiel drei Monate kein Tropfen Regen. Am 08. August wurden im Saarland 40,8 °C gemessen – ein neuer Hitzerekord in Deutschland. Die Hitzewelle produzierte immer wieder neue Schlagzeilen.

Wetterextreme wie dieser Jahrhundertsommer sind nach Ansicht der Experten die Folge einer Klimaerwärmung auf der Erde. Solche Dürren, d. h. lange Trockenperioden, sind *Naturkatastrophen*. Ihre Auswirkungen auf Mensch und Natur machen sich nur langsam, aber unaufhaltsam bemerkbar.

Es ist noch nicht sicher geklärt, in welchem Ausmaß der Mensch durch die Nutzung von Kohle, Erdgas und Erdöl für diese Erwärmung mitverantwortlich ist.

**M2** Zeitungsmeldung zur Hitzewelle

**Hitzefrei für Atomstrom** – Niedrige Pegelstände, erwärmte Flüsse: Knappes Kühlwasser zwang Kraftwerksbetreiber zum Drosseln der Anlagen

**Millionenhilfe für dürregeschädigte Landwirte** – EU beschließt finanzielle Hilfen

**Schiffe auf dem Trockenen** – Binnenschifffahrt eingestellt

**Bahnverkehr gestört** – Verbogene Schienen durch andauernde Hitze

**M1** Schlagzeilen Zeitungsausschnitte

**M3** Der Stein-Gletscher in der Schweiz 2009 und 2020

A

Aufgrund der höheren Temperaturen verdunstet mehr Wasser. Dies wird in Form von Wolken abtransportiert und fällt an anderer Stelle als Niederschlag wieder auf die Erde. Es wird erwartet, dass trockene Regionen noch trockener werden.

B

Besonders in der Arktis hat sich das Klima bereits verändert. Tier- und Pflanzenarten, die sich an das Leben in einem kühleren Klima angepasst haben, wandern entsprechend polwärts mit. Manche Arten können sich aber nicht so schnell anpassen und sterben aus.

C

Durch die Erderwärmung beginnt der Frühling früher. So wird auch der Lebenszyklus von Insekten nach vorne verlagert. Jungvögel verlieren ihre Nahrungsgrundlage, da sich ihr natürlicher Rhythmus den veränderten Bedingungen noch nicht angepasst hat.

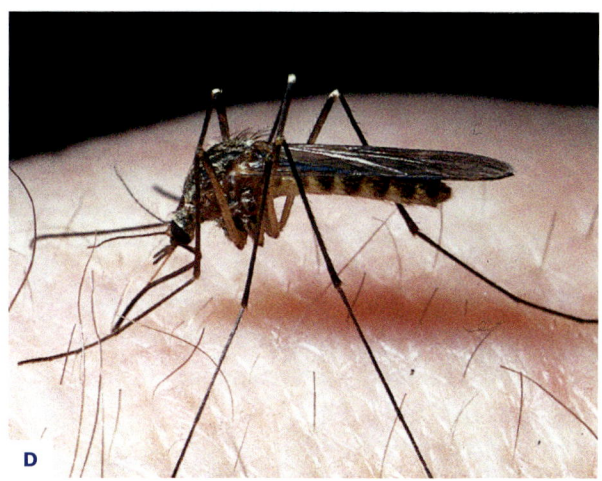

D

Krankheiten übertragende Insekten (z. B. die Malaria übertragende Anopheles-Mücke) leben bisher nur in heißen Regionen im Süden. Durch den Klimawandel finden manche Tiere vielleicht auch den Weg zu uns, für die es früher hier zu kalt zum Überleben war.

**M4** Folgen des Klimawandels

## Aufgaben

**1** Beschreibe die Folgen des Klimawandels in einer Tabelle. ↗ 222
Ordne auch die Schlagzeilen M1 in deine Tabelle ein.

**2** Erkläre das Bildpaar in M3 mit den entsprechenden Informationen aus dem Text. Berücksichtige dabei die Ursachen und die Folgen.

**3** Erkläre die Behauptung, dass die Belastungen der Alpen durch den Skitourismus immer weiter auf die Spitze getrieben werden.

**4** Befrage ältere Familienmitglieder nach ihren Beobachtungen. Beschreibe wie sich das Klima und möglicherweise das Verhalten über die Generationen geändert hat.

## Wetterbeeinflussung

**Kannst du schon**
– beschreiben, aus welchen Elementen sich das tägliche Wetter zusammensetzt? (S. 32)
– erklären, warum die Sonne im Wetterpuzzle ihren Platz in der Mitte hat? (S. 33)
– begründen, warum einzelne Wettererscheinungen für Menschen ganz unterschiedliche Bedeutung haben können? (S. 32)

## Zeig, was du kannst

**1** Schaue aus dem Fenster und beschreibe die aktuelle Wettersituation.
**a)** Überlege dir, wie dich das Wetter während des heutigen Tages beeinflussen könnte, z.B. Unternehmungen, Kleidung …
**b)** Welche Berufe würden sich über das heutige Wetter freuen, welche eher nicht? Warum?

## Wetterelemente konkret

**Kannst du schon**
– die wichtigen Merkmale der einzelnen Wetterelemente beschreiben? (S. 34/35)
– erklären, wie man die einzelnen Wetterelemente beobachtet beziehungsweise deren Daten misst und dokumentiert? (S. 34/35)
– anhand einfacher Modellversuche einzelne Wetterelemente „sichtbar und spürbar" machen, einfache Wetterbeobachtungen selbst durchführen, protokollieren und miteinander in Verbindung setzen? (S. 34/35)

## Zeig, was du kannst

**2** Jeweils vier Kärtchen gehören zusammen. Übertrage die Lösung in dein Heft. **M1**

| Luftdruck | 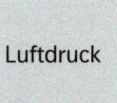 | Regen-messer | Anemo-meter |
|---|---|---|---|
| Thermo-meter | hPa Hekto-pascal | Tempe-ratur |  |
| Bewöl-kung | km/h | 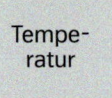 | Baro-meter |
|  | Nieder-schlag | °C Grad Celsius | Auge/ Wetter-satellit |
| Schicht-, Haufen-, Schleier-wolke | l/qm Liter pro Quadrat-meter | 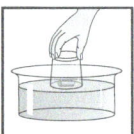 | Wind |

6864HX_1

## Fachbegriffe

– **Wetter/Wetterelemente:** Atmosphäre, Bewölkung, Luftdruck, Niederschlag, Temperatur, Wetter, Wind
– **Wettervorhersage:** Meteorologie, Wetterkarte, Wettersatelliten
– **Wetterextreme:** Gewitter, Hochwasser, Sturm
– **Klimadiagramm:** Jahresdurchschnittstemperatur, Jahresniederschlag, Klima, Niederschlagssäule,Temperaturkurve, Witterung

# Klimadiagramme

### Kannst du schon

– erklären, worin der Unterschied zwischen Wetter und Klima besteht? (S. 38)
– erklären, wie man beim Zeichnen eines Klimadiagramms vorgehen muss, und kannst dies auch selbst durchführen? (S. 38/39)
– Fragen entwickeln, die helfen, ein Klimadiagramm auszuwerten? (S. 38/39)
– den Klimadiagrammen wichtige Werte entnehmen, das heißt sie entschlüsseln, und daraus Rückschlüsse zum Beispiel auf die Landwirtschaft ziehen? (S. 39)

## Zeig, was du kannst

**3** Die Abbildung zeigt ein Klimadiagramm aus unserer Hauptstadt Berlin. Entnimm die entsprechenden Daten aus dem Klimadiagramm, um die folgenden Fragen zu beantworten:

In welcher Höhe liegt die Wetterstation? Die Durchschnittstemperatur beträgt: ... In welchem Monat ist die Temperatur am höchsten? In welchem Monat ist die Temperatur am niedrigsten? In welchen Monaten liegt die Durchschnittstemperatur über 10 °C? Im Jahr fallen in Berlin ... Niederschlag. Welche Monate weisen die größten Niederschläge auf?

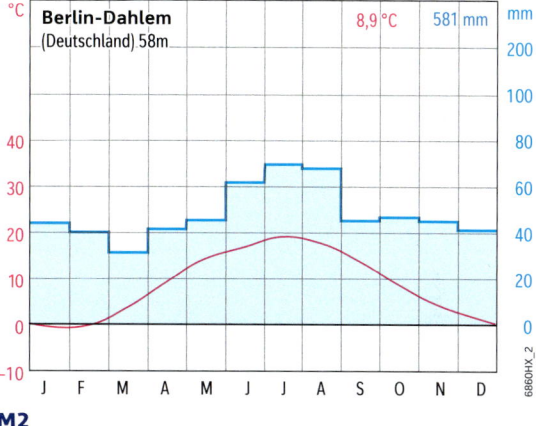

**M2**

# Steigungsregen

### Kannst du schon

– die Entstehung von Steigungsregen erklären?

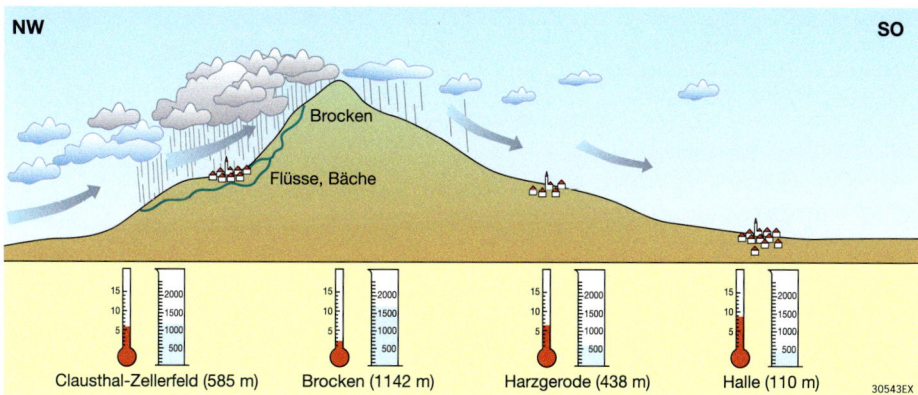

**M3**

## Zeig, was du kannst

**4** Verorte den Querschnitt in einer Karte. Um welches Gebirge handelt es sich?

**5** Vergleiche das Wetter auf der Luv- und Leeseite.

**6** Erkläre die Entstehung von Steigungsregen.

# 3

# Landwirtschaft bei uns

M1 Landwirtschaft in Baden-Württemberg

In diesem Kapitel lernst du ...
... die Landwirtschaft bei uns in Baden-Württemberg kennen. Du erfährst, wie sie sich verändert und entwickelt hat, und bekommst einen Einblick in verschiedene Formen der *Landwirtschaft*. Du lernst, in welche Naturräume sich unser Bundesland gliedern lässt und wie Klima und Boden die Landwirtschaft beeinflussen.
Du kannst üben, dir mithilfe einer selbst erstellten Kartenskizze Baden-Württemberg besser einzuprägen.

# Besuch eines Ackerbaubetriebes

Die Klasse 5a möchte einen Bauernhof in der Umgebung erkunden. Die Klasse hat zu Bauer Siegert Kontakt aufgenommen. Er betreibt einen Ackerbaubetrieb im Kraichgau. Auf dem Hof angekommen führt die erste Gruppe mit Herrn Siegert ein Interview durch (M5).

## Die Arbeit auf dem Bauernhof

Herr Siegert erklärt: „Die Arbeit, die früher von vielen Menschen gemacht werden musste, wird heute von Maschinen und Geräten erledigt. Man nennt dies *Mechanisierung*. Die Maschinen und Geräte hier gehören mir. Sie müssen gepflegt, gewartet und repariert werden. Manche Maschinen miete ich mir aber auch. So muss ich nicht alle Maschinen selbst kaufen.

Auch elektronische Hilfsmittel unterstützen die landwirtschaftliche Arbeit. Das Internet gibt nützliche Informationen, beispielsweise aktuelle Wettervorhersagen. Beim *Regenfeldbau* genügt den Pflanzen zumeist der natürliche Niederschlag. Bei Bedarf lassen sich aber mit dem Smartphone die Beregnungsanlagen aktivieren. Auch Maschinen werden oft elektronisch gesteuert.

Mein Tag beginnt und endet meistens im Büro: E-Mails lesen, Wetterdaten prüfen, mit Händlerinnen oder Händlern Verkaufsgespräche führen. Dann geht's aufs Feld: Boden pflügen, Kartoffeln stecken, düngen, ernten. Abends lese ich oft noch Fachtexte über neuere Entwicklungen in der Landwirtschaft. Man muss einfach auf dem Laufenden sein."

### Betriebsspiegel 1970

**Betriebsform:**
Mischbetrieb (Ackerbau, Schweine)
**Arbeitskräfte:**
– Familie (Vater, Sohn, Mutter, Onkel, Tante)
– 1 bis 2 Saisonkräfte
**Betriebsgröße:**
40 Hektar
**Tiere:**
Schweine
**Pflanzen:**
Zwiebeln, Kartoffeln, Karotten, Getreide, Mais

**M3** Informationen zum Hof

**M1** Der Hof der Familie Siegert im Kraichgau

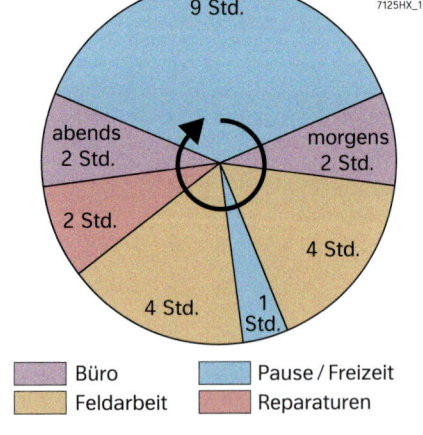

© Westermann
7125HX_1

9 Std.

abends 2 Std.

morgens 2 Std.

2 Std.

4 Std.

4 Std.

1 Std.

Büro — Pause / Freizeit
Feldarbeit — Reparaturen

**M4** Ein Arbeitstag im Sommer

**M2** Bei der Arbeit

Herr Siegert, wie groß ist ihr Hof?

> Ich bewirtschafte im Moment eine Fläche von ca. 80 Hektar. Das entspricht der Größe von ungefähr 80 Fußballfeldern.

Haben sie Tiere auf dem Hof?

> Früher, als mein Vater noch den Hof führte, hatten wir einen Mischbetrieb, bestehend aus ca. 300 Schweinen und dem Ackerbau. Aber das lohnt sich nicht mehr. Außerdem machen Schweine sehr viel Arbeit. Wir sind heute ein reiner Ackerbaubetrieb.

Und welche Pflanzen bauen sie an?

> Meine Eltern bauten früher viele verschiedene Pflanzen auf kleinen Flächen an. Ich beschränke mich auf wenige Pflanzen. Getreide, Kartoffeln und Gemüse baue ich auf möglichst großen Flächen an. Diesen Vorgang nennt man Spezialisierung.

Wie viel verdienen sie?

> Das hängt von vielen Dingen ab: vom Wetter, von den Preisen, die ich für meine Erzeugnisse bekomme.

**M5** Interview mit Herrn Siegert

## Extra

**Pflanzen, die auf dem Hof angebaut werden**

Herr Siegert erklärt: „Auf einem Feld darf nicht jedes Jahr dieselbe Pflanze angebaut werden. Deswegen bepflanze ich jedes Feld in einer bestimmten Reihenfolge: So baue ich zum Beispiel im ersten Jahr Erbsen, im zweiten Jahr Kartoffeln, im dritten Jahr Zuckerrüben, im vierten Jahr Zwiebeln und im fünften Jahr Weizen an. Im sechsten Jahr kann ich dann wieder mit Erbsen beginnen.

Diesen *Fruchtwechsel* macht man, weil sich die Pflanzen unterschiedliche Nährstoffe aus dem Boden ziehen. So hat der Boden genügend Zeit, sich wieder zu erholen. Außerdem verringert eine sinnvolle Fruchtfolge auch das Auftreten von Pilzkrankheiten und den Befall mit tierischen Schädlingen. Diesen Wechsel der Anbaupflanzen kennt man schon seit dem Mittelalter."

| | Feld 1 | Feld 2 | Feld 3 | Feld 4 |
|---|---|---|---|---|
| 1. Jahr | 🌱 | 🥔 | 🌰 | 🧄 |
| 2. Jahr | 🥔 | ? | 🧄 | 🌾 |
| 3. Jahr | 🌰 | ? | ? | 🌱 |
| 4. Jahr | ? | 🌾 | ? | ? |
| 5. Jahr | ? | ? | ? | ? |

7128HX_1
© Westermann

**M6** Fruchtwechsel

## Aufgaben

1 Beschreibe die Veränderungen, von denen Herr Siegert berichtet. ↗ S. 223

2 Erstelle einen aktuellen Betriebsspiegel des Hofes (vgl. M3).

3 Wärst du gerne Landwirtin oder Landwirt? Begründe und zähle Vor- und Nachteile auf.

4 Erkläre, warum ein Fruchtwechsel notwendig ist.

5 Übernimm Tabelle M6 in dein Heft und ergänze sie mithilfe des Textes.

6 Welche Pflanzen baut Herr Siegert unter anderem an? Sortiere die Buchstaben zu richtigen Begriffen und ordne diese den Bildern zu.

weibelnZ
tolnffreaK
Ebersn
zieWen
Züberrucken

# Regionales Gemüse von der Reichenau

Die Reichenau ist das südlichste Gemüseanbaugebiet in Deutschland. Hier sind die Voraussetzungen für das Wachstum von Gemüse ideal: ein sonnenreiches und warmes Klima, gute Böden und nicht zu viel Niederschlag.

Gemüsepflanzen gehören wie auch alle Obstsorten zu den *Sonderkulturen*. Diese erfordern viel Arbeit und eine intensive Pflege. So muss beispielsweise die Beregnung für jede Gemüseart abgestimmt werden. Außerdem müssen die empfindlichen Produkte von Hand geerntet werden. Dafür werden viele Erntehelferinnen und Erntehelfer benötigt. Auf der Reichenau werden viele Gemüsesorten in Gewächshäusern angebaut.

Das verlängert die Erntezeit. Das geerntete Gemüse muss gekühlt und schnell auf den Markt gebracht werden, damit es möglichst frisch zur Kundschaft gelangt. Beim Verkauf bringt das anspruchsvolle Gemüse mehr Geld ein als Getreide oder Zuckerrüben.

## Regional und saisonal

Obst und Gemüse sind *saisonale Produkte*. Wenn sie nicht im Gewächshaus angebaut werden, kann jede Obst- und Gemüsesorte nur zu einer bestimmten Jahreszeit geerntet werden.

Wer möglichst frische und aromatische Ware kaufen möchte, sollte sich nach saisonalen Angeboten richten und auf *regionale Produkte* achten. In der Region angebautes Obst und Gemüse muss nicht so weit transportiert werden. Das schont die Umwelt und unterstützt die Landwirtschaft vor Ort.

**M2** Maßnahmen zur Ertragssteigerung

**M1** Salatfelder auf der Gemüseinsel Reichenau

Ich verkaufe mein Gemüse direkt an meine Kundschaft. Mit den Abnehmenden verhandle ich im Vorfeld selbst über die Bedingungen und schließe Verträge ab. So ist sicher, dass sie meine Produkte abnehmen, und ich kann gut planen. Außerdem weiß ich dann immer, was meine Kundschaft im nächsten Jahr anbieten wollen, und ich kann entsprechend anpflanzen. Nach der Ernte lasse ich das Gemüse verpacken und ausliefern. Einen Teil der Ernte verkaufe ich auch direkt bei mir im Hofladen und auf dem Markt.

**M3** Gemüsebauer Bögle berichtet

Ich bin Mitglied in der Genossenschaft und liefere meine gesamte Ernte dort ab. Die Genossenschaft ist unser Großmarkt, denn sie kümmert sich um die Vermarktung unserer Produkte. Verkauft wird unser Gemüse an den Einzelhandel und die Gastronomie sowie direkt an den Verkaufsstellen der Genossenschaft. Das ist für die einzelnen Bäuerinnen und Bauern sehr praktisch. Der Vertrieb der Waren wird zuverlässig und zentral organisiert und wir können uns ganz auf die Produktion konzentrieren.

**M5** Gemüsebauer Stocker erzählt

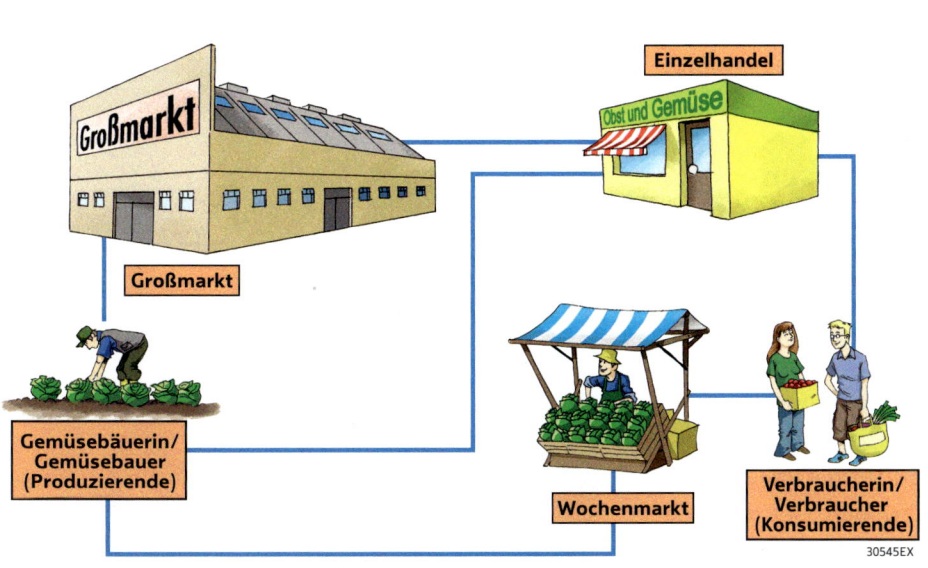

**M4** Der Weg des Gemüses aus der Reichenau

**M6** Kennst du das Gemüse?

## Aufgaben

**1** Zeige den Weg des Gemüses bei Bauer Bögle und bei Bauer Stocker auf. Verwende dabei die Begriffe aus der Grafik (M4).

**2** Zähle drei Merkmale von Sonderkulturen auf.

**3** Nenne Vor- und Nachteile, die beim Einkauf regionaler und saisonaler Produkte entstehen.

**4** **a)** Arbeite aus M2 heraus, welche Maßnahmen Bäuerinnen und Bauern ergreifen, um die Erträge zu steigern.

**b)** Erläutere, warum diese Maßnahmen ertragssteigernd wirken.

**5** Es gibt unterschiedliche Wege, Gemüse zu vermarkten. Sammle Vor- und Nachteile in einer Tabelle. ↗ S. 223

**6** Weshalb ist es für Bäuerinnen und Bauern so wichtig, ihre Produkte möglichst direkt zu Beginn der Saison auf den Markt zu bringen.

# Schweine aus der Fabrik

Viele Menschen essen fast täglich Fleisch, zum Beispiel als Wurst, Schnitzel oder im Hamburger, im Döner oder auf der Pizza. Im Supermarkt gibt es fast immer Sonderangebote: viel Fleisch für wenig Geld. Tatsächlich kostet Schweinefleisch heute kaum mehr als vor zwanzig Jahren.

Die niedrigen Fleischpreise werden nur durch *Massentierhaltung* ermöglicht. Dabei werden die Nutztiere in großer Zahl auf engem Raum gehalten und in möglichst kurzer Zeit zur Schlachtreife gebracht. Solche Unternehmen haben kaum noch Ähnlichkeit mit den kleinen Bauernhöfen im Mischbetrieb. Im Münsterland und im Raum Oldenburg haben sich viele Bauern auf die Schweinemast spezialisiert. Die Ställe der Betriebe gleichen eher einer Fabrikhalle. In aufgereihten Boxen stehen jeweils zehn Schweine dicht gedrängt zusammen. Der Boden der Boxen besteht aus Spaltböden, das sind Holz- oder Metallplatten mit Schlitzen, durch die Urin und Kot der Tiere hindurchfallen. Das erspart dem Landwirt das Ausmisten der Ställe.

## Gülle – ein Problem der Massentierhaltung

Ein großes Problem bei der Massentierhaltung ist die Entsorgung der Gülle. Gülle ist ein Gemisch aus Kot und Urin. Ein Schwein z. B. erzeugt davon täglich vier Kilogramm. In einem Mastbetrieb mit 400 und mehr Schweinen fallen somit große Mengen an. Gülle wird als Dünger auf die Felder gefahren. Um eine Überdüngung zu vermeiden, dürfen die Bauern aber nur zweimal im Jahr Gülle ausbringen. Das restliche Jahr über muss sie in großen Tanks gesammelt werden, die ebenfalls einen starken Gestank verbreiten und so die Menschen belästigen.

## In kurzer Zeit zum Schlachtgewicht

Die Fütterung der Schweine erfolgt computergestützt. Die Tiere erhalten eine genau auf die Bedürfnisse abgestimmte Nährstoffmenge. Dadurch sind sie sehr schnell schlachtreif. Früher dauerte es weit über ein Jahr, bis ein Schwein das Schlachtgewicht von 110 kg erreichte, heute dauert es nur noch vier bis sechs Monate. So kann der Landwirt zwei- bis dreimal so viele Schweine im Jahr verkaufen als früher.

**M1** Moderner Schweinestall

**M2** Gülle ausbringen

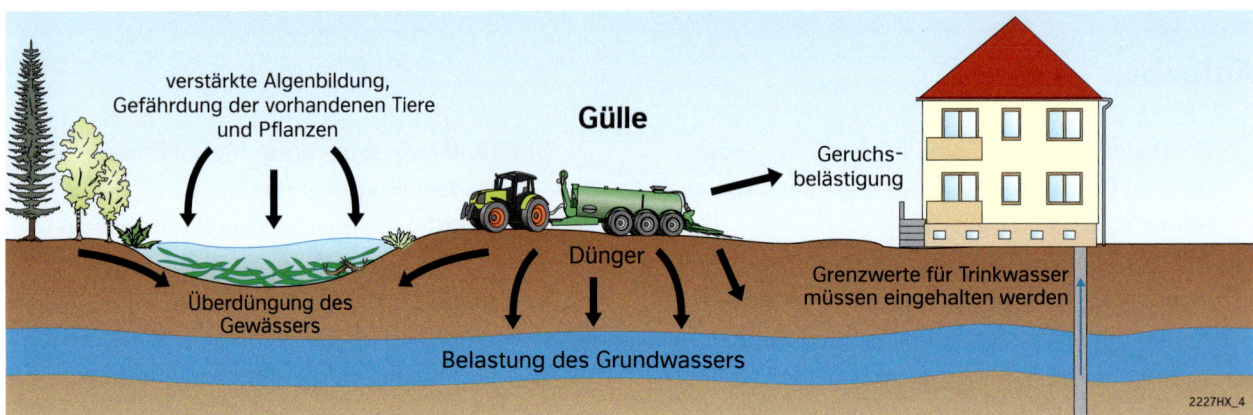

verstärkte Algenbildung, Gefährdung der vorhandenen Tiere und Pflanzen

Gülle

Geruchsbelästigung

Überdüngung des Gewässers

Dünger

Grenzwerte für Trinkwasser müssen eingehalten werden

Belastung des Grundwassers

2227HX_4

**M3** Probleme mit der Gülle

M4 Fleischangebot im Supermarkt

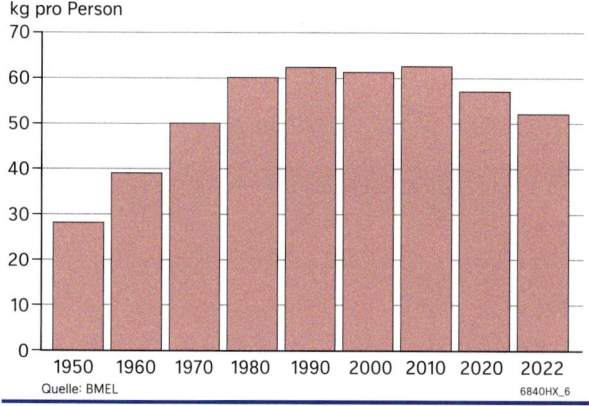

M5 Fleischverzehr in Deutschland

## Aufgaben

1. Beschreibe die Schweinemast im Massentier-haltungsbetrieb.
2. Beschreibe die Entwicklung des Fleisch-verzehrs in Deutschland seit 1950.
3. Nenne mithilfe des Atlasses Standorte der Schweine-, Hühner- und Rinderzucht in Deutschland.
4. Erkläre, warum Schweinefleisch so preiswert angeboten werden kann.
5. Wenn Schweine schreiben könnten ... Formuliere einen Brief aus der Sicht eines Schweines an den Landwirt: „Meinen Stall stelle ich mir so vor ...", „zum Fressen wünsche ich mir ...", „mein Auslauf wäre ..."
6. Erkundige dich im Internet über die verschie-denen Haltungsformen von Hühnern: Frei-land-, Boden-, Käfighaltung. Vergleiche diese in Bezug auf Stallfläche, Auslauffläche pro Huhn oder Anzahl der Hühner pro Stall. (Stichwort: „Eierkennzeichnung"). ↗ S. 223

## Formen der Legehennenhaltung

In Deutschland werden ca. 40 Mio. Hühner für die Eierproduktion gehalten. Bis 2010 wurden Hühner auch in sogenannten Legebatterien gehalten. Darin hatte ein Huhn so viel Platz, wie ein DIN-A4-Blatt groß ist.

Heute unterscheidet man Bioeier von Eiern aus Freilandhaltung, Bodenhaltung oder Haltung in Kleingruppenkäfigen von bis zu 60 Hennen auf etwa 2,5 m². Anders als die alten Legebatterie-käfige enthalten die in mindestens drei Etagen übereinander angeordneten neuen Käfige Sitz-stangen, Nester und Einstreu. Trotzdem kann wegen der Enge nicht von artgerechter Haltung gesprochen werden, weil viele Grundbedürfnis-se wie Scharren und Picken unerfüllt bleiben.

**Eierkennzeichnung:**
Jedes Ei gibt durch eine Stempel Auskünfte:
Bei **1-DE-1383331** zeigt die ers-te Zahl die Art der Haltung: 0 Ökoeier, 1 Freilandhaltung, 2 Bodenhaltung, 3 Käfig-haltung/Kleingruppenhaltung. Dann folgt die Angabe des Herkunftslandes, z. B. DE für Deutschland. Die ersten beiden Zahlen der nächsten Nummer bezeichnen das Bundesland, z. B. 13 für Mecklenburg-Vor-pommern. Die Zahlen 3 bis 6 zeigen den Legebetrieb und die letzte Ziffer den Stall.

# Ökologischer und herkömmlicher Landbau

Wenn du im Supermarkt mit deinen Eltern einkaufen gehst, könnt ihr euch bei vielen Lebensmitteln entscheiden, ob ihr Bioprodukte kaufen wollt oder solche, die in herkömmlicher Landwirtschaft angebaut werden. Aber wo genau liegen die Unterschiede? Um das herauszufinden, solltest du dir beide Produktionsarten genauer anschauen.

Dazu arbeitest du in Partnerarbeit: Einer von euch stellt den ökologischen Landbau vor, die andere den herkömmlichen. Wie ihr genau vorgeht, zeigt euch die Starthilfe „Partnerarbeit" auf ↗ S. 223.

## Das Bio-Siegel

Das staatliche Bio-Siegel gibt es seit dem Jahr 2001. Lebensmittel, die mit diesem Zeichen versehen sind, stammen aus ökologischem Landbau. Die Richtlinien, nach denen der Anbau betrieben wird, gelten in der gesamten *Europäischen Union*. Das Siegel steht für ökologische und gentechnikfreie Produktion sowie artgerechte Tierhaltung.

deutsches Bio-Siegel

EU-Bio-Logo

**M1** Das Bio-Siegel

## Der Haken an der Sache

Die ökologische Landwirtschaft stellt eine echte Alternative zur bisherigen Landwirtschaft dar. Dies ist heute unbestritten. Aber eine so umfangreiche Versorgung der gesamten Bevölkerung wie heute ist durch Ökohöfe nicht möglich. Außerdem können und wollen sich viele Menschen in Deutschland ökologisch hergestellte Produkte wegen der höheren Preise nicht immer leisten.

**M3** Bioprodukte im Supermarkt

**M2** Landwirtschaftliche Produktion

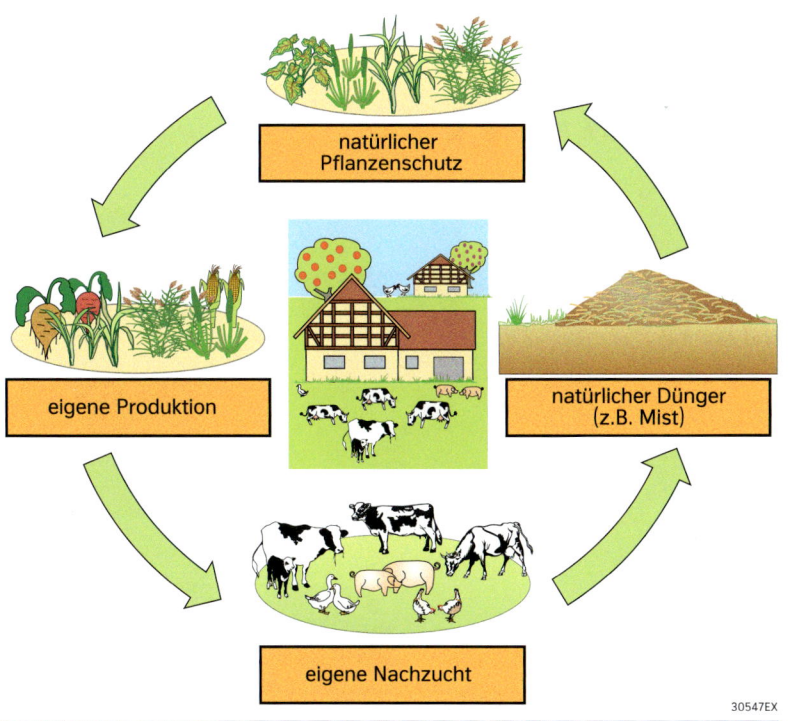

M4 Produktionsweise beim ökologischen Landbau

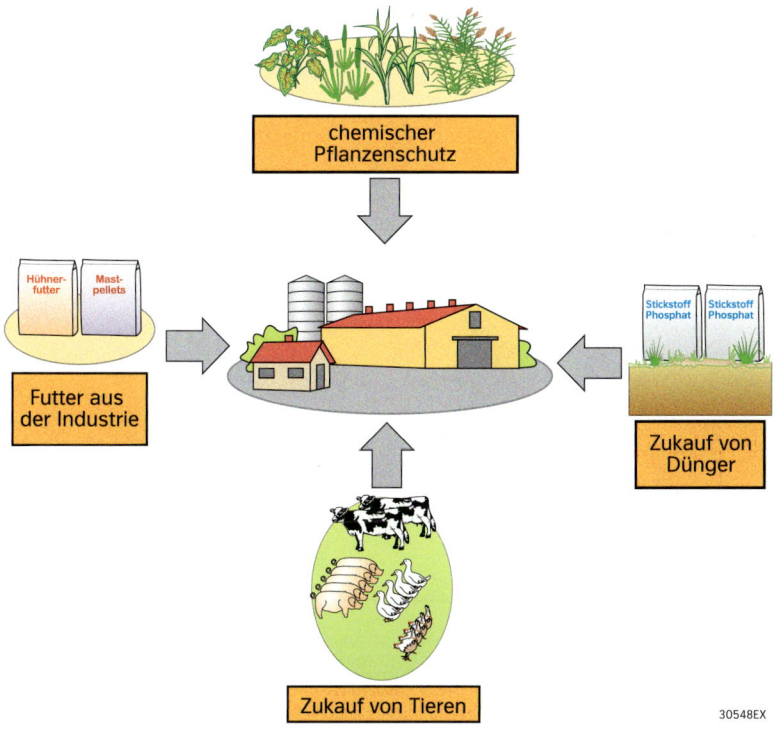

**M5** Produktionsweise beim herkömmlichen Landbau

**Zusatzmaterial 1**

Verwende das Zusatzmaterial, wenn du mit Abbildung M4 gut zurechtgekommen bist und noch Zeit hast.

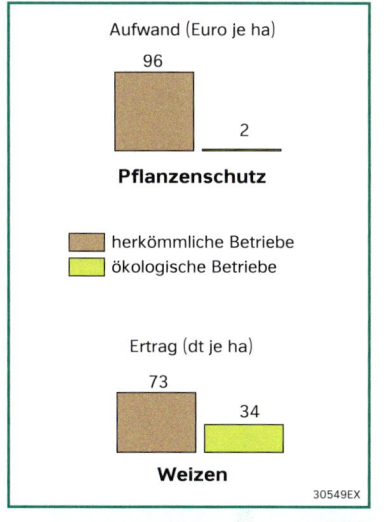

**M6**

**Zusatzmaterial 2**

Verwende das Zusatzmaterial, wenn du mit Abbildung M5 gut zurechtgekommen bist und noch Zeit hast.

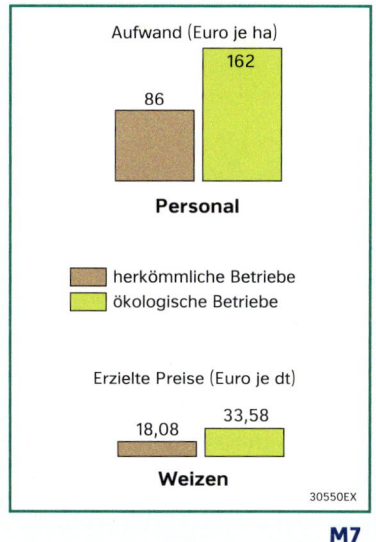

**M7**

## Aufgaben

1 Ordne die Bilder dem ökologischen oder dem herkömmlichen Landbau zu.

2 Erstelle eine Tabelle, in der du Merkmale der beiden Wirtschaftsweisen gegenüberstellst.

3 Nicht einmal jeder zehnte Betrieb in Deutschland betreibt ökologische Landwirtschaft. Überlege, warum.

# Strukturwandel in der Landwirtschaft

## Nachwachsende Rohstoffe

Für viele Landwirtinnen und Landwirte bedeutet die Erzeugung von Energie aus nachwachsenden Rohstoffen eine zusätzliche Einnahmequelle, mit der sie ihre Existenz sichern können. Gegnerinnen und Gegner dieser Art der Energieerzeugung sind jedoch nicht damit einverstanden, dass Pflanzen wie Getreide, Mais und Raps nicht als Nahrungsmittel genutzt werden, während es immer noch Menschen auf dieser Erde gibt, die Hunger leiden.

**M1** Es hat sich vieles geändert

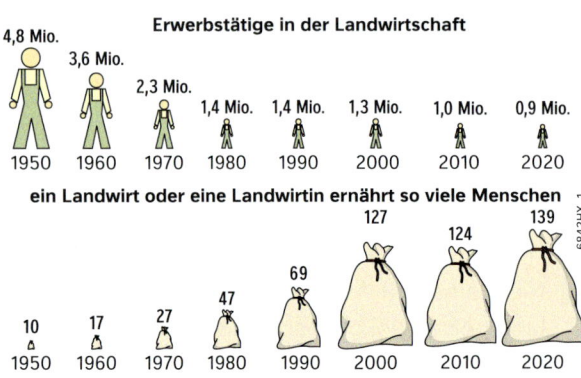

**Erwerbstätige in der Landwirtschaft**

| | | | | | | | |
|---|---|---|---|---|---|---|---|
| 4,8 Mio. | 3,6 Mio. | 2,3 Mio. | 1,4 Mio. | 1,4 Mio. | 1,3 Mio. | 1,0 Mio. | 0,9 Mio. |
| 1950 | 1960 | 1970 | 1980 | 1990 | 2000 | 2010 | 2020 |

**ein Landwirt oder eine Landwirtin ernährt so viele Menschen**

| 10 | 17 | 27 | 47 | 69 | 127 | 124 | 139 |
|---|---|---|---|---|---|---|---|
| 1950 | 1960 | 1970 | 1980 | 1990 | 2000 | 2010 | 2020 |

6842HX_1

**M2** Beschäftigte in der Landwirtschaft

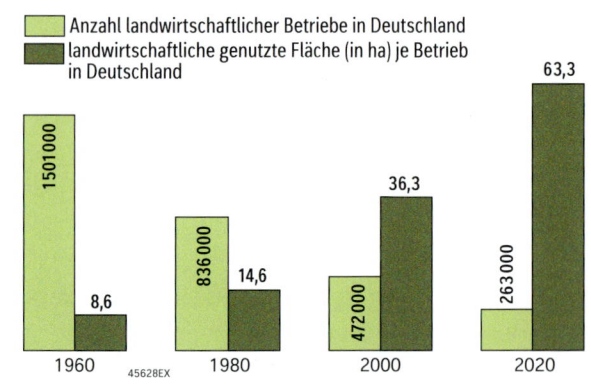

Anzahl landwirtschaftlicher Betriebe in Deutschland
landwirtschaftliche genutzte Fläche (in ha) je Betrieb in Deutschland

| | 1960 | 1980 | 2000 | 2020 |
|---|---|---|---|---|
| Anzahl Betriebe | 1501000 | 836000 | 472000 | 263000 |
| Fläche je Betrieb (ha) | 8,6 | 14,6 | 36,3 | 63,3 |

45628EX

**M3** Anzahl der Betriebe und Betriebsgrößen

Aufgrund der sinkenden Preise in der Landwirtschaft musste ich mich neu orientieren. Ich verkaufte meine Schweine und investierte in eine Biogasanlage. Diese erzeugt aus pflanzlicher Biomasse Strom und Wärme.

Besonders stolz bin ich auf die riesigen Fotovoltaikanlagen. Diese erzeugen Strom für viele Haushalte.

Auch ich bin ein Energiewirt. Im Wald fälle ich Bäume, die ich zu Brennholz verarbeite. Viele Menschen heizen damit ihr Zuhause.

Seit dem Jahr 2000 werden erneuerbare Energien in Deutschland und in der Europäischen Union gefördert. Seitdem baue ich Mais nur noch für meine Biogasanlage an.

Zur Aufzucht junger Gemüsepflanzen – zum Beispiel Salat – brauche ich sehr viel Wärme in meinen Gewächshäusern. Diese gewinne ich nun aus Biogas – damit wirtschafte ich unabhängiger und nachhaltiger.

Ja, diese riesigen Rapsfelder gehören alle mir! Aus Raps wird unter anderem Biodiesel hergestellt, mit dem schon heute viele Autofahrer ihre Fahrzeuge betanken.

**M4** Landwirtschaft oder Energiewirtschaft?

**M5** Energie aus der Landwirtschaft

## Aufgaben

1. Beschreibe, was auf den Bildern passiert, und bilde passende Bildpaare (früher/heute).
2. Beschreibe, wie Landwirtinnen und Landwirte Energie gewinnen (M3).
3. Beschreibe die Entwicklungen in M2. Versuche, diese zu erklären.
4. Begründe, warum manche Bäuerinnen und Bauern eine Weiterbildung zur Energiewirtin oder zum Energiewirt machen.

5. Vergleiche die landwirtschaftlich genutzte Fläche 1960 und 2020 in M3. Ermittle anschließend, wie sich die Gesamtfläche verändert hat. ↗ S. 223
6. Deine Meinung ist gefragt: Kannst du dir vorstellen, dass die Erzeugung von Energie aus nachwachsenden Rohstoffen auch Nachteile haben könnte?

# Wichtig für die Landwirtschaft – der Boden

In einer frischen Kiesgrube, wo der *Boden* abgetragen wurde, gedeihen in Sand und Kies nur wenige Pflanzen. Warten wir allerdings einige Tausend Jahre, würden wir auch diese Stelle wieder mit Erde und zahlreichen Pflanzen bedeckt finden. Tatsächlich ist der fruchtbare Boden unserer Felder, Wiesen und Wälder fast überall nach dem Ende der letzten Eiszeit im Laufe von rund 12000 Jahren entstanden.

## Bodenbildung

### 1. Umwandlung der Streu

Auf einem Waldboden liegen Laub und Nadeln, die sogenannte Streu. Heben wir die Streulage Schicht für Schicht ab, so können wir beobachten, dass Laub und Nadeln nach der Tiefe hin zunehmend stärker zersetzt sind, bis sich schließlich keine Pflanzenreste mehr erkennen lassen. Dies liegt daran, dass der Boden von einer Vielzahl von *Bodenlebewesen* bewohnt ist. Viele davon fressen Streu, z. B. Asseln, Regenwürmer und Tausendfüßler. Darüber hinaus gibt es Millionen von Bakterien, Pilzen und anderen Kleinstlebewesen, die die Streu zersetzen. So entsteht *Humus*. Der Humusgehalt eines Bodens ist entscheidend für seine Fruchtbarkeit, weil an den Humusteilchen Mineralstoffe angelagert werden. Zudem wird der Boden durch Humus aufgelockert.

### 2. Umwandlung des Gesteins

Neben der Streu ist das *Ausgangsgestein* verantwortlich für die Bildung und ständige Erneuerung des Bodens, was wir anhand eines Schnitts (Bodenprofil, M1) untersuchen: Über dem festen Gestein erscheint das Gestein zermürbt; dieses Material bezeichnet man als Gesteinszersatz, obwohl das Ausgangsgestein noch deutlich zu erkennen sind. Die täglichen Temperaturschwankungen reichen bis in das Gestein hinein und führen dort zu Spannungen. So beginnt sich der feste Gesteinsverband im Laufe langer Zeiträume zu lockern. Im Winter kann Frostsprengung einsetzen und im Sommer erweitern wachsende Wurzeln die Spalten und Risse. Je weiter wir nach oben kommen, desto zersetzter ist das Gestein. Der Boden ist demnach ein Umwandlungsprodukt aus organischen (Streu) und mineralischen (Gesteinsumwandlung) Bestandteilen, auf dem Pflanzen gedeihen können.

**M1** Aus Gestein wird Boden

## Boden – ein wertvolles Gut

Die Bodenfruchtbarkeit ist entscheidend, ob Kulturpflanzen ertragreich gedeihen. Doch nur auf etwa einem Fünftel der Festlandsfläche ist fruchtbarer Boden zu finden. Hierzu gehören wertvolle Lössböden oder Überschwemmungsgebiete in den Flusstälern. Zwei Fünftel der Böden sind nur mäßig fruchtbar. Sie müssen aufwendig be- oder entwässert oder gedüngt werden. Der Rest sind Wüste oder höhere Gebirge, wo kein Anbau möglich ist.

**M2** Unfruchtbare Sandwüste

## Bodennutzung

Der Boden wird in vielfältiger Weise genutzt:

• Auf ihm wachsen Nahrungs- und Futtermittel sowie Holz.

• Er ist Wasserspeicher und Filter bei der Bildung des wertvollen Grundwassers.

• Für Siedlungen, Industrie, Gewerbe und Straßen stellt der Boden die entsprechenden Flächen zur Verfügung.

• Die Rohstoffwirtschaft fördert die unter der Bodendecke lagernden Bodenschätze.

• Die Abfallwirtschaft nutzt Bodenflächen für die Lagerung von Abfällen auf Halden und Deponien.

## Bodenbelastung

**Abgase:** Industrie und Kraftwerke, aber auch unsere Heizungen und unsere Autos erzeugen Abgase. Sie gelangen mit dem Regen in den Boden.

**Düngung:** Durch den Einsatz von Dünger können Ernteerträge beträchtlich erhöht werden. Düngt man jedoch zu viel, können die Pflanzen den überschüssigen Dünger nicht mehr verwerten, z. B. reichert sich gesundheitsschädliches Nitrat in Gemüse an oder gelangt ins Grundwasser. Auch Phosphate aus Düngemitteln werden in Gewässer geschwemmt und verursachen ein vermehrtes Algenwachstum.

**Bodenverdichtung:** Im Gegensatz zu früher sieht man heute auf den Feldern nur noch wenig Menschen, aber dafür mehr und vor allem schwere Maschinen. Das Risiko für Bodenverdichtung steigt (M3).

**Bodenversiegelung:** Wird eine Straße gebaut oder ein Parkplatz errichtet, schließt man den Boden von seiner Umwelt ab, man versiegelt ihn (M4), sodass er für Bodenlebewesen und Pflanzen verloren ist. Dies geschieht in Deutschland pro Stunde mit einer Fläche von ca. zehn Fußballfeldern.

**Bodenerosion:** Darunter versteht man das Abtragen des Bodens durch Wasser und Wind. Gefährdet sind vor allem Felder in Hanglage.

## Aufgaben

1 Betrachte M1 und ordne Bodenschichten, die du erkennst, der Bodenbildung zu (vgl. Text).

2 Begründe, warum der Boden für den Menschen von großer Bedeutung ist.

3 Überlege, auf welche Weise die Bodenbelastung durch Industrie, Landwirtschaft und Gesellschaft eingeschränkt werden kann.

**M3** Verdichteter Boden

**M4** Versiegelter Boden

**M5** Bodenerosion

# Wir untersuchen Böden

Sammle in Flussnähe, im Wald, an Hängen, im Garten und auf Feldern je einen 1-Liter-Gefrierbeutel voll Boden. Steine, Wurzeln und dergleichen sollten entfernt werden. Trockne die Proben an der Luft.

**M1** Bei der Probennahme

Experiment 1

## Bodenart
### Benötigtes Material
Esslöffel, Bodenprobe, Wasser

### Durchführung
1. Nimm von jeder Bodenprobe einen Esslöffel voll und knete sie in der Hand mit wenig Wasser durch.
2. Vergleiche dein Ergebnis mit M2.

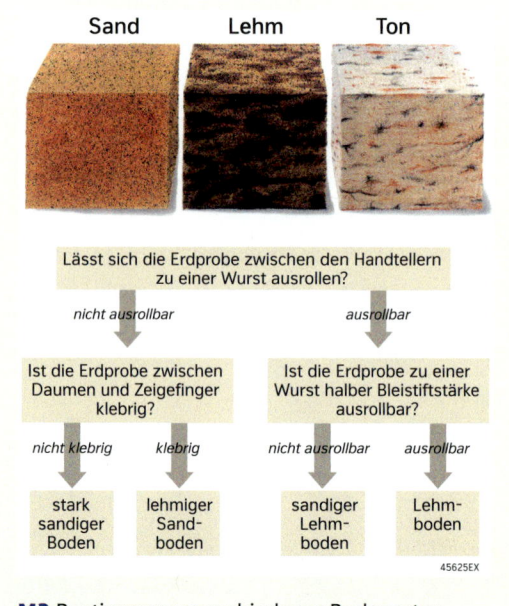

**M2** Bestimmung verschiedener Bodenarten

Experiment 2

## Wasserhaltekraft
### Benötigtes Material
Waage, Gefäß zum Wiegen, Löffel, Messbecher, durchsichtiges Gefäß, Trichter (oberer Durchmesser mindestens 10 cm), Kaffeefilter (für jede Bodenprobe), je 50 g Sand-, Ton- oder Lehmboden, Blumenerde

### Durchführung
1. Stelle einen Trichter auf die Öffnung des Gefäßes und stecke das Filterpapier in den Trichter.
2. Wiege 50 g einer Bodenprobe ab und schütte diese in den Papierfilter.
3. Fülle den Messbecher mit 100 ml Wasser und gieße dieses vorsichtig in den Trichter. Schreibe deine Beobachtungen auf.
4. Wenn kein Wasser mehr aus dem Trichter tropft, werden weitere 100 ml über die Bodenprobe gegeben. Was beobachtest du diesmal?
5. Schütte nach fünf Minuten, wenn alles durch den Trichter gelaufen ist, die Flüssigkeit im Gefäß in den Messbecher zurück. Notiere die Menge.

**M3** Versuchsaufbau Experiment 2

## Pflanzenwachstum

### Benötigtes Material

- neun gleich große Einweck- oder Marmeladengläser
- Sand, Blumenerde und sandigen Lehm oder Lehm für je drei Gläser
- eine Hand voll Saatweizenkörner, Zettel zum Kennzeichnen der Gläser, flüssigen Blumendünger
- Beobachtungsbogen für jedes Glas

### Durchführung

1. Lasse die Getreidekörner 24 Stunden in Wasser quellen.
2. Lege sie auf feuchtem Löschpapier auf einem Unterteller an einem warmen Ort aus.
3. Beschrifte die Gläser mit:
   - „Sandboden 1: nicht gegossen, nicht gedüngt"
   - „Sandboden 2: gegossen, nicht gedüngt"
   - „Sandboden 3: gegossen und gedüngt"
   - „Lehmboden 1: nicht gegossen, nicht gedüngt"
   - „Lehmboden 2: gegossen, nicht gedüngt"
   - „Lehmboden 3: gegossen und gedüngt"
   - „Blumenerde 1: nicht gegossen, nicht gedüngt"
   - „Blumenerde 2: gegossen, nicht gedüngt"
   - „Blumenerde 3: gegossen und gedüngt"
4. Pflanze gleich viele, gut entwickelte Keimlinge nach Erscheinen der ersten Wurzeln und eines Keimstängels (nach ca. drei Tagen) etwa 0,5 cm tief in den Boden, nachdem du je drei der Gläser mit luftgetrocknetem Sand, Ton- oder Lehmboden bzw. Blumenerde gefüllt hast. Der Abstand der Keimlinge voneinander sollte ca. 2 cm betragen.
5. Stelle die Gläser an einen hellen Platz mit Zimmertemperatur.
6. a) Behandle den Boden entsprechend den Anweisungen auf den Schildern und dünge einmal pro Woche bzw. gieße einmal am Tag.
   b) Halte deine Ergebnisse zweimal pro Woche im jeweiligen Beobachtungsbogen fest.

Die Bilder M4 zeigen das Ergebnis des Versuchs nach drei Wochen. Die Ergebnisse lassen vermuten, dass teilweise zu viel gegossen und gedüngt wurde.

**A**

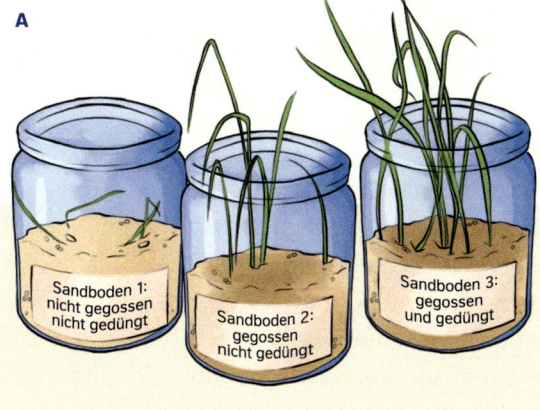

**B**

**C**

**M4** Versuchsergebnisse von Experiment 3

| Blumenerde 1: nicht gegossen, nicht gedüngt | | | |
|---|---|---|---|
| Datum | Höhe der Pflänzchen | Farbe der Pflänzchen | Anzahl der Pflänzchen |
| 1.3. | – | – | 0 |
|  |  |  |  |
|  |  |  |  |

**M5** Beispiel für einen Beobachtungsbogen

# Die Naturräume in Baden-Württemberg

## Die Gäulandschaften

Die Gäulandschaften liegen fast alle im Norden Baden-Württembergs. Es sind flache, waldarme Landschaften mit guten Ackerböden und guten klimatischen Bedingungen. Der Neckar ist die Lebensader der Landschaften. Ihre Fruchtbarkeit verdanken sie dem *Löss*. Hier werden vor allem Getreide und Zuckerrüben angebaut. Der Name Strohgäu verweist z. B. auf den Getreideanbau.

## Das Oberrheinische Tiefland

Diese Landschaft nimmt den westlichen Rand von Baden-Württemberg ein. Sie erstreckt sich von Lörrach bis Mannheim auf einer Länge von ca. 250 km und einer Breite von 10 bis 30 km. Im Süden liegt das Oberrheinische Tiefland 250 m über dem Meer, in Mannheim sind es nur noch 90 m. Das Klima ist warm. Die mittlere Temperatur liegt im Jahresdurchschnitt bei 10,5 °C.

In west-östlicher Richtung wird das Oberrheinische Tiefland in Rheinaue, Niederterrasse und Vorbergzone gegliedert. Es werden vor allem Gemüse, Obst und Wein angebaut.

## Der Schwarzwald

Meist dicht bewaldet erstreckt sich der Schwarzwald vom Hochrhein im Süden bis zum Kraichgau im Norden. Im Westen wird er von der Oberrheinischen Tiefebene begrenzt, im Osten geht er in die Gäulandschaften über. Im Schwarzwald liegt der Feldberg, mit 1493 m der höchste Berg Baden-Württembergs.

Das Mittelgebirge ist von tiefen Tälern durchzogen. Hier fällt viel Regen und die Temperaturen sind niedriger. Die Landwirte betreiben meist Vieh- und Waldwirtschaft. Von Nord nach Süd erstreckt sich der Schwarzwald über etwa 150 km, seine Breite erreicht im Süden bis zu 50 km, im Norden bis zu 30 km.

## Keuperbergland

Zwischen den Gäuflächen und der Schwäbischen Alb liegt das Keuperbergland. Die sanften Keuperhänge sind von Streuobstwiesen bedeckt, steilere Hänge eignen sich hervorragend für den Weinbau. Der Wein braucht keine fruchtbaren Böden, dafür aber Sonne, um zu reifen. Es darf auch nicht zu kalt werden.

Der größte Teil des Keuperberglandes ist mit Wald bedeckt, dort wird Waldwirtschaft betrieben. Wo es flacher ist, gibt es *Grünlandwirtschaft*.

## Die Schwäbische Alb

Die Schwäbische Alb ist eine der einheitlichsten Landschaftsräume in Baden-Württemberg. Mit einer Länge von 250 Kilometern und einer Breite von bis zu 40 Kilometern zieht sich dieses Mittelgebirge vom Hegau im Südwesten bis zum Westrand des Ries im Nordosten durch ganz Südwestdeutschland.

Die nach Nordwesten ausgerichtete Steilstufe, der Albtrauf, erhebt sich stellenweise mehr als 300 Meter über das Vorland.

Die Albhochfläche ist sehr steinig, hat wenig Oberflächenwasser und ist kaum fruchtbar, zudem sind die Temperaturen auf der Hochfläche niedrig. Es gibt daher vor allem Grünlandwirtschaft, Schafhaltung und wenige Getreideäcker.

## Oberschwaben und Alpenvorland

Oberschwaben und das Bodenseegebiet bilden den südöstlichen Landschaftsraum Baden-Württembergs zwischen dem Südrand der Schwäbischen Alb, dem Bodensee und dem Lech. Diese abwechslungsreiche Landschaft gehört zum *Alpenvorland*.

Geprägt wurde die Landschaft in den letzten *Eiszeiten*. Hier wird hauptsächlich Grünlandwirtschaft betrieben, da die Böden nicht besonders fruchtbar sind. Im Winter kann es dort recht kalt werden.

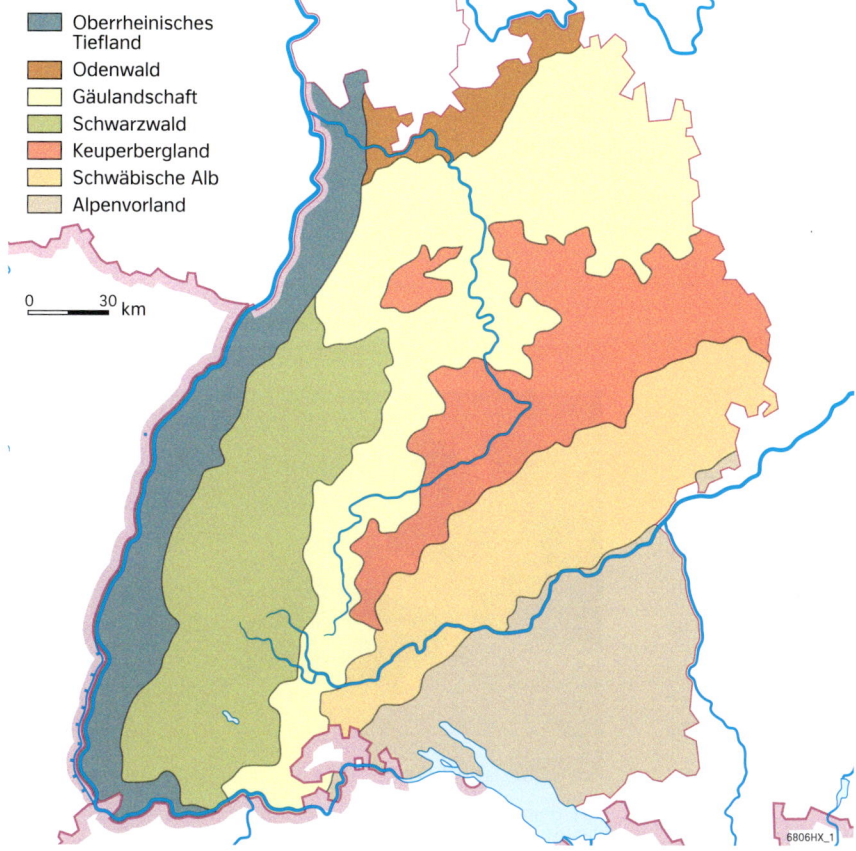

Oberrheinisches Tiefland
Odenwald
Gäulandschaft
Schwarzwald
Keuperbergland
Schwäbische Alb
Alpenvorland

0   30 km

**M1** Naturräume in Baden-Württemberg

## Aufgaben

**1** Benenne die Naturräume von Norden nach Süden.

**2** Ordne deinem Wohnort eine Großlandschaft zu und benenne diese. Wenn das nicht möglich ist: Welche Großlandschaft liegt deinem Wohnort am nächsten?

**3** Erstelle eine Tabelle der Landschaften. Trage ein, wie dort Landwirtschaft betrieben wird und was hauptsächlich angebaut wird.

**4** Die Landwirtschaft ist abhängig von der Bodenqualität und dem Klima. Erkläre nun, warum welche Art von Landwirtschaft wo betrieben wird.

# Wir erstellen eine Kartenskizze

## Arbeitsschritt 1

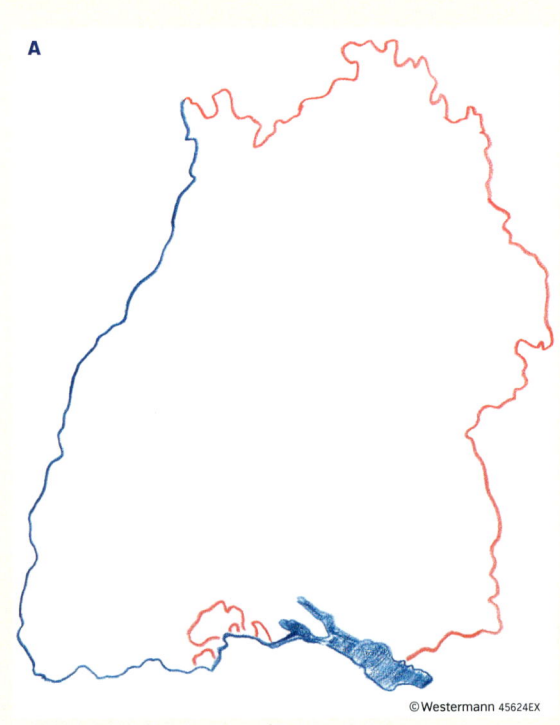

**A**

Wähle eine Karte von Baden-Württemberg aus, die du als Vorlage verwenden willst (z. B. SB S. 238). Zeichne die Landesgrenzen grob mit einem roten Buntstift auf Transparentpapier nach. Zeichne die Grenze, die der Rhein bildet, in Blau. (Normalerweise sind Ländergrenzen rot, doch dann wäre der Rhein nicht mehr gut zu erkennen.) Wenn du das Transparentpapier mit Büroklammern befestigst, kann es nicht verrutschen.

## Arbeitsschritt 2

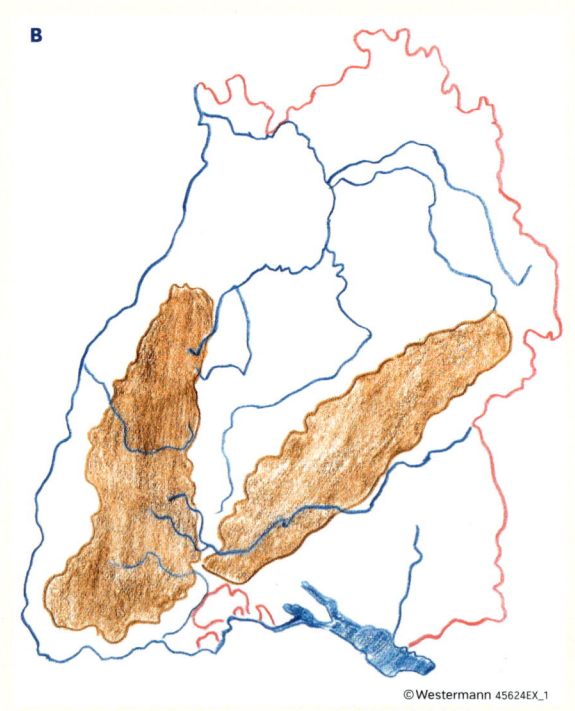

**B**

Trage die Gebirge von Baden-Württemberg mit einem grauen oder braunen Buntstift ein. Die „Wolkenform" hilft dir, den groben Umriss zu gestalten.
Zeichne die großen Flüsse mit Blau in deine Karte ein. Dabei gehst du genau wie bei dem Umriss vor. Auch Flüsse in Karten werden vereinfacht gezeichnet, so werden die vielen Flussbiegungen des Neckars einfach begradigt.

In deinem Heimatort kennst du dich so gut aus, dass du einem Fremden den Weg erklären kannst. Das geht, weil du eine genaue Vorstellung von deiner Umgebung hast. Du hast eine Karte deines Heimatortes im Kopf. Da wäre es natürlich hilfreich, auch eine Karte von Baden- Württemberg im Kopf zu haben. Aber wie schafft man es, sich eine solche Karte einzuprägen?
Am besten zeichnest du eine Kartenskizze. Das ist eine vereinfachte Karte, mit der du dir alle wichtigen räumlichen Gegebenheiten mit einfachen Formen und Linien gut merken kannst.

**M1** Beim Zeichnen einer Kartenskizze

C

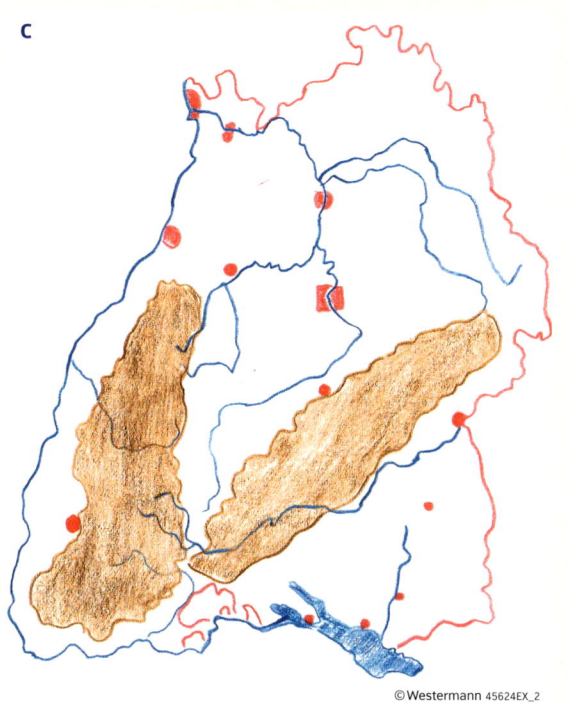

© Westermann 45624EX_2

Kennzeichne die Landeshauptstadt mit einem roten Viereck. Zeichne dann weitere große Städte mit einem roten Punkt ein. Du kannst dabei nach der Stadtgröße unterscheiden.

Beim Einzeichnen der Städte ist es hilfreich, wenn du dich an den Gebirgen und an wichtigen Flüssen orientierst.

D

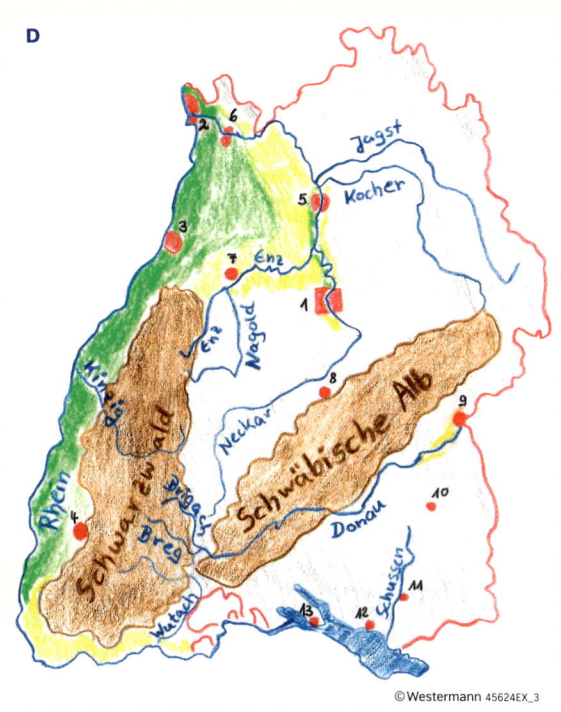

© Westermann 45624EX_3

Beschrifte deine „stumme Karte". Übertrage dazu die Namen aus der Karte S. 238 im Buch. Beschrifte die Flüsse mit blauem Stift, Gebirge mit schwarzem Stift. Schreibe neben die Städte Nummern und erstelle dazu eine entsprechende Namensliste neben der Karte. Würdest du alle Namen in der Kartenskizze beschriften, dann würde die Karte unübersichtlich.

**M2** Auf dem Feldberg

## Aufgaben

1 Fertige eine Namensliste für die in Kartenskizze D eingezeichneten Städte an.
2 Erstelle für die Kartenskizze D eine Legende.
3 Zeichne selbst eine thematische Karte von Baden-Württemberg. Du kannst auch zusätzlich die höchsten Berge einzeichnen. Überlege dir dazu die passenden Symbole für die Legende.

# In der Landwirtschaft

**Kannst du schon**

– erklären, wie sich die Arbeit auf einem Hof verändert und weiterentwickelt hat? (S. 48/49)

– erklären, was man unter Fruchtwechsel versteht und warum dieser wichtig ist? (S. 49)

**Eine Landwirtin oder ein Landwirt ernährt so viele Menschen**

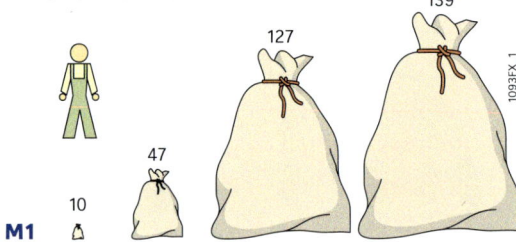

M1

## Zeig, was du kannst

**1** Richtig oder falsch? Begründe.

a) Bäuerinnen und Bauern verdienen jeden Monat gleich viel, sie haben ein geregeltes Einkommen.

b) Heute werden in der Regel viele verschiedene Pflanzen auf kleiner Fläche angebaut. Die meiste Arbeit wird von Hand erledigt.

c) Ein Fruchtwechsel in der Landwirtschaft ist wichtig, um die Nährstoffqualität des Bodens zu erhalten.

**2** Erkläre, warum die Landwirtschaft immer mehr Menschen ernähren kann (M1).

# Sonderkulturen

**Kannst du schon**

– die Merkmale von Sonderkulturen benennen? (S. 50)

– Vor- und Nachteile für den Verkauf regionaler und saisonaler Produkte auflisten? (S. 50)

## Zeig, was du kannst

**3** Sortiere die Stichpunkte in die richtige Box. Beachte: Manches könnte auch in zwei Boxen passen.
*frische Ware – kurze Transportwege – nutzt den Landwirten vor Ort – lange Transportwege – hoher Arbeitsaufwand – falsche Jahreszeit für die Ernte – aromatische Ware – geringes Warenangebot im Winter – hoher Energieverbrauch – hoher Wasserverbrauch – hoher Verbrauch an Plastikfolie – intensive Pflege*

Vorteile – saisonale Produkte ...

Vorteile – regionale Produkte ...

Nachteile – saisonale Produkte ...

Nachteile – regionale Produkte ...

# Massentierhaltung

**Kannst du schon**

– den Zusammenhang zwischen der Massentierhaltung und dem steigenden Fleischverbrauch der Menschen erklären? (S. 52/53)

– den Satz „Niedrige Fleischpreise – der Preis der Massentierhaltung" mit Beispielen aus der Tierhaltung belegen? (S. 52/53)

## Zeig, was du kannst

**4** Betrachte die beiden Fotos A und B. Beschreibe, wie das Leben der Hühner und Hähne jeweils aussehen könnte. Kannst du etwas dafür beziehungsweise dagegen machen.

# Landbau und Energie

**Kannst du schon**

- beschreiben, wie einerseits der ökologische Landbau und andererseits der herkömmliche Landbau ablaufen? (S. 54/55)
- die beiden Anbauarten gegenüberstellen und Unterschiede benennen? (S. 54/55)
- erklären, dass es sowohl im ökologischen Landbau als auch im herkömmlichen Landbau Vor- und Nachteile (für Verbraucherinnen und Verbraucher) gibt? (S. 54/55)
- beschreiben, wie sich die Landwirtschaft verändert hat? (Anzahl der Beschäftigten, Anzahl der Betriebe, Betriebsgrößen) (S. 56)
- den Wandel von Landwirtschaft zu Energiewirtschaft erklären? (S. 57)

## Zeig, was du kannst

5  Hier ist etwas durcheinandergeraten! Ordne die Textbausteine dem ökologischen beziehungsweise herkömmlichen Landbau zu.

6  Schaue dich in der Umgebung deines Wohnortes um.
   **a)** Findest du Beispiele, die den Strukturwandel in der Landwirtschaft belegen?
   **b)** Werden nachwachsende Rohstoffe zur Energieerzeugung angebaut?

Im Stall ist es sehr eng, die Schweine haben keinen Auslauf, werden schnell krank und erhalten vorbeugende Medikamente.

1 kg Schweinefleisch kosten 6,78 €.

Die Ferkel steigern ihr Gewicht in 4 Monaten von 20 kg auf ein Schlachtgewicht von 100 kg.

Die Tiere werden länger gefüttert und aufwendiger versorgt. Deshalb ist der Fleischpreis höher.

Der Bauer kauft das Futter im Großhandel. Automatische Futteranlagen verteilen das Futter direkt an die Tiere.

Die Schweine können sich drinnen und draußen frei bewegen. Der Boden ist mit einer Strohschicht eingestreut.

Gülle wird in großen Behältern gelagert, bevor sie abgeholt und entsorgt wird.

Kunden, die im Hofladen einkaufen, sind bereit, mehr zu zahlen. Ihnen sind die schonende Tierhaltung und der Schutz der Umwelt wichtig.

1 kg Schweinefleisch kostet 15,99 €.

Das Futter baut der Bauer für die Tiere selbst an. Die Pflanzen liefern das Futter für die Tiere, diese wiederum den Dünger für die Felder.

# Naturräume Baden-Württembergs

**Kannst du schon**

- die Naturräume Baden-Württembergs benennen und beschreiben? (S. 62/63)
- erklären, wie das Klima und die Bodenqualität die Landwirtschaft beeinflussen? (S. 62/63)
- den Naturräumen jeweils typische landwirtschaftliche Produkte zuordnen? (S. 62/63)

## Zeig, was du kannst

7  Erstelle zu ausgewählten Naturräumen Baden-Württembergs einen Steckbrief mit diesen Stichpunkten:
Name, Lage, Klima, Boden, landwirtschaftliches Produkt

## Fachbegriffe

- **Landwirtschaft:** Ackerbau, Agrarfabrik, Bewässerungsfeldbau, Boden, Grünlandwirtschaft, Landwirtschaft, Massentierhaltung, Mechanisierung, nachwachsende Rohstoffe, ökologischer Landbau, Regenfeldbau, regionale Produkte, saisonale Produkte, Sonderkulturen

# 4

# Schwarzwald und Oberrhein

**M1** Hornberg im Schwarzwald

In diesem Kapitel lernst du ...
... mehr über das Oberrheinische Tiefland
und den Schwarzwald. Dabei geht es um
die Entstehung dieser Großlandschaften
sowie um die Veränderung und Nutzung
der Räume durch den Menschen.

# Gliederung des Schwarzwaldes

Bei einer Fahrt durchs Oberrheinische Tiefland sind zwischen Basel und Karlsruhe im Osten deutlich die steil aufsteigenden Berge des Schwarzwaldes zu erkennen. Der Schwarzwald zählt zu den *Mittelgebirgen*, doch hat er mit über 1000 m große Höhenunterschiede zwischen dem Flussbett des Rheins und den Gipfeln.

Seinen Namen erhielt der Schwarzwald durch seine großen, dunklen Waldgebiete. Diese sind allerdings sehr uneinheitlich. Nördlich der Kinzig erkennen wir eine geschlossene Nadelwaldhochfläche mit wenigen, tief eingeschnittenen Tälern wie dem Murgtal, die meist besiedelt sind.

Der Schwarzwald südlich der Kinzig zeigt sich in einem Wechsel aus Wiesen und Weiden mit Nadel- und Mischwäldern.

Südlich des Höllentals überschreiten die Kuppen der Berge häufig die Höhe von 1200 m. Die Hänge fallen steil ab und die Täler zerlegen die Hochfläche in lang gestreckte Höhen und Rücken.

Wie erklärt sich dieser Landschaftswechsel? Dies hängt mit dem Gesteinsuntergrund zusammen: Der Nordschwarzwald besteht hauptsächlich aus dem weichen Buntsandstein, der Mittlere und der Südschwarzwald aus hartem Granit und Gneis (M5).

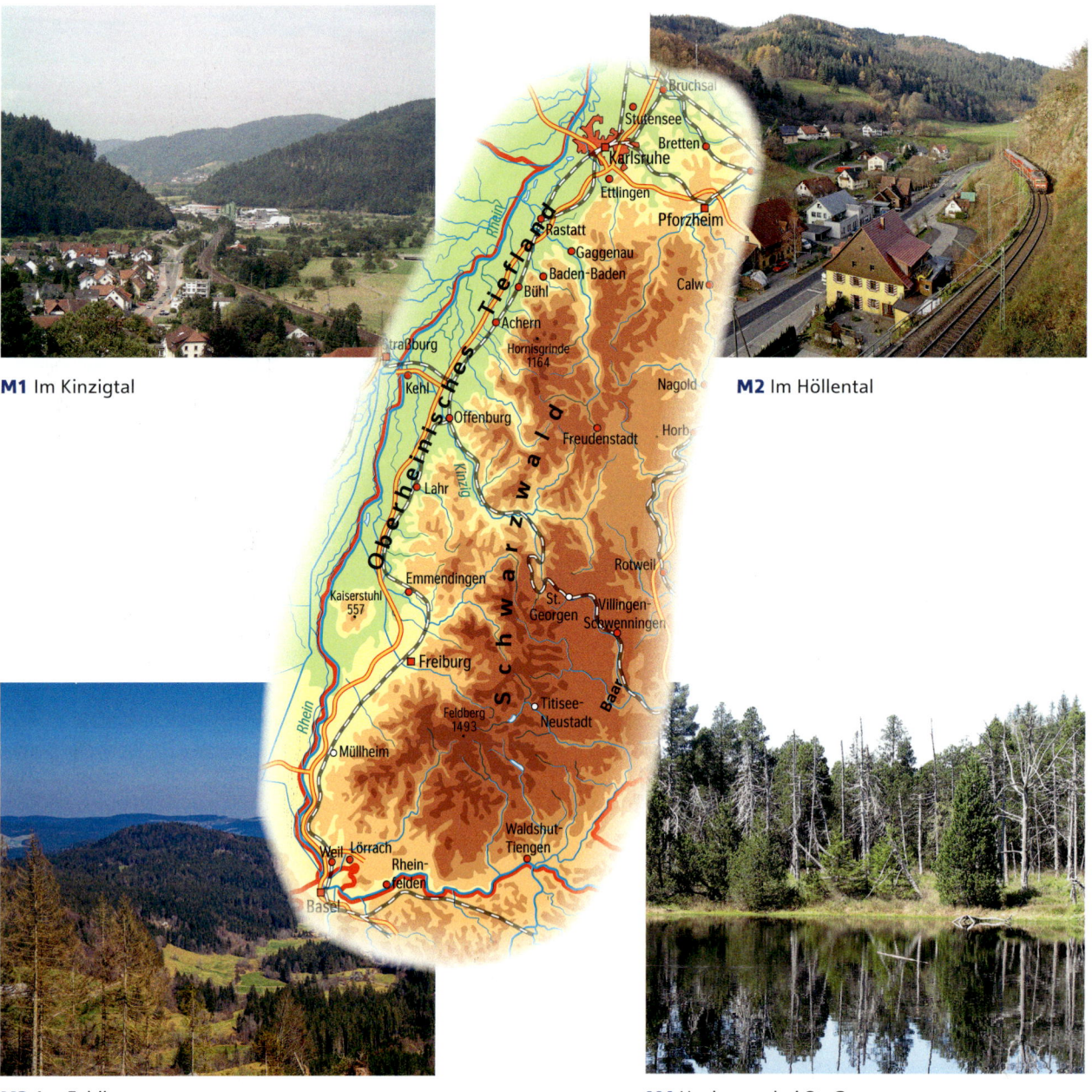

**M1** Im Kinzigtal

**M2** Im Höllental

**M3** Am Feldberg

**M4** Hochmoor bei St. Georgen

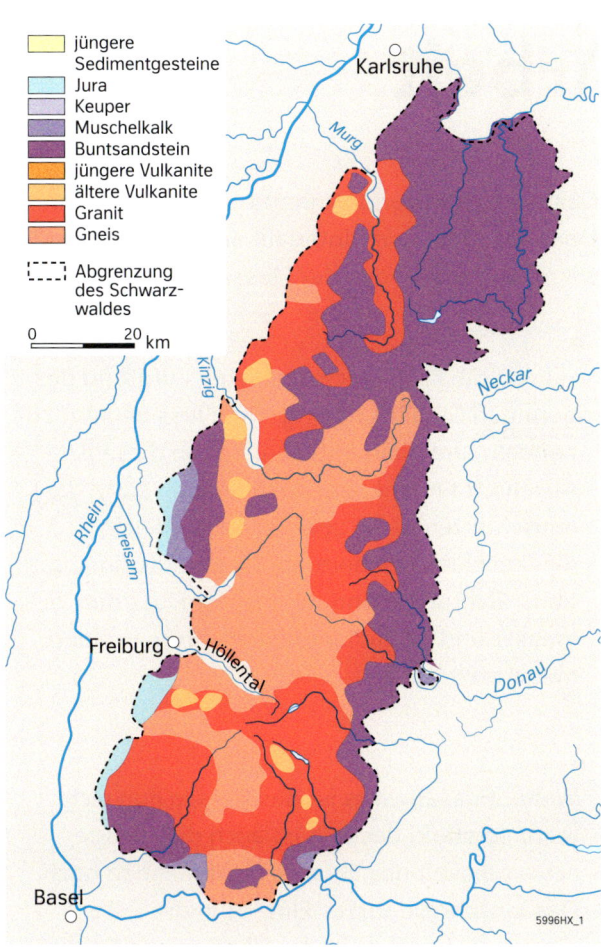

M5 Gesteine im Schwarzwald

Legende:
- jüngere Sedimentgesteine
- Jura
- Keuper
- Muschelkalk
- Buntsandstein
- jüngere Vulkanite
- ältere Vulkanite
- Granit
- Gneis
- - - - - Abgrenzung des Schwarzwaldes

0      20 km

Karlsruhe · Murg · Kinzig · Neckar · Rhein · Dreisam · Freiburg · Höllental · Donau · Basel

5996HX_1

## Aufgaben

**1** Beschreibe die Lage des Schwarzwaldes innerhalb von Baden-Württemberg. ↗ S. 224

**2** **a)** Die Ursache für die Unterschiede zwischen Nord- und Südschwarzwald liegt im Untergrund (M5). Nenne die Gesteine, die im Nord- und Südschwarzwald vorkommen.

**b)** Beschreibe den Unterschied zwischen den Gesteinen im Nord- und Südschwarzwald.

**3** Zeichne eine Skizze des Schwarzwaldes. Trage darin die wichtigsten Flüsse und Städte ein und gliedere in Nord-, Mittel- sowie Südschwarzwald.

**4** Ermittle die Länge und Breite des Schwarzwaldes.

**5** Gesteine sind unterschiedlich hart. In hartem Gestein bilden sich tiefe Täler mit steilen Wänden und Wasserfällen. Im weichen Gestein bilden sich wannen- und kastenförmige Täler. Entwickle eine Idee, wie das Murgtal aussehen könnte.

↗ S. 224

---

## Gesteine im Schwarzwald

M6 Buntsandstein: Aufschluss und Baumaterial

Der *Buntsandstein* besteht aus Sandkörnern, die fest miteinander verbunden sind. Der Stein ist sehr wasserdurchlässig und wurde gerne als Baustein für Häuser genutzt. Der Sandstein entstand aus Ablagerungen und zählt deshalb zum *Deckgebirge*.

Granit und Gneis entstammen aus dem Erdinneren und werden zum *Grundgebirge* gezählt. Der *Granit* ist ein körniges Gestein, der durch langsames Erkalten aus einer Gesteinsschmelze im Erdinneren entstanden ist. Seine Bestandteile sind die Mineralien Feldspat (graurötlich), Quarz (glasig) und Glimmer (schwarz). Granit ist wasserundurchlässig und wird für den Straßen- und Häuserbau verwendet.

*Gneis* sieht dem Granit ähnlich, ist aber durch große Hitze im Erdinneren entstanden. Typisch sind seine sichtbaren Bänder.

M7 Granit: Aufschluss und Baumaterial

# Ein Fluss bei der Arbeit

Die Arbeit eines Flusses besteht aus *Abtragung*, Transport und Ablagerung. Sie ist abhängig von der Wassermenge, der Fließgeschwindigkeit und dem Gesteinsuntergrund. Anhand der Flussabschnitte Oberlauf, Mittellauf, Unterlauf und Mündung wollen wir die Auswirkungen der Flussarbeit untersuchen.

**a**

Durch das abgelagerte Material und das geringe Gefälle kann sich der Fluss seinen Weg selbst versperren und sich in mehrere Flussarme aufteilen. Das mitgeführte Material wird immer weiter in die Mündung hineingetragen. Diese Mündungsform bezeichnet man als Delta.

**b**

Hier ist die Fließgeschwindigkeit aufgrund des geringen Gefälles niedrig. Der Fluss beginnt zu pendeln und fließt in Mäandern. In diesem Abschnitt findet kaum noch Erosion statt, die mitgeführten Kiese und Sande werden in diesem Flussabschnitt abgelagert (Sedimentation). Richtung Mündung hat der Fluss nun viel Wasser und ist stellenweise mehrere Hundert Meter breit.

**c**

Der Fluss entspringt im Hochgebirge, den Alpen. Seine Quelle liegt auf über 2000 m ü. NN. Er bezieht sein Wasser aus den hohen Niederschlägen im Gebirge und aus dem Schmelzwasser der Gletscher. Das Gefälle im ersten Flussabschnitt ist sehr steil und deswegen ist die Fließgeschwindigkeit hoch. Der Fluss bildet hier ein Kerbtal, da sich der Fluss wie eine Säge in den Untergrund frisst (Tiefenerosion). Die Steine, die der Fluss mitreißt, dabei abrundet und abschleift, nennt man Geröll.

**d**

Weiter flussabwärts ist das Gefälle nun nicht mehr so stark, deshalb ist auch die Fließgeschwindigkeit des Flusses nicht mehr so hoch. Das Einschneiden des Flusses in die Tiefe nimmt ab. Dafür nagt der Fluss an den Seiten und untergräbt sie (Seitenerosion). Material stürzt in das Flussbett und wird abtransportiert. So bildet sich ein Sohlental mit einem breiten Talboden. Das Geröll ist nun kleiner und runder.

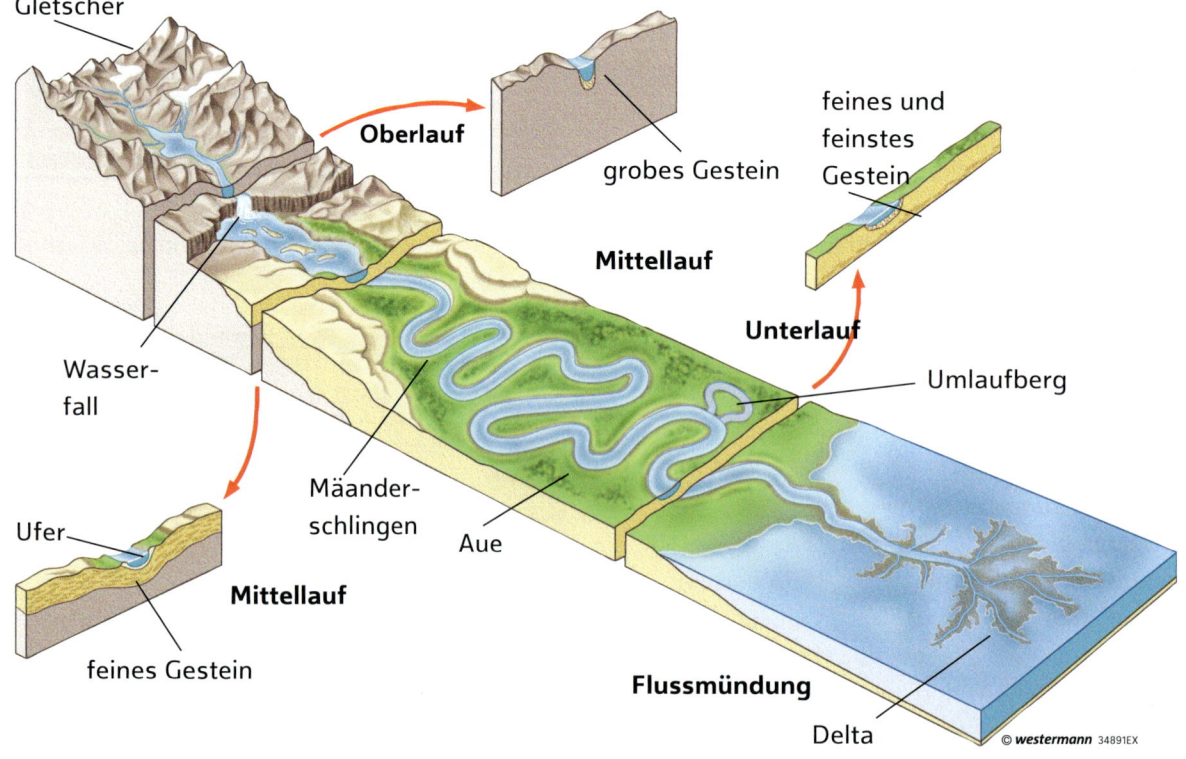

**M1** Ein Fluss im Blockbild

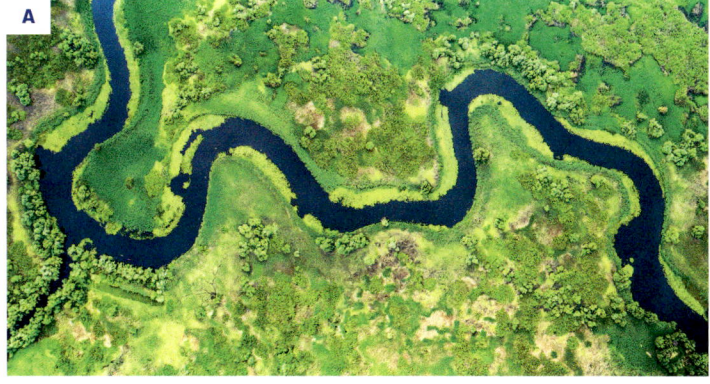

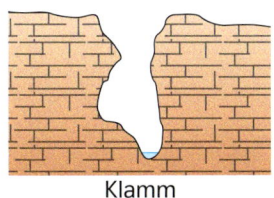

Klamm

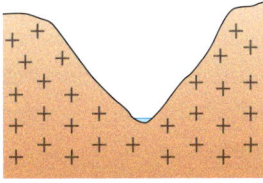

Kerbtal

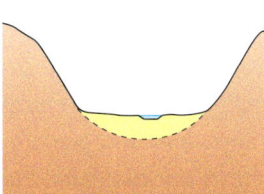

Sohlental

34266EX_3

**M2** Talformen

## Aufgaben

**1** Bringe die Textbausteine in die richtige Reihenfolge und ordne die Bilder entsprechend zu.

**2** Ordne die Bilder den Flussabschnitten zu. Welche Talformen sind jeweils zu erkennen?

**3** Charakterisiere die jeweilige Talform mithilfe der Bilder und der Querschnitte.

**4** Erläutere den Zusammenhang zwischen Gefälle, Erosion und Sedimentation. ↗ S. 224

**5** Erkläre die Entstehung eines Deltas. ↗ S. 224

# Wirtschaftswandel im Schwarzwald

### Ursprünglich: Leben und Arbeiten unter einem Dach

Das Schwarzwaldhaus ist ein Bauernhaus mit einem weit heruntergezogenen Dach. So bietet es Schutz gegen Regen und Schnee. Es ist am Hang gebaut und ermöglicht die Einfahrt mit dem Heuwagen auf einen der höher gelegenen Böden. Von dort kann das Heu in den darunter gelegenen Stall gebracht werden. Alles befindet sich unter einem Dach: Wohngebäude, Stall, Heuboden, Lager (M2).

In Mittelgebirgen wie dem Schwarzwald ist nur Milch-, Vieh- und Holzwirtschaft möglich. Für den Ackerbau sind Boden und Klima kaum geeignet. Die Arbeiten der Schwarzwaldbauern sind aufwendig und manchmal gefährlich: So gibt es an den Steilhängen immer wieder Unfälle, wenn der Fahrer die Schräglage unterschätzt und der Traktor umkippt.

### Früher: Heimarbeit ergänzte die Vieh- und Holzwirtschaft

Schon in früheren Zeiten versuchten die Schwarzwaldbauern, ihr Auskommen durch Spezialisierung (z. B. in Form von Milchwirtschaftsbetrieben) oder durch Nebeneinkünfte zu sichern.

In den langen Wintermonaten, wenn die Felder und Wiesen zugeschneit waren, schnitzten sie in ihrer Stube Gegenstände für den Haus- und Küchenbedarf (M3) und verkauften diese.

Aufgrund der steigenden Nachfrage stellten die Schwarzwaldbauern schließlich immer feinere und aufwendig verzierte Gegenstände aus Holz her. Ein Beispiel dafür ist die weltberühmte Kuckucksuhr. Sie wurde um 1730 von dem Schönwälder Franz Ketterer erfunden.

**M1** Schwarzwaldhaus

**M3** Werkstatt eines Holzschnitzers

**M2** Schwarzwaldhaus von innen

**M4** Uhrenherstellung im Schwarzwald

## Heute: Von der Uhrenherstellung zum Hightech-Gewerbe

Zunächst wurden die Kuckucksuhren in Heimarbeit in der warmen Wohnstube gebaut – dort, wo auch das beste Licht war. Das Uhrmachergeschäft wurde zu einer wichtigen Einkommensquelle. Menschen trugen die Uhren von den Bergen und den Tälern des Schwarzwaldes in alle Länder Europas. Den Verkaufserfolg verdankten die Schwarzwälder Uhren ihrer Robustheit und ihrem niedrigen Verkaufspreis. Doch um 1850 kam es zu Absatzproblemen. Lange Zeit wurden immer nur dieselben Uhren gebaut und keine Neuerungen entwickelt. Immer weniger Uhren wurden verkauft. So gewann die Konkurrenz aus der Schweiz, England und Amerika zunehmend an Bedeutung. Deswegen wurde 1850 die Uhrmacherschule in Furtwangen gegründet. Sie sollte die Neuerungen vorantreiben. Dies gelang auch: Aus zahlreichen Uhrmacherwerkstätten entwickelten sich in der Folge Industriebetriebe.

**Beispiele:**
– Die Firma Siedle in Furtwangen, ursprünglich eine Gießerei für Uhrenteile und Glocken, ist heute weltweit führend bei der Produktion von Haussprechanlagen.
– Die Firma Junghans in Schramberg, bis um 1900 der größte Uhrenhersteller der Welt, produziert immer noch Uhren. 1990 baute Junghans die erste funkgesteuerte Armbanduhr.
– Die Firma IMS Gear in Eisenbach, ein ehemaliger Zulieferer der Uhrenindustrie, hat sich heute auf Zahnrad- und Getriebetechnik für die Automobilindustrie spezialisiert.

**M5** Oberbregenbachhof, Standort der Gießerei Siedle in Furtwangen um 1800

**M6** Logistikzentrum der Firma Siedle in Furtwangen heute

## Aufgaben

**1** Das Schwarzwaldhaus ist ein „Eindachhaus". Erkläre diese Bezeichnung und beschreibe den Aufbau (M2).

**2** Beschreibe die Größe des Speichers, der Stallungen und des Wohnraums eines Schwarzwaldhauses.

**3** Erkläre, warum die Schwarzwaldbauern Nebeneinkünfte benötigten.

**4** Beschreibe die Entwicklung der Heimarbeit von einfachen Schnitzereien zur aufwendigen Kuckucksuhr.

**5** Suche im Atlas Beispiele für Industrien im Schwarzwald. Was fällt dir auf?

# Milchwirtschaft im Schwarzwald

Früher wurden im Schwarzwald verschiedene Feldfrüchte angebaut. Da dies aufgrund der hohen Niederschläge und der Höhenlage kaum Erträge brachte, spezialisierten sich viele Bauern bereits früh auf die Weidewirtschaft, um Milch und Fleisch zu produzieren. Die Landwirte nutzen Grünland als Weide und zur Futtergewinnung. Die Offenhaltung der Landschaft durch die regelmäßige Bewirtschaftung prägt bis heute das typische Gesicht des Schwarzwaldes (M1).

### Der Milchbetrieb von Familie Wehrle

Zum Milchbetrieb der Familie Wehrle gehören vierzig Milchkühe. Im Sommer kommen die Tiere auf die Weide, im Winter leben sie im Stall. Während der Stallhaltung bekommen die Kühe nicht nur Heu und Silage, sondern auch Kraftfutter (Weizen, Erbsen, Zuckerrübenschnitzel). Das garantiert eine gleichbleibende Milchqualität. Die Kühe werden zweimal täglich mit einer modernen Melkmaschine gemolken. Jede Kuh gibt etwa 14 bis 15 Liter Milch pro Tag (M2).

Herr Wehrle erzählt: „Seit alters her gehört Milch zu den Grundnahrungsmitteln des Menschen. Heute werden zahlreiche Produkte aus Milch hergestellt, zum Beispiel Joghurt, Sahne, Butter, Schokolade und Käse. Früher wurden die Kühe noch von Hand gemolken. Ein Bauer schaffte aber nur sechs bis acht Tiere pro Stunde – die Melkmaschine in der gleichen Zeit bis zu vierzig Tiere. Mit der Milch, die alle meine Kühe geben, könnte man am Ende eines Jahres fast 2000 Badewannen füllen!"

### Der Weg zum Verbraucher

Unmittelbar nach dem Melken wird die Milch auf 4 bis 6 °C gekühlt. Durch ein ausgeklügeltes Transportsystem ist sichergestellt, dass die Tanksammelwagen die Milch in kürzester Zeit und auf direktem Weg vom Hof zur Verarbeitung in der Produktion bringen.

In der Molkerei werden unmittelbar nach der Ankunft Temperatur, Qualität, Eiweiß- und Fettgehalt nach strengsten Kriterien kontrolliert.

Täglich werden bis zu rund 600 000 Liter Milch zu Frischmilch, Sauermilchprodukten, Quark und H-Milch verarbeitet. In den betriebseigenen Labors werden täglich mehr als 2000 Proben von Milch und Milchprodukten analysiert.

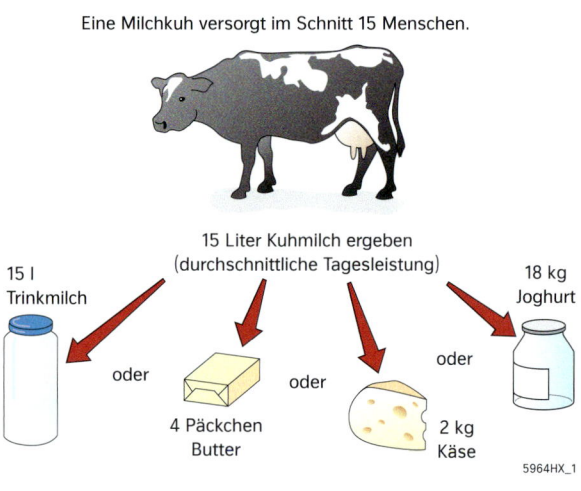

M2 Milchleistung einer Kuh

M1 Grünlandwirtschaft im Schwarzwald

6:10 Uhr: Eine Kuh kommt zum Melken

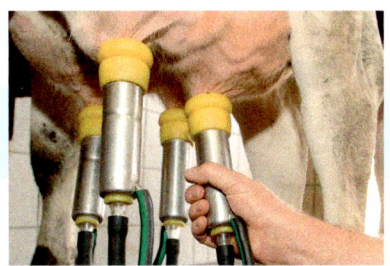

6:37 Uhr: Rohmilch wird mit der Melkmaschine gemolken

7:45 Uhr: Milchtankfahrzeug auf Tour (Fassungsvermögen 9000 Liter Frischmilch)

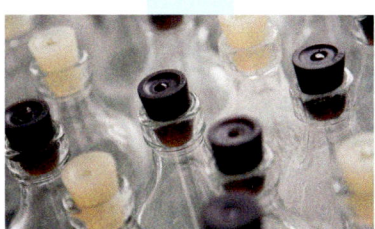

11:28 Uhr: Qualitätsprüfung im Labor der Molkerei

Die Schwarzwaldmilch GmbH Freiburg ist ein genossenschaftlich getragenes Unternehmen der Schwarzwaldmilch-Bäuerinnen und -Bauern. Rund 400 Mitarbeiter arbeiten an den Standorten Freiburg und Offenburg. 900 meist kleinere bäuerliche Familienbetriebe, mit durchschnittlich 46 Milchkühen pro Hof, sorgen für die Erzeugung des wertvollen Rohstoffes Milch. Das Einzugsgebiet reicht über den gesamten Schwarzwald und angrenzende baden-württembergische Regionen.

14:08 Uhr: Vorbereitung der frischen Zutaten

8:27 Uhr: Die einzelnen Produkte im Kühlregal des Supermarktes

5:53 Uhr: In Kartons verpackt zur Auslieferung an die Märkte

16:42 Uhr: Auf der Produktionsstraße

M3

## Aufgaben

1 Nenne alle Milchprodukte, die du kennst. Welche sind deine Lieblingsprodukte?

2 Beschreibe mithilfe von M3 die Produktionskette von der Milch zum Endprodukt.

3 Erkläre die Prägung der typischen Schwarzwaldlandschaft durch die Weidewirtschaft.

4 Suche im Atlas Regionen in Deutschland, in denen Weidewirtschaft oder Rinderhaltung

betrieben wird. Begründe die jeweiligen Standorte. ↗ S. 224

5 Milchwirtschaft früher und heute. Stelle in einer Tabelle einen Vergleich zusammen.

6 Begründe, warum der Verarbeitungsprozess bei der Schwarzwaldmilch möglichst schnell gehen muss. Welche Vorteile ergeben sich durch die räumliche Nähe zum Verbraucher?

# Der Schwarzwald als Erlebnis

Bereits im 19. Jahrhundert setzte der *Fremdenverkehr* im Schwarzwald ein. Immer mehr Landwirtinnen und Landwirte erkannten im *Tourismus* eine neue Verdienstmöglichkeit. So mancher Schwarzwaldhof wurde zu einem Gasthof umgebaut, um Gäste zu bewirten und zu beherbergen. Heute kommen jedes Jahr Tausende zur Erholung in den Schwarzwald. Der Tourismus ist zur wichtigen Einnahmequelle geworden. Land- und Forstwirtschaft verloren immer mehr an Bedeutung. Eine solche wirtschaftliche Veränderung nennt man *Strukturwandel*.

Der Schwarzwald ist durch unzählige Wanderwege gut erschlossen. An vielen Urlaubsorten bieten Verkehrsbüros geführte Wanderungen an. Aufgrund der Höhenlage ist das Klima im Sommer für Wanderer angenehm kühl, im Winter lassen sich die Wanderwege als Loipe zum Skilanglauf nutzen. Der Schwarzwald rühmt sich sogar, den ältesten Skilift der Welt (seit 1908 in Schollach, zwischen Neustadt und Villingen) zu besitzen.

Außer den Urlaubenden suchen auch Kurgäste im Schwarzwald Erholung. In den Höhenlagen werben Luftkurorte mit dem gesundheitsfördernden Klima, am Schwarzwaldrand finden sich Thermal- und Heilbäder, die schon in der Römerzeit bekannt waren. Verstärkt werden junge Leute mit attraktiven Angeboten angelockt: So wurden Konzepte für Erlebnisurlaube entwickelt. Die Seen werden für viele Arten von Wassersport genutzt, die Berge, Felsen und Gipfel ermöglichen Klettersport, Mountainbiking sowie Gleitschirmflug. Im Winter nutzen Snowboarder und Skifahrer die Pisten bis ins Frühjahr hinein. Ganzjährig bieten Spaßbäder Badeerlebnisse für Jung und Alt an.

## Massenansturm am Feldberg

Fast alle Fremdenverkehrsorte sind gut zu erreichen. Doch der Ansturm der Touristen bleibt nicht ohne Folgen: zertrampelte Pflanzen, lange Autoschlangen, überfüllte Parkplätze, Abgase und Lärm. Am Feldberg wurde deshalb im Jahr 2015 ein Parkhaus für über 1000 Fahrzeuge gebaut. Es soll das Verkehrschaos in Baden-Württembergs wichtigstem Skigebiet an besucherstarken Tagen beenden. Der Bau des Parkhauses war lange umstritten. Vor allem Naturschützer äußerten Bedenken. Sie fürchten, dass der Verkehr dadurch sogar zunimmt.

Getränkehändler

Arbeitsplätze

Kartoffeln, Eier, Fleisch vom Bauern

Heizstoffhändler (Heizöl, Holzpellets)

Lebensmittel vom Supermarkt und vom Wochenmarkt

Backwaren vom Bäcker

Wäscherei, Reinigung

Steuern, Stromkosten, Wasserkosten, Müllgebühren

Rathaus

Baufirmen bauen Wege und Straßen

Handwerksbetriebe

**M1** Bedeutung des Fremdenverkehrs für die Wirtschaft

**M2** Freizeitangebote im Schwarzwald

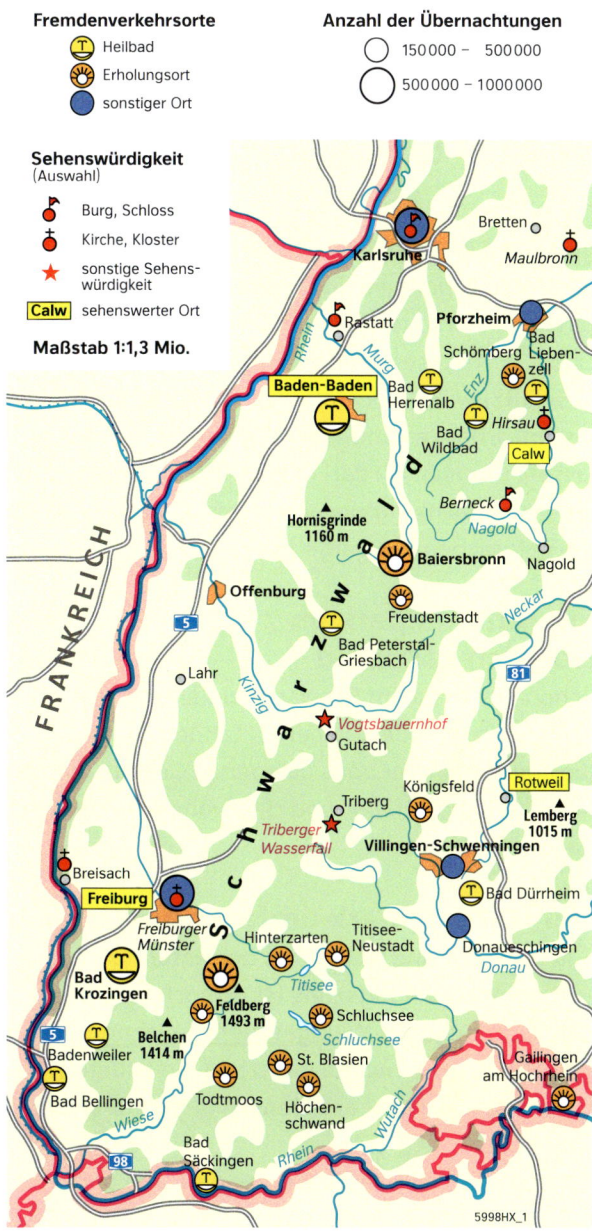

**Fremdenverkehrsorte**

T Heilbad

Erholungsort

sonstiger Ort

**Anzahl der Übernachtungen**

150 000 – 500 000

500 000 – 1 000 000

**Sehenswürdigkeit** (Auswahl)

Burg, Schloss

Kirche, Kloster

★ sonstige Sehens-würdigkeit

Calw sehenswerter Ort

**Maßstab 1:1,3 Mio.**

Karlsruhe · Bretten · Maulbronn · Rastatt · Pforzheim · Schömberg · Bad Liebenzell · Baden-Baden · Bad Herrenalb · Bad Wildbad · Hirsau · Calw · Hornisgrinde 1160 m · Berneck · Nagold · Baiersbronn · Nagold · Offenburg · Freudenstadt · Neckar · Bad Peterstal-Griesbach · Lahr · Kinzig · Vogtsbauernhof · Gutach · Königsfeld · Rotweil · Triberg · Lemberg 1015 m · Triberger Wasserfall · Villingen-Schwenningen · Breisach · Bad Dürrheim · Freiburg · Freiburger Münster · Hinterzarten · Titisee-Neustadt · Donaueschingen · Donau · Bad Krozingen · Titisee · Feldberg 1493 m · Schluchsee · Schluchsee · Badenweiler · Belchen 1414 m · St. Blasien · Bad Bellingen · Todtmoos · Höchenschwand · Gailingen am Hochrhein · Bad Säckingen · Wiese · Wutach · Rhein

FRANKREICH

Schwarzwald

5998HX_1

**M3** Fremdenverkehr im Schwarzwald

## Aufgaben

**1** Viele Menschen verbringen ihre Freizeit im Schwarzwald. Nenne Gründe.

**2** Der Tourismus ist ein Motor der Wirtschaft. Erkläre dies an Beispielen (M1).

**3** Arbeite mit Karte M3. Liste die Heilbäder und Erholungsgebiete auf. Unterscheide dabei Nordschwarzwald und Südschwarzwald (Grenze: Kinzig). Was fällt dir auf?

**4** Überlege dir Argumente der Parkhausbefür-wortenden (Pro). Stelle diesen die Bedenken der Naturschützerinnen und Naturschützer (Kontra) entgegen.

**5** Gestalte einen Urlaubsprospekt über den Schwarzwald oder deine Heimat.

# Nationalpark Schwarzwald – Pro und Kontra

## Was ist ein Nationalpark?

Ein *Nationalpark* ist ein Schutzgebiet, das mindestens 10 000 Hektar haben muss und vor menschlichen Einflüssen und Umweltverschmutzung geschützt wird. Das Motto heißt: „Natur Natur sein lassen". Pflanzen und Tiere bleiben sich selbst überlassen. Der Mensch darf diese Gebiete nur zur Erholung, Beobachtung und Forschung nutzen – ohne die natürlichen Vorgänge zu stören.

## Ein Nationalpark im Nordschwarzwald

Schon lange soll im Schwarzwald ein Nationalpark eingerichtet werden. Experten fanden heraus, dass die über 800 Meter hoch gelegenen Gebiete um den Ruhestein/Schliffkopf und den Hohen Ochsenkopf dafür geeignet sind.

## Der Nationalpark umfasst drei Zonen:

– In der Kernzone bleibt alles der Natur überlassen,
– in der Entwicklungszone ist es noch für dreißig Jahre erlaubt, ins Waldgeschehen einzugreifen,
– die Managementzone grenzt an die anderen Gebiete. Dort darf der Mensch die Natur weiter nutzen.

Allgemeines Ziel ist es, dass sich die Natur ungestört entwickeln kann. Dabei dürfen Naherholung, Tourismus und Erholung die Natur nicht stören. Außerdem soll der Nationalpark der Naturforschung und Umweltbeobachtung dienen. Das Nationalparkzentrum am Ruhestein ist seit Juni 2021 geöffnet.

### Nationalpark eröffnet

Im Nordschwarzwald ist nun nach heftigen Diskussionen der Befürworter und Gegner am 1.1.2014 der Nationalpark eröffnet worden. Wie wird sich der Park entwickeln? Werden die Gegner oder Befürworter Recht behalten? In einigen Jahren werden wir sehen …

**M1** Zeitungsmeldung

## Ja zum Nationalpark – ein Reporter befragt eine Befürworterin

Sie befürworten den Nationalpark?

Ja, denn ein Nationalpark hilft, die Schöpfung zu bewahren. Wenn die Natur Natur sein darf, haben wir schon bald mehr Artenvielfalt in diesem Gebiet.

Und die Menschen? Haben die keinen Nutzen von einem Nationalpark?

Doch, gerade die Menschen sollen ihn nutzen! So kann die Natur durch Beobachtungen und Forschung aktiv erlebt werden. Auch bietet der Wald Ruhe und Erholung. Die Wege bleiben ja erhalten. Sie dürfen nur nicht verlassen werden.

Der Wald wird ja von der Holzindustrie genutzt. Müssen nun Menschen um ihre Arbeitsplätze bangen?

Keineswegs. Es ist geplant, dass z. B. Sägereien auf 30 Jahre entschädigt werden. So könnten sie aus anderen Gebieten Holz zugewiesen bekommen. Außerdem erhofft sich die Regierung, dass der Nationalpark den Tourismus in Schwung bringt. Menschen werden hier übernachten und Geld ausgeben. Das schafft neue Arbeitsplätze. An der Talsperre wird es dann auch wieder ein Hotel geben.

**M2** Interview mit einer Befürworterin

**Nein zum Nationalpark –
eine Reporterin befragt eine
Nationalparkgegnerin**

Warum sind Sie gegen den Nationalpark?

Aufgrund der Trennung in
einen nördlichen und südlichen Teil
entspricht er nicht den Vorgaben eines
Nationalparks. Wie sollen sich da beispielsweise Tiere wie der Luchs neu
ansiedeln können?

Geplant ist ja, dass sich der Park
entwickeln soll und beide Teile irgendwann zusammengefügt werden.

Das ist richtig, aber unklar. Da Schädlin-
ge nicht bekämpft werden dürfen, wird
sich der Borkenkäfer ausbreiten und die
Fichtenbestände vernichten. Das Nachwachsen neuer Bäume wird durch den
hohen Bestand von Rot- und Schwarz-
wild nicht möglich sein. So wird durch
die fehlenden Bäume ein Nachwachsen
der Bäume noch mehr erschwert.

Aber Sägewerke erhalten doch
einen Ausgleich!

Das ist richtig, aber Arbeitsplätze werden
dennoch vernichtet. Ich bezweifle auch,
dass viele Besucher kommen und der
Wirtschaft einen Aufschwung bringen.
Weder Hotels noch Geschäfte werden viele
Arbeitsplätze schaffen. Die Kosten für die
Einrichtung des Parks und zur
Unterstützung der Betroffenen sind hoch.
Dafür muss der Steuerzahler aufkommen.

**M3** Interview mit einer Gegnerin

**M4** Gebiet und Lage des Nationalparks Nordschwarzwald

**M5** Besucherzentrum am Ruhestein in der Bauphase

## Aufgaben

**1** Fasse die Ja- und Nein-Argumente zum
Nationalpark zusammen und stelle sie
gegenüber.

**2** Informiert euch im Internet über die aktuelle
Entwicklung des Nationalparks Nordschwarzwald und gestaltet ein Pro- und Kontra-Plakat.

**3** Spielt die Diskussion Pro und Kontra Nationalpark im Klassenzimmer nach.

**4** Mittlerweile gibt es weltweit zahlreiche Nationalparks. Forsche nach, wähle einen aus und
stelle diesen vor.

# Der Oberrheingraben

Am Oberrheingraben kommt es immer wieder zu Erdbeben. Für die *Geologie* ist dies keine Überraschung, denn hier befindet sich ein 300 km langer, bis zu 30 km breiter und 3 – 4 km tiefer Riss in der Erde.

Einst nahm ein großes Gebirge den Raum des heutigen Schwarzwaldes, der Rheinebene und der Vogesen ein. Dieses war der *Abtragung* durch Wind, Regen und Temperatur über Jahrmillionen ausgesetzt und zu einem flachwelligen Hügelland geformt (M2 **A**). Später begann sich das Land aufgrund gewaltiger Kräfte aus dem Erdinneren zu heben. Es entstanden Risse und Spalten (M2 **B**).

Durch das Auseinandergleiten der Gesteinsschichten nach Osten (Schwarzwald) bzw. Westen (Vogesen) entstand mit der Zeit ein *Grabenbruch*. Noch heute sinkt das Tiefland um jährlich 0,5 mm weiter ab und verbreitert sich.

Die Randgebiete wie der Schwarzwald und die Vogesen wurden weiter angehoben, die zentralen Teile sackten ab (M2 **C**). Gleichzeitig setzte die Abtragung durch Wasser, Wind und Temperatur ein.

Das abgetragene Material lagerte sich dann an den untersten Stellen im Graben ab. Später grub sich der Rhein in diese Ablagerungen und bildete ein mehrere Kilometer breites Strombett (M3).

Aufgrund der Risse in der *Erdkruste* bildete sich schließlich ein *Vulkan*: der Kaiserstuhl. Dieser Vulkan ist zwar schon lange erloschen, prägt aber bis heute das Gebiet nordwestlich von Freiburg.

Zudem versickert durch die Risse Wasser, das dann in der Tiefe durch die Hitze im Erdinneren erwärmt

wird. Vor allem am Westrand des Schwarzwaldes tritt es als Mineral- und heißes Thermalwasser wieder an die Erdoberfläche.

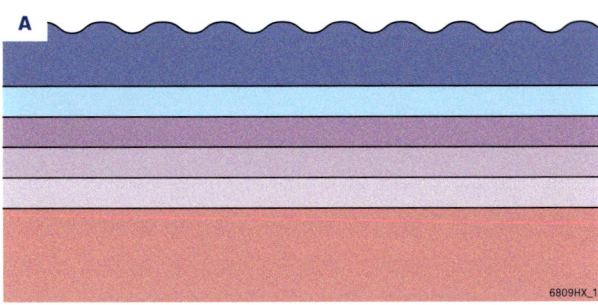

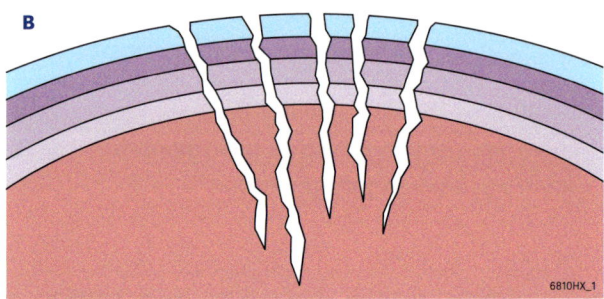

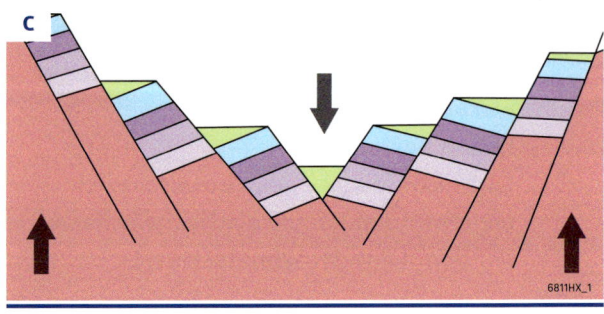

**M2** Der Oberrheingraben entsteht

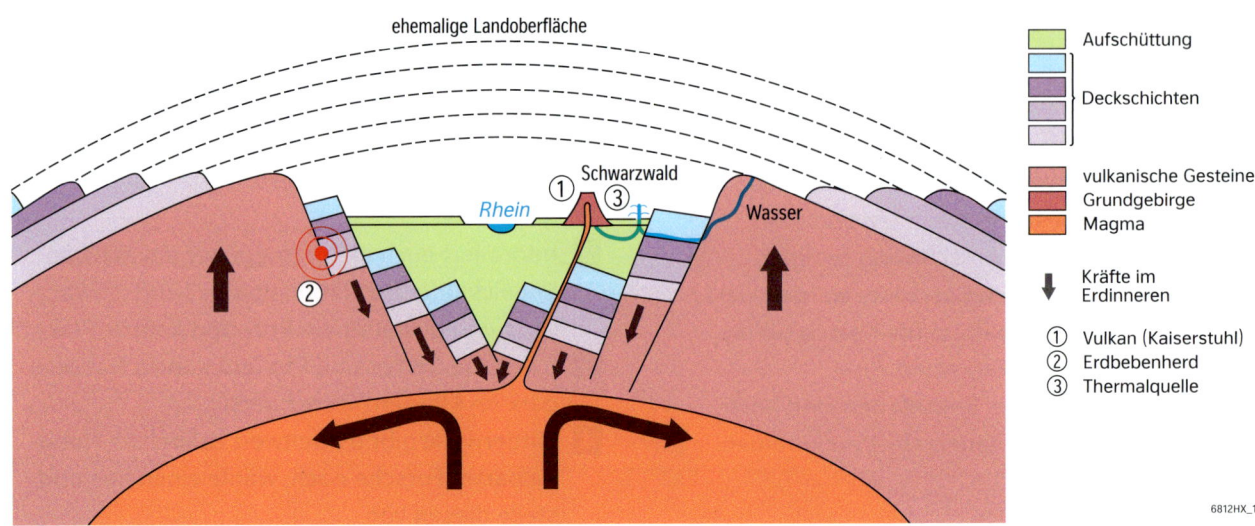

**M1** Der Oberrheingraben heute

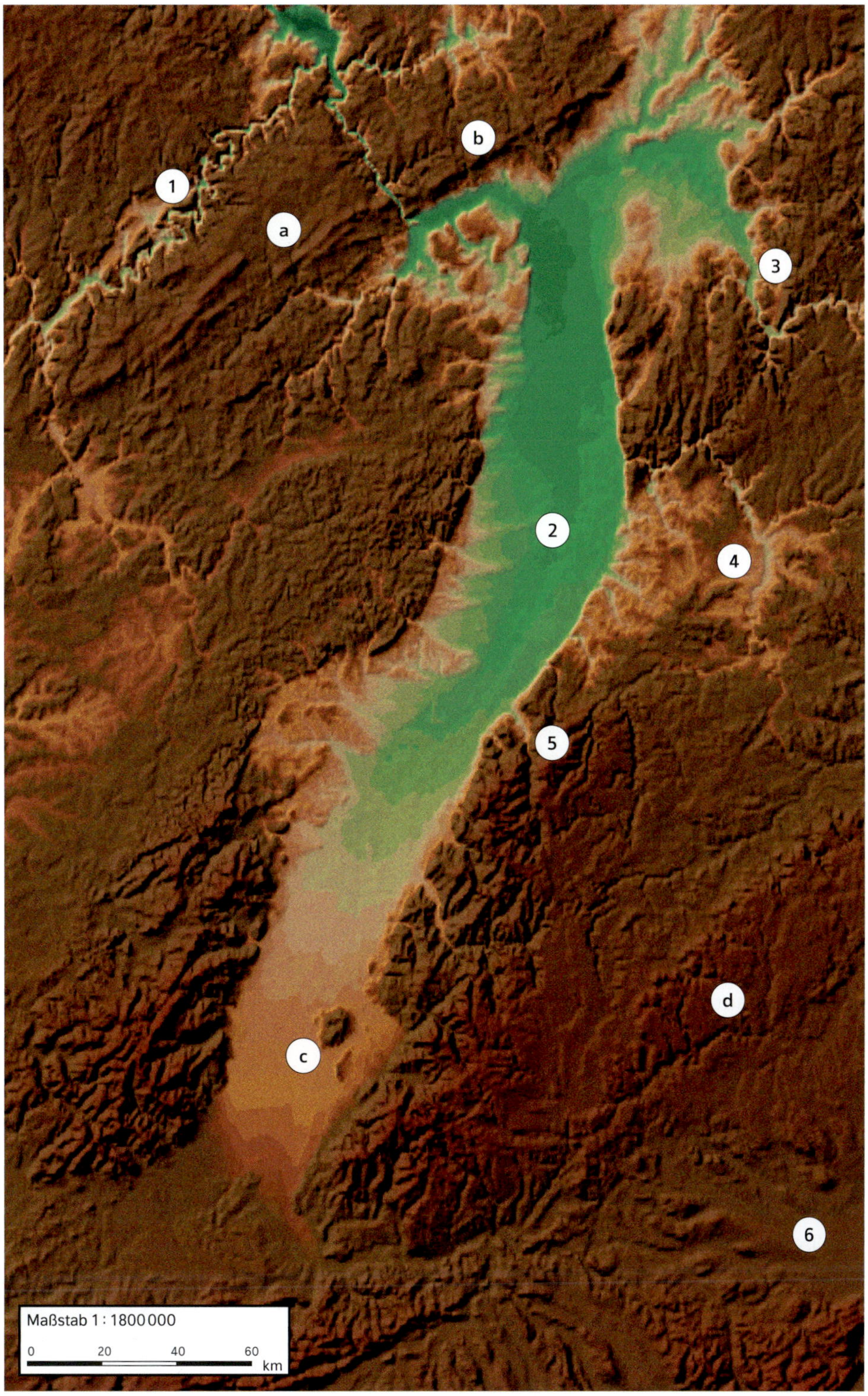

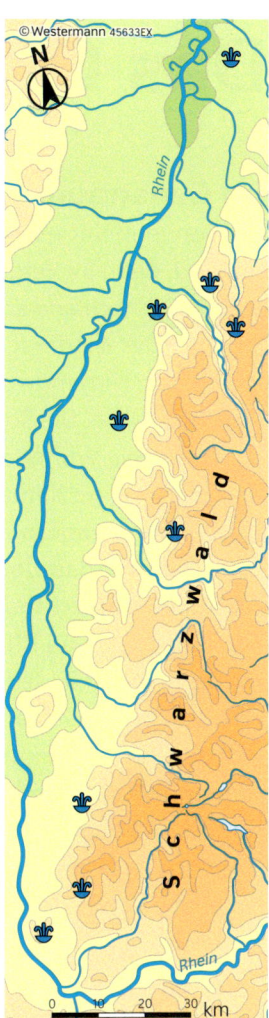

**M4** Thermalquellen

**M3** Oberrheingraben (Computerdarstellung)

Maßstab 1 : 1 800 000

## Aufgaben

**1** Beschreibe die Entstehung des Oberrheingrabens (M1).

**2** Benenne die Gebirge, die den Oberrheingraben seitlich umgrenzen.

**3** Mit dem Grabenbruch entstanden eine Vielzahl
von Mineralquellen. Suche im Atlas Thermal-
bäder nahe am Oberrheingraben.

**4** Bestimme die Namen der Gewässer (Zahlen)
und Gebirge (Buchstaben) aus der Computerdarstellung M4. ↗ S. 224

**5** Suche dir ein Thermalbad aus und stelle
dieses mithilfe eines Werbeplakates vor.

**6** Erkläre mit eigenen Worten, wie der Kaiserstuhl entstanden ist (M1).

# Das Oberrheinische Tiefland

## Ein Gunstraum …

Die Sonne meint es gut mit dem Oberrheinischen Tiefland, denn im Vergleich zu vielen anderen Regionen in Deutschland scheint hier die Sonne häufiger im Jahr. Die Niederschläge fallen hingegen eher gering aus. Nirgendwo in Deutschland beginnt der Frühling so früh. Die Sommer sind überdurchschnittlich warm, die Winter mild.

Dieses günstige Klima (*Klimagunst*) verdankt die Region seiner Lage im Schutz zweier Mittelgebirge. Außerdem hat das Oberrheinische Tiefland an seinen Rändern fruchtbare Böden (*Bodengunst*), die das Wachstum von Pflanzen begünstigen.

Klimagunst und Bodengunst am Oberrhein sind der Grund dafür, dass zahlreiche *Sonderkulturen* wie Erdbeeren, Spargel oder Wein angebaut werden können. Weinreben brauchen zum Wachsen viel Wärme, viel Licht und trockene Böden. Daher wird der Wein auf den Lössböden an den Hängen der hügeligen Vorbergzone angebaut und nicht auf der Niederterrasse (M3).

## … und ein belasteter Raum

Die besonderen geographischen Bedingungen im Oberrheinischen Tiefland verursachen auch Belastungen. So sorgt die besondere Lage dafür, dass im Winter bei ruhiger Witterung häufig Nebel auftreten und die Sommer von Hitzewellen geprägt sind. In der Nähe von Gewässern gibt es viele Stechmücken. Die intensiv bewirtschafteten Sonderkulturen werden stark gedüngt und mit Pflanzenschutzmitteln besprüht. Zudem ist die Luft stellenweise stark mit Schadstoffen belastet. Dafür sind Verkehr und Industrie verantwortlich.

## Gebündelter Verkehr

Das Oberrheinische Tiefland verläuft sehr geradlinig von Süden nach Norden und weist kaum Steigungen auf. Daher bietet es für alle Verkehrsmittel beste Voraussetzungen zur zügigen Durchreise (*Verkehrsgunst*).

Wie zu einem Bündel zusammengefasst werden Autobahnen (A5), Bundesstraßen (B3) und Eisenbahnschienen (ICE) auf engem Raum nebeneinander geführt. Außerdem kann der Rhein von Norden her bis Basel mit großen Schiffen befahren werden. Er ist eine der wichtigsten Binnenwasserstraßen Europas.

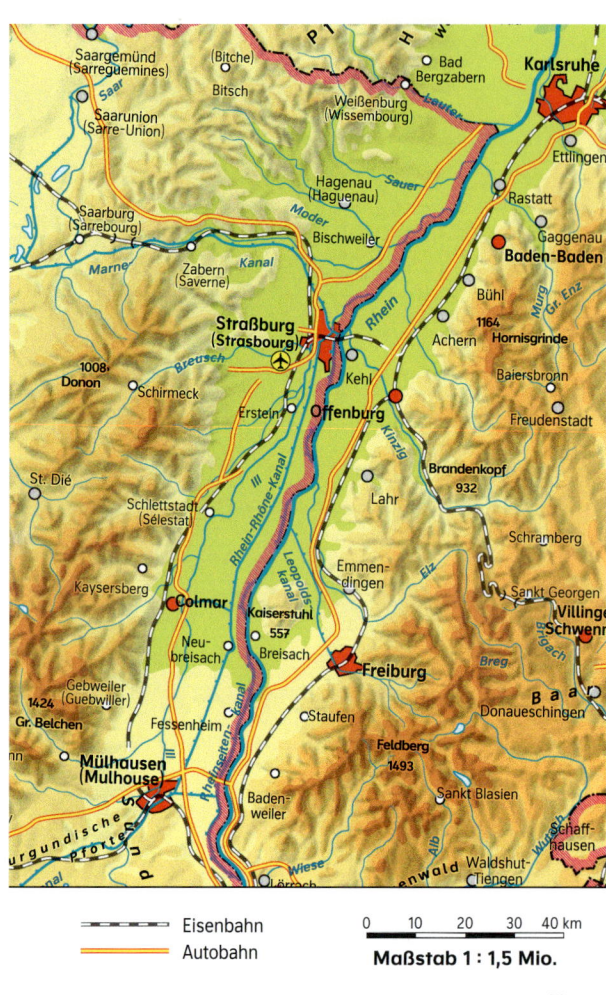

Eisenbahn
Autobahn

0 10 20 30 40 km
**Maßstab 1 : 1,5 Mio.**

7121HX_1
© Westermann

**M1** Verkehrswege im Oberrheintal

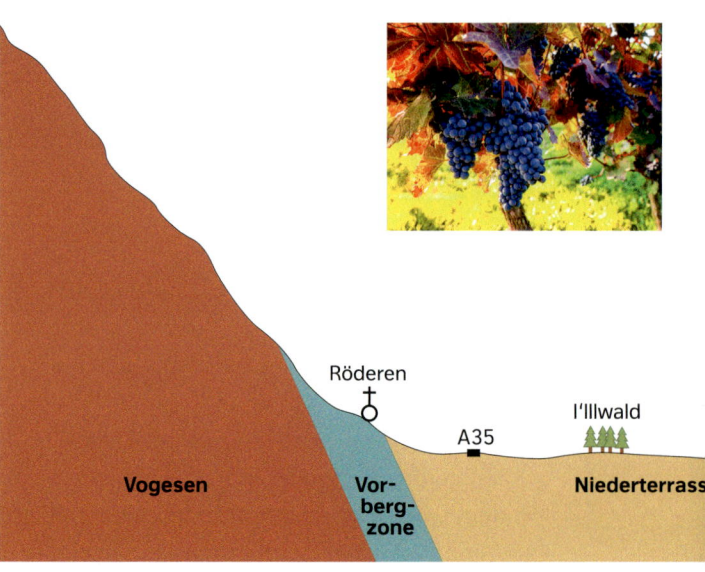

**M2** Profil durch den Oberrheingraben

Die Sonne scheint. Auf dem Feldberg liegt noch Schnee. Familie Klausmann freut sich auf ihre Radtour im Oberrheinischen Tiefland. Sie wollen durch die Weinberge radeln und dann zum Rhein. Am Anfang geht's ständig bergab, bergauf und kurz darauf wieder bergab ...

**M3** Auf der Radtour

**M4** Blick auf das Oberrheinische Tiefland

## Aufgaben

**1** **a)** Finde mithilfe von M2 heraus, wo Sonderkulturen angebaut werden und wo nicht.
**b)** Welche Sonderkulturen werden im Oberrheinischen Tiefland angebaut? Benenne auch die Standorte. Benutze dazu die Karte im Atlas.
**c)** Suche im Atlas weitere Gebiete mit Sonderkulturen in Baden-Württemberg und Deutschland.

**2** Klimagunst, Bodengunst, Verkehrsgunst, alles trifft für diesen Raum zu. Erkläre in deinen eigenen Worten.

**3** Folgende Güter sollen von Mannheim nach Basel transportiert werden: Äpfel, Erdbeeren, Getreide, Holz, Wein in Flaschen. Welches Transportmittel wählst du jeweils: Schiff, Bahn oder Lkw? Begründe, warum.

**4** „Das Oberrheinische Tiefland – ein belasteter Raum". Erläutere diese Aussage anhand von M4.

# Tullas Idee – aus der Not geboren

### Der wilde Rhein

So zahm wie heute war der Rhein nicht immer. Bis ins 19. Jahrhundert verlegte der Fluss bei jedem Hochwasser seinen Lauf, Inseln verschwanden und neue entstanden. Außerdem überschwemmte der Rhein häufig die schutzlosen Dörfer an seinen Ufern (M3).

In den tiefer gelegenen Gebieten stand oft monatelang das Wasser. Sümpfe entstanden und Seuchen wie *Malaria* verbreiteten sich.

Die Lebensgrundlagen der Bewohner an den Rheinufern waren bescheiden. Sie lebten hauptsächlich vom Fischfang und der Jagd oder vom Holz aus den schwer zugänglichen Sumpfwäldern. Landwirtschaft war kaum möglich.

### Der Rhein wird gebändigt

Um die Menschen am Rhein von ihren Sorgen zu befreien, entwarf der badische Ingenieur Tulla einen genialen Plan: Er wollte den Rhein in ein festes Flussbett zwingen.

Seine Pläne sahen vor, zunächst einzelne Rheinschlingen zwischen Karlsruhe und Mainz abzutrennen. Um möglichst wenig Erde zu bewegen, wurde aber kein neues Flussbett gegraben, sondern es wurden mit Schaufeln und Schubkarren Kanäle angelegt, die die Flussschleifen abkürzten. Das ausgehobene Erdmaterial diente dem Bau von Dämmen am geplanten Flussufer. Das neue Flussbett sollte 240 – 300 m breit sein. Durch die schnellere Strömung sollte sich der Rhein sein eigenes neues Flussbett herausgraben. Mit dieser Maßnahme sollte auch der Grundwasserspiegel sinken, damit die umliegenden Gebiete landwirtschaftlich genutzt werden konnten.

Von 1817 bis 1880 wurde der Rhein nach Tullas Plänen begradigt. Das Ergebnis war eine Verkürzung des Flussverlaufs von Mannheim nach Basel um 90 km, um ein Viertel seiner vorherigen Länge.

**M2** Johann Gottfried Tulla (1770 – 1828)

**Extra**

### Wie ist das Flussbett des Oberrheins entstanden?

Im Oberrheingraben durchfließt der Rhein eine große Ebene. Wegen des geringen Gefälles sinkt hier die Fließgeschwindigkeit und die Transportkraft nimmt ab. So lagerten sich in Jahrtausenden ständig Gerölle und *Sedimente* ab. Dabei schüttete der Fluss immer wieder selbst sein Bett zu – was zu Verlagerungen des Flussbetts und zu Verästelungen führte.

Wegen der geringen Fließgeschwindigkeit des Oberrheins begann der Fluss außerdem zu pendeln und bildete so zahlreiche Flussschlingen, sogenannte *Mäander*.

**M1** Der Rhein um 1840 (Gemälde von Peter Birmann)

**M3** Der Rhein südlich von Speyer um 1840

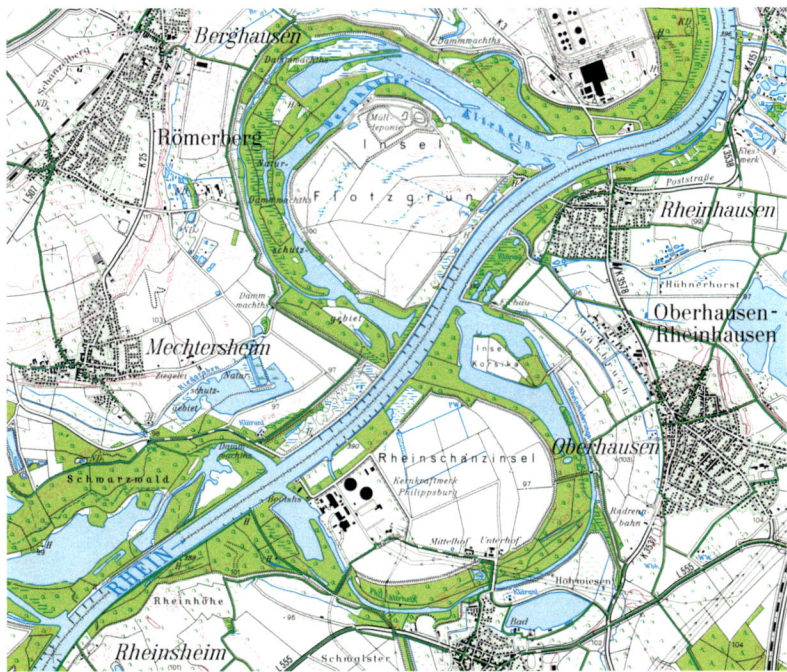

**M4** Der Rhein südlich von Speyer heute

# Ein Wasserexperiment

So kannst du mit einem einfachen Experiment die unterschiedlichen Fließgeschwindigkeiten des begradigten Rheins und des ursprünglichen Rheins messen.

**Benötigte Materialen:**
2 durchsichtige Schläuche (ca. 3 m lang), 2 Trichter, Farben zum Einfärben von Wasser, 2 Wasserbehälter (z. B. Flaschen), 2 Auffangbehälter, Klebeband

Fülle in die Wasserbehälter verschieden gefärbtes Wasser. Stelle einen Tisch so hin, dass eine schiefe Ebene entsteht. Klebe mit dem Klebeband den einen Schlauch in Schlingen (Altrhein), den anderen gerade auf den Tisch (begradigter Rhein). Stecke die Trichter in die Schlauchenden am erhöhten Teil des Tisches. Die beiden anderen Enden führen in die Auffangbehälter.

**M5** Versuchsdurchführung

# Aufgaben

1 Nenne die Probleme, die der Rhein vor der Begradigung verursachte.
Erstelle hierzu eine Tabelle.

2 Worin besteht die Idee Tullas? Beschreibe.

3 Erkläre die Maßnahmen, die zur Hochwasserbekämpfung ergriffen wurden.

4 Führe den Versuch M5 durch und erkläre damit Tullas pfiffige Idee.

5 Versetze dich in die Rolle eines Wasserbauingenieurs. Wie hättest du den Rhein begradigt?

# Die Rache des Rheins

Die Rheinbegradigung Tullas brachte Vor- und Nachteile für die Menschen mit sich. Die Vorteile waren, dass der Rhein nun bis Basel gefahrlos beschiffbar ist. Zudem ließen sich in den ehemals versumpften und mückenverseuchten Flussauen neue Ackerflächen und Siedlungen gewinnen. Gerade in den Gebieten südlich von Karlsruhe wurde die Hochwassergefahr gebannt. Außerdem konnte Wasserkraft zur Stromerzeugung genutzt werden.

Doch es zeigten sich auch Nachteile. Durch die Bebauung der Flussauen gingen große Überflutungsgebiete verloren, die früher bei Hochwasser die Fluten zurückhielten. Die Hochwassergefahr ist dadurch zwischen Karlsruhe und Bingen gestiegen, vor allem wenn sich die Hochwasserwelle des Rheins mit denen der Nebenflüsse Neckar, Main und Mosel vereinigt.

Gleichzeitig gräbt sich der Rhein wegen der höheren Fließgeschwindigkeit immer tiefer in sein Flussbett. Als Folge senkte sich der Grundwasserspiegel stärker als erwartet. So verschwanden viele Auenwälder, Obstbäume gingen ein und Brunnen trockneten aus. Um eine weitere Absenkung des Rheins zu verhindern, werden bei Rastatt Tausende Tonnen Kies in den Rhein geschüttet.

## Der Rhein darf wieder überlaufen

Aufgrund der Maßnahmen Tullas wurde die Hochwassergefahr im südlichen Oberrheingebiet gebannt. Allerdings verlagerten sich die Gefahren dafür weiter flussabwärts.

Nun versuchen die Verantwortlichen, bei Hochwasser das überschüssige Rheinwasser in neue Versickerungsflächen zu lenken. Eine Möglichkeit ist die Schaffung von *Poldern*. Dies sind landwirtschaftlich genutzte Flächen oder alte Auenwälder, die bei Hochwasser absichtlich geflutet werden. Damit lässt sich die Hochwasserspitze senken und die flussabwärts gelegenen Städte sind besser geschützt.

Doch wo sollen diese Polder eingerichtet werden? Landwirte befürchten, dass bei einer Polderöffnung ihre Felder mit schädlichen Ablagerungen aus dem Wasser vergiftet werden. Und die Menschen, die in der Nähe von der Poldern leben, haben die Sorge, dass bei Hochwasser ihre Keller überflutet werden. Befürworter weisen aber darauf hin, dass höchstens dreimal in einhundert Jahren die Polder wirklich geöffnet werden müssen.

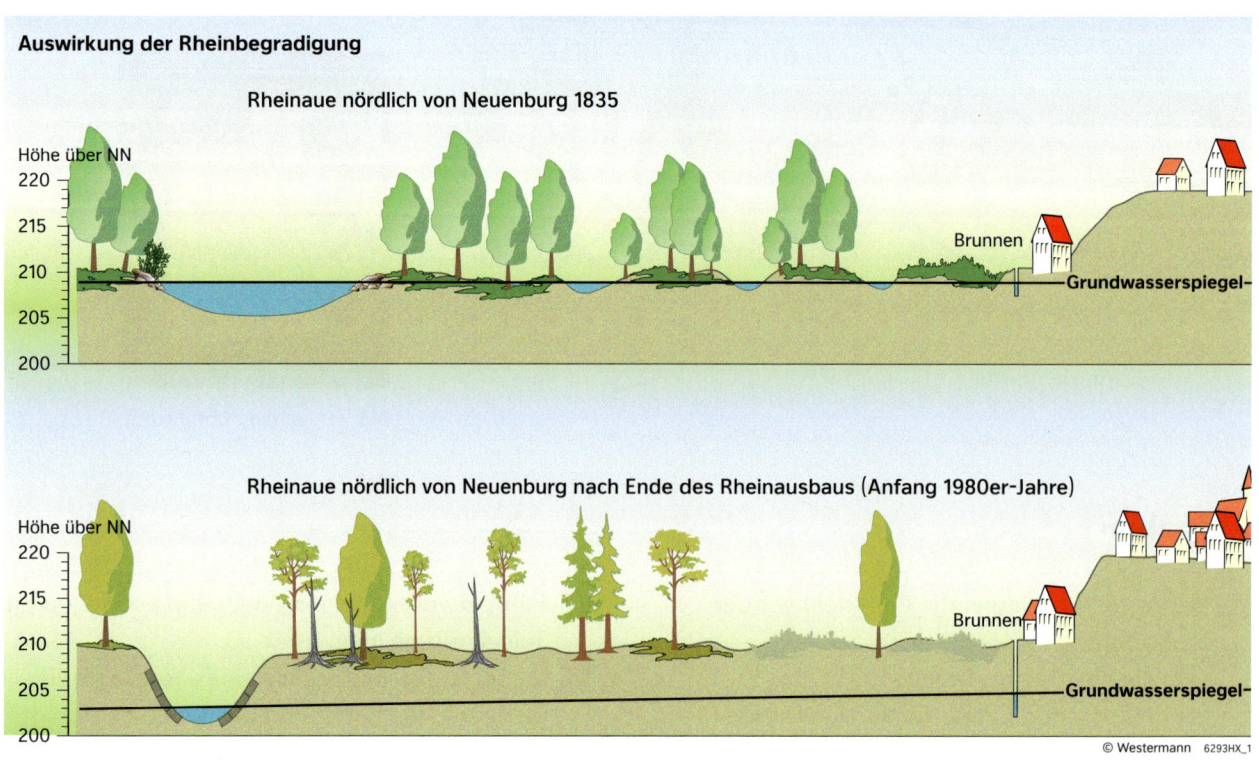

© Westermann 6293HX_1

**M1** Die Rheinaue im Profil – vor und nach der Korrektur

**M2** Flussabwärts von Karlsruhe kommt es am Rhein häufiger zu Hochwasser

**M3** Überfluteter Polder am Oberrhein

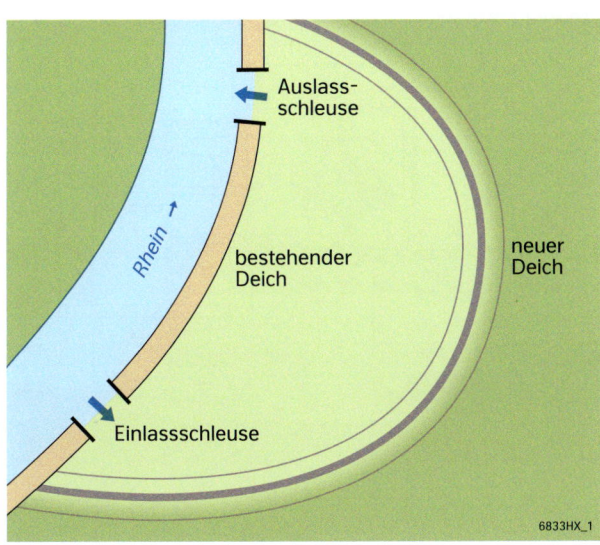

**M4** Funktionsweise eines Polders

## Aufgaben

1 Wie rächte sich der Rhein? Nenne Folgen der Begradigung.

2 Stelle Vor- und Nachteile der Rheinbegradigung in einer Tabelle zusammen.

3 Vergleiche die Profile der Rheinaue (M2, A und B). Arbeite die Veränderungen heraus.

4 Erkläre, warum sich das Hochwasserproblem flussabwärts verlagert hat.

5 Erkläre die Funktionsweise eines Polders.

6 Die Poldernutzung hat ein Für und Wider. Wie würdest du entscheiden? Begründe.

# Wasserkraftwerke am Rhein

## Wie funktioniert ein Laufkraftwerk?

Laufkraftwerke nutzen den kleinen Höhenunterschied zwischen dem Wasser oberhalb und unterhalb des Kraftwerks. Oberhalb des Kraftwerks wird eine Staumauer in den Fluss gebaut, die von einem bis zum anderen Flussufer reicht. Das aufgestaute Wasser, auch Oberwasser genannt, fließt auf die Turbine, sodass diese sich dreht und Energie entsteht. Diese Energie wird von einem Generator, der an die Turbine angeschlossen ist, in elektrische Energie, das heißt Strom, umgewandelt.

## Der Weg des Stroms

Der Generator funktioniert ähnlich wie ein Dynamo am Fahrrad. Beim Fahrrad treibt der Radfahrer mit seiner Muskelkraft den Dynamo an, um Strom für die Fahrradlampe zu erzeugen. Im Wasserkraftwerk ist es die Kraft des fließenden Wassers.
Der produzierte Strom wird über den Transformator in das Stromnetz eingespeist. Das Wasser, nun Unterwasser genannt, verlässt das Kraftwerk und fließt weiter bis zur nächsten Staumauer beim nächsten Kraftwerk.

## Wie funktioniert ein Pumpspeicherkraftwerk?

Speicherkraftwerke nutzen den großen Höhenunterschied zwischen dem Wasser in einem Stausee im Gebirge und einem Fluss, der in einem sehr viel tieferen Tal fließt. Das Wasser schießt durch große Rohre vom Stausee mehrere Hundert Höhenmeter hinunter zum Kraftwerk im Tal. Dort trifft das Wasser mit großer Kraft auf die Turbine und treibt diese an. Ein Pumpspeicherkraftwerk kann schnell an- und abgeschaltet werden.
Genau das ist bei Laufkraftwerken nicht möglich. Sie produzieren 24 Stunden lang pro Tag in etwa dieselbe Menge Strom. Die besondere Aufgabe von Pumpspeicherkraftwerken ist, Strom zu liefern, wenn der Stromverbrauch hoch ist.

**M2** Das Wasserkraftwerk in Rheinfelden

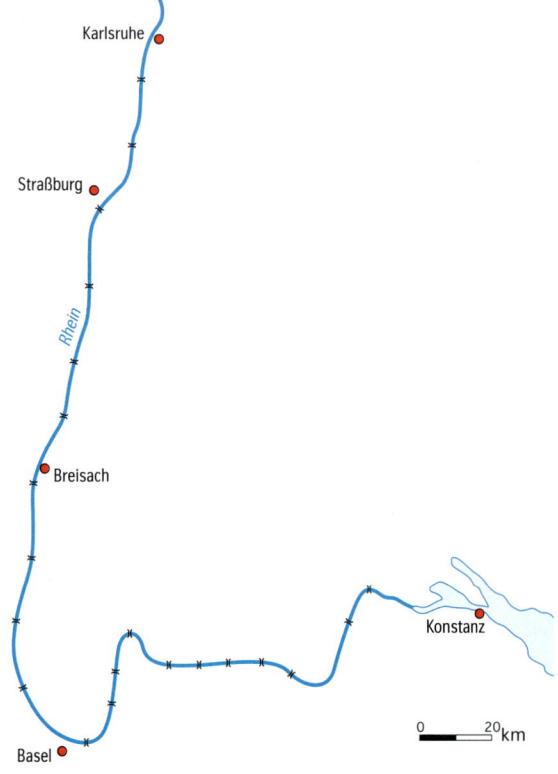

**M1** Laufkraftwerke am Oberrhein

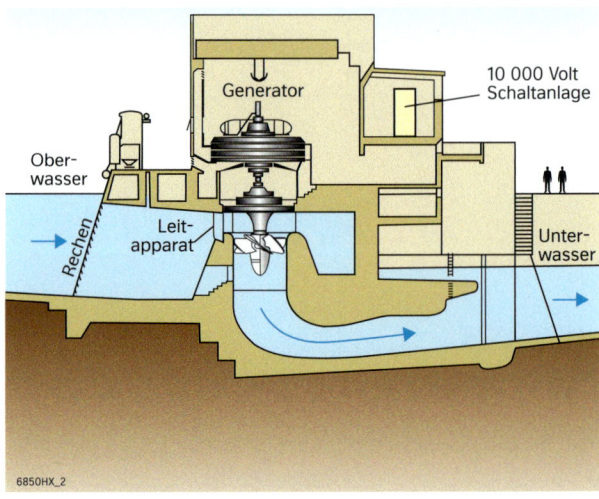

**M3** Laufkraftwerk

## Ein ganz normaler Tag bei uns zu Hause …

Wenn mich morgens um halb sieben mein Radiowecker weckt, brennt bei vielen Nachbarn bereits das Licht. Es wird geduscht, Haare werden geföhnt und Kaffee wird gekocht.
Gegen 8 Uhr, wenn die Schule angefangen hat, sind auch meine Eltern und Geschwister nicht mehr im Haus. Die Wohnung ist dann leer. Spätestens um 17 Uhr sind alle wieder daheim. Es gibt Abendessen. Anschließend läuft oft noch der Fernseher und der Computer.
Ab 23.00 Uhr sind schließlich alle im Bett, bis am nächsten Morgen der Wecker wieder klingelt.

**M4** Stromverbrauch an einem Werktag

**M5** Die Schwarzenbachtalsperre

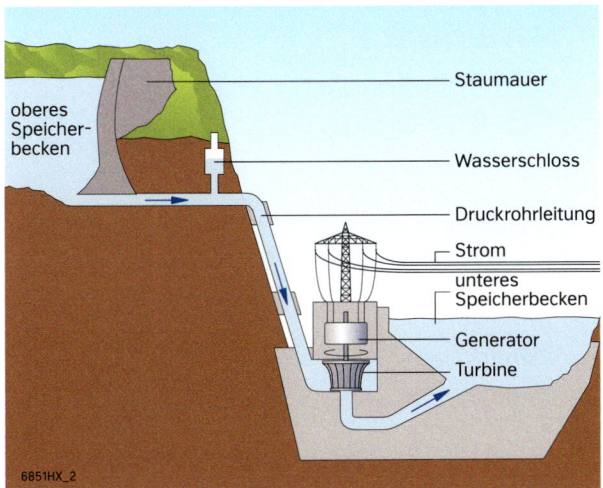

**M6** Pumpspeicherkraftwerk

## Ein Mitarbeiter aus dem Pumpspeicherkraftwerk erzählt …

Wenn ich morgens gegen 8.00 Uhr zur Arbeit komme, muss ich zuerst dafür sorgen, dass das Kraftwerk nun weniger Strom erzeugt. Am späten Vormittag darf ich aber nicht den Zeitpunkt verpassen, an dem wieder mehr Strom bereitgestellt werden muss. Wenn ich in der Abendschicht arbeite, muss ich dafür sorgen, dass das Kraftwerk für den Spitzenverbrauch ab 20 Uhr genügend Strom liefert. Während der Nachtschicht ist dann alles anders. Da bin ich für das Zurückpumpen des Wassers aus dem unteren Becken in den Stausee verantwortlich.

**M7** Arbeitstag im Pumpspeicherkraftwerk

**M8** Die Druckleitungen eines Pumpspeicherkraftwerks

## Aufgaben

1 Zeichne ein Liniendiagramm, das den Stromverbrauch einer durchschnittlichen Familie im Verlauf eines Werktages abbildet. Trage auch ein, wann das Pumpspeicherkraftwerk an- oder abgeschaltet werden muss. Nutze dazu M3 und M5. ↗ S. 224
2 Erkläre in deinen eigenen Worten, wie ein Wasserkraftwerk funktioniert.
3 Laufkraftwerke und Pumpspeicherkraftwerke ergänzen sich gegenseitig. Begründe, warum.

# Der Schwarzwald – ein Mittelgebirge

**Kannst du schon**

– erklären, warum der Schwarzwald ein Mittelgebirge ist? (S. 70)
– die Gliederung des Schwarzwaldes beschreiben? (S. 70)
– Gesteine des Schwarzwaldes benennen? (S. 71)

## Zeig, was du kannst

**1** Beschreibe das Aussehen des Schwarzwaldes (Seite 70 und Geo-Lexikon). Nenne Merkmale, die zeigen, dass es sich um ein Mittelgebirge handelt.

**2** Erstelle eine einfache Skizze des Schwarzwaldes (M1).
**a)** Zeichne zuerst den Umriss des Schwarzwaldes.
**b)** Unterteile ihn dann in Nord-, Mittel- sowie Südschwarzwald und beschrifte diese Räume.
**c)** Beschrifte deine Skizzze mit: Kinzig, Höllental und Feldberg.

**3** Finde heraus, welche Gesteine des Schwarzwaldes sich hinter dem Buchstabensalat verbergen.

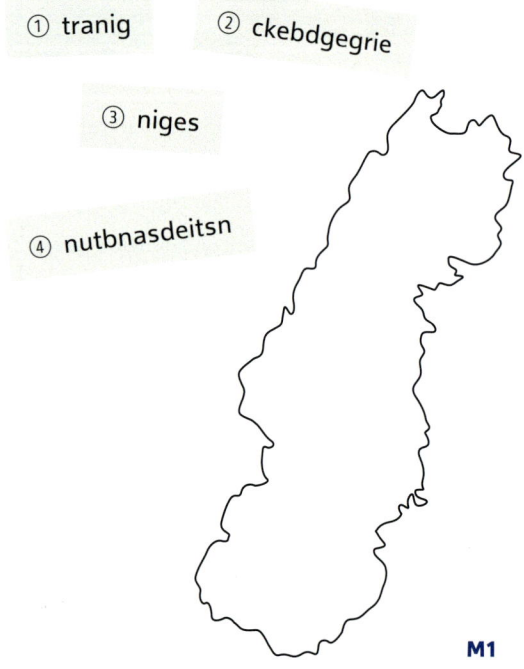

① tranig    ② ckebdgegrie

③ niges

④ nutbnasdeitsn

**M1**

# Leben und Arbeiten im Schwarzwald

**Kannst du schon**

Kannst du schon …
– die ursprüngliche Wirtschaftsweise der Schwarzwaldbauern im Eindachhaus beschreiben. (S. 74)
– wichtige Begriffe des Wirtschaftswandels im Schwarzwald erklären?? (S. 74 – 77)

## Zeig, was du kannst

**4** Zähle die Räume und Einrichtungen eines typischen Schwarzwaldhauses auf.

**5** Beschreibe, womit ein Schwarzwaldbauer seinen Lebensunterhalt verdiente.

**6** Begründe, warum die Schwarzwaldbauern keinen Ackerbau betreiben.

**7** Ordne in M2 die Begriffe den richtigen Erklärungen zu.

**8** Nenne mindestens fünf Berufsgruppen, in denen durch den Tourismus neue Arbeitsplätze entstehen können.

Orte, die überwiegend vom Tourismus leben

High-Tech-Industrie

Milchprodukte

Nutzungswechsel von der Landwirtschaft zum Tourismus

Aus der Uhrenindustrie entwickelte Feinwerk- und Computertechnik

Fremden-verkehrsorte

Eindachhaus

Wohnen, Viehhaltung und Wirtschaften in einem Haus

Quark, Joghurt, Sahne, Butter, Käse

Strukturwandel

**M2**

# Der Oberrheingraben

**Kannst du schon**

– erklären, wie der Grabenbruch des Oberrheingrabens entstanden ist? (S. 82/83)
– das Oberrheinische Tiefland als Profil beschreiben? (S. 84/85)
– erklären, warum es am Rande des Oberrheingrabens so viele Thermalquellen gibt? (S. 82/83)

## Zeig, was du kannst

**9** Bringe die Abbildungen A – C in die richtige Reihenfolge. Ordne jeder Abbildung die passenden Begriffe zu: Abtragung – Anhebung – Ablagerung – Risse und Spalten – Auseinandergleiten nach Osten und Westen.

**10** Sortiere die folgenden Landschaftsbegriffe des Oberrheingraben-Profils von West nach Ost: Aue, Aue, Niederterrasse, Niederterrasse, Rhein, Schwarzwald, Vogesen, Vorbergzone, Vorbergzone

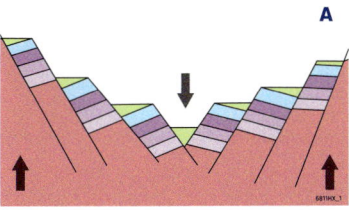

A

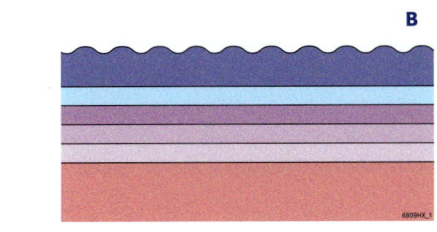

B

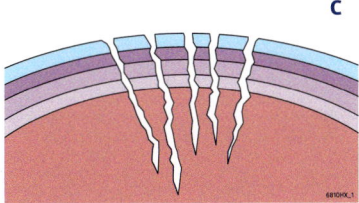

C

**M3**

# Die Rheinbegradigung

**Kannst du schon**

– beschreiben, wie der Rhein aussah, bevor er von dem Ingenieur Tulla begradigt wurde? (S. 86/87)
– erklären, warum Tulla den Rhein begradigte? (S. 86/87)
– beschreiben, wie der Rhein aussah, nachdem er von Tulla begradigt wurde? (S. 86/87)
– erklären, welche Folgen die Rheinbegradigung mit sich brachte? (S. 88/89)
– beurteilen, ob Tullas Idee eine gute Idee war? (S. 88/89)

## Zeig, was du kannst

**11** Zeichne eine grobe Skizze, die zeigt, wie der Rhein vor seiner Begradigung durch die Landschaft floss.

**12** Nenne in Stichworten die Gründe für die Rheinbegradigung.

**13** Zeichne in deine Skizze von Aufgabe 1 nun den neuen Rheinverlauf ein.

**14** Erstelle eine Tabelle, in der du die Vor- und Nachteile der Rheinbegradigung gegenüberstellst.

**15** Nenne Gründe, die für und gegen die Nutzung von Poldern sprechen.

**16** Beurteile Tullas Idee.

**Fachbegriffe**

– **Oberrheingraben**: Abtragungsprozesse, Auseinandergleiten (Wegdriften), Grabenbruch, Thermalbad
– **Schwarzwald:** Buntsandstein, Deckgebirge, Eindachhaus, Fremdenverkehrsorte, Granit, Mittelgebirge, Gneis, Grünlandwirtschaft, Grundgebirge, High-Tech-Industrie, Tourismus
– **Rheinbegradigung:** Hochwasserschutz, Polder, Sedimente, Tulla

# 5

# Schwäbische Alb

**M1** Schwäbische Alb

In diesem Kapitel lernst du ...
... die Schwäbische Alb mit ihren Landschaften kennen. Du schaust in ihr Inneres und erfährst, wie z. B. Höhlen mit ihren Tropfsteinen entstanden sind. Du kannst lernen, die Entstehung von Versteinerungen zu erklären, und erfährst, wie Bauern auf dem wasserarmen Mittelgebirge Landwirtschaft betreiben.

# Eine Vielfalt an Landschaften

## Ein Segelflug über das Albvorland und die Alb

Leon hat zu Hause viele Bücher, die Landschaftsaufnahmen aus der Luft zeigen. Aus diesem Grund hat er von seinen Großeltern zum Geburtstag einen Segelflug über die Schwäbische Alb bekommen. Heute ist es so weit: Leon steht auf dem Segelflugplatz. Die Sonne scheint und die wenigen Wolken zeigen, wo die erwärmte Luft aufsteigt. Das sind nämlich die Stellen, an denen das Segelflugzeug schnell an Höhe gewinnt.

Nach dem Start geht es auf über 1500 m Höhe und kurz darauf fliegen sie über das *Albvorland*, ein dicht besiedeltes Bauernland. Dort kann Leon immer wieder einzelne Berge sehen. Auf einem dieser Berge, sie werden *Zeugenberge* genannt, kann Leon sogar eine Burg erkennen. Zeugenberge sind Berge, die bei der Abtragung des ehemaligen Albrandes im Albvorland stehen geblieben sind. Sie sind Zeugen dafür, dass die Alb früher einmal viel weiter ausgedehnt war.

Überall wechseln sich härtere und weichere Gesteinsschichten ab. Weichere Schichten werden vom Wasser schneller abgetragen und bilden flache Hänge. Härtere Schichten dagegen bilden Stufen mit steilen Hängen. Unübersehbar sind für Leon die *Schichtstufen* des Juras, die sich auf einmal als Steilstufe der Schwäbischen Alb unter ihm erheben. Gewaltig, an manchen Stellen fast 300 m hoch, ragt die Oberkante des Albaufstiegs über das Albvorland. Leon ist froh, dass sie schnell die richtige Höhe zum Überfliegen des *Albtraufs* erreicht haben.

In einem großen Bogen fliegen sie nun über die *Albhochfläche*. Zunächst ist das Gelände wellig. Weiden, Wiesen und Ackerflächen wechseln sich hier auf der *Kuppenalb* ab. Sie werden immer wieder von kleinen Waldflächen unterbrochen, welche die Kuppen überziehen. Dann wird das Gelände immer flacher. Hier auf der *Flächenalb* wird viel Ackerbau betrieben, obwohl der Boden sehr steinig ist. Viel zu schnell geht der Flug vorüber, sie müssen umkehren und wieder auf dem Segelflugplatz landen.

## Woher stammt der Name Zeugenberg?

Diese Berge haben in ihrem Inneren denselben Gesteinsaufbau wie die Schwäbische Alb selbst. Daher weiß man, dass diese heute im Albvorland stehenden Berge auch einmal ein Teil dieses Mittelgebirges waren. Sie bezeugen dies durch ihren Aufbau.

Albhochfläche

Albtrauf

Albvorland

Zeugenberg

Weißer Jura

Brauner Jura

Schwarzer Jura

©Westermann 45661EX

**M1**

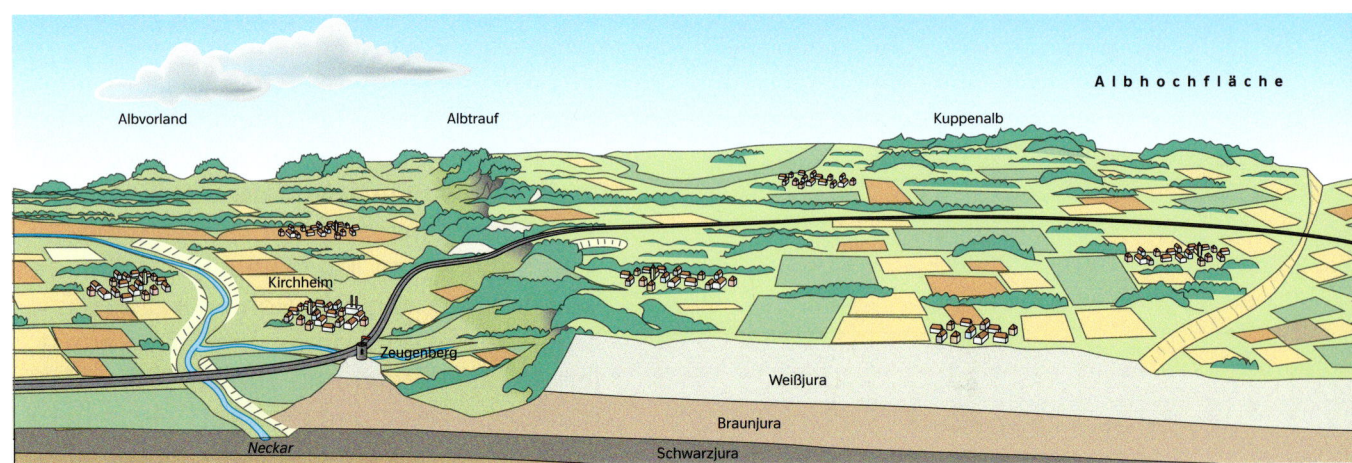

**M2** Landschaftsquerschnitt durch die Schwäbische Alb und ihr Vorland

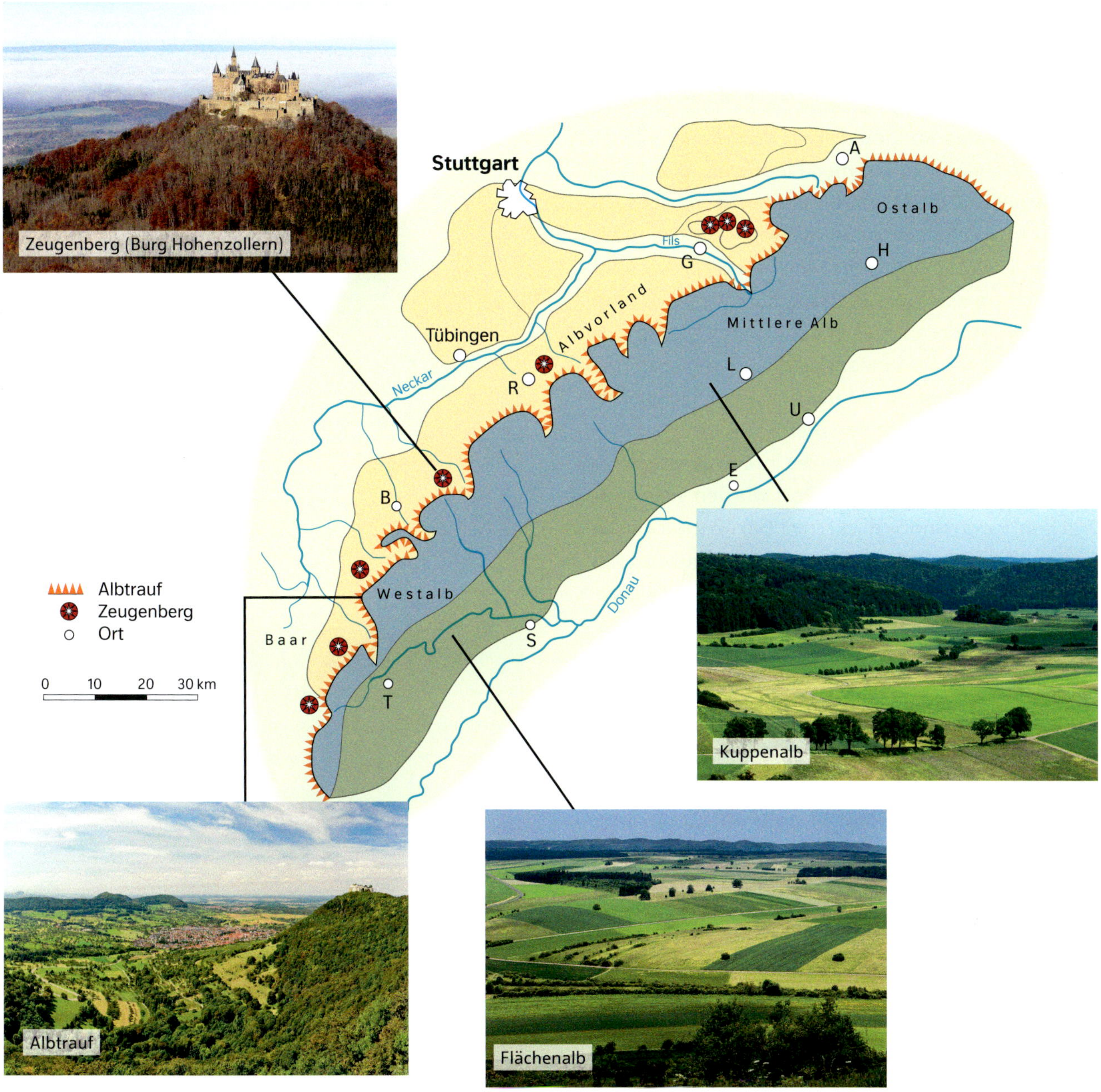

Zeugenberg (Burg Hohenzollern)

Stuttgart

A

Ostalb

Fils

G

Albvorland

Tübingen

Mittlere Alb

Neckar

R

L

U

E

B

Kuppenalb

Albtrauf

Zeugenberg

Ort

Westalb

Donau

Baar

S

0   10   20   30 km

T

Albtrauf

Flächenalb

**M3** Landschaften der Schwäbischen Alb

Flächenalb

gen

Donau

5962HX_1

## Aufgaben

**1** Beschreibe in eigenen Worten, wie sich die Landschaft vom Albvorland auf die Schwäbische Alb beim Überfliegen verändert.

**2** Zeichne eine Skizze des Landschaftsquerschnitts M2 und beschrifte sie.

**3** Arbeite mit dem Atlas und M3. Welche Orte sind eingezeichnet? Lege eine Tabelle an und ordne die Lage der Orte den Gesichtern der Alb zu. ↗ S. 224 Eine Spalte bleibt leer. Warum?

**4** Zeugenberge bezeugen, dass die Schwäbische Alb einst viel größer war als heute. Sie weicht durchschnittlich 1,6 mm pro Jahr zurück. Wie muss man sich das vorstellen? Erkläre in eigenen Worten.

# Eine Landschaft aus Kalk

Vor 180 Millionen Jahren war die Schwäbische Alb noch ein Meeresboden. Dieser war überflutet von einem flachen, sehr warmen Meer, dem sogenannten *Jurameer*. Versteinerungen belegen, dass das Leben in solchen warmen Meeren sehr artenreich war. Es bildeten sich Korallenriffe und Schwammbänke, da diese Tiere ideale Bedingungen vorfanden. Hier lebten auch Fische, Ammoniten, Meeressaurier und sogar Flugsaurier, die auf der Jagd nach Meerestieren waren. Manche davon findet man heute als sogenannte *Fossilien*.

Starben die Lebewesen, sanken ihre Überreste langsam auf den Meeresgrund. Dort wurden sie mit der Zeit von Sand- und Schlickschichten überdeckt. Dieser Vorgang wiederholte sich mehrere Tausend Mal. Durch das immer größere werdende Gewicht wurden die Schichten zusammengedrückt und verfestigt. Es entstanden verschiedene Arten von Gesteinsschichten: Aus Sand wurde Sandstein und aus den Korallen, Muscheln, Skeletten usw. wurde Kalkgestein.

Die so übereinanderliegenden Gesteine gehören zu den *Sedimentgesteinen*. In den mächtigen Juraschichten der Alb können in Steinbrüchen die versteinerten Lebewesen wieder ans Tageslicht gelangen. Sie werden von vielen Fossilienjägern gesammelt.

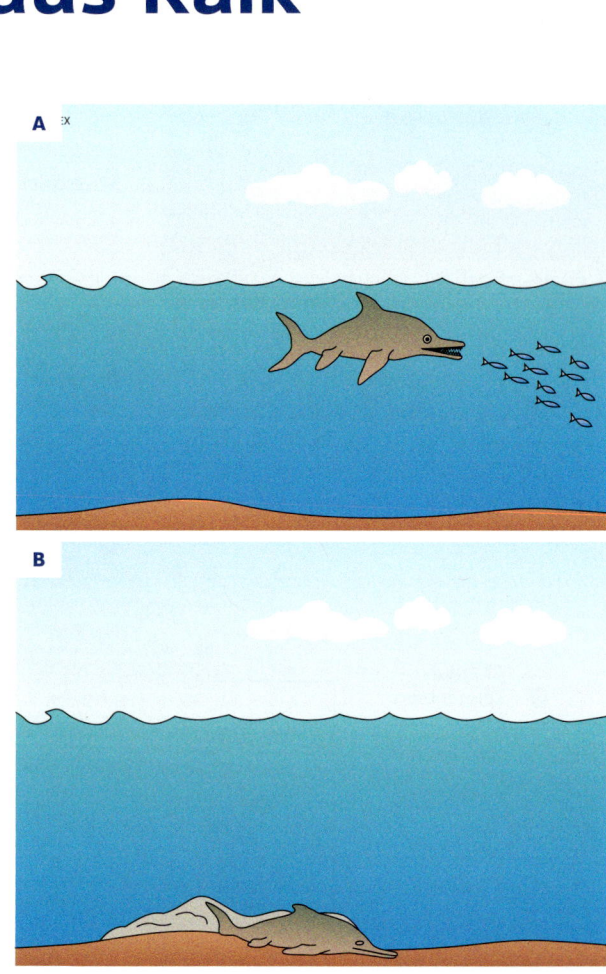

A

B

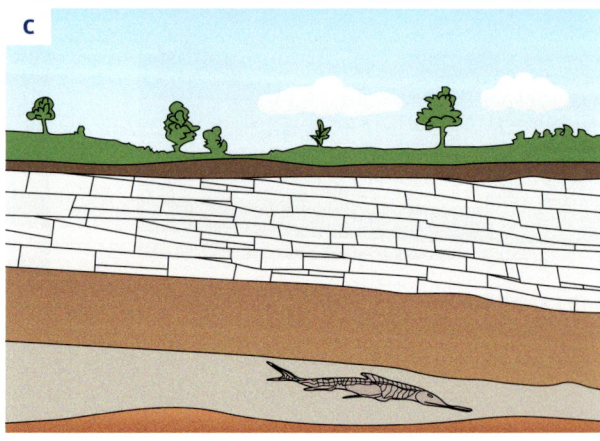

C

D

**M1** Lebewesen im Meer während der Jurazeit

**M2** Die Entstehung eines Fossils

**M3** Riff auf den Malediven

**M4** Felsenriff in der Alb

## Aufgaben

**1** Beschreibe, wie es vor 180 Millionen Jahren in Südwestdeutschland ausgesehen haben kann.

**2** Stelle in eigenen Worten die Entstehung von Fossilien dar (M2, A – D). ↗ S. 222

**3** Erkläre den Begriff „Fossil". Warum findet man gerade auf der Schwäbischen Alb so viele Fossilien?

**4** Ordne den Lebewesen in M3 Fossilien auf S. 100 (M1) zu.

**5** Erkläre, warum es nur selten gut erhaltene Fossilien gibt.

# Auf Fossilienjagd

Willst du auf Fossilienjagd gehen, suchst du am besten Gebiete am Albtrauf oder auf der Schwäbischen Alb auf. Geeignet sind die *Juraschichten*, die entweder auf natürliche Art (z. B. durch Abtragung) oder durch den Menschen (z. B. in Steinbrüchen) offengelegt wurden. In den Steinbrüchen kommen die ehemaligen Lebewesen des Jurameers als Versteinerungen wieder an die Oberfläche. Dort kannst du sie sammeln. Die Fossilien liegen allerdings selten direkt sichtbar vor dir. Mit Steinhammer, Meißel und einer Schutzbrille ausgerüstet kannst du die Gesteinsplatten vorsichtig öffnen, um Versteinerungen zu entdecken. Häufig findet man Belemniten oder die schneckenförmigen Häuser der Ammoniten, beides Tintenfischarten. Heute kann man an vielen Stellen auf der Schwäbischen Alb, z. B. in Holzmaden bei Göppingen, auf Fossilienjagd gehen. Man darf allerdings nur in ausgewiesenen Gebieten suchen. Besondere Fundstücke findest du unter anderem im Urweltmuseum Hauff.

## Aktiv

### So kannst du Fossilien selbst herstellen

Um zu verstehen, wie Fossilien entstehen, kannst du diese selbst herstellen. Dazu benötigst du Zeitungspapier, Wasser, Gips, Sand, Öl und Pinsel, einen Becher als Gießform und Muscheln.

- Lege den Tisch mit Zeitungspapier aus. Mische den Gips im vorgegebenen Verhältnis mit Wasser an und schütte ihn etwa 2 cm hoch in die Gießform.
- Bestreiche die Muschel mit Öl und drücke sie leicht mit der Oberseite nach unten auf den Gips.
- Streue auf die verbleibende Gipsoberfläche etwas Sand. Mische erneut Gips an und gebe ihn in die Gießform, sodass die Muscheln gut bedeckt sind.
- Wenn der Gipsblock getrocknet ist, kannst du ihn aus der Form lösen und die beiden Gipsschichten vorsichtig voneinander trennen.

**M1**

## Extra

### Eine ganz normale Katastrophe

Ein nebliger, regnerischer Morgen wie an zahlreichen Tagen davor. Es herrscht gespenstische Ruhe am Hirschkopf. Doch plötzlich rumort es im Boden, ein Zittern ist vernehmbar, dann gerät der Berghang in Bewegung. Die anfängliche Stille geht in lautes Krachen und Knacken über. Bäume zersplittern oder rutschen senkrecht stehend zu Tal. Gesteinsbrocken stürzen von der Hochfläche und bersten beim Aufprall mit ohrenbetäubendem Lärm auseinander.

Der ganze Berg rutscht und sackt scheinbar in sich zusammen. Wo einst ein dichter Wald vorherrschte, ist nun eine Steinwüste ohne Bewuchs mit meterhohen Geröllhügeln. Tausende von Bäumen sind kreuz und quer ineinander verkeilt. Das betroffene Gelände bei Mössingen umfasst eine Fläche von 50 Hektar. 5 bis 6 Millionen Kubikmeter Erde und Geröll gingen ab.

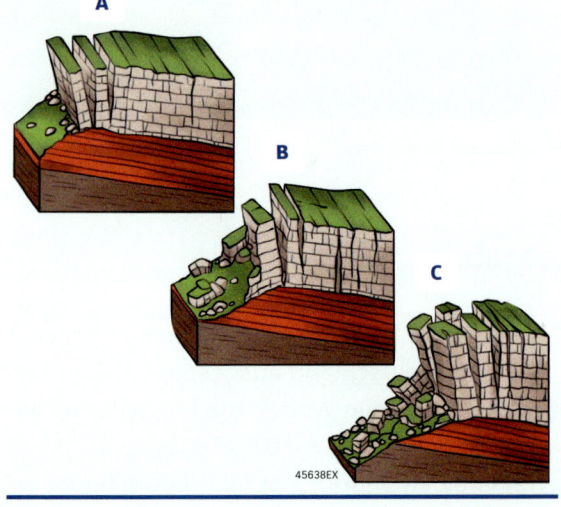

**M2** Rückverlegung des Albtraufs

A

Ammonit

B

Belemnit

C

Plesiosaurier

D

Seelilien

E

Schuppenfisch

**M5** Fossilien aus dem Jura

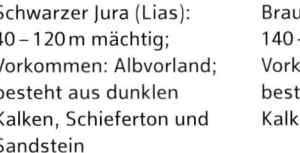

Schwarzer Jura (Lias): 40 – 120 m mächtig; Vorkommen: Albvorland; besteht aus dunklen Kalken, Schieferton und Sandstein

Brauner Jura (Dogger): 140 – 180 m mächtig; Vorkommen: Albvorland; besteht aus Schieferton, Kalk und Sandstein

Weißer Jura (Malm): 400 – 600 m mächtig; Vorkommen: Albtrauf, Albhochfläche; besteht aus hellgrauen Kalken und Mergelschichten

**M3** Die Gesteinsschichten der Schwäbischen Alb

**M4** Im Steinbruch Holzmaden

Zeitungen

Meißel

Steinhammer

Smartphone

Schutzbrille

Pinsel

Taschenmesser

© **Schroedel** 5961HX_1

**M6** Ausrüstung für den Steinbruch

## Aufgaben

1 Eine Fossilienjagd muss gut vorbereitet sein. Betrachte die Ausrüstungsgegenstände (M6) und beschreibe jeweils, wozu diese nötig sind.

2 Suche mithilfe einer Atlaskarte die Route von deinem Schulort nach Holzmaden.

3 Betrachte M4 und ordne den Steinbruch der entsprechenden Gesteinsschicht in M3 zu.

4 Bearbeite den Extra-Kasten. Warum weicht der Albtrauf Stück für Stück zurück?

5 Sammelt Informationen über das Leben in der Jurazeit. Gestaltet gemeinsam ein Plakat darüber. ↗ S. 224

# Steter Tropfen höhlt den Stein

## Die Geschichte vom Sandgräber Johann Georg Mack

Im Jahre 1892 lebte in Laichingen auf der Schwäbischen Alb ein Sandgräber namens Johann Georg Mack. Heute gibt es diesen Beruf nicht mehr, doch früher sammelten Sandgräber, wie der Name sagt, Sand. Tagaus, tagein grub Sandmack, wie ihn die Dorfbewohner nannten, in der Nähe seines Wohnortes nach Sand. Diesen verkaufte er als Bau- und Fegesand. Mit Sand fegte man damals noch die Wohnräume aus. Wurde er leicht feucht gemacht, so blieb daran der Staub haften.

Eines Tages hatte der Sandmack bis spät in den Abend hinein hart gearbeitet und einen großen Sandhaufen aufgeschüttet. Als er am nächsten Tag zurückkehrte, um den Sand aufzuladen, war der Sand verschwunden. Sandmack wurde wütend und bitterböse darüber, dass ihm offensichtlich sein Sand gestohlen worden war. Aber es half nichts und so wiederholte er notgedrungen seine Arbeit vom Vortag. Am Abend legte er sich aber auf die Lauer, um die vermeintlichen Diebe auf frischer Tat zu ertappen. Es fiel ihm schwer, nach der harten Arbeit wach zu bleiben, doch er riss sich zusammen und schaffte es.

Es kam zwar kein Dieb, dennoch wurde im Laufe der Nacht der Sandhaufen kleiner und kleiner ...

**M1** Der Sandgräber

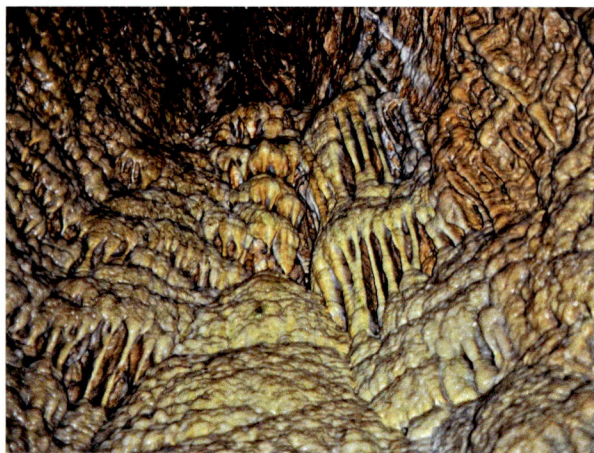

**M2** Im Inneren der Laichinger Tiefenhöhle

## Was war mit dem Sand passiert?

Der Sand war durch eine Erdspalte, die Sandmack angegraben hatte, langsam in die Tiefe gerieselt. Nachdem er den Spalt erweitert hatte, konnte sein Sohn, gesichert an einem Seil, hindurchschlüpfen und laut Überlieferung mit einer Kerze bis in eine Tiefe von 45 m vordringen.

Gemeinsam mit seinem Sohn hatte Sandmack zufällig die bis zu 80 m tiefe Laichinger Tiefenhöhle entdeckt. Heute ist sie die tiefste begehbare Schauhöhle Deutschlands. Inzwischen weiß man, dass es außer ihr noch mehr als 2000 *Höhlen* auf der Schwäbischen Alb gibt.

Doch wie sind diese Höhlen entstanden?

Hallo, mein Name ist Pitschnass. Ich bin ein Regentropfen. Zusammen mit vielen anderen Regentropfen kann ich unglaubliche Dinge leisten.

Wenn es regnet, falle ich Richtung Boden. Dabei treffe ich meinen Freund, einen Stoff aus der Luft. Dieser ist zwar sauer, aber ganz nett. Unter dem Namen Kohlensäure machen wir uns gemeinsam weiter auf den Weg nach unten.

**M3** Der Weg des Wassers

Alleine hätte ich diese Höhle niemals erschaffen, doch in jahrelanger Arbeit mit den anderen Teams habe ich bei der Entstehung der Höhlen auf der Alb mitgewirkt. Darauf bin ich stolz!

Allmählich kommen wir zusammen mit vielen anderen gleichnamigen Teams immer schneller in die Tiefe voran. Wir bilden breite Gänge und lassen sogar riesige Hohlräume entstehen. Da staunst du, was?

Von meinen Vorgängern hat das Kalkgestein bereits viele Risse und Spalten. Durch die versickern wir im Boden. Es ist eng und dunkel, doch als Team Kohlensäure können wir den Kalk auflösen und uns so mehr Platz verschaffen.

Zu zweit macht es uns Spaß, andere zu ärgern – vor allem wenn wir auf dem kalkhaltigen Boden der Alb auftreffen. Aus diesem nehmen wir noch mehr Kohlenstoffdioxid auf. Wir genießen diesen Spaß in vollen Zügen.

Aktiv

## Kalklösung im Versuch

Dafür benötigst du ein Glas, das mit Haushaltsessig gefüllt ist, sowie ein Stück Kalkstein.
– Lege den Kalkstein in das Glas und achte darauf, dass es dabei nicht spritzt. Beobachte, was geschieht.
– Schraube nun das Glas zu, lasse es eine Weile geschlossen und beobachte weiter.
– Was kannst du beim vorsichtigen Öffnen feststellen? Beschreibe.

**M4** Versuch zur Kalklösung

Extra

Wenn du beim Versuch genau hinschaust, erkennst du, dass das Schäumen allmählich nachlässt und schließlich ganz aufhört.
Woran könnte dies liegen?
Überlege, was nun geschieht!

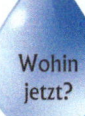

Wohin jetzt?

SATT!!!

## Aufgaben

1  Beschreibe, durch welchen Zufall die Laichinger Tiefenhöhle entdeckt wurde. Was meinst du? War es mutig oder leichtsinnig, den eigenen Sohn am Seil in die Tiefe zu lassen?

2  „Steter Tropfen höhlt den Stein." Erkläre unter Verwendung dieser Aussage in eigenen Worten die Entstehung der Höhlen auf der Schwäbischen Alb.

3  Mithilfe des Internets findest du weitere Informationen zur Laichinger Tiefenhöhle. Erstelle einen einfachen „Informationsbogen". Auf den Seiten 108/109 kannst du sehen, wie man dabei vorgehen kann. ↗ S. 224

# Karsterscheinungen auf der Schwäbischen Alb

Bei einer Wanderung über die Albhochfläche fällt auf, dass es zwar viele Täler gibt, aber die Flüsse – die zu erwarten wären – oft nicht zu finden sind. Solche *Trockentäler* wurden von Bächen und Flüssen während der Eiszeiten geschaffen, als der Untergrund gefroren war. Mit dem Abschmelzen des Eises konnte das Wasser durch Risse und Spalten im Kalkgestein des Weißen Juras in den Untergrund versickern.

**M1** Trockental

## Regenwasser als Höhlengestalter

Da Regenwasser Kohlensäure enthält, kann es langsam den Kalk lösen und schmale Risse können sich zu Hohlräumen erweitern. Im Laufe der Zeit entstehen *Höhlen* oder sogar große Höhlensysteme. Dort, wo das Wasser auf eine wasserundurchlässige Tonschicht trifft, verlaufen große Höhlenbäche. Viele Kilometer weiter tritt das Wasser als *Schichtquelle* oder in einem *Quelltopf* wieder zutage.

Das kalkhaltige Sickerwasser scheidet beim Abtropfen wieder festen Kalk aus. An den Höhlendecken bilden sich schlanke *Stalaktiten*. Beim Auftreffen des Wassertropfens auf dem Boden wächst über Jahrtausende ein *Stalagmit* in die Höhe, bis sich schließlich beide zu einer Tropfsteinsäule, dem *Stalagnaten*, zusammenfinden (M5 und M6).

**M2** Schichtquelle

## Löcher in der Landschaft

Wenn über einer Höhle das Gestein einbricht, entstehen trichterförmige Mulden, die *Dolinen* oder Erdfälle. Weil diese früher oft als Müllkippen benutzt wurden, nannten die Albbewohner sie auch „Saulöcher".

In allen Landschaften, die aus Kalk bestehen, findet man *Karsterscheinungen*. Sie werden so bezeichnet, weil sie im „Karst", einem Gebirge im nördlichen Kroatien, zuerst entdeckt wurden.

**M3** Doline

**M4** Karsterscheinungen

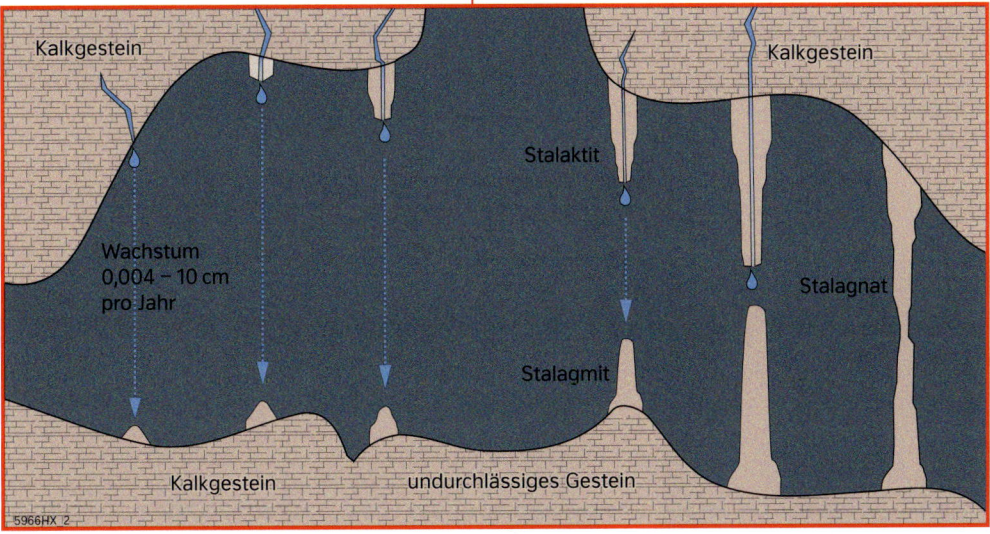

**M5** Innerhalb der Höhlen entstehen durch Sickerwasser Tropfsteine.

**M6** Tropfsteinhöhle

## Aufgaben

1  Nenne die Karsterscheinungen a – f auf der Schwäbischen Alb (M4).

2  Beschreibe mit eigenen Worten die Entstehung von Tropfsteinen. Benutze auch die Fachbegriffe.

3  Arbeite aus dem Silbensalat fünf Karstbegriffe heraus und erkläre diese: Sta – quel – stein – li – lag – Sta – Höh – tal – Do – Schicht – tit – nat – ne – Tro – Tropf –le – lak – cken – Sta – mit – le – lag

4  Stelle Zusammenhänge zwischen einzelnen Karsterscheinungen her, was ihre Entstehung betrifft.

# Erforschung der Unterwelt

## Flüsse verschwinden

Kannst du dir vorstellen, mitten im Flussbett der Donau zu stehen, ohne nasse Füße zu bekommen? Immerhin entwickelt sich die Donau, die im Schwarzwald entspringt, in ihrem weiteren Verlauf zum zweitlängsten Fluss Europas. Tatsächlich gibt es zwei Stellen am Oberlauf der Donau (bei Immendingen und bei Fridingen), wo das Wasser der Donau plötzlich im Untergrund verschwindet. Zurück bleibt nur ein mit Schotter gefülltes, trockenes Flussbett. Doch wo geht das Wasser hin, das eigentlich dazu bestimmt ist, ins Schwarze Meer zu fließen?

Um diese Frage zu klären, haben Wissenschaftler Farbstoffe in die Versickerungsstelle gegeben und festgestellt, dass gefärbtes Wasser nach wenigen Tagen im zwölf Kilometer entfernten Aachtopf zutage tritt. Mit einer durchschnittlichen Schüttung von 8600 Litern pro Sekunde ist der Aachtopf die größte Quelle Deutschlands. Die austretende Wassermenge ist sehr stark von der Jahreszeit abhängig und schwankt zwischen 1300 und 24 000 Litern pro Sekunde.

**M3** Donauversickerung bei Immendingen

**M1** Der Aachtopf

**M4** Lage des Aachtopfs und des Blautopfs

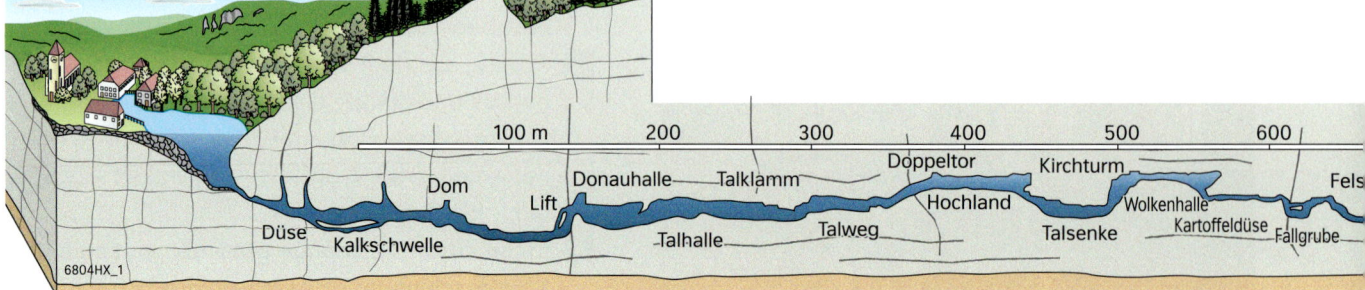

**M2** Profil der Blautopfhöhle

**M5** Höhlenforscher Hasenmayer in der Blautopfhöhle

„Tanklaster bei Zwiefalten verunglückt"
Kommt es im Blautopf zu einem Fischsterben?

**M6** Zeitungsmeldung

## Aufgaben

**1** Beschreibe den Verlauf der Donau. Verfolge ihren Weg und nenne die Orte, an denen sie verschwindet und wieder auftaucht.

**2** Die Donau kann an 200 Tagen im Jahr verschwinden. Erkläre, warum.

**3** Vergleiche die Angaben im Bericht eines Tauchgangs (M7) mit dem Profil durch die Blautopfhöhle (M4) und verfolge den Weg des Forschers.

**4** Erläutere, warum die Frage in der Zeitungsmeldung M6 berechtigt ist.

**5** Auf der Schwäbischen Alb gibt es riesige wassergefüllte Höhlensysteme. Kannst du dieses Phänomen erklären?

## Eine Tauchfahrt ins Ungewisse

12:30 Uhr: Der Pforzheimer Höhlenforscher Jochen Hasenmayer legt seine über 100 kg schwere Taucherausrüstung an.

16:30 Uhr: Er taucht ab und zwängt sich 22 Meter unter der Wasseroberfläche durch eine Öffnung in den Berg hinein, durch die dem Blautopf das Wasser zufließt.

16:40 Uhr: Nach einer halben Stunde trifft er auf eine senkrecht hochragende Wand und er muss steil nach oben tauchen, um dann einen kleinen hallenartigen Höhlenabschnitt zu erreichen.

17:20 Uhr: Nach einer langen Phase mit genügend Platz für ihn und seine Ausrüstung wird der Gang immer enger und er befürchtet, nicht mehr hindurchzupassen, dazu kommt noch, dass er plötzlich nach unten fällt, weil der Höhlengang plötzlich senkrecht nach unten verläuft.

18:10 Uhr: Plötzlich ist kein Durchkommen; von oben ragt ein großer Fels und im Scheinwerferlicht erkennt er eine Felswand. Er braucht lange, den schmalen Durchschlupf nach oben zu finden, und ist froh, seine Ausrüstung heil durch die Enge bugsiert zu haben.

19:00 Uhr: Plötzlich weitet sich der Raum. Jochen Hasenmayer entdeckt im Licht seines Scheinwerfers zahlreiche Tropfsteine. Langsam taucht er auf und entdeckt nach 1240 Metern den bisher größten Hohlraum der Alb: 120 Meter lang, bis zu 25 Meter breit und etwa 30 Meter hoch. Er gibt ihm den Namen Mörike-Dom.

**M7** Bericht einer Höhlenerkundung aus dem Jahr 1985

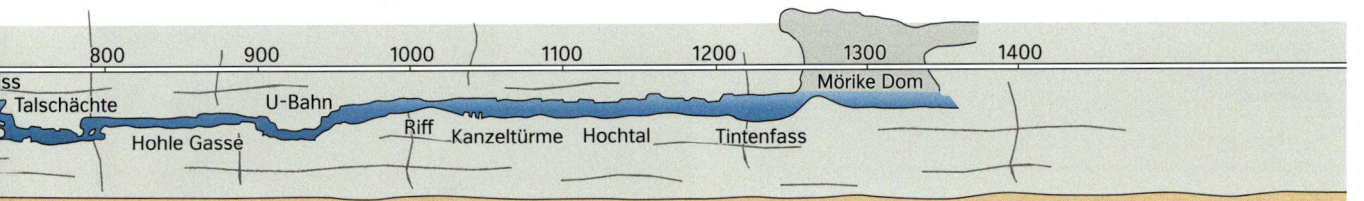

800    900    1000    1100    1200    1300    1400
Riss
Talschächte        U-Bahn                          Mörike Dom
Hohle Gasse              Riff   Kanzeltürme  Hochtal   Tintenfass

# Planung einer Exkursion – Wir erforschen eine Höhle

## Erster Planungsschritt

### Vorbereitung der Anfahrt

Die Klasse 5c plant eine *Exkursion* in die Laichinger Tiefenhöhle.

Als Erstes hat sich eine Arbeitsgruppe über die Lage des Ortes Laichingen informiert. Anschließend hat die Dreipunktregel der Gruppe geholfen, herauszufinden, wie und mit welchen Verkehrsmitteln man an den Zielort gelangt:

– Wann findet die Exkursion statt (Datum)?
– Wie viele Personen nehmen an der Exkursion teil?
– Welche Uhrzeiten sind für die Abfahrt und die Rückkehr vorgesehen?

Nun stellen die Schülerinnen und Schüler der Klasse 5c ihr Ergebnis vor:

Lisa berichtet: *„Laichingen liegt auf der Hochfläche der Schwäbischen Alb. Mit dem Zug ist die Kleinstadt nicht zu erreichen, wir benötigen einen Bus. Um zur Höhle zu gelangen, verlassen wir die Autobahn A 8 an der Ausfahrt Hohenstadt. Nach knapp 10 km erreichen wir Laichingen. Nun muss unser Bus nur noch der Beschilderung folgen. Die Tiefenhöhle liegt etwa 1 km südlich des Ortes."*

**M1** Schülerinnen bei der Erstellung eines Informationsbogens

## Zweiter Planungsschritt

### Entwurf eines Entdeckungsplanes

Eine zweite Schülergruppe hat sich damit beschäftigt, was man vor Ort alles machen kann. Sie hat sich die Frage gestellt, wie sich der Gang durchs Höhlenlabyrinth möglichst spannend gestalten lässt.

Folgende Vorschläge wurden entwickelt und werden nun der Klasse vorgestellt:

Marlon hat folgende Vorschläge: *„Wir könnten uns Beobachtungsaufgaben überlegen, die wir beim Gang durch die Höhle lösen könnten. Schön wäre es auch, wenn wir Zeichnungen und Skizzen von besonders schönen und interessanten Stellen im Höhlenlabyrinth anfertigen könnten. Sind diese zu kompliziert oder dauern zu lange, könnten wir die interessanten Punkte auch fotografieren. Mit diesen Informationen könnten wir im Anschluss an den Höhlenbesuch einen Fragebogen gestalten oder sogar ein Höhlenquiz entwerfen."*

**M2** Die Klasse in der Höhle

## Informationsgewinnung über den Zielort

Die Klasse 5c war von den Vorschlägen aus Marlons Gruppe begeistert und überlegte sich, wie man diese umsetzen könnte. Schnell entstanden gute Ideen:

Tim: *„Ich werde mich in der Bücherei umschauen, was es dort gibt."* Sina ergänzt: *„Kommt, lasst uns auch im Internet schauen, was wir dort zur Laichinger Tiefenhöhle finden. Vielleicht finden wir geeignetes Material, das wir verwenden können."*

Und tatsächlich, auf der Internetseite zur Laichinger Tiefenhöhle kann man diese sogar bereits von zu Hause aus in einer virtuellen Höhlentour erkunden. Daraufhin entscheidet die Klasse, zu den einzelnen Stationen in der Höhle Informationsbögen zu erstellen (M3).

Zur Auswahl stehen:
– der alte Eingang und Entdeckerschacht
– die Sandhalle
– die große Halle
– die kleine Halle
– der Gletschermühlenschacht
– der Streuselkuchengang
– der 100-Meter-Schacht
– der nasse Schacht
– die Vesperhalle

## Aufgaben

1  Im Text findest du allgemeine Hinweise, die dir bei der Planung einer Exkursion helfen können. Schreibe diese unter der Überschrift „Planung einer Exkursion" heraus. Fallen dir noch weitere Punkte ein, die man berücksichtigen sollte?

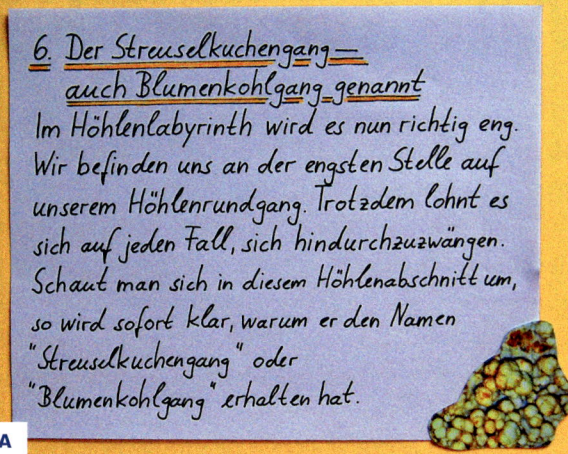

**A**

Hier kannst du sehen, wie ein selbst erstellter Informationsbogen am Beispiel des Streuselkuchengangs in der Laichinger Tiefenhöhle aussehen kann.

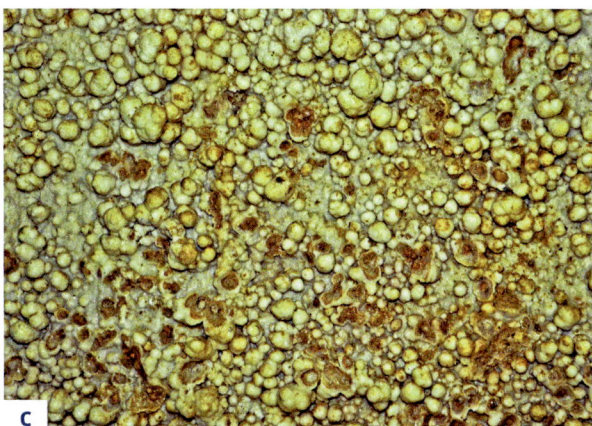

**B**

Auf DIN-A5-Größe hergestellt (und wegen der Nässe in der Höhle eventuell in eine Folie eingeschweißt), passt ein Informationsbogen bequem in deinen Rucksack.

**C**

Dieses Foto des Streuselkuchengangs wurde von Schülerinnen und Schülern der Klasse 5c während der Höhlenerkundung gemacht.

**M3** Ergebnisse der Exkursion

# Alte Schätze kehren zurück

## Wasserarmut und Steinreichtum auf der Schwäbischen Alb

Auf den vorherigen Buchseiten hast du erfahren, dass die Schwäbische Alb aus Kalkstein besteht und von Rissen, Spalten und Klüften durchzogen ist. Dadurch versickert das Regenwasser sofort und Pflanzen, die zum Gedeihen einen hohen Wasserbedarf haben, können nur schlecht wachsen. Der Wassermangel und die steinigen Böden sind für die Landwirtschaft also nur bedingt geeignet. Eine Ackerpflanze allerdings fühlt sich aber dort wohl – die Alb-Linse. Sie benötigt karge, kalkhaltige Böden und verträgt keine allzu große Nässe.

## Nichts wird weggeworfen

Ziel ist es, umweltgerecht zu produzieren und möglichst alles zu verwerten. Dazu wird zunächst das Gemenge aus Getreide und Linsen getrennt. Es entstehen aus ...

Gerste ➡ Bier „Schäfleshimmel"
Hafer ➡ Viehfutter für das Alb-Leisa-Schwein
Leindotter ➡ Salatöl
Produktionsreste ➡ Energie

Das Jahr des Linsenbauers: vom Anbau ...

Junge Linsenpflänzchen

*Die Aussaat erfolgt im März und April. Dabei werden Alb-Linsen stets zusammen mit Getreide wie Hafer oder Gerste ausgesät. Das Getreide dient den feinen Linsenpflanzen als Stütze und Rankhilfe.*

Reife Linsenhülsen auf dem Feld

*Geerntet werden die Linsen zwischen Ende Juli und Anfang September, wenn die Hülsen braun und die darin enthaltenen Körner hart sind.*

## Die Rückkehr des Linsenanbaus auf die Schwäbische Alb

Linsen mit Spätzle gehören zu den typisch schwäbischen Gerichten. Nach Überlieferungen und historischen Funden auf den Hochebenen der Schwäbischen Alb wurden sie bereits vor rund 2500 Jahren zu Zeiten der Kelten angebaut. Linsen gehören neben Erbsen und Bohnen zu den Hülsenfrüchten und sind sehr nahrhaft und gesund.
Die relativ geringen Erträge und der hohe Arbeitsaufwand bei der Ernte und Reinigung führt dazu, dass der Linsenanbau auf der Alb in den 1950er-Jahren aufgegeben wurde. So geriet der Linsenanbau lange Zeit in Vergessenheit.

Linsenernte

**M1** Ackerfläche auf der Alb

**M2** Linsenverwertung

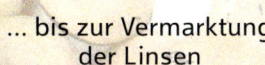

... bis zur Vermarktung der Linsen

Für den Verkauf abgepackte Linsen

Erneute Anbauversuche Anfang der 1970er-Jahre gestalteten sich schwierig, da kein Saatgut der alten Sorten aufzufinden war. Mit Saatgut aus Frankreich und Italien begann 1985 ein Bauer aus Lauterach damit, die Linsen auf der Alb wieder anzubauen. Aber erst im Jahr 2006 entdeckte man in einer St. Petersburger Saatgutbank die lange gesuchten historischen Sorten.

Seit einigen Jahren bauen immer mehr Bauern die Alb-Linsen an, um sie regional zu vermarkten. Vor allem in den Bio- und Hofläden rund um die Schwäbische Alb, aber auch über die Grenzen Baden-Württembergs hinaus wurden und werden die Alb-Linsen immer beliebter.

*Erst jetzt werden die Linsen in einer eigens dafür entwickelten Maschine von den Getreidekörnern getrennt. Schließlich werden sie noch immer von Hand für den Verkauf verpackt.*

Reinigung der Linsen

*Zunächst muss das Gemenge aus Haferkörnern und Linsen schonend getrocknet werden, bevor es gereinigt wird.*

## Regionale Vermarktung

Alb-Linsen werden von Bauern der

Öko-*Erzeugergemeinschaft* „Alb-Leisa" angebaut. Ihr Motto lautet: *regional angebaut, regional vermarktet, regional gegessen.*

Dabei ist die räumliche Nähe zwischen Produzentinnen und Produzenten und Verbraucherinnen und Verbrauchern wichtig. Durch die kurzen Transportwege der Produkte wird ein wichtiger Beitrag zum Klimaschutz geleistet. Zudem bereichern Linsenfelder durch ihre Artenvielfalt die Landschaft, denn im biologischen Anbau wachsen neben Linsen und Getreide zahlreiche Ackerwildkräuter auf den Feldern. Diese bilden zusammen einen idealen Lebensraum für zum Beispiel Insekten und Vögel.

**M3** Vermarktung

## Aufgaben

1 Beschreibe den Linsenanbau von der Aussaat bis zum Verkauf.

2 Erkläre die Bedeutung der Überschrift „wasserarm und steinreich". ↗ S. 224

3 Finde heraus, ob es in deiner Umgebung ebenfalls Anbauprodukte gibt, auf die das Motto „regional angebaut, regional vermarktet, regional gegessen" zutrifft.

4 Worin unterscheidet sich ein Linsenfeld von einem normalen Weizenfeld? Für wen bringen diese Unterschiede Vor- oder auch Nachteile?

# Das Aussehen der Schwäbischen Alb

**Kannst du schon**

– beschreiben, wie sich die Landschaft der Schwäbischen Alb vom Vorland bis hinauf auf die Hochfläche verändert? (S. 96/97)
– erklären, warum Zeugenberge ein Beweis dafür sind, dass die Alb einst viel größer als heute war? (S. 96/101)

## Zeig, was du kannst

1 Ordne in M1 und M2 die folgenden Begriffe zu: Albhochfläche, Albtrauf, Albvorland, Brauner Jura, Flächenalb, Kuppenalb, Schwarzer Jura, Weißer Jura, Zeugenberg

2 Betrachte M3. Die eingezeichnete Linie hilft dir, zu erklären, warum die Alb einst viel größer war und welche Beweise es dafür gibt.

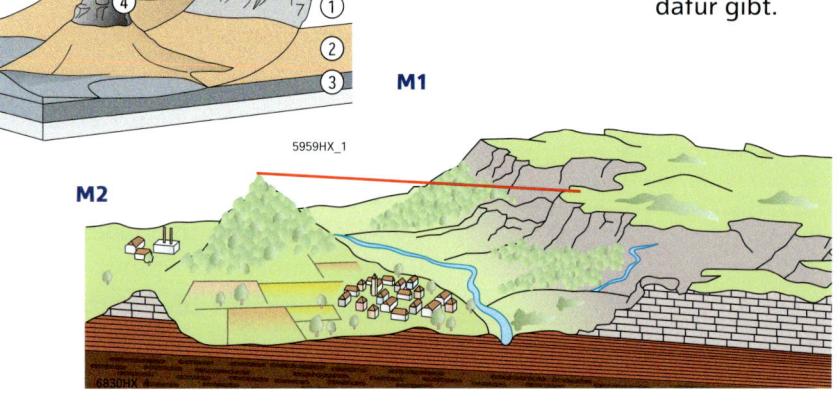

M1

M2

5959HX_1

6830HX

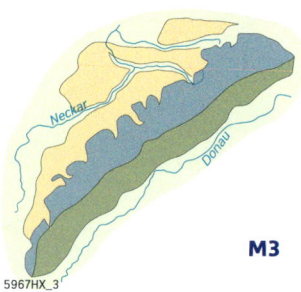

M3

5967HX_3

# Zeugen aus längst vergangener Zeit

**Kannst du schon**

– Beispiele von Lebewesen aus der Jurazeit nennen? (S. 98/100)
– beschreiben, was Fossilien sind? (S. 98)
– erklären, wie Fossilien entstanden sind? (S. 98/99)

## Zeig, was du kannst

3 Was gehört zusammen?

4 Erkläre anhand von M5, wie Fossilien entstehen.

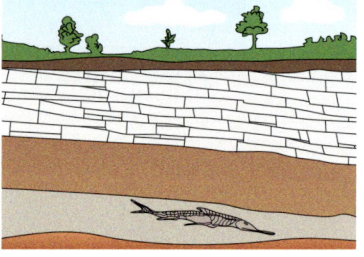

M5

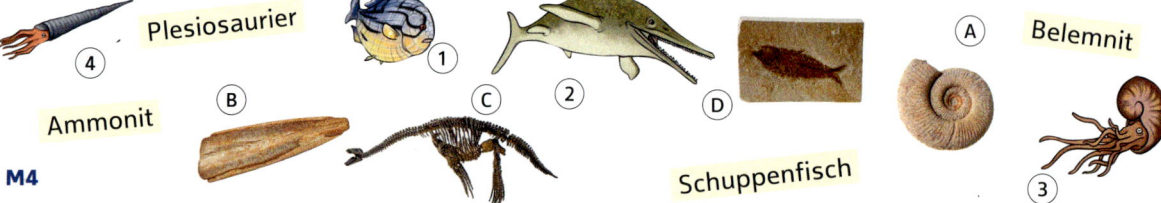

Plesiosaurier

Belemnit

Ammonit

Schuppenfisch

M4

## Fachbegriffe

– **Vielfältige Alb:** Albhochfläche, Albtrauf, Albvorland, Flächenalb, Kuppenalb, Zeugenberg
– **Eine Landschaft aus Kalk:** Doline, Fossilien, Höhle, Höhlenforschung, Jurazeit, Kalkgestein, Sedimentgestein, Stalagmit, Stalagnat, Stalaktit, Trockental, Tropfstein
– **Landwirtschaft:** regionale Vermarktung

# Wasser gestaltet

**Kannst du schon**

– beschreiben, welche Wirkung kohlensäu-
rehaltiges Wasser auf Kalkgestein hat?
(S. 102/103)
– die Skizze einer Höhle erstellen und
darin die Bildung von Tropfsteinen
einzeichnen und beschriften?
(S. 104/105)
– die einzelnen Karsterscheinungen
benennen und deren Entstehung
erklären? (S. 104/105).

## Zeig was du kannst

**5** Ergänze im Text die folgenden Wörter:
**größere Hohlräume, Höhlensysteme,
Kalkgestein, Kohlensäure, Spalten,
versickert**

> Wenn es auf der Schwäbischen Alb
> regnet, ... das Wasser rasch im Boden,
> da dieser viele Risse und ... hat.
> Das Regenwasser nimmt beim Durch-
> sickern der Humusschicht Kohlenstoff-
> dioxid auf und bildet .... Dieses kohlen-
> säurehaltige Wasser löst das ... der
> Schwäbischen Alb allmählich auf.
> Aus den Rissen und Spalten werden
> immer ... Auf diese Weise entstehen im
> Laufe der Zeit die ... auf der Schwäbi-
> schen Alb.

**6** Benenne die in M6 abgebildeten
Karsterscheinungen und erkläre deren
Entstehung.

**M6**

# Wasser verschwindet

**Kannst du schon**

– erklären, warum im Weißen Jura Flüsse
verschwinden und sie aus einer Schicht-
quelle/einem Quelltopf wieder zutage
treten? (S. 101/104/106)
– die Bedeutung der Höhlenforschung
beurteilen? (S.106/107)

## Zeig was du kannst

**7** „Der Rhein stiehlt der Donau das
Wasser." Erkläre diese Behauptung
anhand des Atlas.
**8** Wo müsste ein Tankerunglück statt-
finden, das den Aachtopf
gefährden könnte (M7)?

**M7**

# Linsenanbau

**Kannst du schon**

– den Weg der Linsen beschreiben?
(S. 110/111)
– die Bedeutung der regionalen
Vermarktung für den Klimaschutz
erklären? (S. 111)

## Zeig, was du kannst

**9** Nenne Besonderheiten, die beim
Linsenanbau gelten. Stichworte:
Aussaat, Pflanzenwachstum, Ernte,
regionale Vermarktung/Verkauf
**10** „Ziel ist es, umweltgerecht, ökologisch
und nachhaltig zu produzieren und
möglichst alles zu verwerten." Beurteile
diese Aussage.

# 6

# Lebensraum Stadt

**M1** Ein Blick auf Stuttgart

In diesem Kapitel lernst du ...
... was eine Stadt von einem Dorf unterscheidet.
Dabei lernst du den Aufbau einer Stadt kennen und welche Funktionen eine Stadt hat. Du lernst auch, wie du dich in einer Stadt orientieren kannst.
Wichtig ist auch der Vergleich zwischen den Lebensräumen Stadt und ländlicher Raum. Wo magst du lieber wohnen?

# Stuttgart –
# eine Stadt mit vielen Gesichtern

Maya besucht ihre Tante in Stuttgart. Sie kommt aus Ummendorf, einem kleinen Ort bei Biberach. Ihre Tante und ihre Cousine Anne holen sie am Hauptbahnhof ab.

Für Maya ist Stuttgart etwas Besonderes, denn sie ist nicht oft in einer *Großstadt*. Der Hauptbahnhof liegt mitten in der *City*, und wenn sie schon einmal da sind, wollen sie gleich eine Shoppingtour machen. Zuerst gehen sie in die Königstraße. Die Fußgängerzone ist voll mit Menschen, die einkaufen, herumschlendern oder im Freien einen Kaffee trinken. Nach drei Geschäften und einem Eis schlägt Anne vor, das Trickfilmfestival auf dem Schlossplatz vor dem neuen Schloss zu besuchen. Zwei Stunden und fünf Filme später sind die Mädchen erschöpft und fahren mit ihrer Tante zu deren Haus nach Degerloch. Im Auto meint Maya noch, dass sie so viele Menschen auf einmal in Ummendorf nur vom Feuerwehrumzug kennt.

## Stadtviertel

Direkt nach ihrer Ankunft in Stuttgart hat Maya das Stadtzentrum – die City – kennengelernt. Eine Großstadt wie Stuttgart besteht aber auch noch aus anderen, sehr unterschiedlichen *Stadtvierteln*. Deren Bezeichnungen erklären eigentlich schon, wie die Menschen diese Gebiete nutzen. Neben der City gibt es *Naherholungsgebiete*, *Wohngebiete* und *Gewerbegebiete* (auch Industriegebiete genannt).

**M1** Maya und Anne in der Eisdiele

**M2** Leben in der Stadt

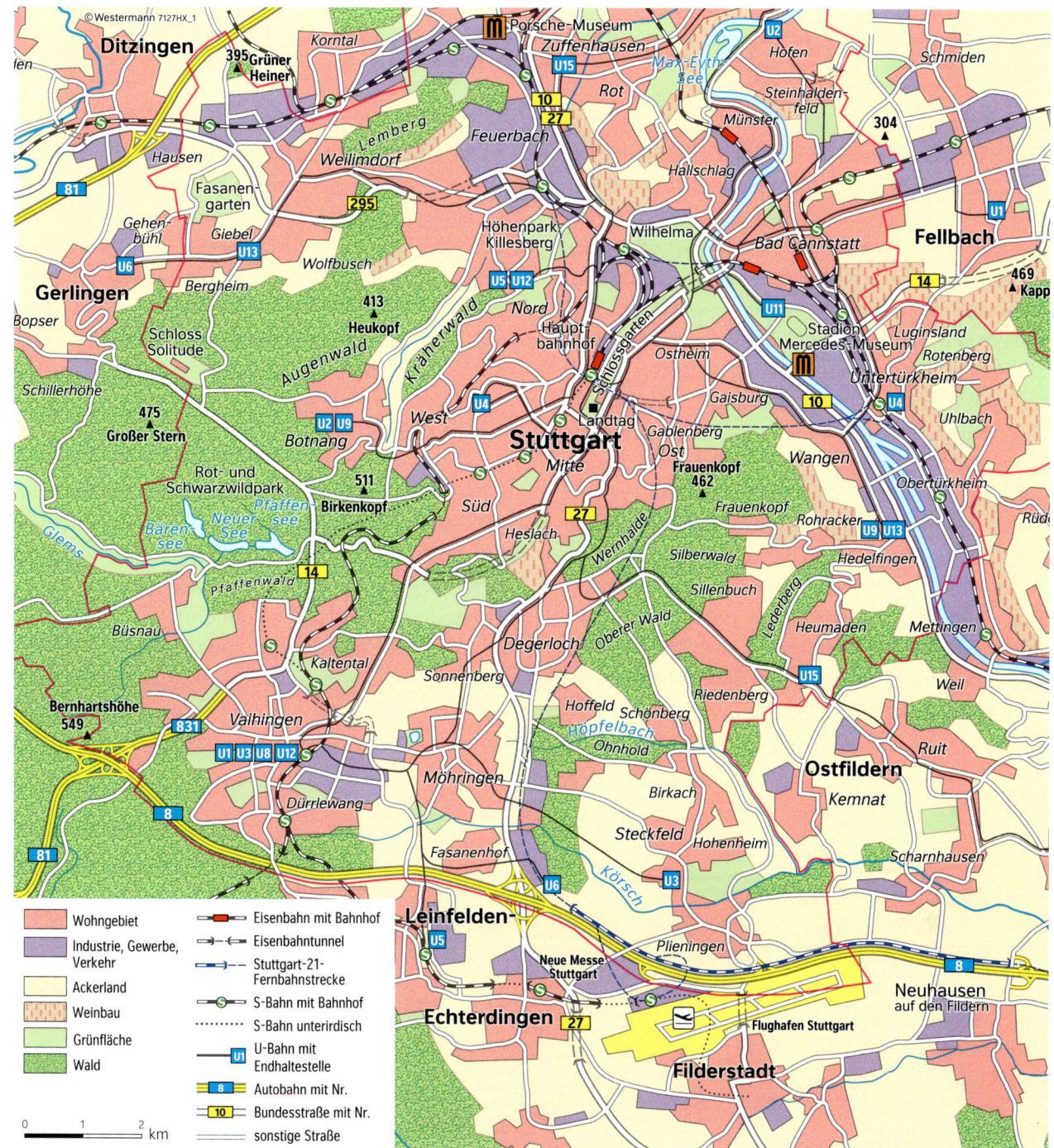

**M3** Übersichtskarte von Stuttgart: Nutzung und Verkehr

Legende:
- Wohngebiet
- Industrie, Gewerbe, Verkehr
- Ackerland
- Weinbau
- Grünfläche
- Wald
- Eisenbahn mit Bahnhof
- Eisenbahntunnel
- Stuttgart-21-Fernbahnstrecke
- S-Bahn mit Bahnhof
- S-Bahn unterirdisch
- U1 U-Bahn mit Endhaltestelle
- 8 Autobahn mit Nr.
- 10 Bundesstraße mit Nr.
- sonstige Straße

Stuttgart ist mit rund 600 000 Einwohnern die größte Stadt Baden-Württembergs und ihre Landeshauptstadt. Hier steht der Landtag. Dort fallen wichtige politische Entscheidungen für alle Baden-Württemberger. Im Kultusministerium wird festgelegt, was in der Schule gelernt werden muss. Stuttgart bildet das Zentrum der rund 2,7 Millionen Einwohner zählenden Region Stuttgart.

**M4** Landeshauptstadt Stuttgart

## Aufgaben

1. Was machen die Menschen hauptsächlich in der Stuttgarter City? Suche Beispiele im Text und in den Fotos (M1, M2).
2. Mit welchen Verkehrsmitteln kannst du dich in Stuttgart fortbewegen? Nutze die Karte M3.
3. Erkläre die Funktionen der verschiedenen Stadtviertel.

# Unterwegs in Stuttgart

Maya ist mit Anne und Annes zwei Freundinnen Lea und Pia am Löwentormuseum verabredet. Sie wollen sich um 10:00 Uhr an der Zielhaltestelle *Löwentor* treffen. Alle vier fahren mit Straßenbahn und S-Bahn dorthin. Doch mit welcher Linie müssen sie fahren? Anne wohnt mit ihrer Familie in einer Einfamilienhaussiedlung in Degerloch. Sie kann mit Maya an der Haltestelle *Zahnradbahnhof* einsteigen.

Lea wohnt in Mönchfeld. Aus dem 13. Stock ihrer Wohnung kann sie Anne aufs Dach schauen, behauptet sie immer. Sie beginnt ihre Fahrt an der Haltestelle *Mönchfeld*.

Pia schließlich lebt im Stuttgarter Westen – in der Bebelstraße. Das Haus, in dem sie wohnt, ist schon etwas älter. Sie nervt es, dass sie aus dem dritten Stock immer die Treppen laufen muss, da es keinen Fahrstuhl gibt. Pia sagt immer: „Bei uns klebt ein Haus an dem anderen." Ihre Starthaltestelle ist *Schwabstr./Bebelstr.*

## Eine Stadt braucht Verkehrswege

Damit das Leben in einer Stadt funktioniert, braucht sie eine gute *Verkehrsinfrastruktur*. Am Beispiel der vier Mädchen habt ihr ja bereits den öffentlichen Personennahverkehr (ÖPNV) kennengelernt. Doch nicht nur für die Menschen selbst, auch für die vielen Unternehmen ist ein funktionierendes Verkehrsnetz sehr wichtig.

## Viele Menschen auf engem Raum

An den Häusern, in denen die Mädchen wohnen, kannst du es schon erahnen: In Stuttgart wohnen viele Menschen auf engem Raum. Um zu beschreiben, wie dicht die Menschen beieinanderwohnen, kann man die *Bevölkerungsdichte* für einen Raum ermitteln. Sie wird in Einwohnerinnen und Einwohner pro Quadratkilometer (Einw./km²) angegeben.

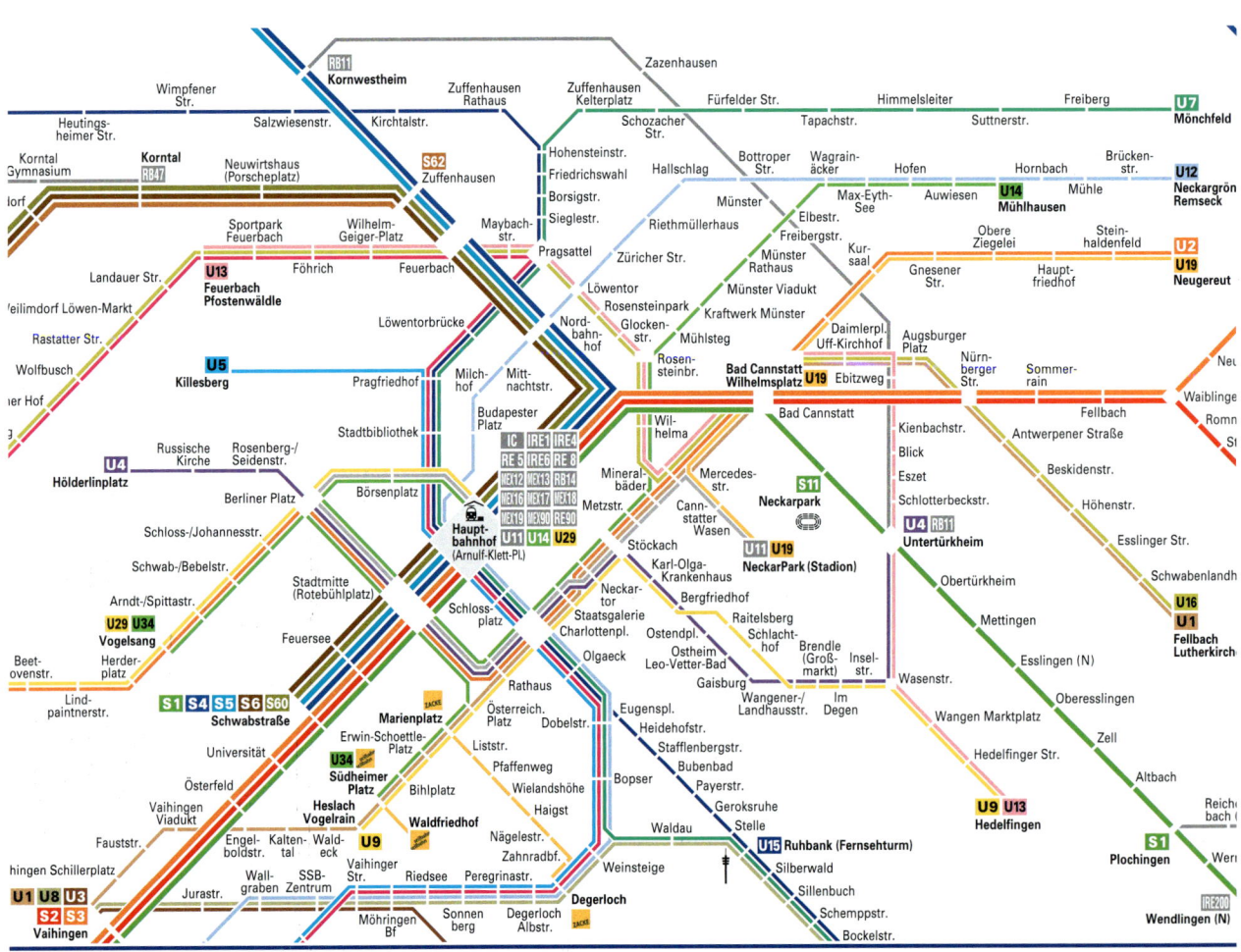

**M1** Ausschnitt aus dem Liniennetzplan von Stuttgart

**M2** In Stuttgart

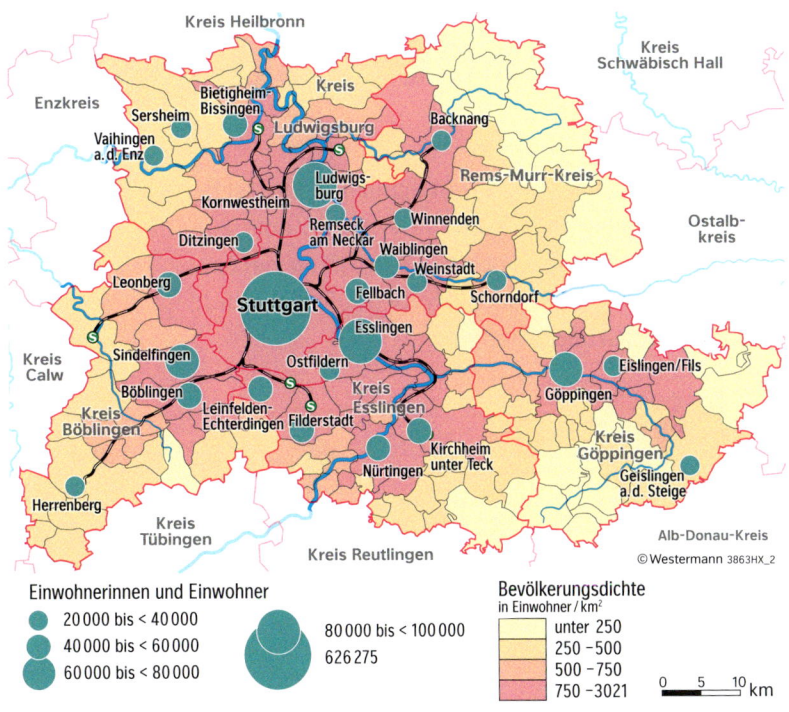

**Einwohnerinnen und Einwohner**

- 20 000 bis < 40 000
- 40 000 bis < 60 000
- 60 000 bis < 80 000
- 80 000 bis < 100 000
- 626 275

**Bevölkerungsdichte**
in Einwohner / km²

- unter 250
- 250 – 500
- 500 – 750
- 750 – 3021

0    5    10 km

© Westermann 3863HX_2

**M3** Bevölkerungsdichte im Raum Stuttgart

Stuttgart ist ein Verkehrszentrum. Wie in einem Spinnennetz laufen die Fäden des Verkehrs hier zusammen: 3500 Kilometer Straße, ein Bundesautobahnkreuz, 350 Kilometer S- und U-Bahnen sowie etwa 10 000 Kilometer Buslinien.

Viele Menschen pendeln täglich zwischen Stadt und Umland zur Arbeit oder zum Einkaufen. Der öffentliche Personennahverkehr (ÖPNV) über Bus und Bahn entlastet dabei die Straßen.

Stuttgart ist auch über einen Flughafen zu erreichen. Zusätzlich verbinden die Häfen am Fluss Neckar die Stadt mit dem Rest Deutschlands und der Welt. Über zwei Containerterminals können Waren verschifft oder angeliefert werden.

**M4** Verkehrszentrum Stuttgart

## Aufgaben

1. Beschreibe die Häuser, in denen die Mädchen wohnen.
2. Nenne die Orte mit sehr hoher Bevölkerungsdichte im Raum Stuttgart.
3. In welchem Haus würdest du wohnen wollen? Begründe.
4. Verfolge die Tour der Mädchen zum Löwentormuseum auf dem Liniennetzplan und nenne die Haltestellen, wo die Mädchen umsteigen müssen.
5. Fast jeden Tag gibt es auf den großen Straßen in und um Stuttgart Stau, immer zu denselben Zeiten. Warum ist das so? Wie könnte das verändert werden?
6. Überlege, warum die Bevölkerungsdichte im Raum Stuttgart so verteilt ist, wie es die Karte M3 zeigt. ↗ S. 225

# Eine Stadt erfüllt Funktionen

Die meisten Schülerinnen und Schüler in Deutschland leben heute in Städten. Sie gehen dort zur Schule und verbringen auch sonst im Alltag viel Zeit in der Stadt. Damit dies möglich ist, erfüllt eine Stadt verschiedene *Grundfunktionen*.

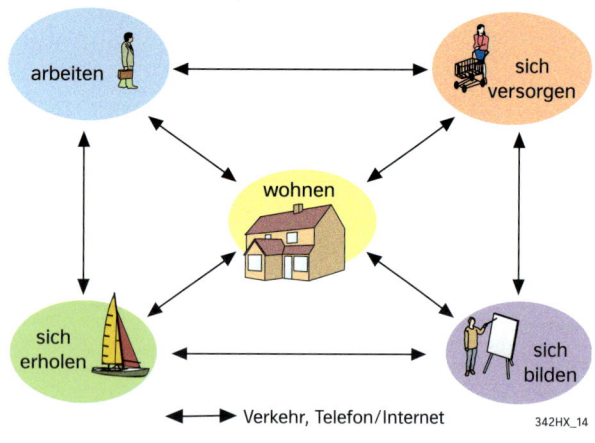

**M1** Funktionen einer Stadt

---

### Extra

Welche Aktivitäten eine Stadt bietet, hängt auch von ihrer Größe ab. So hat eine Kleinstadt z. B. häufig kein eigenes Theater oder Museum. In Deutschland unterscheidet man:

Kleinstädte = 5000 bis 20 000 Einwohner
Mittelstädte = 20 000 bis 100 000 Einwohner
und Großstädte = über 100 000 Einwohner

---

a) neue Kleidung kaufen,
b) im Schwimmbad kraulen,
c) mit dem Zug nach Baden-Baden fahren,
d) eine Fundsache abgeben,
e) ein Orgelkonzert hören,
f) als Straßenmusiker Geld verdienen,
g) das Auto länger parken,
h) auf einer Parkbank ausruhen,
i) Straßenbahn fahren,
j) ein Instrument erlernen.
h) Fahrrad fahren

**M3** Aktivitäten in der Stadt

## Aufgaben

1. Ordne die Aktivitäten aus M2 den Funktionen einer Stadt in M1 zu.
2. Finde weitere Aktivitäten für die verschiedenen Funktionen einer Stadt.
3. Erstelle ein großes Plakat (mindestens DIN-A3) auf dem du deine eigenen Ideen und Vorstellungen für eine Erkundung sammelst. Orientiere dich an den Grundfunktionen einer Stadt. ↗ S. 225
4. Überlege, welche Angebote wohl Städte unterschiedlicher Größe anbieten.

**M2** Mindmap zum Leben und Wohnen in der Stadt

# Projekt: Erkundung einer Stadt

## 1. Vorbereitung der Erkundung

- Entwickelt ein Plakat (mindestens DIN-A3) als erste Ideeensammlung für eure Erkundung (vgl. Aufgabe 3, Seite 120).
- Wählt einen Themenbereich aus der Mindmap aus (Seite 120 M2).
- Bildet Gruppen und verteilt die Aufgaben.
- Entwickelt Fragen, die ihr beantwortet haben wollt.
- Welches Arbeitsmaterial wird benötigt (Stadtplan, Notizblock, Prospekte, Kamera, Aufnahmegerät)?
- Welche Arbeitstechniken wollt ihr anwenden (Interview, Texte und Bilder auswerten, Internetsuche)?
- Welche Stellen, Ämter helfen euch weiter? (Rathaus, Kulturamt, Verkehrsamt, Stadtwerke, Internet)
- Wann müssen die ersten Ergebnisse vorliegen?
- Wie sollen die Einzelergebnisse zusammengestellt und präsentiert werden?

1

## 2. Durchführung der Erkundung

- Schaut euch die vorbereiteten Fragen an.
- Bestimmt in der Gruppe, wer mitschreibt.
- Bleibt in der Gruppe zusammen.
- Passt auf den Verkehr auf!
- Seid höflich, wenn ihr Personen befragt oder Informationen bekommen wollt.
- Haltet den vorbereiteten Zeitplan ein.

2

## 3. Auswertung und Präsentation

- Was ist uns gut gelungen und was hätten wir besser machen können?
- Beantworten die Ergebnisse eure Fragen?
- Hat die Zusammenarbeit in der Gruppe geklappt?
- Habt ihr die richtigen Arbeitsmethoden gewählt?

3

## 4. Beurteilung

- Stellt die Ergebnisse den einzelnen Arbeitsgruppen vor.
- Werden die Ergebnisse gut erklärt?
- Ist die Form der Präsentation geeignet?

4

# Leben in der Stadt oder auf dem Land?

## Raus aus der Stadt

Viele Menschen, die in einer Stadt leben, fahren mit dem Auto oder anderen Verkehrsmitteln aus der Stadt aufs Land. Manche haben dort ihren Arbeitsplatz oder wollen sich in der Natur erholen. Andere nutzen die Sportangebote in der Umgebung: Reiten im Sommer sowie im Winter Skilanglauf und Schlittenfahren. Oft leben auch Verwandte und Freunde außerhalb der Stadt, die man besuchen will.

Das Land spielt auch für die Versorgung eine wichtige Rolle. Die landwirtschaftlichen Betriebe produzieren Nahrungsmittel, die in der Stadt zu kaufen sind. Auf dem Land werden große Einkaufszentren und Möbelhäuser mit großen Parkplätzen eröffnet, die von den Menschen in der Stadt gerne genutzt werden.

## Rein in die Stadt

Jeden Morgen sind viele Menschen auf dem Weg in die Stadt. Deswegen kommt es auf den Straßen rund um die Städte zu kilometerlangen Staus. Auch die öffentlichen Verkehrsmittel wie Busse und Bahnen sind oft sehr voll. Trotz des starken Verkehrs nehmen die Menschen den Weg in Kauf, denn es gibt viele Gründe für sie, in die Stadt zu fahren:

- Sie besuchen kulturelle Veranstaltungen wie Konzerte oder gehen ins Theater und ins Kino.
- Sie kaufen ein in den Kaufhäusern und Fachgeschäften.
- Sie besuchen den zoologischen Garten oder nutzen die Grünanlagen und Parks der Stadt.

An den Rändern der Stadt und auf der grünen Wiese entstehen neue *Gewerbegebiete* mit Möbelhäusern, Baumärkten und Supermärkten. Viele Stadtbewohner kaufen dort ein, denn es gibt keine Parkplatzprobleme.

**M2** Im Umland

**M3** In der Stadt

verschiedene Schulen

Einkaufspassagen

viele Arbeitsplätze

gute Verkehrsanbindungen

Kino und Theater

wenig Verkehr

Fachgeschäfte

Stau

viel Natur

?

**M1** Stadt oder Land?

### Tom berichtet vom Stadtleben

Hallo, ich bin Tom. Ich wohne in einem Stadtteil von Stuttgart. Zur Schule fahre ich nur zehn Minuten mit der Straßenbahn.
Wenn ich mir was kaufen will, bin ich schnell in der Stadt. Da gibt es immer die neusten Smartphones. Danach kann ich mit meinen Freunden noch ins Kino gehen. Wir haben auch eine riesige Bibliothek, wo ich Bücher und Filme ausleihen kann. Das ist praktisch, wenn ich ein Referat vorbereiten muss.
Ich bin ein großer Fußballfan. Mein Vater und ich gehen zu fast jedem Heimspiel ins Stadion. Wenn ich mit meinen Freunden ins Kino will, kann ich gut alleine mit der Straßenbahn hin- und wieder heimfahren. Das ist toll.

**M4** Tom

### Pia berichtet vom Leben auf dem Dorf

Hallo, ich bin Pia. Ich wohne in einem kleinen Ort mit ungefähr 800 Menschen. Ich kenne fast jedes Kind hier im Dorf. Wir spielen oft zusammen im Wald oder auf dem Sportplatz. Ich bin hier im Dorf im Musikverein und wenn ein Fest ist, darf ich schon mitspielen.
Wenn ich mit meinen Freunden in die Stadt will, muss mich meine Mutter fahren, weil es mit dem Bus sonst ewig dauert.
Zur Schule fahre ich jeden Tag frühmorgens mit dem Bus.
Bei uns ist nicht viel los, außer am Wochenende. Dann kommen viele Menschen mit Autos aus der Stadt, weil sie in unserer Gegend gerne ihre Freizeit verbringen.

**M6** Pia

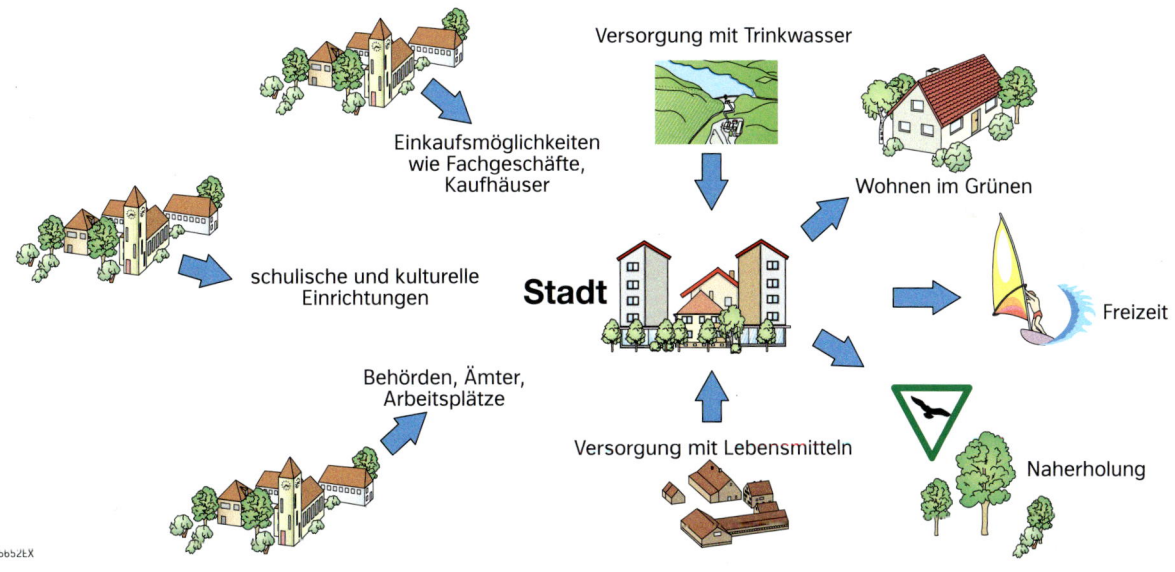

**M5** Stadt und Land ergänzen sich

## Aufgaben

**1** Nenne mithilfe des Textes und der Abbildung M3 Gründe, warum das Umland für eine Stadt wichtig ist.

**2** Finde weitere Gründe, warum das Umland für die Stadt wichtig ist.

**3** Durch Tom und Pia hast du einiges über das Leben in der Stadt und auf dem Land erfahren. Erstelle eine Tabelle und notiere alles, was du über das Stadtleben und das Landleben weißt.

Die Wörter in M5 kannst du dafür ebenfalls verwenden.

**4** Erörtere die Vor- und Nachteile des Lebens auf dem Lande oder in der Stadt. Ist das eine besser als das andere?
Begründe deine Meinung. ↗ S. 225

**5** Verfasse einen kurzen Text über deine Wohnsituation, wie es Tom und Pia gemacht haben.

# Eine wichtige Familienentscheidung

Leo lebt mit seiner Familie in Neuenburg bei Pforzheim, ungefähr 90 km von Mannheim entfernt. Sein Vater hat nun bei einer großen Firma in Mannheim einen neuen Arbeitsplatz gefunden. Er verdient dort mehr Geld, aber er muss dafür als *Pendler* jeden Tag mit dem Auto nach Mannheim reinfahren und abends wieder nach Hause. Dafür hat er sich extra ein neues, kleines Auto gekauft. Mit dem Auto geht es zwar schneller als mit dem Bus und der Bahn, aber er ist trotzdem jeden Tag über zwei Stunden unterwegs. Bei einem Stau dauert es noch länger. Darum überlegt sich die Familie, ob es nicht besser wäre, nach Mannheim zu ziehen. Beim Abendessen diskutiert die Familie über den Umzug nach Mannheim.

> Mannheim ist schon toll, die ganzen Diskos, Clubs und Kinos. Da kann ich dann auch mal was unternehmen. Allerdings will ich aber auch meine Freundinnen nicht verlassen.

Lena, 15 Jahre:

> Ich weiß nicht. Das Leben in der Stadt ist ja sicher praktischer als jetzt. Ich muss nicht wegen jedem Einkauf mit dem Auto los und ihr kommt besser in die Schule und in den Verein, ohne dass ich euch immer fahren muss. Aber hier haben wir halt ein Haus mit Garten, den ich auch mag, und so was können wir uns in Mannheim sicher nicht leisten. Das Wohnen wird dort immer teurer.

Mutter

> Mir ist das völlig egal. Ich bin bald weg von hier. Hier in diesem Kaff ist doch nix los. Wenn ich 18 bin, zieh ich eh aus.

Max, 17 Jahre:

> Also ich sehe da nur Vorteile. Ich bin schneller daheim, wir brauchen kein zweites Auto mehr und wir sparen damit viel Geld. Damit können wir dann auch ein zweites Mal im Jahr in den Urlaub fahren. Außerdem will ich abends auch mal ausgehen und da habe ich in Mannheim ein großes Angebot.

Vater

**?**

> Einen alten Baum verpflanzt man nicht mehr! Warum soll ich noch umziehen? In Mannheim kenne ich keinen Menschen. Was soll ich dann den ganzen Tag in dieser großen, lauten Stadt, mit den ganzen Abgasen und dem Verkehr?

Oma:

Leo, 11 Jahre

> Warum sollen wir wegziehen? Meine ganzen Freunde sind hier, hier ist mein Fußballverein, hier kann ich mein Modellflugzeug steigen lassen. In der Stadt geht das sicher nicht.

**M1** Die Familie diskutiert

## Ein Rollenspiel in der Klasse spielen:

Die Diskussion der Familie zeigt, dass Menschen unterschiedliche Wünsche und Befürchtungen haben. Damit eine gemeinsame Lösung gefunden werden kann, werden die verschiedenen Argumente ausgetauscht. Dabei versucht jede Seite, den anderen zu verstehen. In einem Rollenspiel kann man das gut darstellen.

Dazu schlüpfst du und deine Mitschüler in die verschiedenen Rollen. Du denkst dich in eine Person hinein, überlegst dir, wie sie wohl argumentieren und sich verhalten würde. Dabei helfen dir die Argumente, die du gesammelt hast (Aufgaben 1 und 2).

Nach dem Spiel folgt eine Auswertung.

### Ein Rollenspiel hat drei Phasen:

1. Vorbereitungsphase
2. Durchführung des Rollenspiels
3. Auswertungsphase

### 1. Vorbereitungsphase

Besprich die Situation mit deinen Mitspielern und kläre mit ihnen die Interessen der einzelnen Personen. Entscheide dann mit ihnen gemeinsam, wer welche Rolle spielen soll. Danach hast du Zeit, dich in deine Rolle hineinzudenken. Wenn du Requisiten willst, besorge sie dir jetzt.

Bevor das Rollenspiel beginnt, gibst du den Mitschülern Beobachtungsaufträge. Als Bühne kann eine Ecke des Klassenzimmers gewählt werden. Die Beobachter sitzen mit ein wenig Abstand um die Bühne herum. Jeder sollte einen guten Blick auf die Bühne haben.

### 2. Durchführung des Rollenspiels

Während des Rollenspiels darf sich kein Beobachter einmischen. Die Spieler müssen darauf achten, dass sie sich an ihre Rollenvorgabe halten und nicht ihre eigenen Argumente vertreten.

### 3. Auswertungsphase:

Zuerst dürfen sich die Spieler äußern. Sie berichten, was gut gelaufen ist, was schwierig war und wie sie sich gefühlt haben. Dann dürfen die Beobachter berichten. Folgende Fragen können dabei helfen:

– Wie haben die Spieler ihre Rollen gespielt?
– Haben die Spieler versucht, eine Lösung zu finden?
– Wie kann der Konflikt gelöst werden?
– Gibt es Unterschiede zwischen dem Rollenspiel und der Wirklichkeit?

Nach der Auswertung kann eine weitere Gruppe das Rollenspiel durchführen oder die Spieler übernehmen andere Rollen. Das kann sehr interessant werden, da man jetzt das Thema von einer anderen Seite betrachtet.

**M2** Besprechung vor dem Rollenspiel

## Aufgaben

**1** Betrachte die Aussagen in den Sprechblasen. Arbeite die Argumente heraus und vergleiche sie.

**2** Erstelle für den Vergleich der Argumente eine Tabelle. Wenn dir noch weitere Argumente einfallen, kannst du die Tabelle damit ergänzen.

**3** Erkläre die Aussage von Oma: „Einen alten Baum verpflanzt man nicht mehr."

**4** Wie soll sich die Familie entscheiden? Überlege dir eine Lösung für die Familie. Die gesammelten Argumente helfen dir sicher dabei ↗ S. 225

# Gesichter einer Stadt

**Kannst du schon**
- aufzählen, welche unterschiedlichen Stadtviertel eine Großstadt hat? (S. 116/117)
- erklären, was für die die verschiedenen
  Stadtviertel typisch ist? (S. 116/117)

## Zeig, was du kannst

**1** Nenne zu jedem Foto den richtigen Stadt-
viertel-Begriff.

**2** Zu welchem Stadtviertel passen die
Begriffe aus M1? Ordne zu. Mehrfach-
nennungen sind möglich.

Baumarkt  Garten  Fahrstuhl

Schmuckgeschäft  Mietwohnung

Tankstelle  Liegewiese  Brunnen

Spielplatz  Fastfood-Restaurant

Spedition  Elektromarkt  Grillpatz

Rathaus  Hochhaus  Bolzplatz

Einfamilienhaus  Eiscafé  Kino

**M1**

A

B

C

D

**M2**

# Unterwegs in der Stadt

**Kannst du schon:**
- erklären, was „Verkehrsinfrastruktur"
  bedeutet? (S. 118)
- die Verkehrsmittel einer Großstadt mit ihren
  Vor- und Nachteilen aufzählen? (S. 119)

## Zeig, was du kannst

**3** Lege eine Liste an, mit welchen unterschiedlichen Verkehrsmitteln du nach
Stuttgart und in Stuttgart reisen kannst.

**4** Suche Argumente, in welchen Situationen
es besser ist, mit den öffentlichen Verkehrsmitteln zu fahren und wann das Auto
oder Fahrrad die bessere Wahl ist.

## Fachbegriffe

- **In der Stadt:** City, Gewerbegebiet, Großstadt, Grundfunktion, Naherholungsgebiet, Stadt,
  Stadtviertel, Verkehr, Verkehrsinfrastruktur, Wohngebiet
- **Stadt und Umland:** Bevölkerungsdichte, Dorf, Pendler, Umland

# Eine Stadt erfüllt Funktionen

**Kannst du schon**

– die Grundfunktio-
nen einer Stadt
nennen? (S. 120)

– erklären, welche
Grundfunktionen
wo in einer Stadt
erfüllt werden?
(S. 116, 117, 120)

– deinen Wohnort
hinsichtlich seines
Angebots untersu-
chen? (S. 121)

**M3** Stadtplan

## Zeig, was du kannst

**5** Welche Funktionen erfüllt eine Stadt? Erstelle eine Tabelle mit fünf Spalten:

**a)** Trage in den Kopfzeilen die Grundfunktionen ein. Notiere dann für jede Grundfunktion
mehrere Beispiele.

**b)** Betrachte M3: Vermute, in welchem Planquadrat eine Grundfunktion überwiegend erfüllt
wird. Ergänze die Angaben in deiner Tabelle (z. B. „D 2").

**c)** Nenne zu jedem Bild aus M2 die Grundfunktion, die überwiegend erfüllt wird. Ergänze auch
diese Angabe in der Tabelle (z. B. „Bild A").

**6** Erfüllt dein Wohnort alle Grundfunktionen? Wenn nicht, welche Ursachen kann es dafür geben?

# In der Stadt oder auf dem Land?

**Kannst du schon**

– begründen, welche Vor- und Nachteile das
Leben in der Stadt und auf dem Land haben
kann? (S. 122 – 124)

– erläutern, warum man im Laufe des Lebens
andere Anforderungen an seinen Wohnort
stellt? (S. 122 – 124)

## Zeig, was du kannst

**7** Wo möchtest du wann leben?
**a)** heute
**b)** mit 30 Jahren
**c)** mit 70 Jahren
Begründe deine Antworten.

In der Stadt

Auf dem Land

# 7

# Deutschland im Überblick

**M1** An der Ostseeküste (Insel Fehmarn)
**M2** In den Alpen (Allgäu)

In diesem Kapitel lernst du ...
... dass Deutschland nicht überall gleich aussieht. Du erfährst, wie es in den Alpen und an den Küsten Deutschlands aussieht und wie sich die Menschen dort vor Naturgewalten schützen. Darüber hinaus lernst du unsere Bundesländer und die Bundeshauptstadt Berlin kennen.

# Deutschland von Süd nach Nord

Stell dir vor, du unternimmst eine Flugreise durch Deutschland. Dein Flug beginnt im Süden. Einige Stunden später landest du im Norden.

Beim Blick aus dem Flugzeugfenster erkennst du Städte, Berge und Flüsse. Allerdings verändert sich auf deiner Flugreise ständig das Aussehen der Landschaft.

Nach ihren Oberflächenformen lässt sich Deutschland in fünf große Landschaften einteilen: die Alpen, das Alpenvorland, die Mittelgebirge, das Norddeutsche Tiefland und die Küste.

Auf den folgenden Seiten lernst du diese *Großlandschaften* genauer kennen. Dabei erfährst du etwas über die Lage und das Aussehen sowie über die Besonderheiten der jeweiligen Landschaft.

**M1** Unsere Flugroute

## Aufgaben

1. Arbeite mithilfe des Atlasses die Bundesländer heraus, die Anteile an den Alpen und dem Alpenvorland haben.

2. Nenne (zusätzlich zum Starnberger See) die Namen weiterer Seen im Alpenvorland.

3. Lege mit den Informationen der Seiten 131 – 133 eine Tabelle mit den wichtigsten Informationen über die Großlandschaften Deutschlands an. ↗ S. 225

4. Aufgabe zu Seite 132: Suche mithilfe des Atlasses Großstädte im Bereich der deutschen Mittelgebirge heraus. Notiere, an welchen Flüssen sie liegen.

5. Arbeite mit dem Atlas: Erstelle für ein Frachtschiff eine Route vom Neckarhafen Stuttgart bis zur Nordsee.
Kommt ein Schiff von Stuttgart auch an die Ostsee?

6. Auf der Abbildung M4 der Seite 133 ist ein Teil des Mittellandkanals abgebildet. Suche seinen Verlauf im Atlas heraus. Welche Vorteile hat er für die Schifffahrt? ↗ S. 225

## Die Alpen und das Alpenvorland

Du startest von einem kleinen Flugplatz in der Nähe von Bad Tölz (Isar). Der Pilot lenkt das Flugzeug in Richtung Süden, da der Wind von Süden kommt. Kaum hat das Flugzeug an Höhe gewonnen, bekommst du einen großartigen Ausblick auf die *Alpen*. Die Alpen sind ein Hochgebirge, weil dort die Berge über 1500 Meter hoch sind. Viele Gipfel sind das ganze Jahr schneebedeckt.

Zu Deutschland gehört jedoch nur ein kleiner Teil der Alpen. Mit 2962 Metern liegt hier auch die Zug-spitze, der höchste Berg Deutschlands. Am Rande der Alpen sind waldbedeckte Hügel zu erkennen. Nun dreht das Flugzeug in Richtung Norden ab. Beim Weiterflug wird die Landschaft flacher. In den Ebenen des *Alpenvorlands* liegen zahlreiche Seen, wie zum Beispiel der Starnberger See.

Die Alpen und das Alpenvorland sind ein beliebtes Ferien- und Erholungsgebiet. Viele Menschen leben in dieser Gegend vom Tourismus. Mehr über die Alpen erfährst du ab Seite 150.

**M2** Das Alpenvorland, im Hintergrund das Hochgebirge der Alpen

**M3**

**M4** Garmisch-Partenkirchen mit der Zugspitze (rechts)

## Das Mittelgebirge

Du hast die Donau überflogen und das Flugzeug muss höher steigen. Vor dir siehst du zahlreiche dicht bewaldete Gebirgsrücken und Höhenzüge, die zwischen 500 und 1500 Metern hoch sind. Dazwischen sind weite Täler, die vor vielen Millionen Jahren von Flüssen in den Fels geschnitten wurden.

Das Gebiet des *Mittelgebirges* reicht von der Donau im Süden bis zum Harz im Norden und erstreckt sich über eine Länge von immerhin 400 Kilometern. Es ist damit der größte Landschaftsraum Deutschlands.

Im Mittelgebirge sind in den Tälern immer wieder große Städte zu sehen, die meist an Flüssen liegen. Beispiele dafür sind Kassel an der Fulda oder Jena an der Saale. Das Wasser vieler Flüsse fließt meist über andere Flüsse in die Nord- oder Ostsee. Diese Flüsse werden oft als Transportweg für die Industrie genutzt.

**M1** Mittelgebirge (Rhön)

**M2** Würzburg am ...?

**M3**

## Das Norddeutsche Tiefland

Nachdem wir die letzten Höhenzüge des Mittelge-birges überflogen haben, liegt vor uns das *Nord-deutsche Tiefland*. Es erstreckt sich über 250 Kilo-meter vom nördlichen Rand des Mittelgebirges bis zu den *Küsten* der Nord- und Ostsee.

Die Landschaft ist flach, leicht wellig. Kein Hügel ist höher als 200 Meter. Wegen seiner weiten fruchtba-ren Ebenen wird das Tiefland als Anbaufläche für die Landwirtschaft genutzt. Von oben sieht man viele Felder, die wie auf einem Schachbrett ange-ordnet sind (M4).

An der Nord- und Ostsee verbringen viele Menschen gerne ihren Urlaub. Die großen Seehäfen wie Ham-burg spielen eine große wirtschaftliche Rolle, denn sie bieten zahlreiche Arbeitsplätze.

Auf den Seiten 140 bis 149 kannst du noch mehr über das Leben an der Küste erfahren.

**M4** Tiefland bei Magdeburg (rechts im Bild der Mittellandkanal)

**M5**

**M6** Im Hamburger Hafen

# Deutschland und seine Bundesländer

Die Bundesrepublik Deutschland ist ein Bundesstaat, der aus 16 Bundesländern besteht. Jedes *Bundesland* hat eine *Landeshauptstadt*, eine Landesregierung und ein eigenes Landeswappen. Da die Bundesländer Berlin, Hamburg und Bremen nur aus der Stadt und dem näheren Umland bestehen, werden sie als Stadtstaaten bezeichnet.

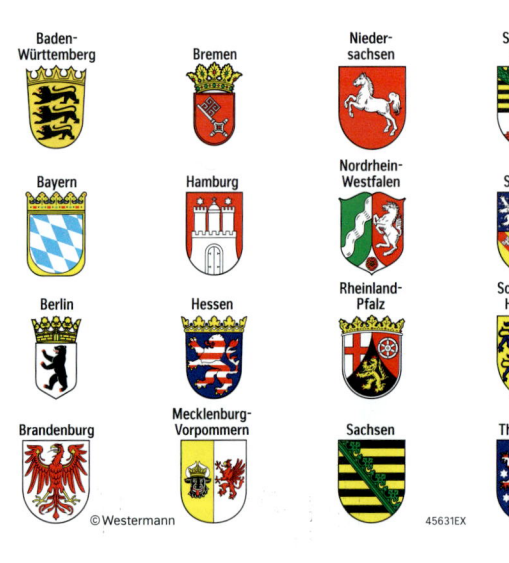

© Westermann        45631EX

| Bundesland | Fläche in km² | Einwohnerinnen und Einwohner in Mio. |
|---|---|---|
| **Flächenstaaten** | | |
| Baden-Württemberg | 35 752 | 11,3 |
| Bayern | 70 552 | 13,2 |
| Brandenburg | 29 480 | 2,5 |
| Hessen | 21 115 | 6,3 |
| Mecklenburg-Vorpommern | 23 182 | 1,6 |
| Niedersachsen | 47 641 | 8,0 |
| Nordrhein-Westfalen | 34 086 | 18,0 |
| Rheinland-Pfalz | 19 853 | 4,1 |
| Saarland | 2 568 | 1,0 |
| Sachsen | 18 417 | 4,0 |
| Sachsen-Anhalt | 20 446 | 2,2 |
| Schleswig-Holstein | 15 800 | 2,9 |
| Thüringen | 16 172 | 2,1 |
| **Stadtstaaten** | | |
| Berlin | 891 | 3,7 |
| Bremen | 404 | 0,7 |
| Hamburg | 755 | 1,9 |
| **Deutschland** | 357 114 | 83,2 |

**M1** Die Bundesländer in Zahlen (2021)

## Bundesländer-Memory

Um die Bundesländer und ihre Hauptstädte leichter zu lernen, kannst du dir ein Memory basteln. Überlege dir, wie viele Karten du zu den jeweiligen Bundesländern gestalten möchtest.

## Aufgaben

1 Baden-Württemberg hat drei Löwen in seinem Landeswappen. Nenne die Länder, die Tiersymbole im Wappen haben. Was fällt dir auf?

2 Erstelle mithilfe von M1 zwei Ranglisten der Bundesländer:
**a)** nach der Flächengröße
**b)** nach der Einwohnerzahl

3 Welche Bundesländer hast du selbst schon besucht? Was hat dir dort besonders gut gefallen?

# Deutschland und seine Nachbarstaaten

Deutschland liegt im „Herzen", also im Zentrum Europas. Doch wie heißen unsere Nachbarstaaten? Die Sprechblasen und dein Atlas helfen dir bei der Antwort.

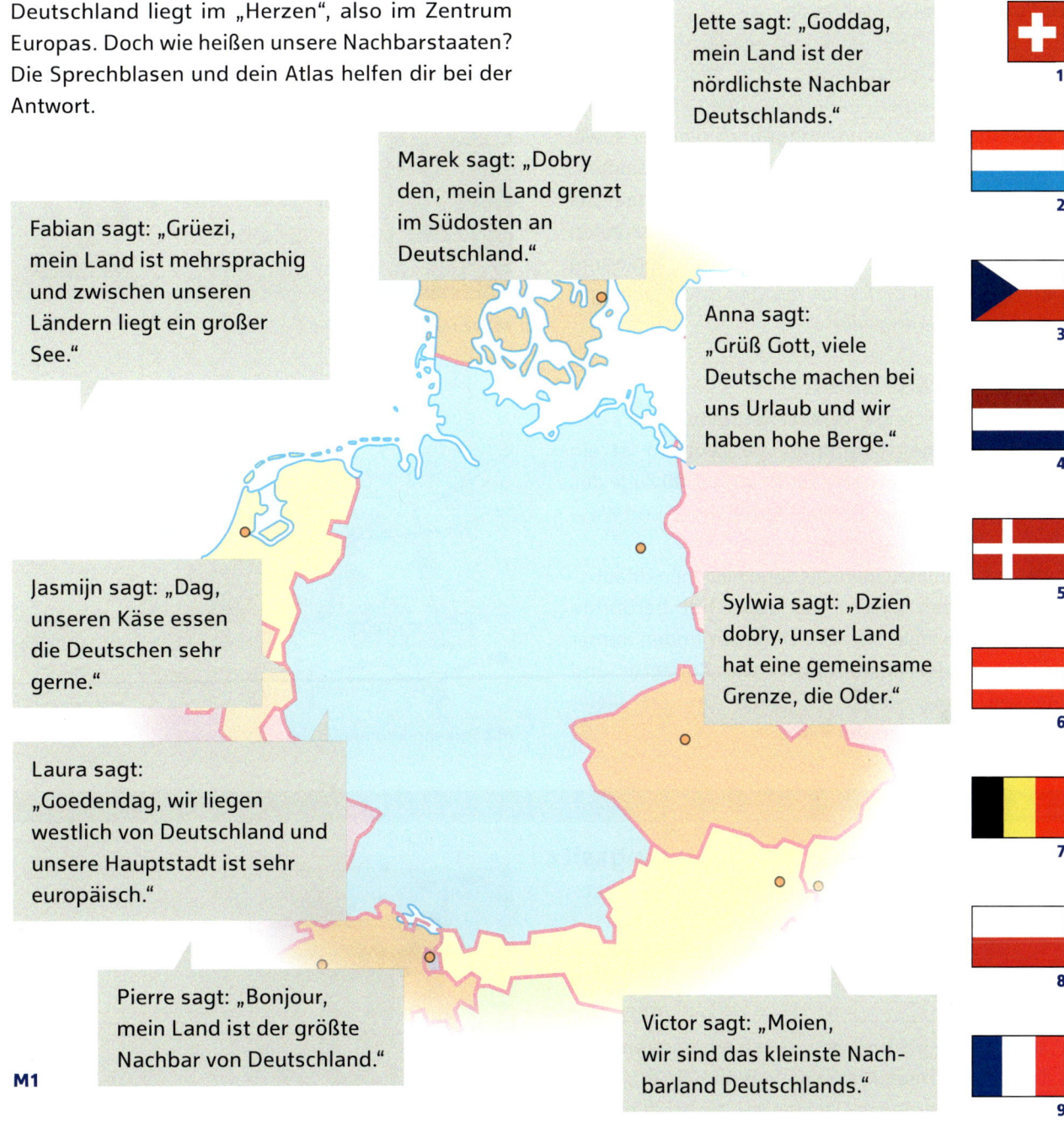

Jette sagt: „Goddag, mein Land ist der nördlichste Nachbar Deutschlands."

Marek sagt: „Dobry den, mein Land grenzt im Südosten an Deutschland."

Fabian sagt: „Grüezi, mein Land ist mehrsprachig und zwischen unseren Ländern liegt ein großer See."

Anna sagt: „Grüß Gott, viele Deutsche machen bei uns Urlaub und wir haben hohe Berge."

Jasmijn sagt: „Dag, unseren Käse essen die Deutschen sehr gerne."

Sylwia sagt: „Dzien dobry, unser Land hat eine gemeinsame Grenze, die Oder."

Laura sagt: „Goedendag, wir liegen westlich von Deutschland und unsere Hauptstadt ist sehr europäisch."

Pierre sagt: „Bonjour, mein Land ist der größte Nachbar von Deutschland."

Victor sagt: „Moien, wir sind das kleinste Nachbarland Deutschlands."

M1

## Aufgaben

1 Beschreibe die Lage Deutschlands in Europa. Verwende eine geeignete Karte im Atlas. ↗ S. 225

2 Erstelle eine Faustskizze von Deutschland in deinem Heft und trage die Nachbarstaaten Deutschlands mit deren Nationalitätenkennzeichen ein. Deutschland hat zum Beispiel „D".

3 Ergänze deine Karte mit den Flaggen und den Namen der hier sprechenden Kinder.

4 Stell dir vor, du fährst mit dem Auto von Heilbronn nach Prag. Suche auf einer Straßenkarte zwei geeignete Routen. An welchen großen Städten fährst du vorbei? Welche Grenzen musst du überqueren?

# Berlin ist eine Reise wert

## Unsere Hauptstadt Berlin

Berlin ist nach dem Ruhrgebiet der zweitgrößte *Ballungsraum* Deutschlands.

Seit dem Jahr 1991 ist Berlin wieder die *Bundeshauptstadt* Deutschlands. Von hier aus wird Deutschland regiert. In Berlin wohnen und arbeiten die Bundeskanzlerin oder der Bundeskanzler sowie die Bundespräsidentin oder der Bundespräsident. Hier ist auch das Reichstagsgebäude, in dem die Abgeordneten des Bundestages zu ihren Sitzungen zusammenkommen. Viele Gebäude der Regierung befinden sich in Berlin, die meisten davon im sogenannten Regierungsviertel.

**M1** Wo befindet sich die Schülerin?

## Die Weltstadt Berlin

Berlin ist ein wichtiger *Verkehrsknotenpunkt*. Es gibt einen modernen Flughafen. Im Zentrum ist ein großer Bahnhof, an dem täglich über 1300 Züge des Nah- und Fernverkehrs. Viele Autobahnen und Wasserwege kreuzen sich hier.

Jedes Jahr kommen mehr als zehn Millionen Urlaubsreisende nach Berlin. Die Stadt hat berühmte Museen und viele Theater. Daneben finden immer wieder Großveranstaltungen wie Konzerte und Messen statt. Berlin ist auch Drehort vieler international bekannter Filme.

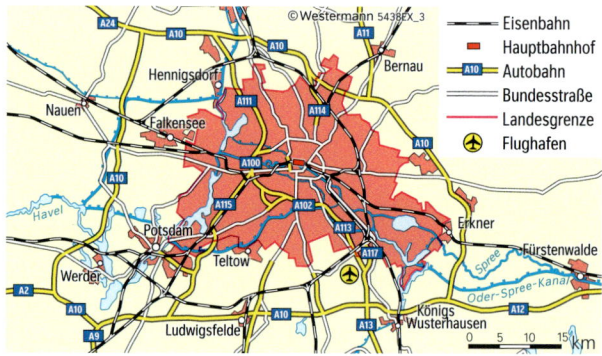

**M2** Verkehrsknotenpunkt Berlin

---

### Extra

## Berlin, Hauptstadt und Regierungssitz

Berlin, Hauptstadt und Regierungssitz Deutschlands – das war nicht immer so.

Nach dem Zweiten Weltkrieg wurde das Deutsche Reich 1949 in zwei Länder geteilt: Im Westen gab es die Bundesrepublik Deutschland (BRD) mit Bonn als Regierungssitz. Im Osten entstand die Deutschen Demokratische Republik (DDR). Auch Berlin wurde geteilt: Der Westteil der Stadt gehörte zur BRD, der Ostteil war Hauptstadt der DDR. 1961 baute die DDR mitten durch die Stadt eine nahezu unüberwindliche Mauer. Sie sollte verhindern, dass Menschen aus der DDR nach Westdeutschland fliehen konnten.

Mit dem Rücktritt der DDR-Regierung 1989 kam es zur Öffnung der Grenze. Die Mauer wurde abgerissen. Nach der Wiedervereinigung wurde Berlin wieder Hauptstadt ganz Deutschlands.

**M3** Die Mauer am Brandenburger Tor (10.11.1989)

**M4** Blick vom Fernsehturm nach Westen – Berlin im Wandel (2007)

**M5** Stadtplan der Innenstadt von Berlin

**M6** Auf dem Berliner Hauptbahnhof

## Aufgaben

**1** Finde im Atlas die Bundeshauptstadt Berlin und beschreibe ihre geographische Lage.
↗ S. 225

**2** In M2 siehst du die Verkehrswege, an die Berlin angeschlossen ist. Plane eine Reise nach Berlin mit dem Auto, der Bahn oder dem Flugzeug. Vergleiche die Möglichkeiten und entscheide, welches Verkehrsmittel du wählen würdest. Begründe deine Antwort.

**3** Gestalte zur Geschichte Berlins eine Zeitleiste. Suche dazu im Extra-Kasten und im Internet mindestens vier wichtige Ereignisse, die zwischen 1945 und heute geschehen sind.
↗ S. 225

# Berlin im Internet erkunden

Du hast auf den Seiten 136/137 bereits einiges von Berlin erfahren. Eine Stadtbesichtigung kannst du aber auch mit einer Plattform wie Google Earth durchführen. Das kannst du es im Internet kostenlos nutzen. Dir stehen verschiedene Oberflächen zur Verfügung, Satellitenbilder und 3D-Ansichten. Dazu erhältst du viele Informationen zu den Orten. Es zeigt dir die Namen von Städten, Ländern und Landschaften an oder auch Straßennamen und Haltestellen.

Darüber hinaus hat es noch viele weitere Funktionen. Hier eine kleine Auswahl:
1. Du kannst die geographische Lage eines Ortes genau ablesen oder eingeben.
2. Mit historischen Satellitenbilder kannst du sehen, wie sich ein Ort verändert hat.
3. Du kannst Längen von Wegstrecken bestimmen.
4. Du kannst Landschaften in Schrägansicht betrachten.

## Die Tour beginnt …

### Station 1

### Geographische Lage bestimmen

Du beginnst deine Tour auf dem Ku'damm, wie die Berliner zu einer der bekanntesten Haupt- und Einkaufsstraße Berlins sagen. Hier gibt es nichts, was es nicht gibt. Um dort hinzukommen, gibst du in das Eingabefeld „Search" „Berlin, Kurfürstendamm" ein. Auf dem Satellitenbild erscheint der Kurfürstendamm. Unten rechts unter dem Kartenbild kannst du die geographische Lage als Breiten- und Längengrad ablesen. Folge dem Ku'damm bis zur Gedächtniskirche. Die Berliner nennen sie „Hohler Zahn". Wenn du sie anschaust, weißt du, warum sie so heißt.

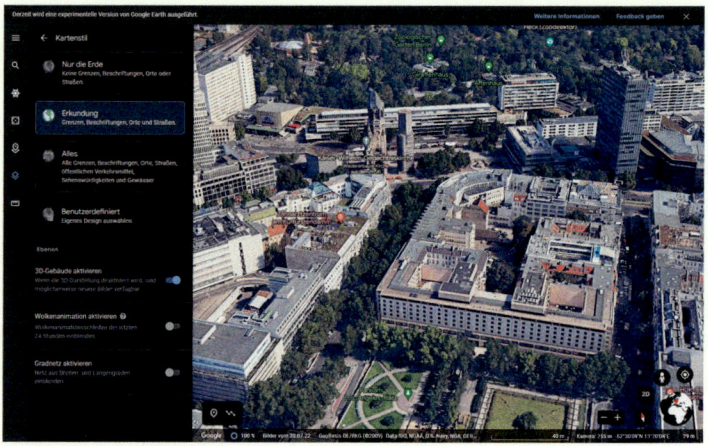

### Station 2

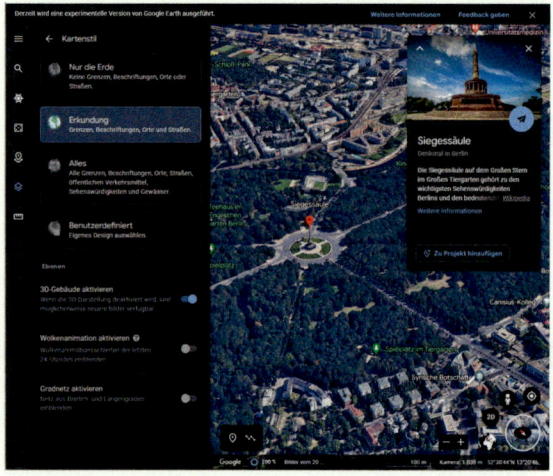

### Eine Zeitreise machen

Als Nächstes suchst du die Siegessäule südwestlich vom Schloss Bellevue. Auf der Siegessäule steht die „Goldelse". Sie soll an die Siege Preußens erinnern. Im Norden sieht man das Schloss Bellevue. Das ist der Amtssitz des Bundespräsidenten. An der Flagge auf dem Dach kann man erkennen, ob der Bundespräsident gerade da ist. Unter dem Reiter Suchen > Datenebenen kannst du historische Karten für den Bereich ansehen. An der Seite findest du den Reiter Projekte. Dort kannst du eigene Touren gestalten.

## Station 3

### Wie weit ist es noch?

Die nächste Station ist das Brandenburger Tor. An der Prachtstraße „Unter den Linden" befinden sich berühmte Bauwerke. Schaue dich einmal um. Versuche, mit dem Tool „Lineal anzeigen" die Strecke von der Siegessäule bis zum Brandenburger Tor zu messen. Dazu musst du den Start- und Endpunkt der Strecke anklicken und die Einheit **m** (Meter) oder **km** (Kilometer) auswählen.

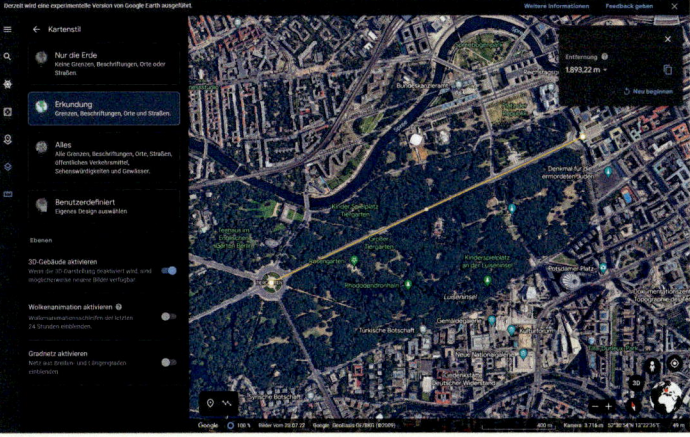

## Station 4

### Sehenswürdigkeiten bewundern und den Blick kreisen lassen

Wenn du nach Norden gehst, kommst du in das Regierungsviertel. Finde das Kanzleramt. Die Berliner sagen, es sieht aus wie eine Waschmaschine. Überzeuge dich selbst. Südöstlich davon ist das Reichstagsgebäude. Hier tagt der Bundestag. Eine weitere Sehenswürdigkeit ist der Potsdamer Platz, die neue Mitte Berlins. Betrachte die moderne Welt aus Beton, Glas und Stahl. Durch das Anklicken der Funktion „Street View" (Männchen-Symbol) und durch das Ziehen der Maus kannst du deinen Blick kreisen lassen.

## Endstation

### Am Ziel

Deine kleine Tour endet am Roten Rathaus. Das ist der Sitz der Regierung Berlins. Weitere Informationen erhältst du über das Anklicken des Bildes vom Rat

## Aufgaben

1 Arbeite die Stationen der Berlin-Tour aus dem Text heraus und notiere sie.

2 Ordne die Stationen den Zahlen auf der Karte Seite 137 M5 zu.

3 Suche im Internet weitere Stationen, die du in Berlin gerne besuchen würdest, und gestalte deine eigene Berlin-Tour.

# Mit der Klasse an die Nordsee

Die Klasse 6c überlegt sich, wo die Klassenfahrt hingehen soll. Nach einigen Diskussionen entscheiden sich die Kinder zusammen mit ihrem Lehrer für die Insel Norderney an der Nordseeküste. Ein Grund dafür ist, dass die Insel zahlreiche Freizeitmöglichkeiten bietet. So gibt es dort Fahrräder zum Ausleihen, mit denen man die gesamte Insel erkunden kann. Schließlich ist Norderney nur 14 km lang und gerade mal 2,5 km breit.

Ein weiterer Entscheidungsgrund ist, dass man gut mit der Bahn anreisen kann. Der Zug hält in der Ortschaft Norddeich. Von hier fährt eine Fähre alle zwei Stunden nach Norderney. Die Überfahrt dauert etwa 45 Minuten.

## Eine Wanderung durchs Watt

Gleich am ersten Morgen will die Klasse einen Ausflug ins Watt unternehmen. Die Kinder haben gelernt, dass das Watt durch den ständigen Wechsel von Ebbe und Flut entstanden ist (S. 142/143). Während der Ebbe bildet das Wasser beim Zurückfließen tiefe Wasserrinnen, sogenannte Priele. Dabei wird der schlammige Meeresboden freigelegt.

1986 wurden weite Teile des *Wattenmeers* zu *Nationalparks* erklärt. Das Wattenmeer soll sich daher weitgehend ohne Einfluss des Menschen entwickeln. Deshalb wurden für die Nutzung des Wattenmeeres Vorschriften erlassen. Es gibt drei verschiedene Schutzzonen, in denen unterschiedliche Beschränkungen gelten. Vielfältige Hinweisschilder weisen auf die Gebote und Verbote hin. Seit 2009 gelten große Teile davon als Weltnaturerbe.

## Der Wattführer erklärt die Besonderheiten

Das Watt ist voller Leben. Mehr als 10 000 verschiedene Tier- und Pflanzenarten sind hier zu finden. Ein wichtiger Grund dafür ist, dass der Wattboden sehr reich an Nährstoffen ist. Durch den steten Wechsel von Ebbe und Flut hat das Watt seinen nahezu unberührten Zustand erhalten. Man muss immer die Uhr im Blick haben. Denn wenn die Flut einsetzt, wird es lebensgefährlich. Deshalb dürft ihr nie ohne Wattführerin oder Wattführer ins Watt wandern.

Seht ihr diesen schlangenartigen Kothaufen? Der Wattwurm lebt im Schlick und frisst sich durch den Sand. Was unverdaulich für ihn ist, scheidet er wieder aus. Übrig bleiben dann diese Häufchen. Aber auch Muscheln, Krebse und Algen sind im Watt zu finden. Darum ist es ein wichtiger Lebensraum für Zugvögel. Diese finden hier Platz zum Brüten und zum Ausruhen. Das Watt ist deshalb das vogelreichste Gebiet der Erde. Fische, die ihren Nachwuchs vor Brauträubern schützen, leben ebenfalls hier. Auch für Seehunde ist das Watt ein wichtiges Rückzugsgebiet. Im salzigen Wasser wachsen Pflanzen wie das Seegras, am Rand des Watts das Schlickgras sowie die sogenannten Queller.

**M2** Ein Wattführer

**M1** Auf einer Wattwanderung

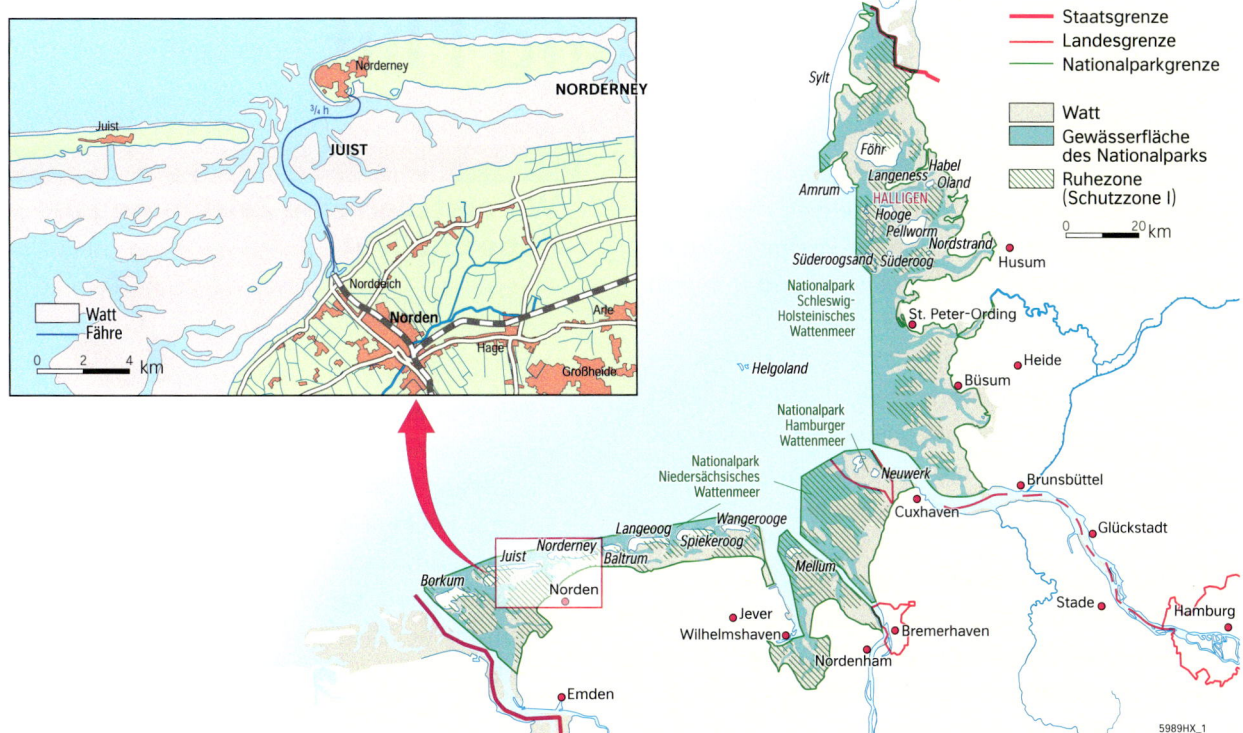

**M3** Die deutsche Nordseeküste

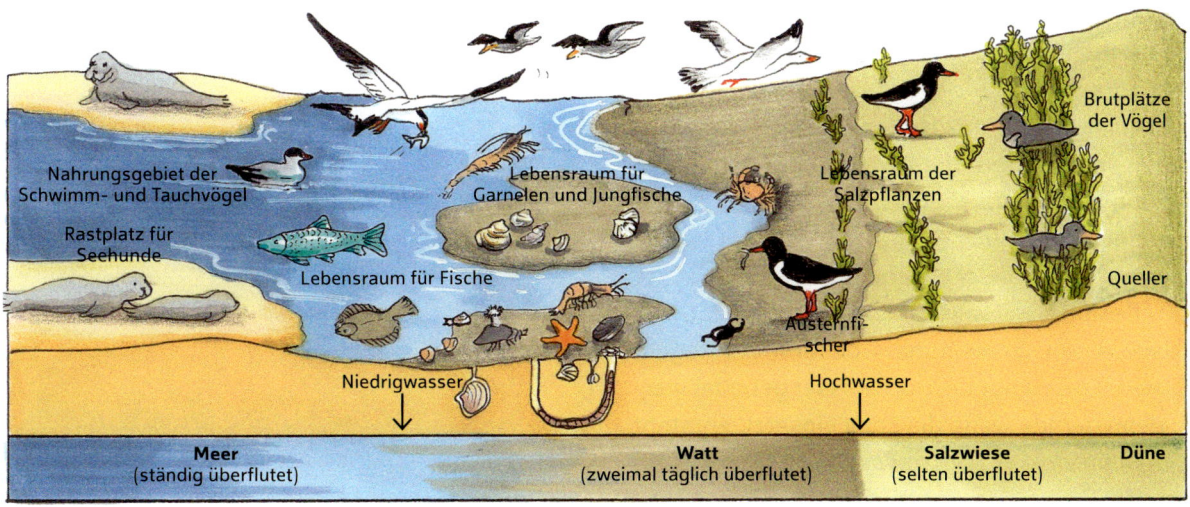

**M4** Leben im Watt

## Aufgaben

**1** Benenne auf der Karte M1 die Ostfriesischen sowie die Nordfriesischen Inseln.

**2** Nenne Tiere und Pflanzen, die im Watt leben. (Dabei helfen dir M4 und die Erzählung des Wattführers.)

**3** Damit du dir die Namen der Ostfriesischen Inseln von Ost nach West besser merken kannst, hilft dir folgende „Eselsbrücke": Welcher Seemann liegt bei Nacht im (i=j) Bett? Versuche, dir einen eigenen Merksatz auszudenken.

**4** Erkläre, warum das Watt als Kinderstube und Speisekammer bezeichnet wird.

**5** Das Wattenmeer gehört zu den deutschen Nationalparks. Informiere dich über die Kennzeichen eines Nationalparks im Internet. Gestalte dann ein Plakat zum Nationalpark Wattenmeer. ↗ S. 225

# Leben mit Ebbe und Flut

Heute macht die Klasse einen Ausflug auf die Nachbarinsel Juist. Dort wollen sie die Arbeit eines Krabbenfischers kennenlernen. Sie kommen vormittags beim Krabbenfischer Hansen an und wundern sich, warum er nicht beim Fischen ist.

Herr Hansen erklärt der Klasse, dass er nicht auslaufen kann, weil gerade *Ebbe* ist und sein Schiff im Hafen auf dem Trockenen liegt (M1). „Ich muss warten, bis die *Flut* kommt und mein Schiff wieder eine Handbreit Wasser unterm Kiel hat."

## Der Tidenkalender

Damit Herr Hansen genau weiß, wann das Wasser mit der Flut wieder in den Hafen fließt, schaut er vorher auf den Tidenkalender, den das Schifffahrtsamt regelmäßig veröffentlicht. Im Tidenkalender (Gezeitenkalender) werden für einen bestimmten Ort die Uhrzeiten für Hochwasser und Niedrigwasser angegeben. So kann er ablesen, wann Flut und wann Ebbe herrscht. Weil sich die Zeitpunkte für Hoch- und Niedrigwasser nicht genau nach 12 Stunden wiederholen, sondern sich um 12 Stunden und 24 Minuten verschieben, gilt der Kalender immer nur für bestimmte Tage.

Die Angaben für Hoch- und Niedrigwasserstände sind wichtig für die Menschen, die an der Küste leben. Besipielsweise müssen Urlaubende an der Nordsee beim Schwimmen bestimmte Regeln beachten. Es darf nur bei Hochwasser gebadet werden, denn gerade wenn die Ebbe einsetzt, entsteht mitunter ein starker Sog, der einen ins Meer ziehen kann.

Aktiv

## Wir erstellen eine Zeichnung zu Ebbe und Flut

Der Meeresspiegel der Nordsee ist nicht immer gleich hoch. Innerhalb von ungefähr 12 Stunden hebt und senkt er sich je ein Mal: Während der Flut steigt das Wasser an, bis es seinen höchsten Stand (Hochwasser) erreicht hat. Nun folgt der Zeitraum, in dem sich das Wasser zurückzieht, die Ebbe. Den niedrigsten Stand nennt man Niedrigwasser. Anschließend setzt wieder die Flut ein, auf die später wiederum die Ebbe folgt. Innerhalb von 24 Stunden kommt es also zweimal zu Flut und zweimal zu Ebbe. Den Wechsel von Ebbe und Flut bezeichnet man als Gezeiten oder Tide.

**M2** Die Zeichnung des Krabbenfischers

**M1** Krabbenkutter bei Niedrigwasser und bei Hochwasser

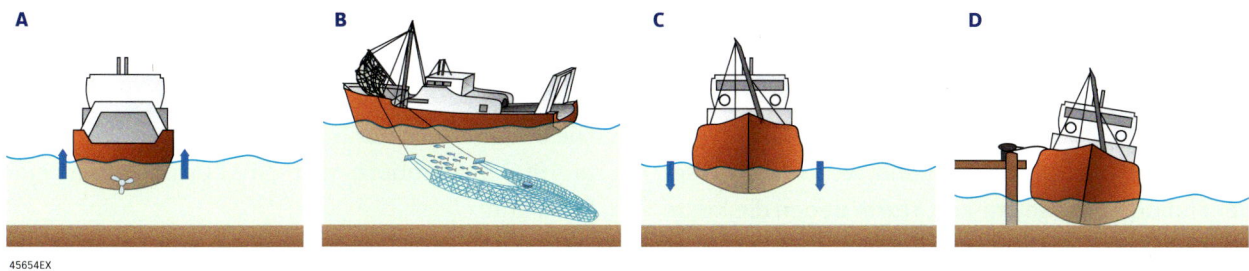

A　B　C　D

45654EX

**M3** Gezeitenwechsel

**M4** Priele sind Wasserläufe im Watt.

## Tidenkalender für Norderney

(Auszug)

|  | HW | NW | HW | NW |
|---|---|---|---|---|
| 11.06. | 02.49 | 09.11 | 15.24 | 21.18 |
| 12.06. | 03.28 | 09.48 | 16.09 | 22.01 |
| 13.06. | 04.18 | 10.39 | 17.07 | 23.00 |

HW Hochwasser, NW Niedrigwasser

**M5** Tidenkalender

### Extra

Die Entstehung von Ebbe und Flut hat zwei Ursachen: Die Drehung der Erde um die eigene Achse und die Anziehungskraft des Mondes. So zieht auf der einen Seite der Erde der Mond das Wasser an. Hier ist dann Flut. Auf der gegenüberliegenden Seite der Erde entsteht ebenfalls ein Flutberg. Er kommt durch die Fliehkraft der Erde zustande – vergleichbar dem Effekt, wenn wir bei einer Fahrt mit dem Kettenkarussell nach außen fliegen. Zwischen den Flutbergen herrscht Ebbe.

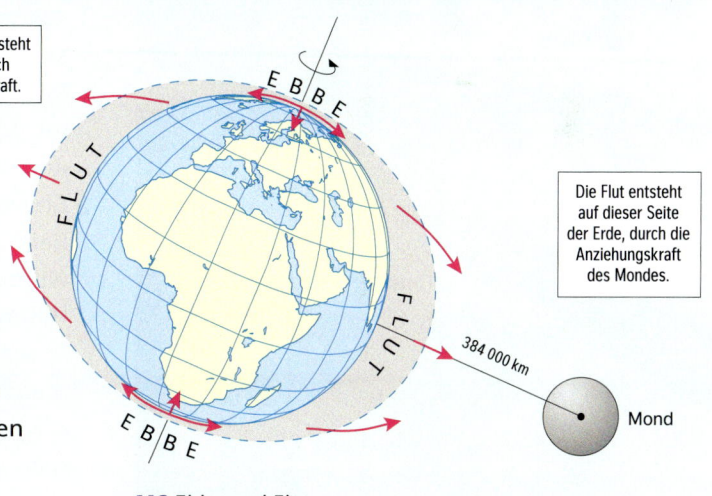

Die Flut entsteht hier durch die Fliehkraft.

Die Flut entsteht auf dieser Seite der Erde, durch die Anziehungskraft des Mondes.

384 000 km

Mond

**M6** Ebbe und Flut

## Aufgaben

**1** Beschreibe, wie es an der Küste bei Ebbe und bei Flut aussieht.

**2** Vervollständige die Zeichnung des Krabbenfischers in deinem Heft (M2).

**3** Ordne folgende Begriffe den Bildern in M3 zu: Hochwasser – Ebbe – Flut – Niedrigwasser

**4** Wann könnte der Kutter am 12. Juni auslaufen? Schau im Tidenkalender nach.

**5** Begründe, warum das Baden außerhalb der Badezeiten gefährlich ist.

**6** Erkläre die Entstehung von Ebbe und Flut (M6).

# Sturmfluten an der Nordsee

## Wann gibt es eine Sturmflut?

Eine *Sturmflut* droht immer dann, wenn das Wasser der Flut durch einen starken *Sturm* gegen die Küste gedrückt wird. Der Sturm verhindert, dass das Wasser trotz Ebbe wieder ablaufen kann.

1962 drückte eine Sturmflut das Wasser 40 Stunden lang gegen die Deutsche Bucht. Besonders betroffen waren die Mündungen der Flüsse Weser und Elbe. In Hamburg, das 110 km von der Küste entfernt liegt, wurden viele Stadtteile überflutet. 34 000 Einwohnerinnen und Einwohner wurden obdachlos, 340 Menschen starben.

Nach 1962 wurden die Deiche ausgebaut und der Küstenschutz in diesem Gebiet verbessert. 1976 gab es die bisher höchste Sturmflut, doch dabei kam kein Mensch ums Leben.

**M1** Überflutungen in Hamburg-Wilhelmsburg

Die Ereignisse in der Nacht vom 16. zum 17. Februar 1962 in Hamburg-Wilhelmsburg schildert eine Schülerin:

Meine Eltern wurden von einem starken Brausen geweckt. Zuerst dachten sie, ein Rohrbruch wäre die Ursache. Aber als meine Mutter aus dem Fenster sah, war das ganze Land überschwemmt. Das Wasser reichte fast bis zum Fenster. Da wussten meine Eltern, dass es ein Deichbruch war.

„Steh auf, die Sintflut ist da!", rief meine Mutter. Entsetzt fuhr ich auf. Wir wollten auf die nahe gelegene Reichsstraße fliehen, denn dort konnten die Autos noch fahren. Wir kamen aber nicht aus der Tür, denn im Flur stand das Wasser schon fast einen Meter hoch und der Druck war viel zu stark. Wir konnten nur noch durch das Fenster entkommen. Das Wasser stand schon über unserem Fenstersims. Mein Vater stieß mit dem Fuß eine Scheibe ein. Eine ungeheure Flutwelle schoss uns entgegen.

Ich stieg als Erste durchs Fenster, kletterte auf den Baum und dann aufs Dach. Dieser Birnbaum, der vor unserem Fenster stand, sollte schon lange abgesägt werden. Wir waren heilfroh, als wir alle auf dem Dach standen. Jetzt wurde auch der Vorbau überflutet. Mein Vater legte die Leiter auf das Spitzdach und wir setzten uns darauf. Auf dem Dach war der Sturm noch stärker. Die Kälte ging durch Mark und Bein. Unsere Glieder wurden schnell ganz steif. Es wurde immer trostloser: Aus dem Dunkel gellten Hilferufe von allen Seiten zu uns herüber.

Es waren nur einige Stunden, die wir so verbringen mussten, aber es kam uns wie eine Ewigkeit vor. Auch heute noch erscheint es uns wie ein Wunder, dass wir alles gut überstanden haben.

**M2** Bericht einer Zeitzeugin

Hier ist der Norddeutsche Rundfunk.
Achtung, Sturmwarnung in der deutschen Bucht!
Ein Orkan der Windstärke 12 weht aus nordwestlicher Richtung. Es besteht für die gesamte deutsche Nordseeküste die Gefahr einer schweren Sturmflut.

**M3** Rettung mit dem Boot

**M5** Deichbruch bei Hamburg 1962

**M4** Die Sturmflut von 1976

– 1164 – Julianenflut: Weser-
  mündung: der Jadebusen
  entstand, über 20 000 Tote
– 1363 – Marcellusflut: Dollart-
  einbruch, schwerste Sturmflut
  aller Zeiten, über 100 000 Tote
– 1717 – Weihnachtsflut:
  12 000 Tote, 5000 Häuser
  wurden weggespült
– 1953 – Februarflut: 1. große
  Sturmflut des 20. Jahrhunderts,
  1836 Tote
– 1962 – Februarflut: 2. große
  Sturmflut des 20. Jahrhunderts,
  340 Tote
– 1976 – Januarflut: höchste
  Sturmflut der Geschichte, aber
  keine Toten

**M6** Große Sturmfluten

## Aufgaben

**1** Beschreibe mit eigenen Worten, wie es zu Sturmfluten an der Nordsee kommt.

**2** Beschreibe die möglichen Gefühle der einzelnen Familienmitglieder in der Sturmflutnacht.

**3** Die Mutter spricht nicht von einer Sturmflut, sondern von einer „Sintflut". Was könnte sie damit gemeint haben?

**4** Warum war die Stadt Hamburg besonders von der Sturmflut 1962 betroffen? Erläutere deine Aussage mithilfe des Textes.

**5** Im Jahr 1976 gab es die höchste Sturmflut. Doch kein Mensch kam dabei ums Leben. Vermute, warum.

# Küstenschutz an der Nordsee

Damit die Menschen an der Nordsee leben können, müssen sie zu ihrem Schutz *Deiche* bauen. Sonst würde die Küste bei Hochwasser immer wieder überschwemmt. Es gibt Gebiete an der Nordsee, die liegen sogar niedriger als der Meeresspiegel.

Früher errichteten die Menschen einfache Ringdeiche (M2) aus Erdwällen und Holzpfählen. Später bauten sie fast die ganze Küstenlinie entlang Deiche. Damit die Deich nicht brachen, wurden sie mit der Zeit immer weiter verbessert (M1).

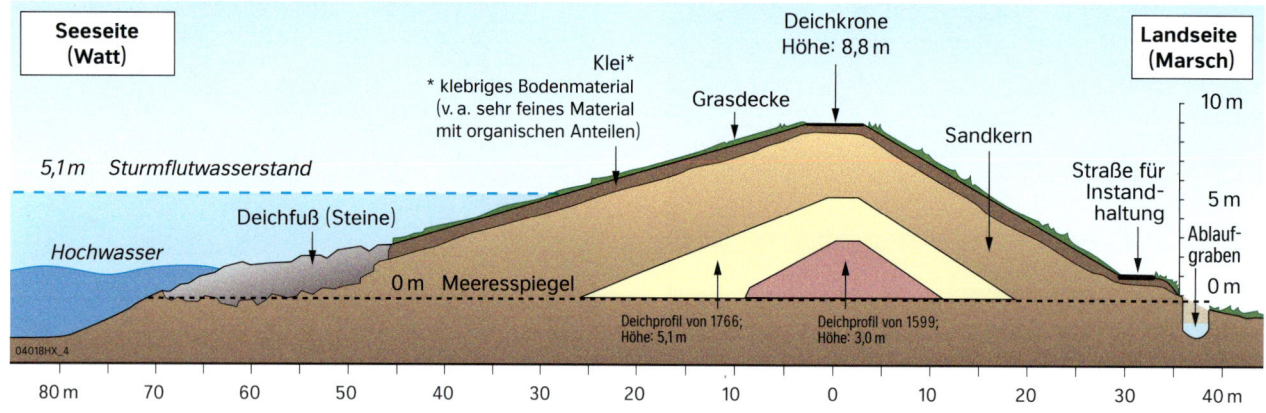

**M1** Modernes Deichprofil im Vergleich mit älteren Deichprofilen

Aktiv

## Hier kannst du herausfinden, warum Deiche schützen

Im folgenden Versuch kannst du ausprobieren, wie sich die Kraft der Wellen auf unterschiedliche Deichprofile auswirkt. Beschreibe, was passiert. Du benötigst für die Versuche eine breite Leiste, eine Kugel sowie ein Stück Pappe.

Lege die Leiste hochkant hin. Sie stellt den Kern des Deiches dar. Lass die Kugel gegen die Leiste rollen. Die Kugel soll die Wellen darstellen.

Knick die Pappe und lege sie wie ein Dach über den Deichkern. Die Pappe soll die Form eines heutigen Deiches haben. Lass die Kugel erneut gegen das Modell rollen (M2).

Schneide dann die Pappe kürzer zu. Das Modell soll einen Deich aus früherer Zeit darstellen.

Was passiert, wenn du jetzt die Kugel gegen den Deich rollst?

**M2** Deich im Modell

**M3** Alter Ringdeich

## Aufgaben

1 Übernimm Abbildung M1 in dein Heft und beschrifte deine Zeichnung.

2 Beschreibe die Entwicklung der Deichprofile im Laufe der Zeit.

3 Erkläre, welche Form ein Deich haben muss, damit er dem Aufprall der Wellen am besten widerstehen kann.

# Neues Land aus dem Meer

1. Pfahlreihen mit Flechtwerk aus Reisig (Lahnungen) werden ins Meer gebaut. Sie beruhigen die Wellen, sodass sich der wertvolle Schlick absetzen kann. So wächst der neue Meeresboden um wenige Zentimeter pro Jahr.

2. Wenn der Boden um 50 cm angewachsen ist, werden Entwässerungsgräben (Grüppen) ausgehoben. In ihnen sammelt sich neuer Schlick.

3. Auf dem neuen Boden zwischen den Gräben siedelt sich der Queller an. Im Gegensatz zu den meisten anderen Pflanzen verträgt er das Salzwasser bei Überflutungen. Außerdem hält er den Schlick fest, sodass sich der Boden stabilisiert.

A

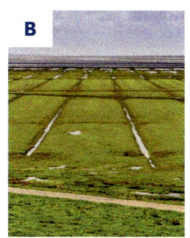

B

C

**M1** Erste Schritte zur Landgewinnung

Zur Landgewinnung hilft uns das Meer. Bei jeder Flut wird Schlick, also ganz feiner Schlamm, an die Küste gespült. Dieser lagert sich bei ruhigem Wasser an der Küste ab. Wir bauen Anlagen, sogenannte *Lahnungen*, um diesen Vorgang zu beschleunigen (M2).
„Auf dem neu gewonnenen Land siedelt sich Gras an und die Schafe können dort weiden. Weil diese Wiesen immer wieder vom salzigen Meerwasser überflutet werden, nennt man sie Salzwiesen. Bis die Wiesen dann eingedeicht werden können, vergehen Jahrzehnte. Dieses junge Land nennt man Polder oder Koog. Damit das Wasser aus dem Hinterland, dem Marschland, abfließen kann, bauen wir in den Deich sogenannte Sieltore, die sich bei Ebbe automatisch öffnen und sich bei Flut wieder schließen. Heute wird kaum noch Neuland gewonnen. Wir müssen vor allem die bestehenden Deichanlagen instand halten, um die Küste zu schützen.

**M4** Eine Küstenbewohnerin erzählt

**M2** Blockbild der Nordseeküste

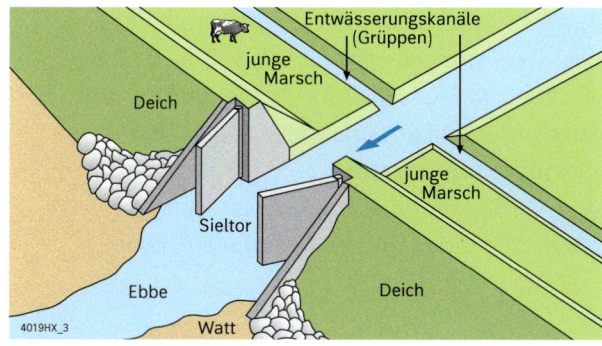

**M3** Sieltor bei Ebbe

## Aufgaben

1 Ordne die Begriffe Lahnungen, Grüppen und Queller den Bildern A bis C in M2 zu und erkläre sie mit eigenen Worten.

2 Wie sieht das Sieltor bei Flut aus? Erstelle mithilfe von M3 eine Zeichnung. Kennzeichne die Fließrichtung des Wassers.

3 Erkläre die Aussage „Landgewinnung ist Küstenschutz".

# Wirtschaftsstandort Nordseeküste

Ich lebe auf Helgoland, der einzigen Hochseeinsel Deutschlands. Wir Menschen auf Helgoland leben vor allem vom Tourismus. Die Gäste kaufen in unseren Läden ein, gehen hier essen und übernachten in unseren Hotels. Weil die Zahl der Touristen zurückgeht, haben schon zahlreiche Bewohner Helgoland verlassen. Deshalb versuchen wir, mit modernen Hotelanlagen wieder mehr Gäste auf unsere Insel zu locken. Es fahren jetzt mehr und modernere Fährschiffe zur Insel.

**M1** Tourismus auf Helgoland

Der größte Seehafen Deutschlands ist der Hamburger Hafen. Dort sind über 140 000 Menschen beschäftigt. Er ist zwar 120 km von der Küste entfernt, doch über die ausgebaute Elbe und ihre Kanäle können auch große Containerschiffe den Hafen erreichen. Die Waren und Güter können von Hamburg aus über Autobahnen und Schienenstrecken schnell weitertransportiert werden. Damit noch größere Frachtschiffe den Hafen erreichen können, wird die Fahrrinne der Elbe regelmäßig vertieft werden.

**M2** Im Hamburger Hafen

Um die nahezu ständig vorhandene Windenergie an der Nordseeküste zu nutzen, bauen wir Windkraftanlagen in der Nordsee, sogenannte Offshore-Windparks. Die Nutzung der Windenergie hat viele Vorteile: Die Menschen an der Küste fühlen sich von den Anlagen weniger gestört als an Land. Immer knapper werdende Energiequellen wie Kohle, Erdgas oder Erdöl werden weniger verbraucht und dadurch wird die Produktion klimaschädlicher Gase reduziert. Allerdings gibt es aber auch Probleme.

**M3** Offshore-Windparks – Energie von der Küste

– Den Tagesgästen bleibt nach dem Ausbooten gegen Mittag nur wenig Zeit auf der Insel.
– Die Zeit reicht nur für die Ansicht der Hummerbuden sowie einen Inselrundgang entlang des „roten Felsens" („Lange Anna") mit Tausenden Seevögeln.
– Der zollfreie Einkauf lockt wegen der vielen Sonderangebote in Supermärkten kaum noch Besucher an.
– Die Schiffe nach Helgoland sind meistens älterer Bauart und bieten wenig Komfort.
– Die Überfahrt mit einem Katamaran ist zwar zeitsparender, aber deutlich teurer.

**M4** Gründe für den Rückgang des Tagestourismus

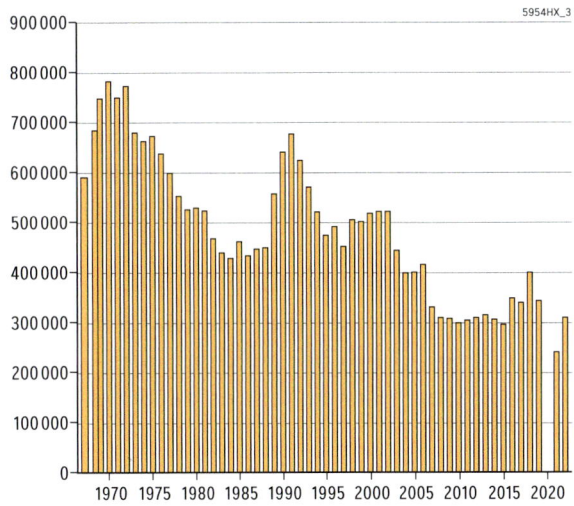

**M5** Entwicklung der Gästezahlen (1970 – 2022)

– Große Containerfrachter müssen Hamburg auch vollbeladen anfahren können.
– Ein Meter mehr Tiefgang bedeutet 11 000 Tonnen mehr Ladung.
– Arbeitsplätze im Hamburger Hafen und in Deutschland werden gesichert.
– Die deutsche Wirtschaft lebt vom Export ihrer Waren.
– Der Wassertransport ist am umweltverträglichsten.

**M6** Argumente für die Elbvertiefung

– Durch die höheren Wellen der größeren Schiffe können Schäden an den Deichen entlang der Elbe entstehen.
– Häfen an der Elbe verschlicken, da der vertiefte Strom wegen der höheren Fließgeschwindigkeit mehr Schlick transportiert und diesen in ruhigen Zonen ablagert.
– Die Weiden und Obstkulturen an der Elbe versalzen durch stärkeres Eindringen von Meerwasser bei Sturmfluten.
– Seltene Pflanzen- und Tierarten werden vernichtet.
– Deutschland besitzt mit dem Jade-Weser-Port bereits einen Tiefwasserhafen.
– Die Vertiefung auf 14,5 m reicht ohnehin nicht (Tiefgang der zurzeit größten Containerschiffe: 16,5 m).

**M7** Argumente gegen die Elbvertiefung

– Die Windkraftanlagen benötigen viel Platz.
– Der Bau der Windräder dauert lange, ist sehr aufwendig und damit teuer.
– Die Wartung der Windräder ist aufwendig.
– Naturschützer befürchten, dass der Lebensraum Wattenmeer gestört wird.
– Das Material muss dem Salzwasser und den starken Winden standhalten.
– Schiffe können mit den Anlagen kollidieren.
– Die Anlagen müssen bei zu wenig Wind und Sturm abgeschaltet werden. Dann liefern sie keinen Strom.

**M8** Probleme bei der Nutzung von Offshore-Windparks

## Aufgaben

**1** Erstelle ein Infoplakat zu einem ausgewählten Themenbereich. Arbeite auch mit dem Atlas.

**2** Arbeite für dein gewähltes Thema aus den Texten die Vor- und Nachteile heraus und stelle sie gegenüber.

　**a)** Bilde mit Mitschülerinnen und Mitschülern eine Fachleute-Gruppe. Tauscht euch aus und einigt euch auf ein Ergebnis.

　**b)** Informiere dich bei den anderen Fachleute-Gruppen über die zwei anderen Themen und notiere sie. Am Ende solltest du über alle drei Themen Bescheid wissen.

# Die Höhenstufen in den Alpen

Samuel ist mit seinen Eltern in den Sommerferien in die Alpen gefahren. Er kann kaum glauben, dass die Gipfel der Alpen schneebedeckt sind, denn im Tal ist es 20 °C warm. Der Schnee müsste doch längst geschmolzen sein! Er will mit der Seilbahn auf einen Berg hochfahren und herausfinden, warum der Schnee nicht schmilzt. Seine Mutter verspricht ihm einen großen Eisbecher, falls er es schafft, ihr vom Gipfel Schnee mitzubringen.

Als Samuel und sein Vater in der Talstation der Seilbahn ankommen, sehen sie in der warmen Sonne Blumen blühen. „Und oben auf dem Gipfel liegt tatsächlich Schnee?" Samuel kann es immer noch nicht glauben.

Zu Beginn der Fahrt in 520 Metern ü. NN sieht er Laubbäume. Doch bald gibt es nur noch Nadelbäume. Hier, in der *Nadelwaldstufe*, sind die Bäume so hoch, dass Samuel Angst hat, sie könnten die Gondel streifen. Nun wird der Wald lichter, es sind kaum noch Nadelbäume zu sehen. Schließlich sieht Samuel gar keine Bäume mehr. Sie haben die *Baumgrenze* hinter sich gelassen.

Nach einiger Zeit erkennt Samuel zahlreiche Almhütten. Um sie herum weiden Kühe. Auf dieser Höhe wachsen nur Büsche und Sträucher. Sie haben die *Almen- und Mattenstufe* erreicht.

Je mehr sich die Seilbahn dem Gipfel nähert, desto weniger Pflanzen sind zu erkennen. Schließlich sieht er nur noch Steine und größere Felsen. Sie haben die *Fels- und Eisstufe* erreicht. Als sie auf der Bergstation ankommen, wird es Samuel kalt. Zum Glück hat er sich eine dicke Jacke mitgenommen.

Er fragt seinen Vater, warum es so kalt ist. Sein Vater erklärt ihm, dass die Temperatur alle hundert Meter um etwa ein Grad abnimmt. Samuel schaut auf eine Informationstafel der Bergstation. Sie sind jetzt auf 2500 Meter Höhe. Nun ist es Samuel klar, warum es so kalt ist.

Als er aus der Bergstation kommt, ist er beeindruckt. Überall ist Eis und Schnee. Sofort nimmt er seine Thermosflasche aus der Tasche und füllt sie mit dem Gipfelschnee. Sein Eis ist ihm sicher, oder?

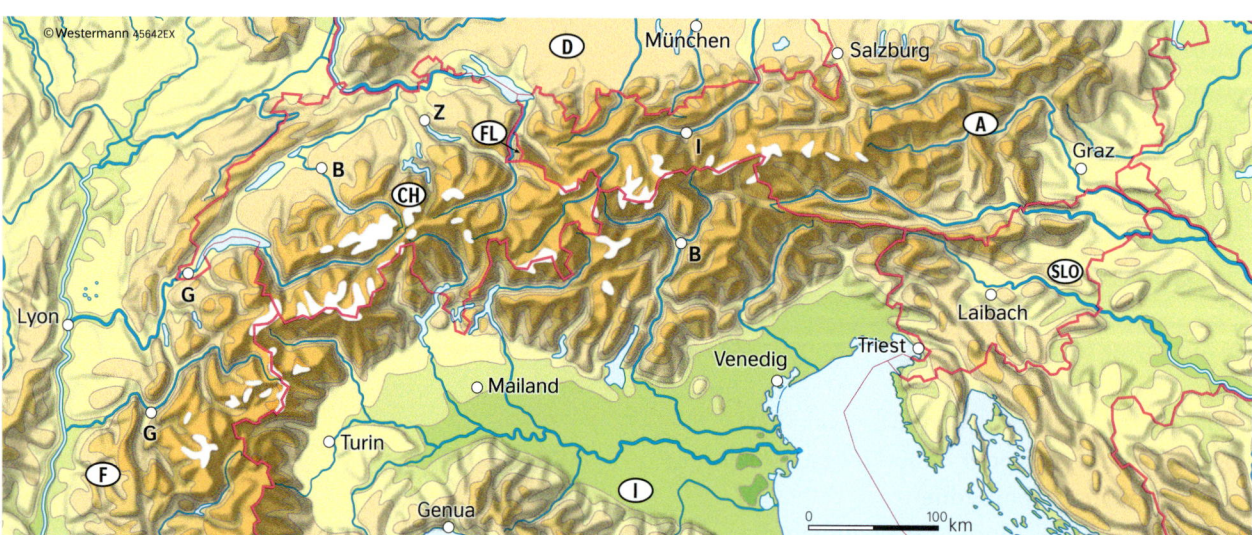

**M1** Übersichtskarte der Alpen

**M2** Almhütte

**M3** Gletscher am Großglockner

**M4** Höhenstufen in den Alpen (an der Eiger Nordwand)

## Aufgaben

**1** Arbeite mit dem Atlas und M1: Nenne die gesuchten Namen der Städte und Alpenstaaten.

**2** Übernimm Abb. M4 in dein Heft und ergänze die Beschriftung mithilfe der Informationen aus dem Text. ↗ S. 225

**3** Samuels Vater sagt: Die Temperatur nimmt alle hundert Höhenmeter nach oben um ein Grad ab.
Überprüfe mithilfe der Angaben im Text, welche Temperatur Samuel an der Bergstation misst.

# Von der Almwirtschaft zum Tourismus

**Bergbauer Weldner erzählt**

Ende September ist bei uns der Almabtrieb. An diesem Tag werden die Kühe von den Almen oben an den Berghängen wieder ins Tal getrieben. Den Winter über stehen die Kühe im Stall. Sobald es wärmer wird, im Mai, werden die Kühe auf die Weiden im Tal getrieben. Im Juni ist das Gras dort abgeweidet.

Deswegen werden die Kühe auf die Zwischen-alm getrieben. Die liegt auf der Höhe der Tannenwälder. Wenn es Juli wird, wird das Jungvieh auf die Hochalm getrieben. Dort stehen fast keine Bäume mehr, sondern es gibt Weiden mit saftigem, grünem Gras. Die Milchkühe bleiben auf der Voralm, weil es dort eine Melkanlage gibt und der Milchtransport ins Tal einfacher ist.

Ende August wird das Jungvieh von der Hochalm wieder auf die Mittelalm hinunterge-trieben. Dort bleibt die Herde noch bis zum Almabtrieb Ende September. Danach kommen die Tiere zum Überwintern wieder in den Stall. Bei uns im Dorf gibt es aber immer weniger Bauern, die die *Almwirtschaft* betreiben. Der Almabtrieb wird immer mehr zu einer Touristenattraktion, zu der viele Gäste in unsern Ort kommen.

Früher mussten viele unseren Ort verlassen, weil es keine Arbeit gab, doch jetzt ist das nicht mehr so. Sommer wie Winter kommen Touristen, um hier Urlaub zu machen. Es gibt immer mehr Hotels und Gaststätten. Auf den Bergen ringsherum wurden Skilifte gebaut. Allerdings finde ich nicht alles gut. Die Skipis-ten zerstören die Natur. Überall auf den Bergen findet man Müll, der einfach zurückge-lassen wird, und der Verkehr hat auch zuge-nommen.

**M1** Ein Almbauer berichtet

**Leon berichtet von seinem Urlaub**

In den Sommerferien war ich mit meiner Familie in Garmisch-Partenkirchen. Ein toller Urlaub! Hier gab es vieles, was man sich wünscht. Oft waren wir mit dem Mountainbike unterwegs. Ziemlich anstrengend, wenn ihr mich fragt! Anschließend entspannten wir jedoch im Schwimmbad.

Am nächsten Tag stand die Rafting-Tour auf der Loisach an. Ein unvergessliches Erlebnis! Manchmal schoss das Boot ganz schön nahe an den Felsen vorbei. Aber Angst hatte ich nie! Gewandert sind wir auch! Mir bringt es ja nicht so viel Spaß, aber meinen Eltern umso mehr! Wir passierten die Höllentalklamm. Da ging man teilweise über Stege zwischen zwei engen, hohen Felswänden entlang. Unter uns floss sogar ein Wildbach! Beim nächsten Mal will ich unbedingt klettern gehen! Ich hoffe, ich bin nicht zu jung!

**M2** Aus der Sicht eines Urlaubers

| Jahr | Einwohner | Gäste |
|------|-----------|-------|
| 1960 | 25 751 | 231 747 |
| 1970 | 26 885 | 226 406 |
| 1990 | 26 413 | 317 516 |
| 2000 | 26 347 | 312 823 |
| 2010 | 26 207 | 349 457 |
| 2021 | 27 825 | 338 477 |

Die Entwicklung der Einwohner- und Gästezahlen 2021 ist mit Sicherheit auf die Auswirkungen der Corona-Pandemie zurückzuführen. Wie sich die Entwicklung in Zukunft gestaltet, ist noch nicht abzusehen.

**M3** Entwicklung der Einwohner- und Gästezahlen in Garmisch-Partenkirchen

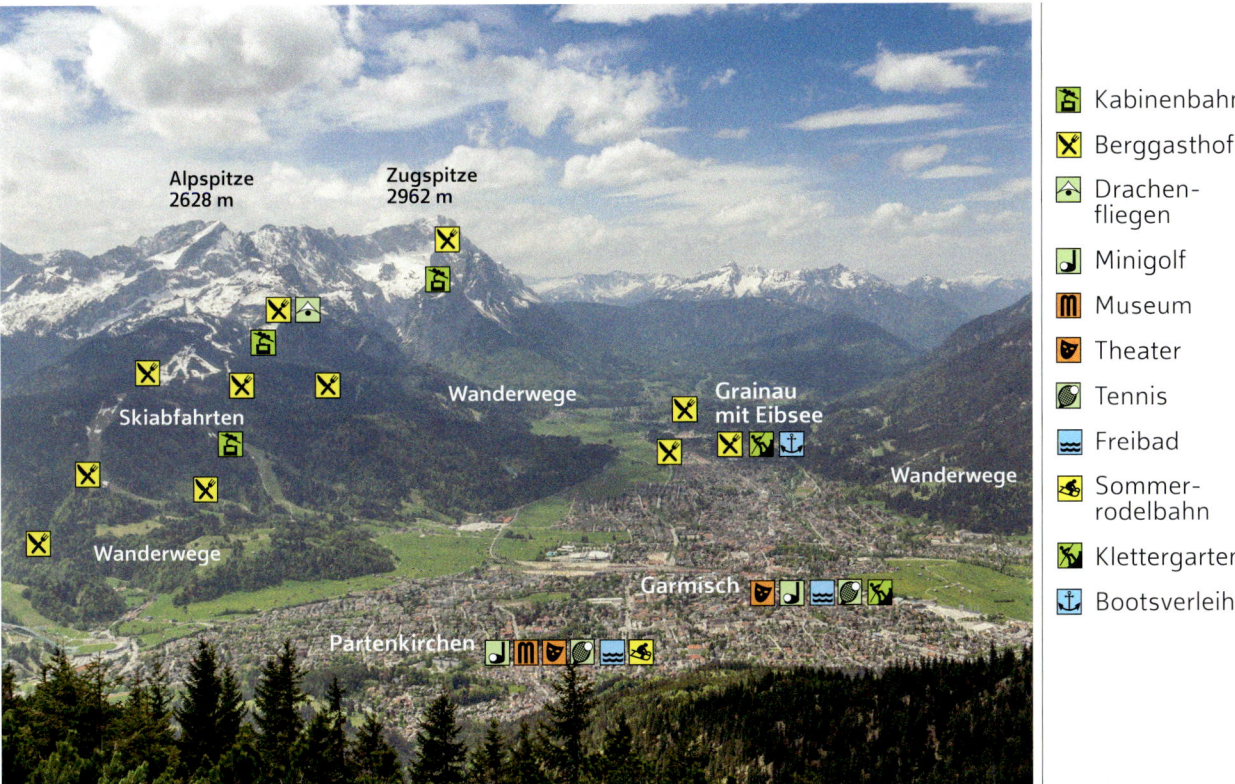

Alpspitze
2628 m

Zugspitze
2962 m

Wanderwege

Grainau
mit Eibsee

Skiabfahrten

Wanderwege

Wanderwege

Garmisch

Partenkirchen

🚡 Kabinenbahn
❌ Berggasthof
🪂 Drachen-
fliegen
⛳ Minigolf
🏛 Museum
🎭 Theater
🎾 Tennis
🏊 Freibad
🛷 Sommer-
rodelbahn
🧗 Klettergarten
⚓ Bootsverleih

**M4** Garmisch-Partenkirchen – ein attraktiver Urlaubsort (Auswahl an Angeboten)

**M5** Garmisch-Partenkirchen um 1900

**M7** Garmisch-Partenkirchen heute

**M6** Almabtrieb

## Aufgaben

1 Beschreibe mit eigenen Worten den jährlichen Ablauf der Almwirtschaft.

2 Erkläre, warum das Jungvieh nur von Mitte Juli bis August auf der Hochalm bleibt.

3 Lies dir beide Seiten sorgfältig durch. Stelle in einer Tabelle gegenüber, was die Vorteile und die Nachteile des Tourismus in den Alpen sind.

4 Überlege selbst: Was kannst du selbst machen, damit dein Urlaub den Urlaubsort möglichst wenig belastet.

# Die Alpen – ein junges Hochgebirge

Nähert man sich den Alpen von Norden oder von Süden, so ist man immer wieder von den mächtigen, hoch aufragenden Gesteinsmassen fasziniert. Die Alpen gelten als eines der schönsten Hochgebirge der Erde. Sie sind bei einer Länge von 1200 km und einer Breite von 150 bis 250 km auch das höchste Gebirge Europas.

Ein großer Teil der Alpen ist aus Kalk aufgebaut. Das Kalkgestein ist vor allem aus den Schalen und Skeletten von Muscheln und Korallen sowie anderen Meerestieren entstanden. Wie aber kommen Muscheln und Korallen in solche Höhen?

**M2** Das Matterhorn, einer der höchsten Alpengipfel (4478 m)

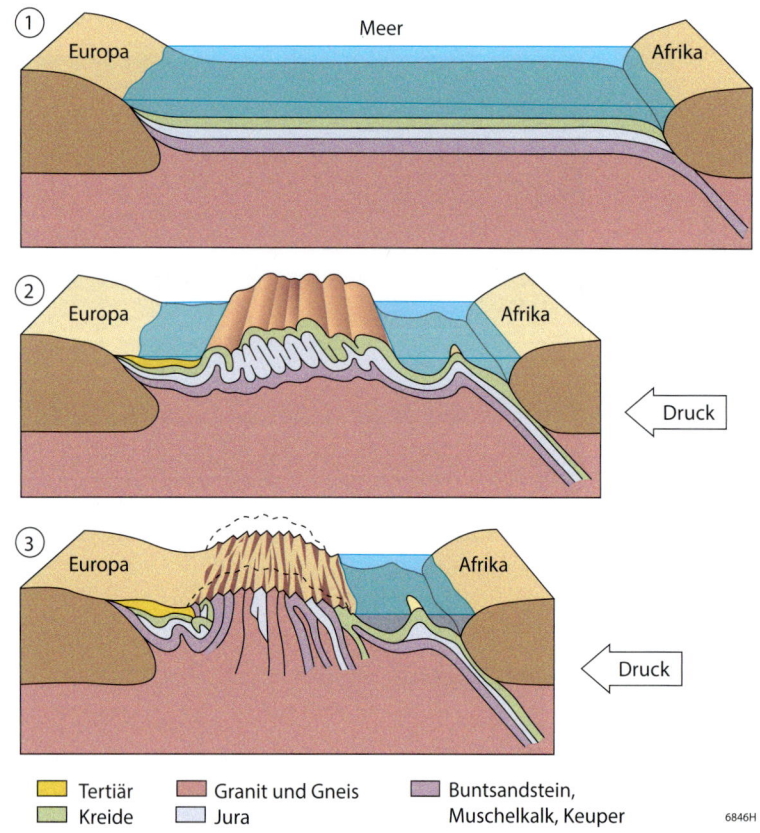

Tertiär | Granit und Gneis | Buntsandstein, Muschelkalk, Keuper
Kreide | Jura

6846H

**Die Stauchung führte zu Auffaltungen und Überwerfungen. So lagert uraltes Gestein über jüngeren Gesteinsschichten (vgl. Modellversuch!)** (R)

**Bei der Heraushebung vor 65 Mio. Jahren setzte sofort die Verwitterung und die Abtragung ein, sonst wären die Alpen rund 12 000 m hoch.** (I)

**Die Afrikanische Platte schiebt sich seit 100 Mio. Jahren Richtung Europa. Gesteinspakete wurden von 600 km auf 150 km gestaucht.** (B)

**Muscheln (Kalk) und Sedimente aus Flüssen lagert sich am Meeresboden ab. Mit der Zeit festigten sich diese Schichten unter Druck zu Gestein.** (E)

So findet man auch in Höhen von 2000 m versteinerte Muscheln, Fische oder Schnecken. Der Bezug zum einstigen Meer wird deutlich. (G)

Der Vorgang ist noch nicht abgeschlossen – so wird das Matterhorn jedes Jahr um 1 mm gehoben und nach Norden verschoben. (E)

Durch Verschiebungen in der Erdkruste entstand vor etwa 175 Mio. Jahren zwischen dem heutigen Europa und Afrika ein Meer. (G)

**M1** Entstehung der Alpen

**M3** Die Alpen – ein Decken- und Faltengebirge

Aktiv

## So kannst du die Entstehung der Alpen nachstellen

**Materialliste:**

Dazu benötigst du bunte Handtücher, die die Gesteinsschichten darstellen, sowie Muscheln und Schnecken als Fossilien.

Die meisten Gesteine bilden ursprünglich flache Schichten (**A**). Auf dem Meeresgrund lagern sich Schlamm, Sand und tote Meerestiere ab.
Wo die Erdkruste instabil ist, werden die Schichten gehoben und gequetscht. Schiebe mit beiden Händen die Enden des Handtuchstapels zusammen – eine Falte ist entstanden (**B**).
Ist der Druck der beiden Hände unterschiedlich groß, dann kommt es zur Deckenbildung (**C**).
Führe weitere Versuche mit leichtem bis starkem Händedruck durch– mit beiden Händen oder nur mit einer Hand. Beschreibe deine Beobachtungen.

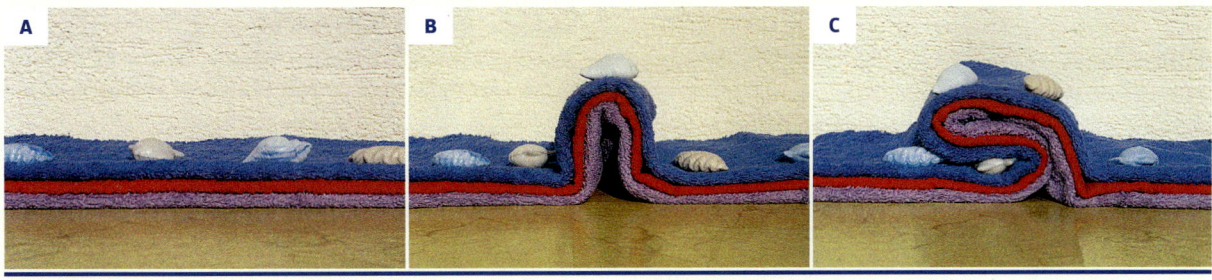

**M4** Experiment

## Aufgaben

**1** Führe das Experiment durch. Beschreibe den Ablauf und notiere deine Beobachtungen im Heft.

**2** Vergleiche das Ergebnis des Experiments mit den Abbildungen M1 und M3.

**3** Das Himalayagebirge ist das höchste Gebirge der Welt. Es entstand ähnlich wie die Alpen. Finde heraus, welche Erdplatten bei seiner Entstehung aufeinandergeschoben werden.
↗ S. 225

# Lawinengefahr in den Alpen

Wandern im Sommer und Ski- und Snowboardfahren im Winter sind die beliebtesten Urlaubsaktivitäten in den Alpen. Es sind zugleich aber auch die Aktivitäten, bei denen es am häufigsten zu Unfällen kommt. Über 12 000-mal muss die Bergwacht Bayern jedes Jahr ausrücken, um Menschen in Not zu helfen. Oft sind Urlauber für die Touren im Gebirge nicht richtig ausgerüstet. Auch das Wetter kann für Gefahr sorgen, denn es kann im Gebirge besonders schnell wechseln. Häufig kommt es noch im Frühjahr zu Schneefall. Nebel, der schnell aufziehen kann, ist vor allem in großer Höhe gefährlich. Trotz aller Gefahren stellen die Alpen ein beliebtes Urlaubsgebiet dar. Eine gute Planung und Vorsicht im Hochgebirge helfen, Unfälle zu vermeiden.

## Lawinenschutz

Früher schützten natürliche Bergwälder, sogenannte Bannwälder, die Dörfer vor *Lawinen*. Mit der Zersiedlung der Landschaft setzte die Abholzung dieser Wälder ein. Außerdem steigt durch die zunehmende Erderwärmung in den Alpen die Lawinengefahr. Deshalb müssen die Bewohner der Alpen wieder den Lawinenschutz verstärken.

So werden an den Berghängen Lawinengatter errichtet, um Lawinen abzubremsen. Auch Bannwälder werden wieder als natürlicher Schutz angepflanzt. Häuser werden so gebaut, dass im Falle einer Lawine der Schnee über- und am Haus vorbeifließt.

**M1** Bergretter im Einsatz

**M3** Lawinengatter und Bannwald

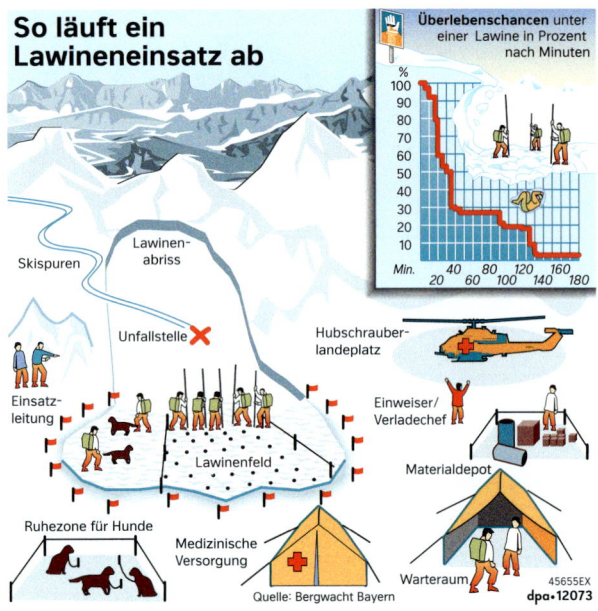

**M2** Vorgehen beim Lawineneinsatz

## Aufgaben

**1** Nenne die im Text genannten Schutzmaßnahmen gegen Lawinen.

**2** Erkläre mithilfe von Abbildung M2, wie ein Lawineneinsatz abläuft.

**3** Überlege, wie die Vorbereitung einer Skiwandertour im Idealfall aussehen sollte.
↗ S. 225

# Wir bauen ein Lawinenschutzmodell

## Vorbereitung

Die Wirkung von Lawinen kannst du in einem Modell nachstellen. Dazu benötigst du folgende Materialien:
– eine Styroporplatte mit der Größe 20 x 60 Zentimeter und eine zweite Styroporplatte mit den Maßen 60 x 60 Zentimeter,
– Holzbausteine oder Holzhäuschen,
– „Bäume" aus frischen Fichtenzweigen oder Spielzeugbäume (z. B. aus dem Modellbau), Eisstiele oder kleine Holzplättchen,
– feinen trockenen Sand, zum Beispiel Vogelsand für Vogelkäfige.

**M1** Material für das Modell

## Aufbau

Zuerst baust du mit den Holzbausteinen auf der kleinen Styroporplatte ein Dorf. Das Dorf sollte sich über die ganze Platte erstrecken.
Die große Styroporplatte wird der Berghang. Dazu teilst du mit einem Stift die Platte in drei gleich große Streifen ein.
Auf dem linken Streifen errichtest du mit dem Baummaterial einen dichten Bannwald. Stecke dazu die Bäume einfach in die Styroporplatte. Stelle dazu die Platte schräg auf, damit die Bäume gerade stehen.
Den mittleren Streifen lässt du frei. Wenn du willst, kannst du ihn als Skipiste gestalten.
Für den rechten Streifen bastelst du aus den Eisstielen mehrere Lawinengatter, die du ebenfalls in die Styroporplatte steckst. Damit die

Lawinengatter besser vor Lawinen schützen, musst du sie versetzt anordnen. Versuche selbst, wie sie am besten schützen. Nun ist das Modell fertig.

**M2** Das fertige Modell

## Durchführung und Auswertung

Zur Durchführung des Versuches stellst du die große Styroporplatte mithilfe einer geeigneten Unterlage schräg auf.
Schütte nun vorsichtig feinen trockenen Sand wie in Abbildung M3 von oben auf das Modell. Beobachte, was in den drei einzelnen Abschnitten geschieht. Mache eine Skizze und notiere deine Ergebnisse.

**M3** Bei der Durchführung des Modellversuchs

# Großlandschaften Deutschlands

**Kannst du schon**

– die Veränderung der Landschaften Deutschlands von den Alpen bis zur Küste beschreiben? (S. 130 – 133)
– typische Merkmale den einzelnen Großlandschaften zuordnen? (S. 130 – 133)

## Zeig, was du kannst

**1** Benenne die Puzzleteile A – D mit den richtigen Begriffen: Mittelgebirge, Küste, Alpenvorland, Norddeutsches Tiefland

**2** Ordne die Begriffe den deutschen Großlandschaften zu: viele Großstädte / Hochgebirge / Seehäfen / flache Landschaft / Erholung im Gebirge / ebene Flächen / weite Täler.Bundesländer und

M1

# Hauptstädte

**Kannst du schon**

– den Bundesländern ihre Hauptstädte zuordnen? (S. 134)
– wichtige politische und touristische Einrichtungen bzw. Gebäude nennen? (S. 136/137)

## Zeig, was du kannst

**3** Ergänze zu den Begriffen in M2 die jeweils zugehörige Landeshauptstadt oder das zugehörige Bundesland. Nutze den Atlas.

**4** Nenne die drei Stadtstaaten und erkläre, was an ihnen besonders ist.

**5** Zeichne eine einfache Kartenskizze von Deutschland, ergänze und beschrifte die Bundesländer und ihre Hauptstädte.

Potsdam · Düsseldorf · Saarland · Berlin · Sachsen · Mainz · Bremen · Sachsen-Anhalt · Erfurt · Hannover · Kiel · Schwerin · Stuttgart · Hessen · Hamburg · Bayern

M2

---

## Fachbegriffe

– **Großlandschaften Deutschlands:** Alpen, Alpenvorland, Küste, Mittelgebirge, norddeutsches Tiefland
– **Bundesländer:** Bundeshauptstadt, Bundesland, Landeshauptstadt, Stadtstaat, Verkehrsknotenpunkt
– **Leben an der Küste:** Deich, Ebbe, Flut, Gezeiten, Hochwasser, Niedrigwasser, Sturmflut, Tide, Wattenmeer, Nationalpark
– **Die Alpen:** Almen- und Mattenstufe, Bannwald, Baumgrenze, Faltengebirge, Fels- und Eisstufe, Höhenstufen, Laubwaldstufe, Lawine, Lawinengatter, Mischwaldstufe, Nadelwaldstufe

# An der Nordsee

## Kannst du schon

– den Lebensraum Watt beschreiben?
  (S. 140/141)
– die Gezeiten beschreiben? (S. 142)
– erläutern, welche Auswirkungen die Gezeiten auf den Menschen haben? (S. 142/143)
– erklären, wie sich die Menschen vor Hochwasser und Sturmfluten schützen?
  (S. 144/145)

## Zeig, was du kannst

**6** Löse das Silbenrätsel M3 rund um die Nordsee.

**7** Erstelle eine Skizze zu den Gezeiten. Beschrifte sie mit den Begriffen **Ebbe**, **Flut**, **Niedrigwasser** und **Hochwasser**.

**8** Zeichne das Profil eines modernen Deiches.

**9** Bringe die Sätze zur Landgewinnung in die richtige Reihenfolge. Die Großbuchstaben ergeben dann ein Lösungswort.

## Silbenrätsel

a. östlichste der Ostfriesischen Inseln
b. Diese Insel wird von Norddeich angelaufen.
c. Landschaft an der Küste, die abwechselnd über und unter dem Meer liegt
d. Vogel an der Nordsee
e. Schutzgebiet für das Wattenmeer

aus – der – er – fisch – ge – ger – meer – na – nal – ney – nor – oo – park – ten – tio – tern – wan – wat

Ⓘ Es werden Grüppen ausgehoben.
Ⓒ Auf dem neuen Boden siedelt sich der Queller an.
Ⓓ Pfahlreihen mit Flechtwerk aus Reisig (Lahnungen) werden ins Meer gebaut.
Ⓗ Pflanzen halten den angeschwemmten Schlick fest, der Boden stabilisiert sich.
Ⓔ In den Lahnungen sammelt sich der Schlick. So wächst der Meeresboden wenige Zentimeter im Jahr.

# In den Alpen

## Kannst du schon

– die Höhenstufen in den Alpen beschreiben?
  (S. 150/151)
– die Bedeutung des Alpen-Tourismus erklären (S. 152/153)
– die Entstehung der Alpen in einem einfachen Versuch darstellen? (S. 154/155)
– die Schutzmaßnahmen gegen die Lawinengefahr in den Alpen benennen und erklären, wie sie die Menschen schützen? (S. 156/157)

**A**
**B**
**C**
**D**

## Zeig, was du kannst

**10** Wie warm ist es im Tal (700 Meter) ungefähr, wenn es oben auf dem Berg in 2000 Metern Höhe minus 5 °C ist?

**11** Bringe die Bilder A – D in die richtige Reihenfolge und benenne die abgebildeten Höhenstufen. Beginne im Tal.

**12** Beschreibe die Entwicklungen in M3.

**13** Führe deinem Nachbarn in einem einfachen Versuch (DIN-A4-Blatt) die Faltung der Alpen vor.

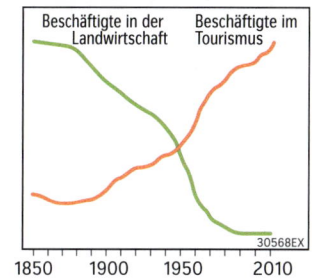

**M3** 1850  1900  1950  2010

# 8

# Arbeit und Versorgung

**M1** Das Industriegebiet Zuffenhausen

In diesem Kapitel lernst du …
… wie ein Auto gebaut wird. Du lernst, wie ein modernes Automobilwerk organisiert ist, welche Rohstoffe für den Bau eines Autos benötigt werden und was davon am Ende des Autolebens wiederverwertet werden kann. Du kannst danach auch die drei großen Wirtschaftsbereiche unterscheiden.

# Ohne Rohstoffe kein Auto

Ein Auto besteht aus vielen unterschiedlichen Bauteilen, die zunächst in verschiedenen Fabriken hergestellt (= produziert) werden. Jedes Bauteil besteht aus verschiedenen Rohstoffen. So ist der *Rohstoff* für Glasscheiben Quarzsand, für Aluminium Bauxit und das Gummi der Reifen wird aus Erdöl oder Kautschuk hergestellt.

Ein wichtiger Rohstoff für die Autoindustrie ist das Erdöl. Es wird nicht nur als Treibstoff beim Fahren gebraucht, sondern ist Rohstoff für die unterschiedlichsten Bauteile im Auto. Überall wo Gummi, Kunststoffe, Farben und Lacke verwendet werden, ist Erdöl enthalten. Die meisten Sitzbezüge werden ebenfalls aus Erdöl gemacht, wenn sie aus Kunstfasern bestehen. Sitzbezüge können aber auch aus Wolle, Baumwolle oder Leder gefertigt sein.

In vielen Fällen enthält ein Bauteil mehrere Rohstoffe. Kabel bestehen z. B. aus den Rohstoffen Kupfer (Draht) und Erdöl (Ummantelung). Ein Katalysator besteht wiederum aus Eisen, in Form von Stahl und im Inneren ist das Edelmetall Platin eingearbeitet.

## Die Natur ist Lieferant

Rohstoffe, wie Erdöl, Eisenerz, Kupfererz, Bauxit oder Sand, die aus dem Boden gefördert werden, nennt man *Bodenschätze* oder mineralische Rohstoffe. Diese Rohstoffe müssen erst aufbereitet werden, damit sie in der Industrie verwendet werden können.

Neben den mineralischen Rohstoffen gibt es auch pflanzliche und tierische Rohstoffe, wie Baumwolle, Wolle und Leder.

## Wiederverwertung von Rohstoffen

Viele Rohstoffe werden immer seltener und damit teurer. Daher werden Autos am Ende ihres Lebens nicht einfach als Müll entsorgt, sondern sorgsam wieder in Einzelteile zerlegt. Dadurch können sie wiederverwertet werden. Diese Wiederverwertung nennt man *Recycling*.

Die so gewonnenen Stoffe sind in der Regel allerdings nicht mehr so hochwertig. Deshalb kann aus dem wiederverwerteten Aluminium keine Autokarosserie mehr hergestellt werden, sondern z. B. eine Rolltreppe oder Alufüße für Büromöbel.

Bremsscheiben                    Auspuffe

**M2** Rohstoffe aus alten Teilen

Gewinnung von Kautschuk        Baumwollernte            Abbau von Bauxit

**M1** Abbau von Rohstoffen

**M3** Was steckt alles in einem Auto?

Sitzbezüge aus Leder oder Kunststoff

Motorblock aus Aluminium

Stoßfänger aus Kunststoff

Elektronik aus Kupfer und Kunststoffe

Karosserieteile aus Stahl, Aluminium oder Magnesium

Abgasanlage aus Stahl, im Katalysator Platin

Reifen aus Stahl und Gummi

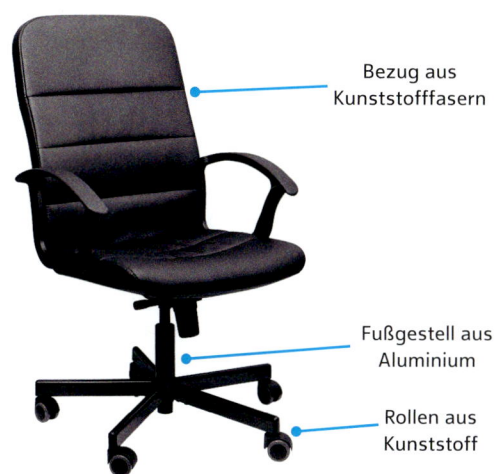

Bezug aus Kunststofffasern

Fußgestell aus Aluminium

Rollen aus Kunststoff

**M4** Bürostuhl aus recycelten Stoffen

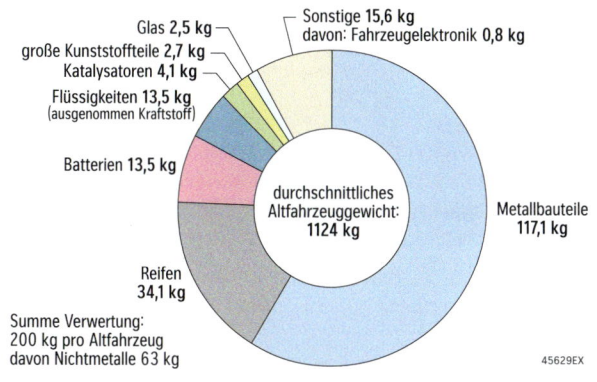

Glas 2,5 kg

Sonstige 15,6 kg
davon: Fahrzeugelektronik 0,8 kg

große Kunststoffteile 2,7 kg
Katalysatoren 4,1 kg

Flüssigkeiten 13,5 kg
(ausgenommen Kraftstoff)

Batterien 13,5 kg

durchschnittliches Altfahrzeuggewicht: 1124 kg

Metallbauteile 117,1 kg

Reifen 34,1 kg

Summe Verwertung: 200 kg pro Altfahrzeug davon Nichtmetalle 63 kg

45629EX

**M5** Recyclinganteile

## Extra

### Recycling von Reifen

Altreifen werden vorwiegend in Zementwerken geschreddert, d. h. zerkleinert und verbrannt. Der Stahl aus den Reifen ersetzt Eisenerz, das sonst bei der Zementherstellung benötigt wird. Die Energie, die durch das Verbrennen der Reifen entsteht, wird dabei gleich mitgenutzt.

Eine andere Möglichkeit ist das Recycling, bei dem die Reifen in ihre Bestandteile wie Gummi (67 %), Stahl (18 %), Textil (14 %) und weitere Reste (1 %) getrennt werden. Die Bestandteile werden also nicht verbrannt, sondern einzeln wiederverwendet.

**M6** Altreifen

## Aufgaben

**1** Nenne wichtige Rohstoffe, die verarbeitet zur Automobilherstellung benötigt werden.

**2** Die Bilder in M1 zeigen die Gewinnung von Rohstoffen. Erkläre, für welche Bauteile diese Rohstoffen im Auto verwendet werden können.

**3** Erstelle eine Liste, welche Autoteile wiederverwertet werden können.

**4** Warum ist es so wichtig, dass große Teile des Autos wiederverwertet werden können?
↗ S. 226

# Erze aus aller Welt

Eisen ist einer der wichtigsten Rohstoffe für die Automobilindustrie. Es kommt in der Natur allerdings nicht in reiner Form vor, sondern ist in bestimmten Gesteinen enthalten. Solche metallhaltigen Gesteine nennt man *Erze*. Für den Automobilbau werden aber auch noch andere Erze, wie Bauxit und Kupfererz benötigt.

## Kein Erz aus Deutschland

In Deutschland lohnt es sich heute nicht mehr, Erze abzubauen. Viele kommen in zu geringen Mengen vor, manche gar nicht. Daher werden die Erze meist aus fernen Ländern importiert. Das dortige Erz hat einen hohen Metallgehalt und der Abbau des Rohstoffs ist kostengünstiger als in Deutschland.

## Wie kommt das Eisenerz zu uns?

Das weltweit größte Abbaugebiet für Eisenerz liegt im Gebirge Serra dos Carajás im Nordosten Brasiliens. Von dort stammt über die Hälfte des nach Deutschland exportierten Eisenerzes. Das erzhaltige Gestein befindet sich nur unter einer dünnen Erdschicht, daher kann es im Tagebau gefördert werden. Das Erz wird abgesprengt und mit riesigen Baggern auf schwere Lkw verladen.

Mit denen geht es dann den Berg hinunter zum Verladebahnhof. Hier wird das Erz auf die Bahn umgeladen, die es rund 900 km durch den Regenwald bis zur Küste transportiert. In Erzfrachtschiffen gelangt der Rohstoff dann nach Europa, um dort in den Hochöfen zu Eisen und Stahl verarbeitet zu werden.

## Folgen für Menschen und Umwelt

Für den Erzabbau muss der Regenwald gerodet werden. Dadurch verlieren nicht nur Pflanzen und Tiere, sondern auch die dort lebende Bevölkerung ihre Heimat. Außerdem gelangen Abgase in die Luft und giftige Schlämme müssen in Deponien dort gelagert werden.

Für die großen Maschinen wird eine enorme Menge Elektrizität benötigt. Zur Gewinnung des Stroms wurde der Tucurui-Stausee mit seinem Wasserkraftwerk angelegt. Dafür musste eine Fläche von 2430 km² geflutet werden – fünfmal so groß wie der Bodensee. 25 000 Menschen haben so ihre Heimat verloren.

Der Erz wird ...

... abgebaut ...

... ans Meer transportiert ...

... auf Schiffe verladen ...

... und bei uns verarbeitet.

Was passiert genau mit dem Erz?

**M1** Der Weg des Erzes

**M2** Erzabbau in der Sierra dos Carajás, Brasilien

**M3** Die wichtigsten Erzlieferanten Deutschlands

**M4** Die Bevölkerung protestiert gegen die Zerstörung des regenwaldes

## Aufgaben

1 Nenne Gründe, weshalb Deutschland aus anderen Ländern Eisenerz importiert.

2 Beschreibe mithilfe von M1 den Weg des Eisenerzes vom Abbau bis zur Industrie in Deutschland.

3 Finde mithilfe einer geeigneten Atlaskarte heraus, welche anderen Bodenschätze in der Serra dos Carajás abgebaut werden.

4 Der Hunger nach Rohstoffen für die Industrie in Deutschland schadet den Menschen und der Natur im Amazonasgebiet. Stimmt das? Schreibe deine Meinung dazu auf.

# Vom Eisenerz zum Stahlblech

In Deutschland wird das Eisenerz weiterverarbeitet. Damit aus Eisenerz Stahl für die Industrie wird, sind mehrere Arbeitsschritte nötig. Für jeden Schritt braucht es spezielle Fabriken, die meist nebeneinanderstehen: die Eisenhütte, das Stahlwerk und das Walzwerk.

**M1** Das Eisenerz wird verarbeitet

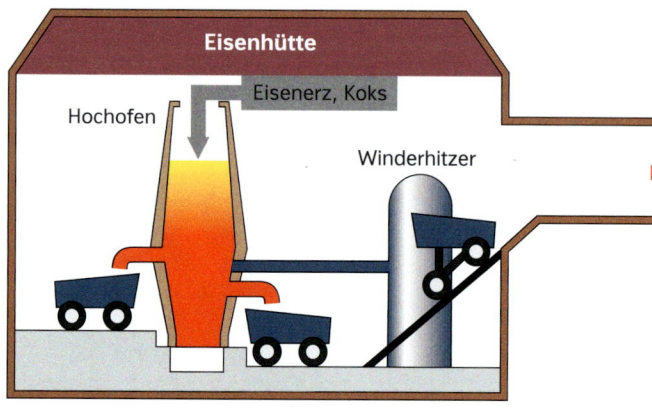

Eisenhütte

Eisenerz, Koks

Hochofen

Winderhitzer

Roheisen

## Extra

### Was ist Koks?

In einer Kokerei wird Steinkohle unter Luftabschluss erhitzt. Das darin enthaltene Wasser verdampft und die Gase verbrennen.
Der Kohlenstoff bleibt als Koks erhalten.
Koks verbrennt bei 1500 °C, Steinkohle schon bei 600 – 800 °C. Daher funktioniert die Stahlproduktion nur mit Koks und nicht mit Steinkohle.

**M2** Koks

## In der Eisenhütte

Das angelieferte Eisenerz wird in der Eisenhütte zusammen mit Koks in den Hochofen geschüttet. Damit das Eisenerz schmilzt, wird es auf über 1600 °C erhitzt. Um diese hohen Temperaturen zu erreichen, benötigt man Koks und auf 1200 °C erhitzte Luft aus einem Winderhitzer.
Schließlich schmilzt das Eisenerz und es entsteht flüssiges Roheisen sowie Schlacke. Aus diesem Abfallstoff werden Zement, Füllsteine für den Straßenbau und Zusatzstoffe für die Glasindustrie hergestellt.
Ein moderner Hochofen kann an einem Tag bis zu 12 000 t Roheisen produzieren. Dazu werden über 19 000 t Eisenerz und 4000 t Koks benötigt. Ein Hochofen arbeitet Tag und Nacht, damit er nicht abkühlt und dann erneut aufgeheizt werden muss. Alle vier bis sechs Stunden wird der Hochofen abgestochen, das heiße Roheisen fließt in einer feuerfesten Rinne zu den Spezialwaggons, die es dann zur Weiterverarbeitung ins Stahlwerk transportieren.

**M3** In den Fabriken der Hüttenindustrie

**M4** Coils

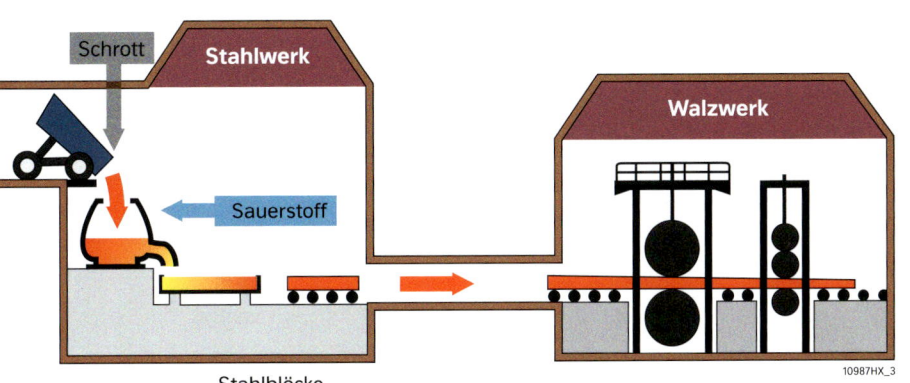

Stahlblöcke

10987HX_3

**Produkte**

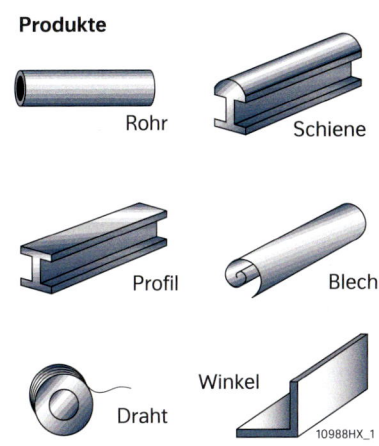

Rohr
Schiene
Profil
Blech
Draht
Winkel

10988HX_1

**M5** Produkte aus Stahl

## Im Stahlwerk

In einem Ofen wird im Stahlwerk zum flüssigen Eisen Schrott hinzugegeben. Der Schrott wird bei Temperaturen von bis zu 3500 °C geschmolzen. Um den Vorgang zu beschleunigen, wird Sauerstoff hineingeblasen. Dabei werden unerwünschte Bestandteile wie Kohlenstoff verbrannt. Damit der Stahl seine gewünschte Beschaffenheit erhält, gibt man weitere Metalle wie Nickel oder Mangan hinzu. Diese werden Stahlveredler genannt. Stahl ist im Gegensatz zu Eisen rostfrei, sehr hart, zäh und gleichzeitig formbar.

## Im Walzwerk

Die weitere Verarbeitung flüssigen Stahls erfolgt im Walzwerk. Der noch heiße und flüssige Stahl wird in Formen gegossen und schließlich im Walzwerk in Rohbleche verschiedener Dicke und Breite gewalzt. Außerdem werden Rohre, Stahlträger, Drähte und vieles mehr aus Stahl gefertigt.

Die Blechrollen, aus denen zum Beispiel Karosserieteile für Autos hergestellt werden, wiegen 30 t und heißen bei Fachleuten Coils.

## Aufgaben

1. Beschreibe, was jeweils in der Eisenhütte, im Stahlwerk und im Walzwerk hergestellt wird.
2. Erkläre mithilfe des Textes und M3 die Eisen- und Stahlproduktion.
3. Warum wird im Hochofen Koks und nicht Steinkohle verbrannt?
4. Welche Standorte eignen sich für die Stahlproduktion? Was zeichnet einen solchen Standort aus? Schreibe wichtige Argumente auf.
↗ S. 226

# Ohne Lieferungen geht es nicht

Im Porschewerk wird lediglich der Motor vollständig hergestellt. Die Karosserie und die meisten anderen Teile werden in Zulieferbetrieben gefertigt und vor Ort zusammengebaut. Die Fabrik muss also gut an die *Verkehrswege* angeschlossen sein.

Die Hälfte aller Lieferanten sind mehr als 300 km von Zuffenhausen entfernt. Insgesamt gibt es 580 Zulieferer bei Porsche. Vom Kleber, den Schrauben, über die Lacke bis hin zu ganzen Karosserieteilen. Diese Teile müssen nicht nur pünktlich im Werk sein, also Just-in-time, sondern auch noch in der richtigen Reihenfolge geliefert werden. In der Produktion werden nämlich Coupé und Cabriolet hintereinander am Band produziert und das eine Auto soll eine rote Lederausstattung bekommen, das nächste eine schwarze. Am Band müssen also rote und schwarze Sitze in der richtigen Reihenfolge bereitgestellt werden. Durch dieses genau geplante Verfahren kann das Automobilwerk auf große und teure Lagerhallen verzichten.

Die fertiggestellten Autos werden auf Lkw oder Güterzüge verladen, um sie zu den Händlern zu transportieren. Die meisten Porsche werden ins Ausland geliefert, also exportiert. Der Transport nach Übersee wird mit Spezialschiffen erledigt, auf die über 500 Autos passen. Dies entspricht etwa zwei Güterzügen oder 60 Lkw. Der Hauptausfuhrhafen dafür liegt in Emden an der Nordsee.

### Zuliefernde Unternehmen

Die zuliefernde Betriebe können nicht sicher sein, dass ihre Produkte jahrelang von dem Autobauer gekauft werden. Wenn ein anderer Anbieter das Produkt bei gleicher Qualität preiswerter anbietet, wird der Anbietende gewechselt. Zurzeit kommen die Felgen aus Herbolzheim, die Abgasanlagen aus Altensteig und das Klimabediensystem aus Bad Neustadt an der Saale.

| Auslieferungen nach ... | verkaufte Porsche-Fahrzeuge 2022 |
| --- | --- |
| Europa (ohne Deutschland) | 62 685 |
| Deutschland | 29 512 |
| Nordamerika | 79 260 |
| Übersee und Wachstumsmärkte | 45 141 |
| China | 93 286 |
| **weltweit** | **309 884** |

**M2** Wohin gehen die Fahrzeuge?

**M1** Beispiele für Zulieferteile für das Automobilwerk Zuffenhausen

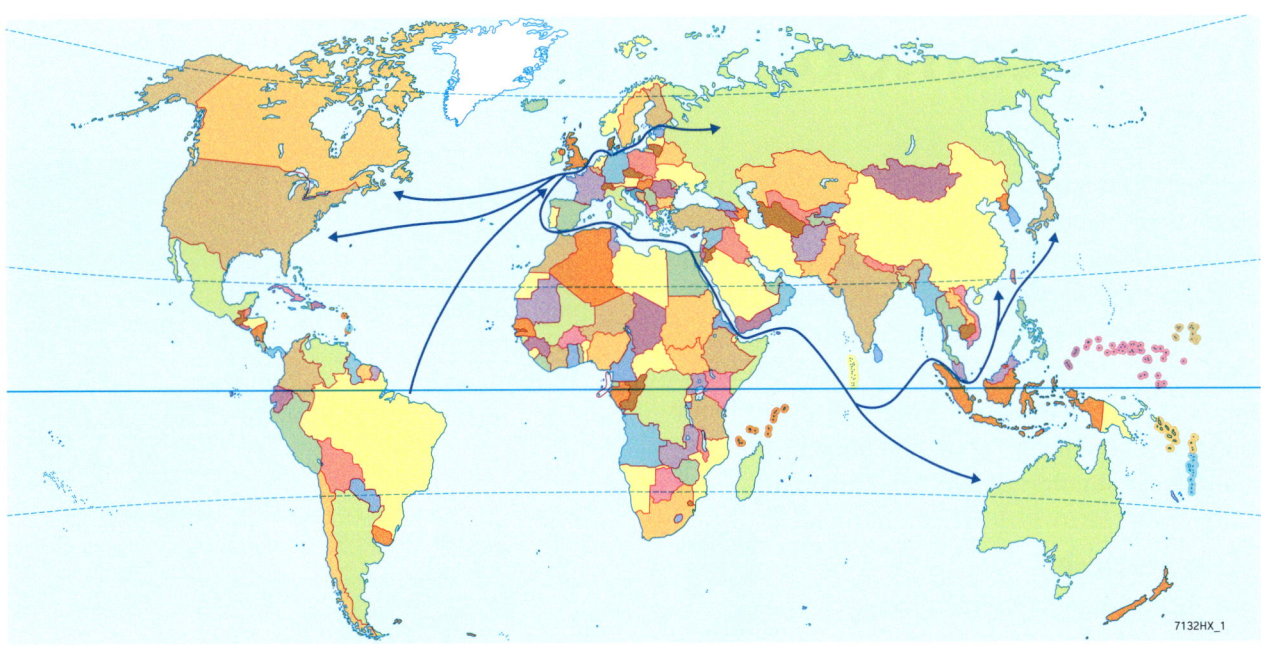

**M3** Von Emden in die ganze Welt

Mit dem Zug ...

... zum Schiff

**M4** Transport von Autos

## Aufgaben

**1** Im Jahr 2022 wurden ca. 40000 Porsche 911 in Zuffenhausen gebaut. Ein Lkw mit Anhänger fasst Karosserieteile für 16 Autos. Die Firma, die die Teile presst, ist etwa 50 km entfernt. Wie viele Kilometer kommen in einem Jahr zusammen?

**2** Beschreibe die möglichen Transportwege eines Porsche:

**a)** Durch welche Meere fährt ein Schiff, das Fahrzeuge nach Südamerika bringt?

**b)** Welchen Kanal benutzt ein Schiff auf dem Weg nach Australien?

**c)** Wie fährt ein Transportschiff nach Japan?

**3** Erkläre, warum das Produktionsverfahren Just-in-Time-Produktion genannt wird.

**4** Erstelle ein Säulendiagramm aus der Tabelle M3. Verwende aber nur die ganz schwarz gedruckten Zahlen.

**5** Überlege, welche Vorteile der Automobilhersteller von der Just-in-time-Produktion hat.

**6** Überlege, welche Auswirkungen die ständige Anlieferung von Autoteilen auf die Umgebung einer Automobilfabrik hat.

# Im Automobilwerk

Auf Seite 168 hast du erfahren, dass ein Auto aus vielen verschiedenen Bauteilen besteht. Damit aus diesen Tausenden Einzelteilen ein fertiges Fahrzeug wird, sind zahlreiche Arbeitsschritte notwendig. Der Zusammenbau der Autos erfolgt in einem Automobilwerk. Das Werk der Firma Porsche befindet sich in Zuffenhausen. So ein Werk umfasst nicht nur eine große Werkhalle, sondern es besteht aus mehren Hallen mit unterschiedlichen Stationen.

### Anlieferung
Teile aus anderen Standorten und von Zulieferbetrieben werden in das Werk geliefert

### Die Sattlerei
In hochwertigen Autos sind die Sitze aus Leder. Die Amaturentafel, das Lenkrad und die Verkleidungen sind mit Leder bezogen. Dabei wird eine Menge Handarbeit aufgewendet.

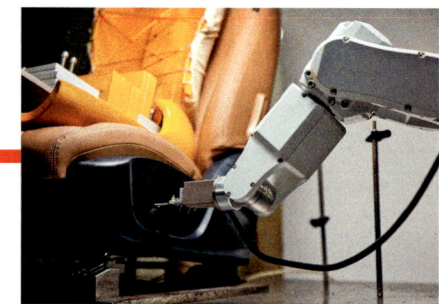

### Der Karosseriebau
Die geformten Teile werden durch Roboter zusammengeschweißt, genietet, verschraubt oder geklebt. Alles geschieht mit hoher Geschwindigkeit und Genauigkeit, besser als es ein Mensch könnte. Aus den einzelnen Teilen (Motorhaube, Türen, Kotflügel) entsteht schließlich die Karosserie.

### Die Lackiererei
Am Anfang nehmen alle Karosserien ein Bad. Im Tauchbad wird der Korrosionsschutz aufgebracht. Danach werden verschiedene Lackschichten lackiert. Dies geschieht fast ausschließlich durch Roboter. Für Menschen ist das Einatmen von Farbdämpfen auf Dauer gesundheitsschädlich.

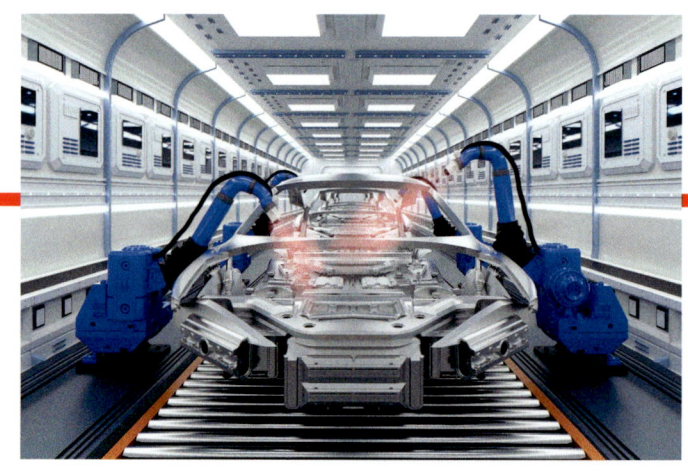

## Die Endmontage

In die fertigen Karosserien werden nun, teils von Robotern, teils von Arbeitern, die fehlenden Teile eingebaut. Diese sind wie die Armaturen, Sitze, Scheiben und Räder von den Zulieferern zum richtigen Zeitpunkt angeliefert worden. Für den Einbau jedes Einzelteils werden nur wenige Minuten benötigt. Das Zusammenführen von Karosserie und Motorblock wird Hochzeit genannt.

## Die Endkontrolle

Zuletzt wird das neu produzierte Auto auf Mängel überprüft. Es wird gerüttelt und geschüttelt und geschaut, ob nichts lose ist. Der Lack wird nochmals kontrolliert und ebenfalls Licht und Bremsen. Wenn alles in Ordnung ist, kann das Auto ausgeliefert werden.

## Aufgaben

1 Beschreibe mit jeweils einem Satz, was an den sechs Arbeitsstationen getan wird.

2 Erkläre, für welche Arbeiten in der Produktion Menschen und für welche Roboter eingesetzt werden.

3 Erkläre, warum beim Autobau so viele Roboter eingesetzt werden.

4 Zähle Berufe auf, die direkt oder indirekt für die Produktion eines Autos nötig sind.
↗ S. 226

# Wo kann ich ein Unternehmen eröffnen?

## Wo Unternehmen sich ansiedeln

Fünf Unternehmerinnen und Unternehmer suchen den besten Standort für ihre Betriebe. Jeder von ihnen hat genaue Vorstellungen, die erfüllt sein sollen.

## Standortfaktoren

Wird ein Unternehmen neu gegründet, soll es sich vergrößern oder wechselt es seinen Standort, macht sich die Firmenleitung Gedanken darüber, wo der beste Standort für den neuen Betrieb ist. Die Bedingungen, die eine Stadt oder eine Region bieten, bezeichnet man als *Standortfaktoren*. Der jeweils günstigste Betriebsstandort hängt dabei vor allem von folgenden Gesichtspunkten ab:
– Wie groß ist der Flächenbedarf des Betriebes? Wo findet sich ein Gelände, das groß genug für den Standort ist?

– Was wird für die Produktion benötigt (Rohstoffe, Energie)? Sind geeignete Zulieferer in der Gegend ansässig?
– Welche Verkehrswege sind in der Nähe? Gibt es einen Autobahnanschluss in der Nähe, gibt es einen Gleisanschluss und wie weit ist der nächste Flughafen entfernt?
– Wer kauft die Waren? Wo sind die Kunden?
– Gibt es Zuschüsse durch die Stadt oder das Land?
– Gibt es genug gut ausgebildete *Arbeitskräfte*, wie hoch sind die Löhne?
– Gibt es alle Schularten am Ort?
– Ist der Wohn- und Freizeitwert in der Gegend hoch? Gibt es Wohnungen und Bauplätze, wie ist das kulturelle Angebot in der Gegend?

### Frau Folani, Eiscafé-Besitzerin

Ich möchte ein Eiscafé eröffnen. Dort, wo viele Menschen einkaufen und bummeln, kann man mit einem Eiscafé bestimmt auch genügend Geld verdienen.

### Herr Gräbers, Betonproduzent

Ich möchte Transportkosten sparen. Darum soll das neue Werk nah bei den Rohstoffen und verkehrsgünstig liegen. Beton wird aus Wasser, Zement und Kies gemacht.

### Herr Yilmaz, Möbeltischler

Ich produziere Möbel. Das Holz wird mit der Eisenbahn angeliefert, die fertigen Möbel mit dem Lkw abtransportiert.

### Frau Weber, Werbefachfrau

Ich möchte mit meiner Werbeagentur in ein Gewerbegebiet. Es ist mir wichtig, dass die Gewerbesteuer nicht zu hoch ist.

**M1** Verschiedene Betriebe mit unterschiedlichen Standortvorstellungen

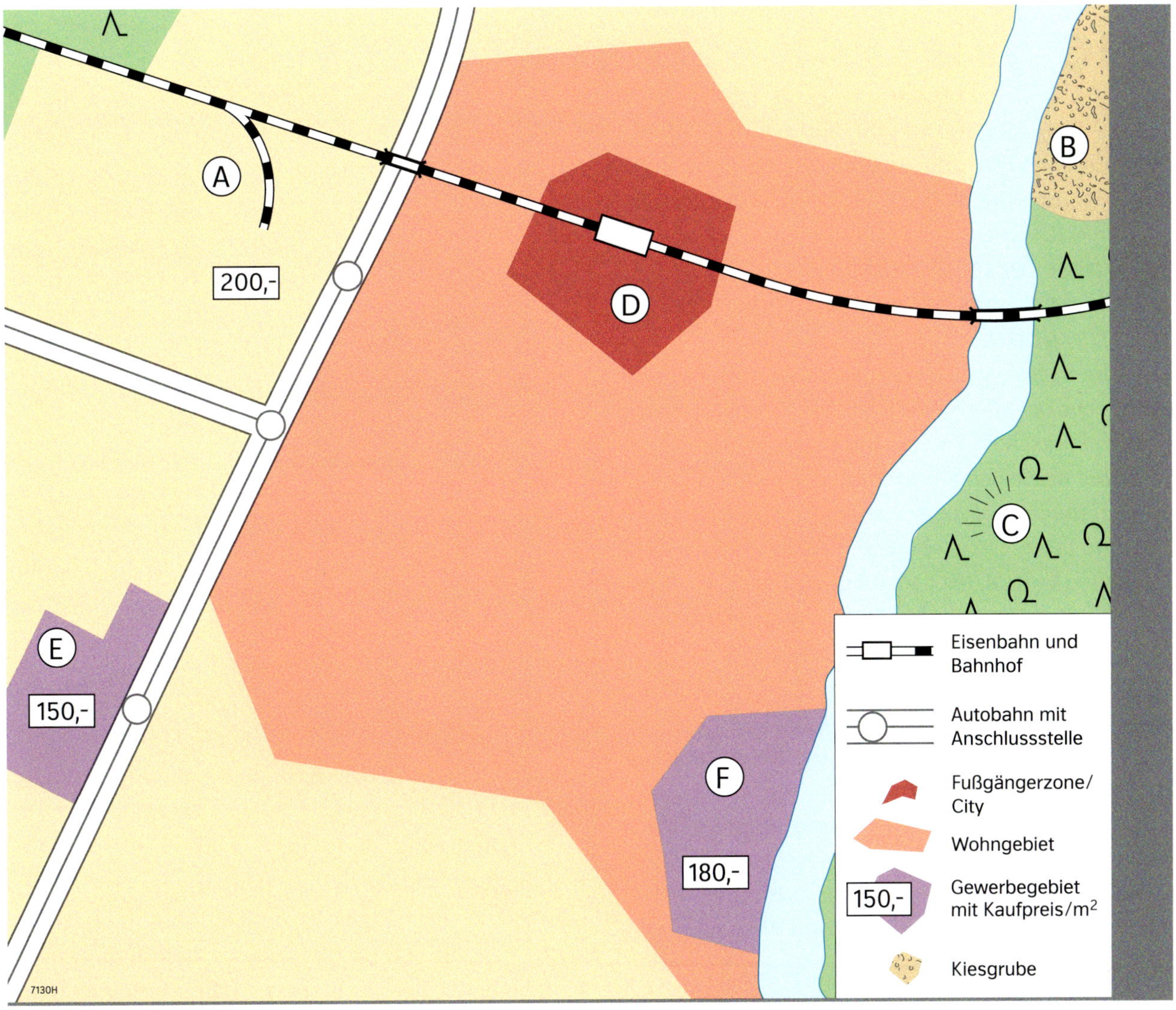

A

200,-

D

B

C

E

150,-

F

180,-

| | Eisenbahn und Bahnhof |
|---|---|
| | Autobahn mit Anschlussstelle |
| | Fußgängerzone/ City |
| | Wohngebiet |
| 150,- | Gewerbegebiet mit Kaufpreis/m$^2$ |
| | Kiesgrube |

7130H

**M2** Wo ist der beste Standort?

## Herr Meier, Autohändler

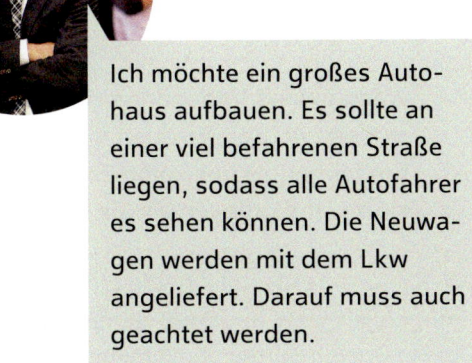

Ich möchte ein großes Auto-haus aufbauen. Es sollte an einer viel befahrenen Straße liegen, sodass alle Autofahrer es sehen können. Die Neuwa-gen werden mit dem Lkw angeliefert. Darauf muss auch geachtet werden.

## Aufgaben

**1** Beschreibe den jeweils besten Standort für die fünf Betriebe und nenne die Standortfaktoren, die dafür den Ausschlag gegeben haben.

**2** Begründe, warum Herr Meier eine andere Wahl getroffen hat als Frau Folani.

**3** Stellt euch vor, ihr sollt ein Automobilwerk bauen. Eure Aufgabe ist es, einen geeigneten Standort dafür in Deutschland zu finden. Überlegt euch in Gruppen, wo das Werk am besten stehen könnte, und stellt anschließend euer Ergebnis der Klasse begründet vor.
↗ S. 226

# Die Wirtschaftssektoren

Unternehmen fertigen unterschiedliche Produkte oder erbringen Leistungen. Dabei werden drei Wirtschaftsbereiche unterschieden:

## Primärer (erster) Sektor: Land- und Forstwirtschaft, Fischerei und Bergbau

Betriebe in diesem Bereich gewinnen mineralische, pflanzliche oder tierische Rohstoffe. Hierzu zählt man die Landwirtschaft, Forstwirtschaft, Jagd und Fischerei sowie die Gewinnung von Bodenschätzen. Land- und Forstwirtschaft und Fischerei gibt es schon viele Tausend Jahre. Ohne sie hätten die Menschen nicht überleben können. Mit dem Bergbau war es den Menschen erstmals möglich, Metalle zu gewinnen und fortschrittliche Werkzeuge herzustellen.

## Sekundärer (zweiter) Sektor: Industrie, Handwerk, Baugewerbe und Energiegewinnung

Erst durch die Weiterverarbeitung entstehen aus Rohstoffen fertige Produkte. Dies geschieht beispielsweise in der Industrie oder in Handwerksbetrieben mithilfe von Maschinen und Werkzeugen.

## Tertiärer (dritter) Sektor: Dienstleistung, Handel und Reparatur

Im Dienstleistungsbereich arbeiten heute die meisten Menschen. Hierzu gehören nicht nur der Transport und Verkauf von Waren, sondern z. B. auch zahlreiche Berufe aus den Bereichen Verwaltung, Gesundheit und Bildung.

Hier werden keine Waren hergestellt. Hier werden – wie der Name schon sagt – unterschiedliche Dienste geleistet. Durch die Entwicklung bei Computern und dem Internet werden immer neue Dienstleistungen möglich.

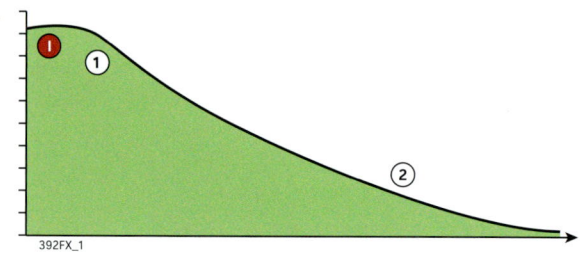

**M1** Die Entwicklung des primären Sektors

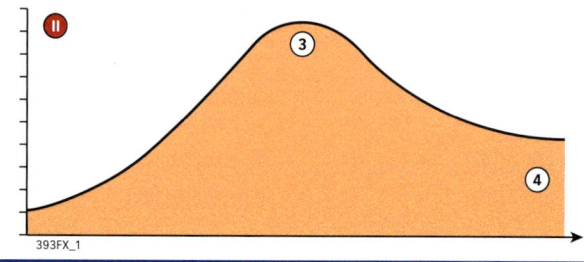

**M2** Die Entwicklung des sekundären Sektors

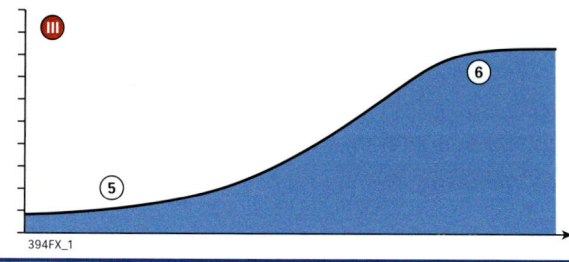

**M3** Die Entwicklung des tertiären Sektors

**C** Ich arbeite in einer Schuhfabrik in Pirmasens. Über zehntausend Menschen arbeiten in diesem Industriezweig hier und in der Umgebung. Die Arbeit in der Fabrik ermöglicht uns ein regelmäßiges Einkommen.

**D** Seit die Fabriken geschlossen wurden, müssen sich immer mehr Menschen nach Berufen in anderen Bereichen umsehen. Ich bin einer der Letzten, der noch in der einzigen Fabrik im Ort arbeitet.

**A** Wir sind den ganzen Tag auf dem Feld, damit wir uns ernähren können. Wir können nur wenig verkaufen, das meiste essen wir selbst. So wie wir leben ganz viele Familien.

**B** Ich bin noch der einzige Landwirt im Ort. Ohne meine Maschinen könnte ich das viele Land nicht bewirtschaften.

**E** Wenn unsere Angehörigen krank werden, müssen wir den einzigen Arzt in der Umgebung zu uns kommen lassen. Wenn sie alt sind, pflegen wir sie in der Familie.

**F** Weil in unserer Familie beide Eltern arbeiten, können wir öfter in Urlaub fahren. Im Hotel und im Ferienclub sorgen viele Menschen dafür, dass wir unseren Urlaub genießen können.

# Was steckt alles hinter einem Brot?

Ernte

Verkauf an Mühle

baut Weizen an

Erz für Traktorproduktion

verkauft Mehl

kauft Brot

leiht Geld für neuen Traktor

Bauer kauft sich einen Traktor

backt Brot

**M4** Akteure bei der Erstellung eines Brots

## Aufgaben

**1** Beschreibe die drei Wirtschaftsbereiche. Wodurch unterscheiden sie sich?

**2** Zu welchen Sektoren gehören die Aussagen A bis F? Ordne sie den Zahlen 1 bis 6 in den Diagrammen zu.

**3** Ordne den jeweiligen Bildern in M4 die dazugehörenden Wirtschaftssektoren zu.

**4** Nenne zu jedem Wirtschaftsbereich weitere Berufe.

**5** Nenne Gründe dafür, dass sich der tertiäre Sektor in den letzten Jahrzehnten so stark entwickelt hat.

# Eisenerz

**Kannst du schon**

– die wichtigsten Lieferländer für Eisenerz nennen?

– den Weg des Eisenerzes von der Mine in Brasilien bis zu den Hochöfen Europas beschreiben? (S. 164/165)

## Zeig, was du kannst

**1** Nenne drei Länder, in denen es größere Eisenerzvorkommen gibt (Atlas).

**2** Wähle ein Eisenerzvorkommen aus und notiere dazu für jeden Arbeitsschritt und Transportweg einen möglichen Ort bzw. eine mögliche Wegstrecke.

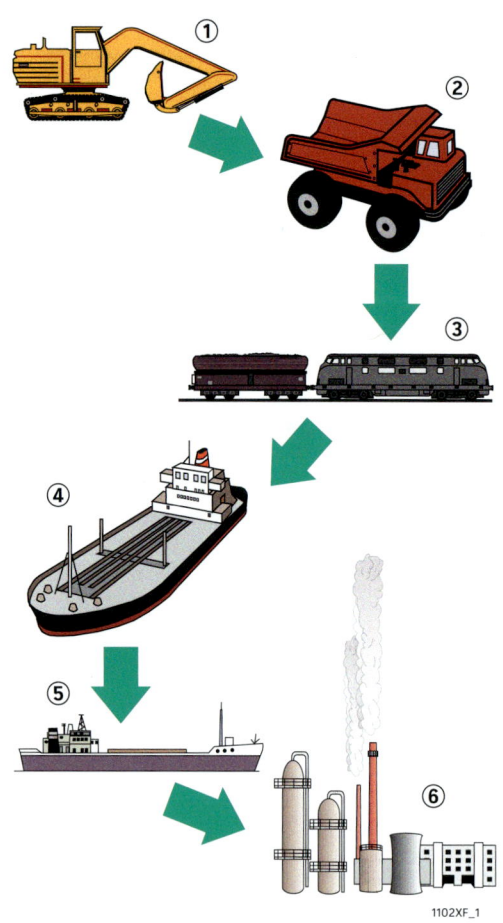

1102XF_1

**M1**

# Rohstoffe und Recyling

**Kannst du schon**

– Beispiele von Rohstoffen nennen, die im Automobilbau verwendet werden? (S. 162/163)

– aufzählen, welche Bauteile beim Auto nur mithilfe von Erdöl hergestellt werden können? (S. 162/163)

– erklären, warum die Wiederverwertung von Rohstoffen wichtig ist? (S. 162/163)

## Zeig, was du kannst

**3** Zähle drei Rohstoffe und fünf daraus entstehende Bauteile bei der Autoproduktion auf.

**4** Wähle drei Beispiele beim Autobau aus, die recycelt werden können.
**a)** Nenne drei Bauteile.
**b)** Um welchen Rohstoff handelt es sich?
**c)** Welche neuen Produkte können daraus entstehen?

# Automobilproduktion

**Kannst du schon**

– darstellen, wer und was alles mit der Automobilproduktion zu tun hat? (S. 168 – 171)

## Zeig, was du kannst

**5** Vervollständige die Mindmap zum Thema „Automobilproduktion". Du kannst auch weitere Äste in die Mindmap einzeichnen.

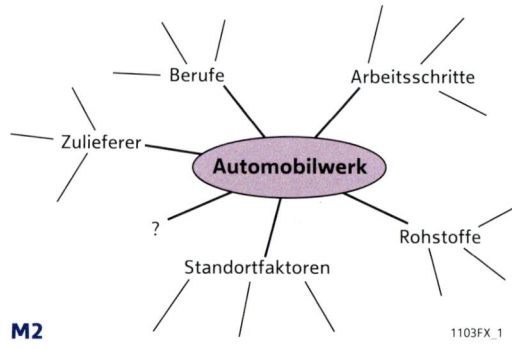

**M2**

1103FX_1

# Standortfaktoren

**Kannst du schon**
– beurteilen, welche Standortfaktoren für welche Unternehmen besonders wichtig sind? (S. 172/173)

## Zeig, was du kannst

**6** Ordne den Unternehmen jeweils den wichtigsten Standortfaktor zu.

**7** Sortiere nun für jedes Unternehmen die Standortfaktoren in eine Rangfolge von „sehr wichtig" bis „unwichtig".

Agrarbetrieb

Eisdiele

Kundennähe

Arbeitskräfte

Boden

Automobilwerk

Spedition

Verkehrsanbindung

# Wirtschaftssektoren

**Kannst du schon**
– die drei Wirtschaftssektoren benennen. (S. 174/175)
– zu allen drei Sektoren Beispiele nennen. (S. 174/175)

## Zeig, was du kannst

**8** Betrachte die Bilder:
   **a)** Nenne die Berufe, die dargestellt sind.
   **b)** Ordne sie jeweils einem Wirtschaftssektor zu.

**9** Du kommst in deinem Leben mit allen drei Wirtschaftssektoren in Kontakt. Ordne die folgenden Vorgänge den entsprechenden Sektoren zu:
   – Das Forstamt verkauft Feuerholz für den Kamin.
   – An meinem Fahrrad muss die Schaltung gerichtet werden, ich gebe es in die Fahrradwerkstatt.
   – Nach dem Training bin ich durstig und kaufe eine Limo im Lebensmittelladen.
   – Wir haben beim Schreiner ein Einbauregal für das Dachzimmer anfertigen lassen.
   – Morgen gehe ich wieder in die Schule und werde unterrichtet.

**Fachbegriffe**

– **Autoproduktion:** Bodenschatz, Erz, Just in time, Recycling, Rohstoff, Verkehrswege, Zulieferer
– **Standort:** Arbeitskräfte, Flächenbedarf, Verkehrswege
– **Wirtschaftssektoren:** Baugewerbe, Bergbau, Dienstleistung, Fischerei, Forstwirtschaft, Handwerk, Landwirtschaft, Handel, Industrie, primärer Sektor, sekundärer Sektor, tertiärer Sektor

# 9

# Klima- und Vegetationszonen Europas

**M1** Nordeuropa: Auf den Lofoten (Norwegen)

**M2** Südeuropa: Auf der Insel Ibiza (Spanien)

In diesem Kapitel lernst du …
… dass das Klima und die Vegetation in Europa nicht überall gleich sind. Darum unterscheiden sich die Lebens- bedingungen im kühlen Norden stark von denen im warmen Süden. Ebenso bestehen große Unterschiede zwischen den vom Meer geprägten Küstenregionen im Westen und den kontinentalen Regionen im Osten Europas.

# Leben in der kalten Zone

Im Norden Europas leben rund 100 000 Menschen, die sich Sámi oder Samen nennen. Das Siedlungsgebiet der Samen wird oft mit Lappland, einer Provinz im Norden Schwedens, gleichgesetzt. Es erstreckt sich aber über mehrere Länder. Die Samen selbst nennen ihr Siedlungsgebiet Sápmi oder Same Ätnam.

## Zwischen Eisregion und Taiga

Auf der Nordhalbkugel lässt sich die *kalte Zone* in drei Vegetationszonen unterteilen. Die Eisregion umfasst die Arktis und Teile Grönlands. Eisige Stürme fegen über die Landschaft. Das ganze Jahr über ist es so kalt, dass Pflanzen keine Chance haben, zu überleben.

Das Siedlungsgebiet der Sámi liegt südlich der Eisregion. Ihre Rentierherden pendeln im Jahresverlauf zwischen zwei Vegetationszonen:
- In der *Tundra* ist das Wachstum der Pflanzen auf ein bis drei Monate beschränkt. Hier können nur Sträucher, Flechten und Moose wachsen.
- Weiter südlich breitet sich die größte zusammenhängende Waldfläche der Erde aus, die *Taiga*. Die Sommer sind ausreichend warm, sodass vor allem Nadelbäume wie Fichten, Lärchen und Kiefern wachsen können. Diese Zone mit sehr kalten Wintern gibt es in weiten Gebieten von Russland, in Kanada sowie in Nordeuropa.

**Henrike Marra, eine Rentierzüchterin, erzählt:**

Wir Sámi lebten früher ausschließlich von unseren Rentieren. Sie lieferten uns lebensnotwendige Dinge wie Fleisch, Milch, Käse, Kleidung und Zelte. Es war kein einfaches Leben. Auf der Suche nach genug Nahrung für unsere Tiere mussten wir das ganze Jahr über durchs Land ziehen. Oft schlossen wir uns mit anderen Familien zusammen. Die Männer trieben gemeinsam die Herde, während die Frauen mit den Kindern und dem Hausrat folgten. Gezähmte Rentiere zogen unsere Transportschlitten mit den Zelten und dem Nötigsten.
Im kurzen Sommer hielten wir uns in der nördlichen Berggegend, dem Fjell, auf. Hier fanden die Rentiere saftiges Futter. Im Winter zogen wir in die südlicheren Nadelwälder. In dieser Zeit konnten wir wenige Wochen in einem einfachen Holzhaus wohnen.
Wer heute noch Rentiere züchtet, lebt vor allem vom Verkauf des Fleisches. Wir haben jetzt das ganze Jahr über einen festen Wohnsitz. Die Wanderungen der Tiere begleiten nur wenige Hüter. Müssen wir mal schnell zur Herde, so bringen uns im Sommer Autos, im Winter Motorschlitten ans Ziel.
Auch das Zusammentreiben einzelner Herden ist jetzt leichter. Die Tiere können mit dem Hubschrauber geortet und getrieben werden.

**M2** Eine Rentier-Züchterin

**M1** Same mit Rentier und Schlitten

**M3** Rentierherde

**M4** Zwei Landschaften in der kalten Zone

**M5** Siedlungsraum und Wanderwege der Sámi

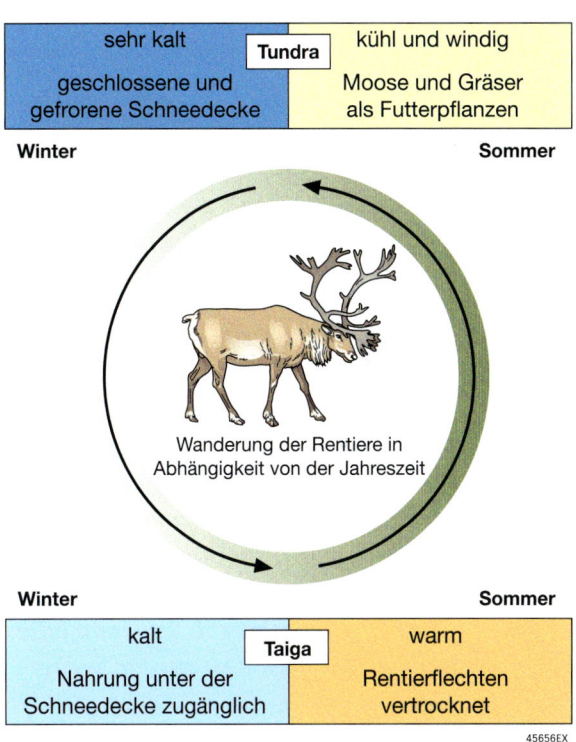

**M6** Wanderung der Rentiere

## Aufgaben

**1** Nenne die Staaten, über die sich das Siedlungsgebiet der Sámi erstreckt. Nutze die Karte M5 und deinen Atlas.

**2** Warum konnte man sie früher als Selbstversorgerinnen oder Selbstversorger bezeichnen?

**3** Nenne Veränderungen im heutigen Leben der Sámi.

**4** Ordne die Bilder M4 den Vegetationszonen Tundra und Taiga zu. Der Text kann dir dabei helfen.

**5** Wodurch ist das Wanderverhalten der Rentiere beeinflusst? Erkläre.

**6** Die Wanderwege der Sámi gehen oft über Staatsgrenzen. Überlege, welche Probleme durch solche Grenzüberschreitungen entstehen können.

# Forstwirtschaft in Finnland

Der lange Winter im Norden Europas ist die Zeit, in der in Finnland die meisten Bäume gefällt werden. Finnlands Landschaft ist durch mehr als 50 000 Seen geprägt. Flüsse verbinden die meisten von ihnen miteinander. Der Wald ist der Naturreichtum des Landes. Mehr als zwei Drittel der Fläche nehmen ausgedehnte Wälder ein. Sie bestehen hauptsächlich aus Kiefern, Fichten und Birken.

Etwa jeder fünfte finnische Arbeitnehmer ist in der *Forstwirtschaft* oder der Holzindustrie beschäftigt. Fast ein Viertel der Industrieproduktion erwirtschaftet das Land mit Holz. Die Finnen bezeichnen deshalb ihren Wald auch als „grünes Gold".

## Lasse berichtet von seiner Arbeit:

*Wenn der Boden gefroren ist, sinken unsere schweren Maschinen nicht in den Boden ein. Im Sommer ist er oft morastig. Der Abtransport der Stämme ist dann kaum möglich. Früher waren Axt und Säge unsere wichtigsten Arbeitsgeräte. Wir haben die Bäume gefällt, die Äste entfernt, die Rinde abgeschält und die Stämme zugeschnitten. Heute wird diese harte Arbeit in Minuten von Holzvollerntemaschinen erledigt. Die meisten Stämme werden zu den Flüssen gebracht. Schleppschiffe ziehen sie in riesigen Flößen zu den weiterverarbeitenden Fabriken.*

**M1** Ein Holzfäller berichtet

## Holzverarbeitung in Finnland

Der größte Teil des geschlagenen Holzes wird in Finnland verarbeitet, z. B. zu Brettern, Balken, Holzplatten, Zellstoff oder Papier (M4).

Die meisten Holz verarbeitenden Betriebe liegen verkehrsgünstig an Hauptstraßen, Wasserwegen oder an der Küste. So können die Stämme kostengünstig angeliefert und die Fertigprodukte schnell weitertransportiert werden (M1).

Viele Waren werden ins Ausland verkauft, vor allem Papier und Pappe (Karton). Der Anteil dieser Waren an Finnlands Gesamtausfuhren (Export) beträgt ein Siebtel.

Zu den Hauptabnehmern zählen Deutschland und das Vereinigte Königreich. Ein bedeutender Umschlagplatz für Holzprodukte aus Nordeuropa ist der Hamburger Hafen.

Mit dem Verkauf von Holzprodukten verdient Finnland viel Geld. Finnische Hölzer zeichnen sich aufgrund ihres langsamen Wachstums durch hohe Qualität und gute Bearbeitungsmöglichkeiten aus. Umso wichtiger ist *nachhaltiges Wirtschaften*, d. h., es werden nur so viele Bäume gefällt, wie nachwachsen können.

Die Aufforstung neuer Waldflächen ist gesetzlich vorgeschrieben. In Baumschulen werden ständig junge Pflanzen gezüchtet. Allerdings weist der wirtschaftlich genutzte Wald nicht mehr die Vielfalt an Pflanzen und Tieren auf wie ein natürlich gewachsener Wald.

**M2** Holzflöße in Finnland

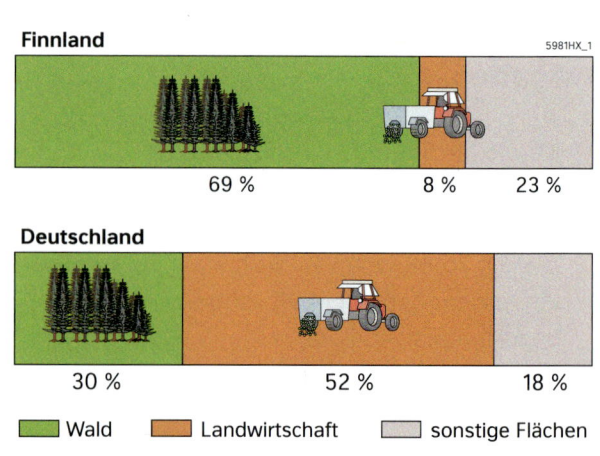

**M3** Landnutzung im Vergleich

Finnland: Wald 69 %, Landwirtschaft 8 %, sonstige Flächen 23 %

Deutschland: Wald 30 %, Landwirtschaft 52 %, sonstige Flächen 18 %

Wald ▪ Landwirtschaft ▪ sonstige Flächen

Sägewerk, Möbelfabrik ...

Zellulosefabrik →
Papierfabrik

Brennholz, Holzabfälle,
Pellets ...

Möbel, Bauholz, Furniere ...

Papier, Kartons ...

Wärme

**M4** Ernte, Holznutzung und Holzverarbeitung

## Aufgaben

**1** M4 zeigt dir, was aus dem Holz Finnlands alles hergestellt wird. Notiere die Produkte in deinem Heft. Finde eine passende Überschrift.

**2** Vergleiche die Landnutzung in Finnland mit der von Deutschland (M3). Warum ist das so unterschiedlich?

**3** In Finnland werden die meisten Stämme auf Gewässern transportiert. Begründe.

**4** Ein Holzschrank wird aus Kuopio in Finnland bis in deinen Heimatort transportiert. Stelle in einem Reisebericht dar, welchen Weg ein Möbelstück von Finnland hinter sich bringt. Benutze dazu den Atlas und berücksichtige auch die Verkehrswege und Verkehrsmittel.

**5** Begründe, warum nachhaltiges Wirtschaften für den Wald wichtig ist.

# Das Meer beeinflusst das Klima

Nirgendwo auf der Erde reichen Besiedlung und Ackerbau so weit nach Norden wie in Norwegen. An der Küste werden Obst und Gemüse angebaut. Gerste, Roggen und Kartoffeln gedeihen fast bis zum Nordkap, dem nördlichsten Festlandspunkt Europas. Im Winter bleiben die Küsten und Fjorde meist eisfrei. Norwegen hat insgesamt ein außergewöhnlich mildes Klima. Wie ist das zu erklären?

## Fernwärme für Europa

Der Grund ist der warme *Golfstrom*. Dieser Meeresstrom hat seinen Ursprung im Golf von Mexiko zwischen Süd- und Nordamerika. Er strömt von den tropisch-warmen Gewässern nach Europa.

Der Golfstrom fließt nicht geradlinig. Auf seinem Weg durch den Atlantik pendelt er hin und her und spaltet sich auf (M4). Das im Ursprung 26 °C warme Wasser sorgt sogar im Winter dafür, dass in Nord-

**M3** Orientierungskarte Norwegen

europa die Meerestemperaturen an der Oberfläche nicht unter 5 °C fallen.

Gemeinsam mit den vorherrschenden Westwinden verstärkt der Golfstrom die ausgleichende Wirkung des *maritimen* (ozeanischen) Klimas an den Westküsten Europas. Das oberflächennahe, warme Wasser erwärmt die Luft, die dann übers Festland weht.

**M1** Obstanbau bei Bergen

**M4** Eisfreier Hafen auf den Lofoten (Norwegen)

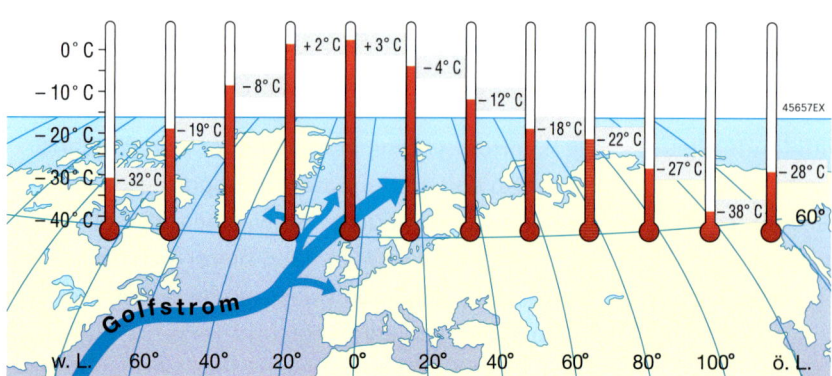

**M2** Mitteltemperaturen im Januar entlang des 60. Breitenkreises

**M5** Auf dem Markt von Bergen: Erdbeeren aus der Region

**Wetterbericht für Brest**
**(25. Juli):** Am Morgen ist es leicht bewölkt. Im Laufe des Tages fällt Regen, der die nächsten Tage anhält. Die Höchsttemperaturen liegen bei 18 bis 22 °C. In der Nacht kühlt es auf 16 °C ab. Der Wind weht mäßig aus Südwest.

© Westermann 33950EX_20

Kiew

Brest

**Wetterbericht für Kiew**
**(25. Juli):** Heute ist es den ganzen Tag heiter bei strahlendem Sonnenschein. Auch in den nächsten Tagen liegt die Regenwahrscheinlichkeit unter 10 %. Die Temperaturen steigen auf bis zu 36 °C. In der Nacht kühlt es auf 18 °C ab.

**A**

Winter bei Brest (Frankreich)

In der Nähe von großen Gewässern sind die Temperaturschwankungen während des Jahres relativ gering. Das liegt daran, dass sich Gewässer sehr langsam erwärmen, die Wärme dann aber lange speichern und sehr langsam wieder abkühlen. Im Landesinneren dagegen sind die Temperaturschwankungen relativ groß. Denn einerseits erwärmt sich die Landoberfläche schnell, andererseits gibt diese die Wärme auch wieder sehr rasch ab.

**B**

Winter in Kiew (Ukraine)

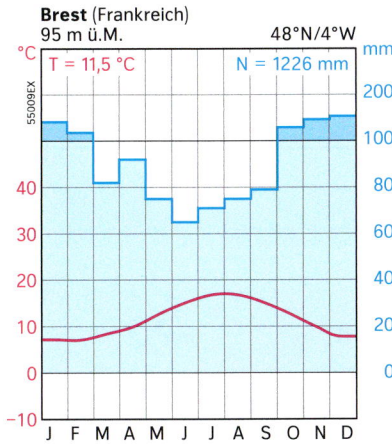

**Brest** (Frankreich)
95 m ü.M.                    48°N/4°W
T = 11,5 °C          N = 1226 mm

*kontinentales Klima*
(Landklima), Klima im Landesinneren

*maritimes Klima*
(Seeklima, Meeresklima), Klima an der Küste

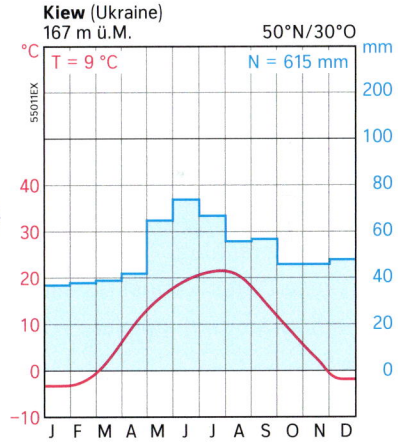

**Kiew** (Ukraine)
167 m ü.M.                   50°N/30°O
T = 9 °C             N = 615 mm

**M6** Klimafaktor Meer

## Aufgaben

**1** Nenne die Auswirkungen des Golfstroms auf die Landwirtschaft in Norwegen. Beschreibe mithilfe des Atlasses den Verlauf des Golfstroms.

**2** Beschreibe die klimatischen Unterschiede in Brest und Kiew, die du mithilfe der Klimadiagramme in M6 feststellen kannst.

**3** Erkläre die Begriffe „maritimes" und „kontinentales Klima". Welche Merkmale weisen diese Klimatypen auf?

**4** Was würde mit den klimatischen Bedingungen Norwegens passieren, wenn der Golfstrom plötzlich nicht mehr nach Norwegen strömen würde?

**5** Schreibe jeweils einen typischen Wetterbericht für Brest und Kiew für den 25. Dezember. Beachte die Klimadiagramme (M6).

# Wir werten Klimadiagramme aus

Das Klima in der gemäßigten Zone ist nicht überall gleich. Die bisherigen Seiten im Kapitel „Klima- und Vegetationszonen Europas" haben das bereits verdeutlicht. Auf dieser Doppelseite kannst du überprüfen, wie sich die Unterschiede zwischen den einzelnen Klimastationen beschreiben lassen.

### Durchführung

## So beschreibst du das Klima

Übertrage dazu die Tabelle M1 in dein Heft und vervollständige diese. Dazu gibt es ein paar Tipps:

### Zeile 1

Anhand der Karte M1 lassen sich die Entfernungen der einzelnen Klimastationen zur Atlantikküste errechnen. Der Maßstab der Karte ist 1 : 20 Mio., das heißt 1 cm auf der Karte entspricht 20 000 000 cm, also 200 km in Wirklichkeit.
Du streichst also von der in Zentimeter errechneten Entfernung fünf Nullen. So bekommst du die Strecke in Kilometer.

### Zeilen 2 – 4

Jahresniederschlag, Temperatur Januar und Juli: Diese Daten kannst du alle aus den Klimadiagrammen ablesen.

### Zeile 5

Der Temperaturunterschied zwischen Januar und Juli wird in Grad Celsius (°C) angegeben. Er ergibt sich aus den Werten der Zeilen 3 und 4. Vorsicht bei negativen Zahlen = Minusgrade!

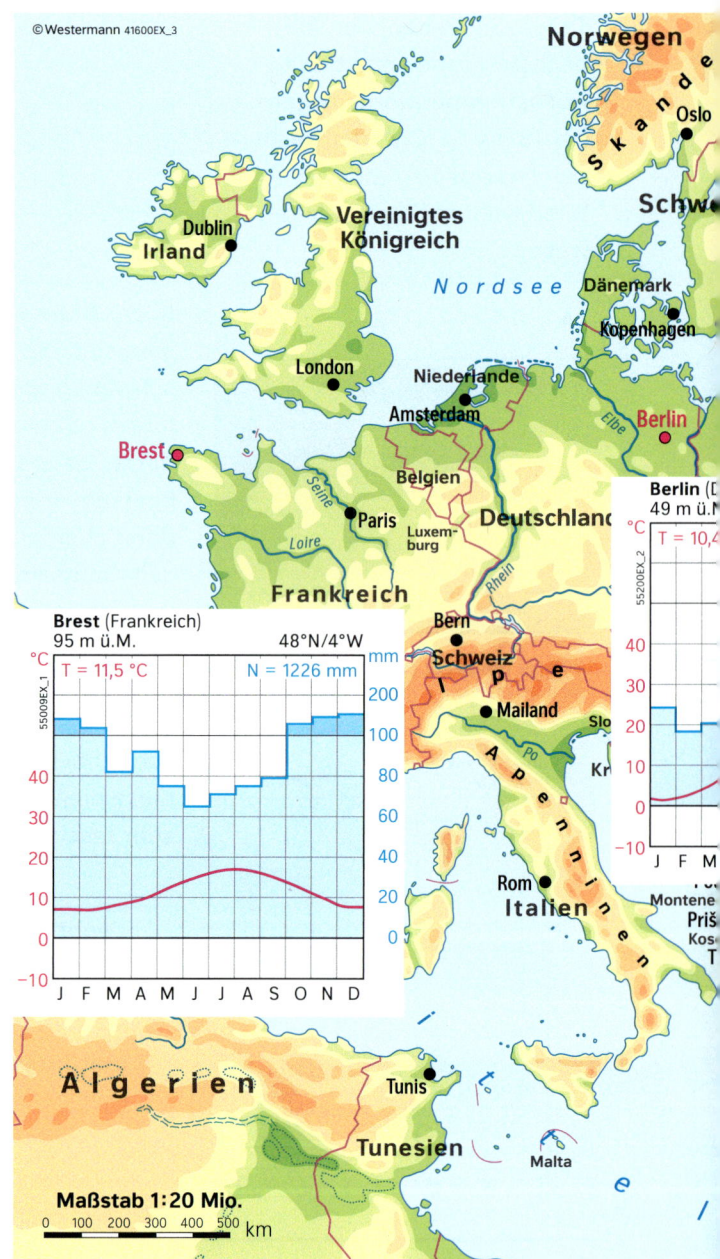

M2 Europa und Asien

| Nr. | | Brest (Frankreich) | Berlin (Deutschland) | Charkiw (Ukraine) | Kysylorda (Kasachstan) |
|---|---|---|---|---|---|
| 1 | Entfernung vom Atlantik | | | | |
| 2 | Jahresniederschlag | | | | |
| 3 | Januar-Temperatur | | | | |
| 4 | Juli-Temperatur | | | | |
| 5 | Temperaturunterschied (Juli/Januar) | | | | |

M1 Tabelle zur Auswertung

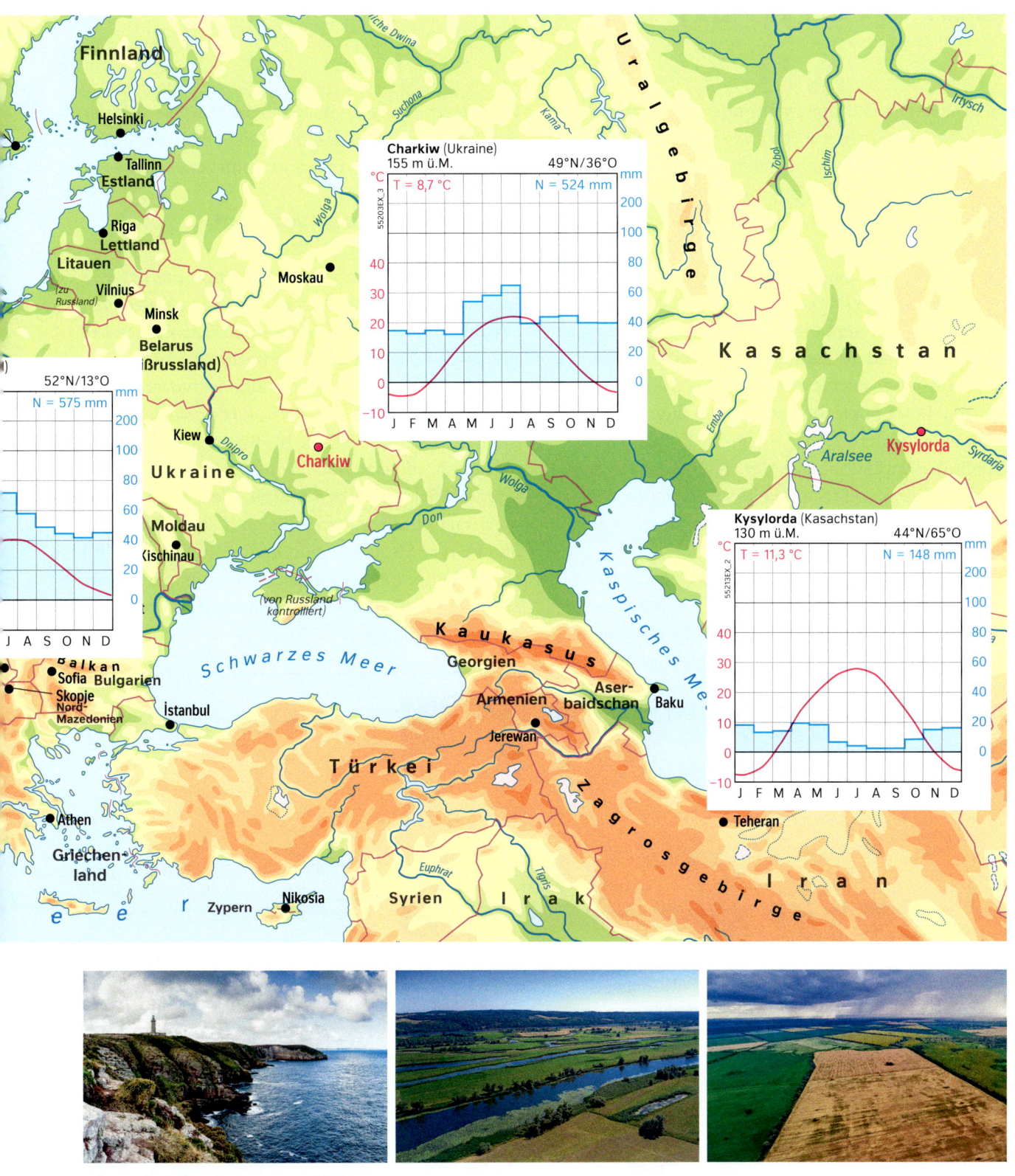

**Charkiw** (Ukraine)
155 m ü.M.                          49°N/36°O
T = 8,7 °C                          N = 524 mm

52°N/13°O
N = 575 mm

**Kysylorda** (Kasachstan)
130 m ü.M.                          44°N/65°O
T = 11,3 °C                         N = 148 mm

**M3** Landschaften in Europa und Asien

## Aufgabe

Beschreibe, wie sich das Klima in Europa von Westen nach Osten verändert. ↗ S. 226

# Das Klima prägt die Pflanzenwelt der warmen Zone

Viele Menschen Europas verbringen wegen der trocken-heißen Sommer ihre Ferien gerne am Mittelmeer. Da in diesen Monaten die Verdunstung höher ist als der Niederschlag, bezeichnet man das *Mittelmeerklima* auch als *arid*.

Die Landschaft rund um das Mittelmeer erscheint oft kahl und nur von wenigen Büschen und Sträuchern bewachsen (M1).

Früher gab es in den Mittelmeerländern allerdings noch mehr Wald als heute. Doch im Laufe der Jahrhunderte haben die Menschen den Wald immer weiter abgeholzt oder abgebrannt und anschließend als Weide genutzt.

Durch diesen Raubbau an der Natur wachsen nur noch an wenigen Stellen die ursprünglichen Hartlaubwälder mit ihren Stein- oder Korkeichen, den Olivenbäumen und Kiefern.

Heute überzieht ein Buschwald – die *Macchie* – große Teile der Bergländer. Dieses dornenreiche, gebüschartige Dickicht erreicht Höhen von bis zu vier Metern. Typische Pflanzen der Macchie sind der Ginster, die Pistazie und die Myrte sowie stark duftende Pflanzen wie Rosmarin, Salbei oder Lavendel.

## Wie sich Pflanzen vor dem Austrocknen schützen

Die natürliche Pflanzenwelt Südeuropas ist wie überall an die klimatischen Bedingungen angepasst. Fast alle Pflanzen besitzen zum Schutz vor starker Verdunstung eine harte Oberfläche, die sich lederartig anfühlt. Wegen dieser Eigenschaften nennt man diese Pflanzenwelt auch *Hartlaubvegetation*. Bei manchen Pflanzen sind die Blätter stark behaart, oft sind sie sogar zu Nadeln oder Dornen verkleinert. Andere Pflanzen haben Blätter, die mit Harz oder Wachsschichten überzogen sind (M2). Die meisten Bäume und Sträucher sind immergrün, dabei sind sie im Winter häufig grüner als im Sommer. Pflanzen, wie der Olivenbaum besitzen außerdem tief reichende Wurzeln.

**M1** Macchie

**M3** Klimadiagramm Palma de Mallorca

Palma de Mallorca (Spanien)
7 m ü.M. 39°N/2°O
T = 21,9 °C N = 424 mm

**M2** Pflanzen der Mittelmeervegetation: Lorbeer, Pistazie und Zitrone

## Der Olivenbaum

Der typische Baum des Mittelmeerraums ist der Olivenbaum. Bei ihm ist die Anpassung an die hohen Temperaturen und die Trockenheit besonders gut zu erkennen. Er wurde bereits im Altertum von den Menschen so sehr verehrt, dass man den Siegern bei den Olympischen Spielen in Griechenland einen Kranz aus Olivenzweigen überreichte. Heute werden die Früchte des Olivenbaums, die Oliven, zum größten Teil zu Speiseöl verarbeitet.

Weltweit stammen mehr als 95 Prozent der geernteten Oliven aus den Mittelmeerländern.

Der Olivenbaum wächst nur langsam und kann über 1000 Jahre alt werden. Er ist zäh und anspruchslos. Hohe Temperaturen machen ihm nichts aus und er geht sehr genügsam mit Wasser um. Nur Frost verträgt er nicht. Aufgrund dieser Merkmale sieht man seine Anbaugrenze oft auch als Grenze des Mittelmeerraums an.

**M5** Olivenbäume und Olivenzweig

**M4** Oliven und Olivenöl

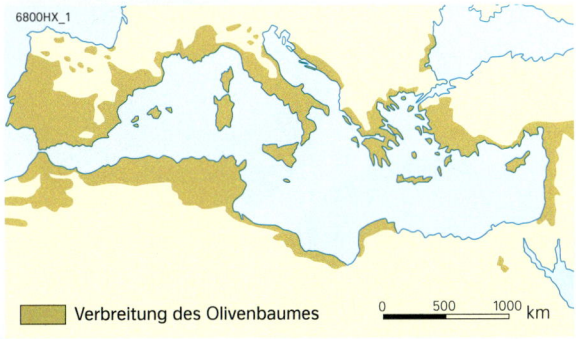

Verbreitung des Olivenbaumes

6800HX_1

0   500   1000 km

**M6** Verbreitung des Olivenbaums

## Aufgaben

1 Beschreibe das typische Mittelmeerklima mithilfe des Klimadiagramms M3. Unterscheide Sommermonate (April bis August) und Wintermonate (September bis März).

2 Wie schützen sich die Pflanzen des Mittelmeerraumes vor Austrocknung?

3 Nenne typische Pflanzen der Macchie. Welche hast du schon gekannt?

4 Erkläre, warum die Macchie heute die typische Mittelmeervegetation darstellt.

5 Erstelle einen Steckbrief oder eine Mindmap zum Olivenbaum. ↗ S. 226

# Bewässerungsfeldbau in Südspanien

Frühmorgens trifft in einem Großmarkt in Karlsruhe ein Lkw aus Murcia in Spanien ein. Nach 48 Stunden Fahrt liefert er frische Orangen und Zitronen an. Kurze Zeit später liegen sie bereits in den Regalen der Supermärkte oder Obstläden neben anderen Zitrusfrüchten aus Spanien, Italien oder Griechenland. Zitrusfrüchte benötigen hohe Temperaturen und viel Feuchtigkeit zum Wachstum. Im Sommer ist es im Mittelmeerraum zwar meistens warm, es regnet aber nur wenig. Wie können die Früchte dann so gut gedeihen?

## In einer Huerta

Señor Marquez besitzt in der Nähe von Murcia Felder, auf denen er Gemüse und Zitrusfrüchte in *Bewässerungsfeldbau* anbaut. In Spanien heißen solche Landflächen Huertas (Gärten).

## Felder unter Plastikfolie

Auch im Winter können wir Obst und Gemüse aus Südspanien kaufen. Dort ist es zwar nicht so kalt wie bei uns, aber die Früchte können in der Jahreszeit nur geerntet werden, wenn sie unter Plastikfolie wachsen. Riesige Flächen in der Huerta sind mittlerweile mit Plastikgewächshäusern und Folientunneln überdeckt. Zwar ermöglichten die modernen Anbaumethoden und Maschinen zunächst eine kostengünstige Produktion. Aber der Anstieg des Süßwasserverbrauchs, die Entsorgung des Plastikmülls, der zunehmende Einsatz von Chemikalien für den Pflanzenschutz und für die Nährstoffversorgung sorgen für große Umweltprobleme. Mit der naturschonenden, nachhaltigen Landwirtschaft Südspaniens im Einklang mit der Natur hat dies nichts mehr zu tun.

**M1** Der Weg der Orangen von der Huerta nach Karlsruhe

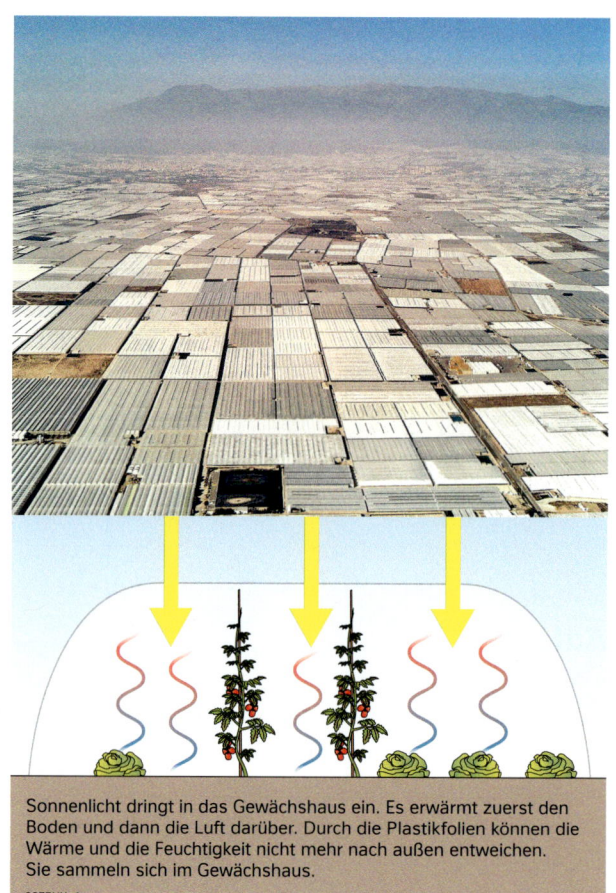

Sonnenlicht dringt in das Gewächshaus ein. Es erwärmt zuerst den Boden und dann die Luft darüber. Durch die Plastikfolien können die Wärme und die Feuchtigkeit nicht mehr nach außen entweichen. Sie sammeln sich im Gewächshaus.

2375HX_4

**M2** Anbau von Gemüse im Foliengewächshaus

## Señor Marquez erzählt:

Wir können mehrmals im Jahr die Früchte ernten. Es geht aber nur, wenn die Pflanzen in den trockenen Monaten regelmäßig bewässert werden. Ohne Bewässerung könnten die Pflanzen nicht wachsen. Das Wasser stammt meist aus Flüssen oder Stauseen in den Gebirgen. Rohrleitungen, die oft mehrere Hundert Kilometer lang sind, bringen es bis in die Huerta. Früher habe ich das Wasser durch Kanäle direkt in meine Gärten laufen lassen. Allerdings ist immer viel von dem kostbaren Wasser im Boden versickert oder verdunstet. Jetzt habe ich auf meinen Feldern Leitungen verlegen lassen. Nun gelangt das Wasser durch dünne Plastikschläuche zu den Pflanzen. Die Schläuche haben kleine Löcher. Es sickert immer etwas Wasser aus, das die Wurzeln aufnehmen können. Das ist viel sparsamer und die Pflanzen wachsen besser, weil sie ständig etwas Wasser haben.

## Ein Einheimischer berichtet:

Costa Plastica nennen wir in Spanien halb im Scherz, halb im Zorn unsere Küste zwischen Málaga und Almería. Auch wenn sich mit der Heizung zum Nulltarif drei- bis viermal im Jahr Gemüse ernten lässt – der Preis dafür ist hoch: Denn der hohe Wasserverbrauch macht den Bau von weiteren Staudämmen im Gebirge sowie von neuen Wasserpipelines notwendig, um Wasser aus dem Norden in den trockenen Süden zu transportieren. Außerdem fallen jährlich etwa 40 000 Tonnen Plastikmüll an. Die Pflanzen wurzeln in Kunstfaserballen. Diese werden mit einem Wassercocktail aus Nährstoffen und Schädlingsbekämpfungsmitteln beträufelt. Die anfallenden Arbeiten machen meistens schlecht bezahlte Afrikanerinnen und Afrikaner. Es gibt wirklich viele Probleme …

**M3** Betroffene berichten

A

B

**M4** Bewässerungsarten

## Aufgaben

**1** Beschreibe den Weg eines Lkw von Murcia bis Karlsruhe (Atlas). Liste Länder und größere Städte der Route auf.

**2** Nenne Gründe für die Bewässerung der Orangenfelder.

**3** Erkläre die Unterschiede zwischen *Furchenbewässerung* und *Tröpfchenbewässerung* (M3 und M4).

**4** Was meint der Einheimische mit der „Heizung zum Nulltarif"?

**5** Begründe, warum heute in Spanien viele Nutzpflanzen unter Plastikfolie angebaut werden (M2).

**6** Erörtere die Anbauweise der Südfrüchte in Spanien im Winter. Liste in einer Pro- und Kontra-Tabelle Argumente für und gegen diese Anbauweise auf. Beachte dabei die Sicht des Erzeugers und des Verbrauchers!

# Das Klima bestimmt die Pflanzenwelt

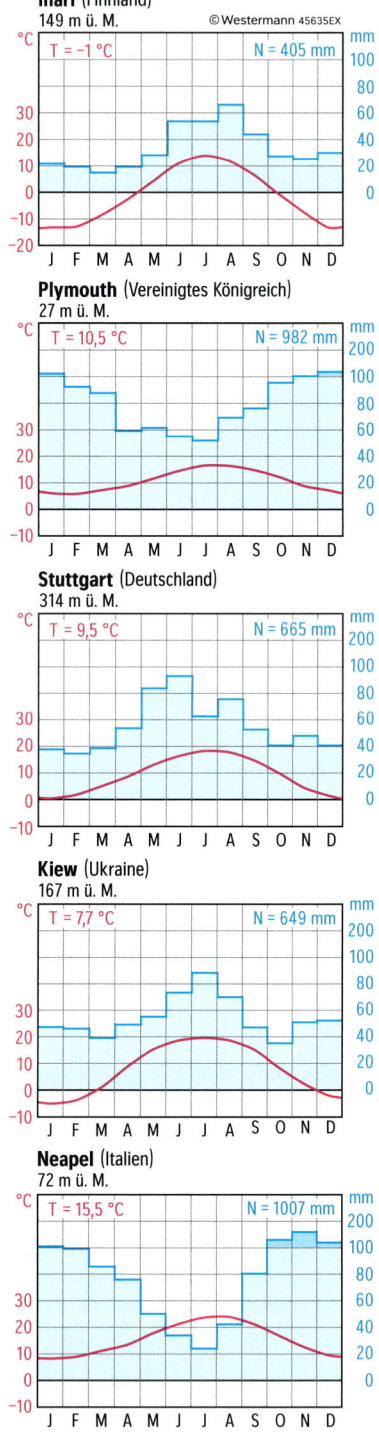

**M1** Klimadiagramme

## Kalter Norden, warmer Süden

Der Norden Europas steht unter dem Einfluss der Kälte des Nordpolargebietes, der *Arktis*. In der polaren und der südlich anschließenden *subpolaren Klimazone* haben sich die Menschen auf sehr kalte, lange und dunkle Winter eingestellt. Auch die Sommer sind kalt, zumindest aber sehr kühl, obwohl es in dieser Jahreszeit fast nicht dunkel wird. Die größte Klimazone Europas wird von der *gemäßigten Zone* gebildet (M2). Hier sind die Temperaturen ausgeglichen und es gibt das ganze Jahr über Niederschläge.

Rund um das Mittelmeer freuen sich insbesondere Touristen über die heißen Sommer. Doch die *Zone des Mittelmeerklimas* im Süden Europas bringt auch eine große Trockenheit. Deshalb kommt es in den Sommermonaten oft zu Problemen bei der Wasserversorgung.

## Die natürliche Vegetation Europas

Die Pflanzen haben sich an die unterschiedlichen Klimabedingungen in Europa angepasst. So haben sich neben den Klimazonen auch Vegetationszonen entwickelt (M3).

Südlich der *polaren Kältewüste*, in der nichts wächst, findet sich die Tundra. Hier gedeiht nur eine spärliche Vegetation aus Moosen, Flechten und Zwergsträuchern. Der *boreale Nadelwald* besteht vor allem aus Fichten, Kiefern, Lärchen, Tannen und Birken. Diese Vegetationszone wird in Nordeuropa und Nordasien auch Taiga genannt. In der *Laub- und Mischwaldzone* Westeuropas, der Zone, in der wir leben, wachsen vor allem Eichen und Birken, in Mitteleuropa eher Buchen und Eichen. Gräser, die mit wenig Wasser auskommen, finden wir in den trockenen Steppen Osteuropas.

Auch die Hartlaubgewächse des Mittelmeerraumes sind an das Klima angepasst. Um sich zum Beispiel vor Austrocknung zu schützen, besitzen viele Pflanzen nur kleine Blätter. Ihre Oberfläche fühlt sich hart und lederartig an.

---

## Extra

### Klimazonen

Eine Klimazone zeichnet sich durch ihre charakteristischen Klimaverhältnisse aus.

Bei der Einteilung der Klimazonen spielt also die Temperatur, der Niederschlag, die Sonneneinstrahlung eine wichtige Rolle.

Klimazonen verlaufen – genau wie die Vegetationszonen – etwa parallel zu den Breitengraden der Erde.

### Vegetationszonen

Innerhalb einer Vegetationszone ist die Vegetation sehr ähnlich.

Vegetationszonen verlaufen etwa parallel zu den Bereitengraden der Erde, sie gehören zu bestimmten Klimazonen. Die Vegetationszone, in der Deutschland liegt, ist die (sommergrüne) Laub- und Mischwald-Zone, die sich in der gemäßigten Hauptzone befindet.

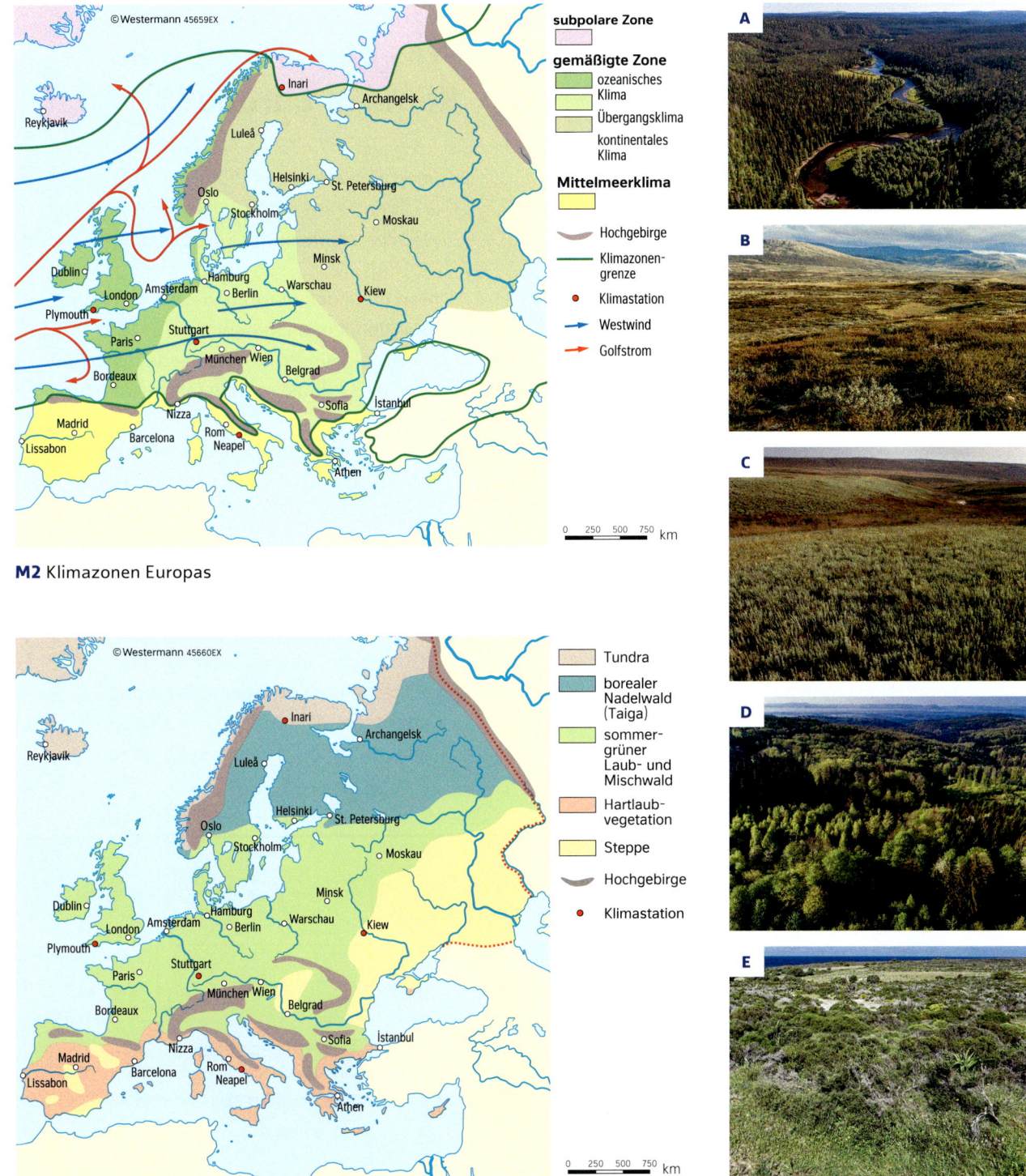

M2 Klimazonen Europas

M3 Vegetationszonen in Europa

M4 Vegetationsbilder aus Europa

# Aufgaben

**1** Beschreibe das jeweilige Klima der Klimadiagramme (M1). Arbeite mit deinen Beschreibungen anschließend heraus, welche Klimadiagramme zu den Klimazonen passen (M2).

**2** Beschreibe die Fotos A – E (M4). Ordne sie den Vegetationszonen zu.

**3** Die Klimazonen verlaufen nicht parallel zueinander. Erläutere die Gründe.

**4** In welchen Klimazonen ist landwirtschaftliche Nutzung am besten möglich, in welchen am wenigsten? Begründe deine Vermutungen.

**5** Wie könnte in den Zonen mit schlechten landwirtschaftlichen Nutzungsbedingungen trotzdem Anbau betrieben werden? Nenne mögliche Maßnahmen und beurteile sie.
↗ S. 226

# Im kalten Norden Europas

### Kannst du schon

– die Lebensweise der Sámi im Einklang mit dem Rentier und der Natur beschreiben? (S. 180/181)

– die Landschaften der kalten Zone beschreiben? (S. 180/181)

– erklären, wie die Verarbeitung der Holzstämme vom Fällen der Stämme bis zum Gebrauchsgegenstand verläuft? (S. 182/183)

## Zeig, was du kannst ...

**1** Entwickle eine sinnvolle Tabelle, in der du die Begriffe aus M1 passend einsortierst.

**2** Ordne die Bilder A und B je einer Vegetationszone zu.

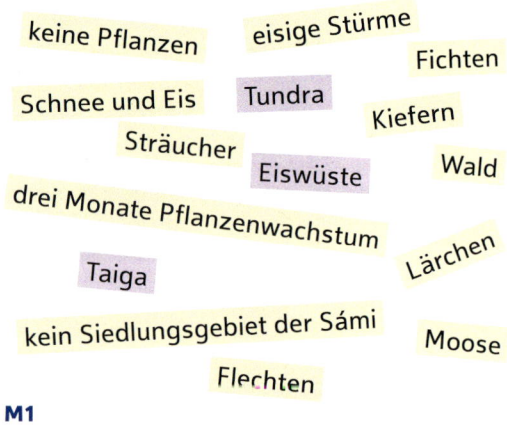

M1

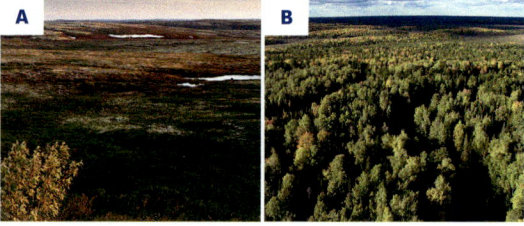

# Was beeinflusst das Klima in Europa?

### Kannst du schon

– erklären, warum der Golfstrom die Warmwasserheizung Europas ist? (S. 184)

... Merkmale des maritimen bzw. des kontinentalen Klimas benennen? (S. 185)

... erklären, wie die Unterschiede zwischen See- und Landklima zustande kommen? (S. 185)

– verschiedene Klimadiagramme dem kontinentalen bzw. ozeanischen Klima zuordnen? (S. 186/187)

## Zeig, was du kannst ...

**3** Finde heraus, woher das Wasser des Golfstroms nach Europa kommt.

**4** Entscheide: Kontinentales Klima, maritimes Klima? Welches Klimadiagramm zeigt welchen Klimatyp?

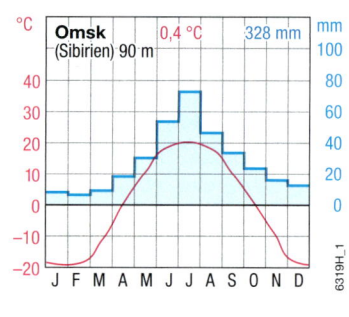

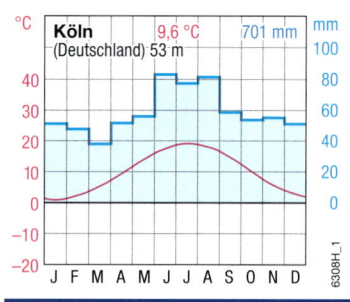

M2

---

– **Klimazonen:** Arktis, gemäßigte Zone, Mittelmeerklima, polare Kältewüste, subpolare Zone

– **Vegetationszonen:** Hartlaubvegetation, Laub- und Mischwald, Steppen, Taiga, Tundra (borealer Nadelwald)

– **maritimes Klima/kontinentales Klima:** Golfstrom, Landklima, Seeklima

– **Umgang mit der Natur:** Aufforstung, nachhaltiges Wirtschaften

# Landwirtschaft im Mittelmeerraum

**Kannst du schon**

– Pflanzen aus dem Mittelmeerraum nennen?
  (S. 188/189)
– beschreiben, wie die Bauern im Mittelmeerraum trotz der großen Trockenheit Pflanzenanbau betrieben können? (S. 190/191)
– erläutern, inwieweit der Pflanzenanbau in
  Gegenden wie Südspanien problematisch
  ist? (S. 190/191)

## Zeig, was du kannst ...

**5** Nenne drei typische Pflanzen, die im
  Mittelmeerraum wachsen.
**6** Beschreibe die Maßnahme, die die Bauern
  ergreifen, damit ihre Pflanzen gut wachsen
  können.
**7** Zeige die Probleme auf, die sich bei dem
  Pflanzenbau ergeben können.

# Wasserversorgung für die Pflanzen

**Kannst du schon**

– erklären, wie der Bewässerungsfeldbau und
  der Anbau in Gewächshäusern funktioniert?
  (S. 190/191)

## Zeig, was du kannst ...

**8** Schreibe den nachfolgenden Text in dein
  Heft und fülle die Lücken mit den angegebenen Begriffen sinnvoll aus.

Zitrusfrüchte benötigen hohe ... und viel ... zum Wachstum. Im Sommer ist es im Mittelmeerraum zwar meistens warm, es ... aber nur wenig. Aus diesem Grund muss oft ... werden. Man
unterscheidet verschiedene Bewässerungsarten, z. B. die ..., die einen hohen Wasserverbrauch
hat, und die ..., die mit weniger Wasser auskommt. Um im Mittelmeerraum ganzjährig anbauen
und ernten zu können, werden zudem große Flächen mit Gewächshäusern oder ... überdeckt.
Dies sorgt aber für viel ... .

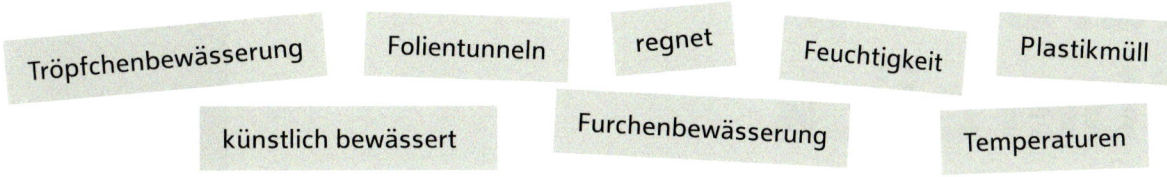

Tröpfchenbewässerung    Folientunneln    regnet    Feuchtigkeit    Plastikmüll

künstlich bewässert    Furchenbewässerung    Temperaturen

# Klimazonen Europas

**Kannst du schon**

– die Klimazonen Europas von Nord nach Süd
  benennen? (S. 193)
– die Vegetationszonen Europas von Nord
  nach Süd benennen? (S. 192/193)

## Zeig, was du kannst ...

**9** Ordne zu: Klimazonen und Vegetationszonen. Setze die Begriffe in die Tabelle.

**Norden**

| Klimazone | Vegetationszone |
|-----------|-----------------|
| ... | ... |

**Süden**

Begriffe: Subpolare Zone, Hartlaubvegetation,
Laub- und Mischwald, Tundra, Mittelmeer-
klima, gemäßigte Zone, Taiga (borealer
Nadelwald), maritim, Steppe, Übergangsklima

# Europa im Überblick

In diesem Kapitel lernst du ...
... die Größe und die Vielfalt Europas kennen.
Dabei erfährst du auch etwas über besonders
gefährliche Orte auf unserem Kontinent.
Europa ist aber auch ein wichtiges Urlaubsziel für uns.
Du wirst unterschiedliche Formen des Urlaubs und
Urlaubsorte in Europa kennenlernen.

**M1** Europa bei Nacht. Welche Städte und Länder erkennst du?

**10**

# Landschaften in Europa

Auf der Karte M1 wird deutlich, dass der Kontinent Europa stark zergliedert ist. Besonders auffällig sind die vielen Inseln und Halbinseln. Diese entstanden dadurch, dass Rand- und Binnenmeere sowie einzelne Meeresarme oft weit in die Landmasse Europas hineinreichen.

Prägend für die Gestalt des Kontinents sind auch die zahlreichen Flüsse. Der längste Fluss Europas ist die Wolga mit 3685 km Länge.

## Die Grenzen Europas

Europa liegt auf der Nordhalbkugel. Die nördlichen Gebiete reichen fast bis zur Arktis und werden vom *Europäischen Nordmeer* begrenzt. Im Westen bildet der *Atlantische Ozean* die Grenze, im Süden das *Mittelmeer*. Im Osten ist die Grenze nicht so eindeutig festzulegen, denn Europa ist mit einem anderen Erdteil verbunden – mit Asien. Darum werden Europa und Asien zusammen auch als Eurasien bezeichnet. Als Ostgrenze Europas wurde das *Uralgebirge* und der *Uralfluss*, der in das *Kaspische Meer* mündet, festgelegt. Von dort verläuft die Grenze am Nordrand des *Kaukasus* entlang zum *Schwarzen Meer* und zum *Bosporus*.

## Die Großlandschaften Europas

Die Landschaften Europas sind äußerst vielfältig. Drei *Großlandschaften* lassen sich hervorheben: Das *Tiefland* nimmt den größten Teil Europas ein. Es erstreckt sich vom Uralgebirge bis zur Nordseeküste. Im Süden reicht es bis zum Kaspischen und Schwarzen Meer. Meist erhebt sich die Landschaft nicht mehr als 200 m über den Meeresspiegel.

Außerdem prägen Mittelgebirgslandschaften große Teile Europas. Diese *Mittelgebirge*, zum Beispiel das Zentralmassiv in Frankreich oder die Sudeten, sind Überreste von uralten Gebirgen. Auch in Deutschland gibt es zahlreiche Mittelgebirge, zum Beispiel die Schwäbische Alb, den Schwarzwald oder den Odenwald.

Die Alpen, die Karpaten und die Pyrenäen gehören zu den *Hochgebirgen* in Europa. Vor allem zahlreiche Gipfel in den Alpen sind das ganze Jahr über mit Schnee bedeckt. Der höchste Berg ist der Montblanc mit 4807 m.

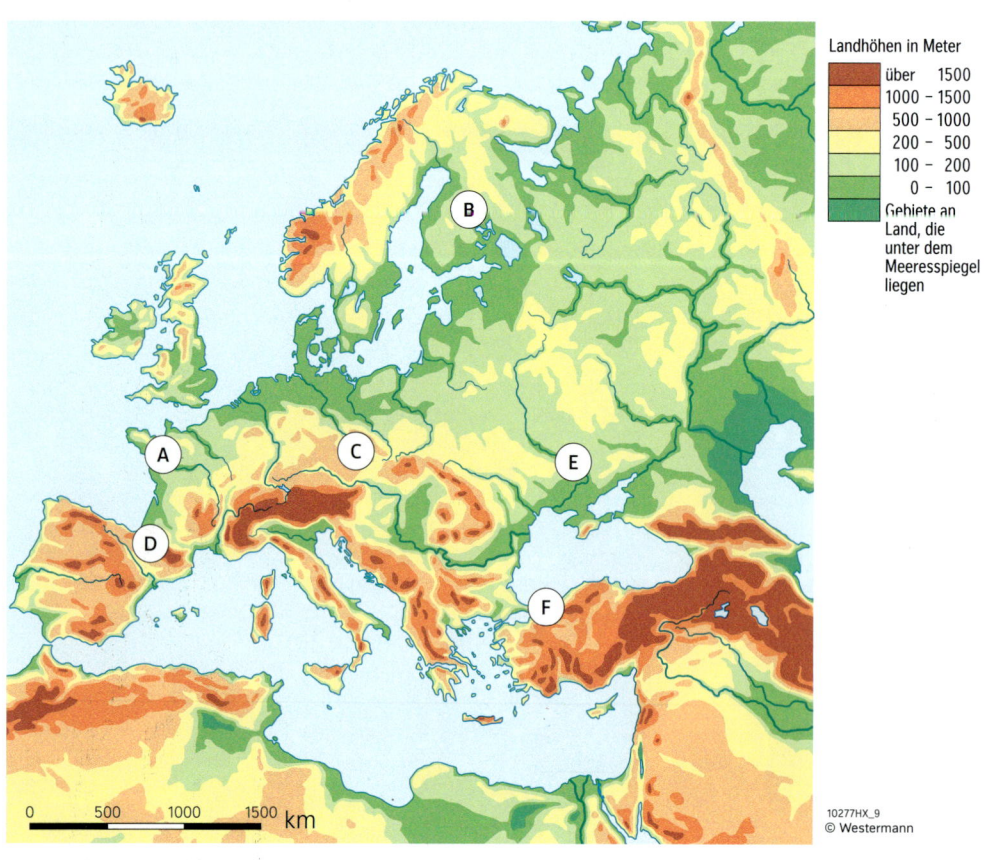

Landhöhen in Meter
über 1500
1000 – 1500
500 – 1000
200 – 500
100 – 200
0 – 100
Gebiete an Land, die unter dem Meeresspiegel liegen

0 500 1000 1500 km

10277HX_9
© Westermann

**M1** Großlandschaften in Europa

**M2** Küste in der Bretagne

**M3** Pyrenäen

**M4** Seenlandschaft in Finnland

**M6** In der Ukraine

**M7** In den Sudeten

**M8** Am Bosporus

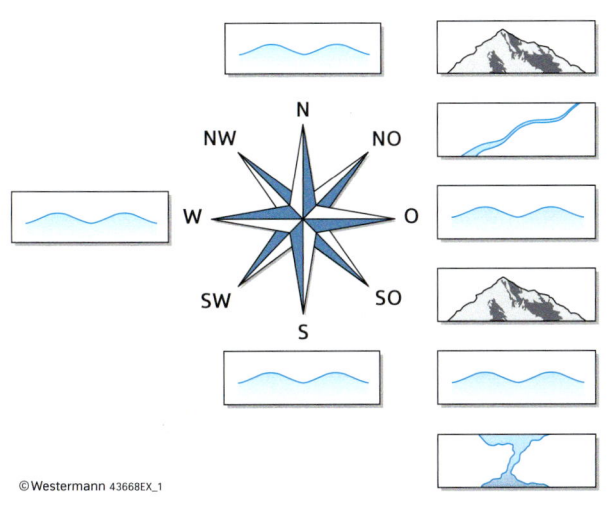

© Westermann 43668EX_1

**M5** Die Grenzen Europas

## Aufgaben

1. Übernimm das Schaubild M5 in dein Heft und trage die natürlichen Grenzen Europas ein. (Im Text sind sie kursiv gedruckt.)
2. Beschreibe die Großlandschaften Europas.
3. Benenne anhand einer Atlaskarte fünf Hochgebirge (über 1500 m) Europas.
4. Ordne die Fotos den Buchstaben in der Karte M1 zu.
5. Vergleiche mithilfe der Maßstabsleiste die größte West-Ost- und Nord-Süd-Ausdehnung Europas.
6. Warum ist der Bosporus (M8) eine besondere Meerenge. Nutze dazu eine Staatenkarte.
7. Was kennzeichnet das Tiefland, das Mittelgebirge und das Hochgebirge?

# Europa – ein staatenreicher Kontinent

Europa kann auf eine lange gemeinsame Geschichte und Kultur zurückblicken. Vor über 2000 Jahren entwickelten sich die bedeutenden Kulturen der Griechen und der Römer. Von Europa aus wurden Kontinente neu besiedelt. Dabei wurden europäische Kunst und Wissen verbreitet.

Gemessen an seiner Größe ist Europa ein staatenreicher Kontinent: Insgesamt gibt es 47 Staaten unterschiedlicher Größe und Einwohnerzahl. Es gibt Zwergstaaten, deren Fläche und Einwohnerzahl kaum größer sind als die einer Kleinstadt. Es gibt aber auch Riesenstaaten wie Russland, das größte Flächenland der Erde. In den letzten Jahren haben sich zahlreiche Volksgruppen zu selbstständigen Ländern erklärt. Das wurde jedoch nicht immer friedlich erreicht.

Je nach Lage innerhalb des Kontinents Europa lassen sich einzelne Staaten zu Staatengruppen zusammenfassen. Man unterscheidet dabei zwischen Nordeuropa, Westeuropa, Mitteleuropa, Südeuropa, Südosteuropa und Osteuropa (M2).

## Die Europäische Union

Trotz der Vielfalt von Sprachen und Lebensweisen in Europa gibt es viele Gemeinsamkeiten. Die meisten europäischen Sprachen haben gemeinsame Wurzeln. Englisch, Spanisch, Französisch sind Weltsprachen, mit denen man sich fast überall auf der Erde unterhalten kann.

Mit heute 27 Mitgliedstaaten hat sich die *Europäische Union* (EU) zu einem Staatenverbund zusammengefunden. 12 Sterne auf blauem Hintergrund zieren die Flagge der Europäischen Union. Seit 1955 zeigen sie die Einheit der Völker Europas auf.

Durch den Zusammenschluss sollen Kriege untereinander verhindert werden, aber auch die Wirtschaft der beteiligten Länder soll profitieren. In der EU leben über eine halbe Milliarde Menschen. 19 Länder führten eine gemeinsame Währung ein, den Euro. Auch Grenzkontrollen wurden vereinfacht. Weitere Staaten wollen der EU in den nächsten Jahren beitreten. Das Vereinigte Königreich ist jedoch 2020 aus der EU ausgetreten.

**M1** Die Mitgliedstaaten der Europäischen Union

## Aufgaben

1. Nenne jeweils
   – das Land mit den meisten Nachbarn,
   – die Länder, die am Mittelmeer liegen,
   – die Länder, die an der Ostsee liegen,
   – die Staaten Europas, die zwei Erdteilen angehören.
2. Nenne die Staaten Europas, die sich in den Teilräumen Nord-, West-, Mittel-, Süd-, Südost- und Osteuropa zuordnen lassen. ↗ S. 226
3. Nenne die vor 1990 sowie die nach 1990 beigetretenen EU-Länder.
4. Welche Staaten haben den Euro als Zahlungsmittel eingeführt?
5. Ordne die Flaggen den jeweiligen Staaten der Europäischen Union zu. Hilfe findest du im Atlas oder im Internet.
6. Einige Staaten in der EU haben keine Grenzkontrollen mehr. Beschreibe Vor- und Nachteile dieser Maßnahme.

5985HX

Mitteleuropa
Nordeuropa
Westeuropa
Südeuropa
Südosteuropa
Osteuropa

○ Hauptstadt

IS Reykjavik
N Oslo
S Stockholm
FIN Helsinki
Tallinn
EST
LV Riga
LT Vilnius
DK Kopen-hagen
Moskau
RUS
Minsk
BY
IRL Dublin
GB London
NL Amsterdam
Berlin
Warschau
PL
UA Kiew
B Brüssel
D
L
Paris
Prag
CZ
Liechten-stein
FL
Wien
SK Bratislava
MD Chisinau
F
Bern
A
H Budapest
RO
CH
SLO
Ljubliana
Zagreb
RSM San Marino
HR
YU Belgrad
Bukarest
Andorra
MC Monaco
AND
BiH Sarajevo
MNE
Pristina
BG
KOS Skopje
Sofia
TR
P
Madrid
I
Podgorica
Tirana
MK
Lissabon
E
Rom
Vatikanstadt
AL
GR Athen
V
CY Nikosia
M Valletta

0    500 km

**M2** Gliederung Europas in Großräume

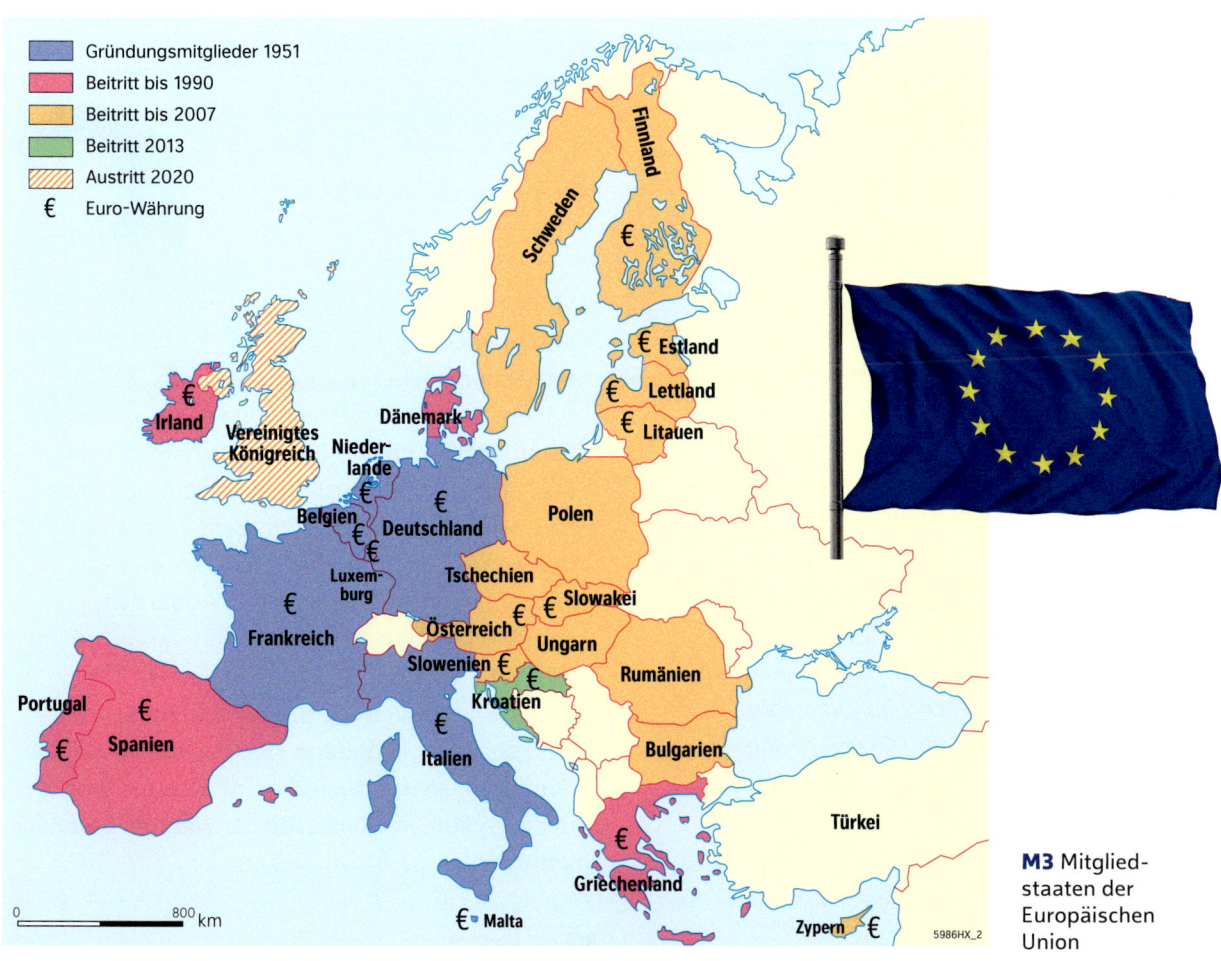

Gründungsmitglieder 1951
Beitritt bis 1990
Beitritt bis 2007
Beitritt 2013
Austritt 2020
€  Euro-Währung

Schweden
Finnland
€
Estland €
Lettland €
Litauen €
Irland €
Vereinigtes Königreich
Dänemark
Niederlande €
Belgien €
Deutschland €
Luxemburg €
Polen
Tschechien
Frankreich €
Österreich €
Slowakei €
Ungarn
Slowenien €
Rumänien
Portugal €
Spanien €
Kroatien €
Italien €
Bulgarien
Türkei
Griechenland €
€ Malta
Zypern €

0    800 km

5986HX_2

**M3** Mitglied-staaten der Europäischen Union

# Der Ätna bricht aus

Marie und ihre Eltern waren im Urlaub auf Sizilien. Am Fuße des Ätna erlebten sie einen *Vulkanausbruch* mit. Vulkane brechen aus, wenn im Erdinneren ein hoher Druck und gewaltige Temperaturen herrschen, sodass dort das Gestein geschmolzen ist. Die entstandene zähflüssige Masse wird *Magma* genannt. Die äußerste Hülle der Erde, die *Erdkruste*, ist stellenweise dünn und brüchig, wodurch das Magma aus der Tiefe durch Risse und Spalten nach oben gelangen kann und sich in *Magmakammern* sammelt. Wird dort der Druck zu groß, dann steigt das Magma in Vulkanschloten nach oben und gelangt über die Haupt- und Nebenkrater an die Erdoberfläche. Dort entweicht das Gas im Magma. Die herausfließende Masse wird nun als *Lava* bezeichnet. Der Vulkan spuckt jedoch auch Lavabrocken verschiedener Größe oder Asche. Wenn sich Asche- und Lavaschichten abwechselnd übereinander ablagern, entsteht ein Schichtvulkan.

## Leben am Vulkan

Marie wundert sich nach dem erlebten Ausbruch, dass Menschen am Fuße des Ätna leben und sogar Felder bewirtschaften.
Wissenschaftler beobachten den Ätna ständig – um Ausbrüche vorherzusagen, um nötige Schutzvorkehrungen zu treffen und um dadurch die vom Vulkan ausgehende Gefahr möglichst gering zu halten.

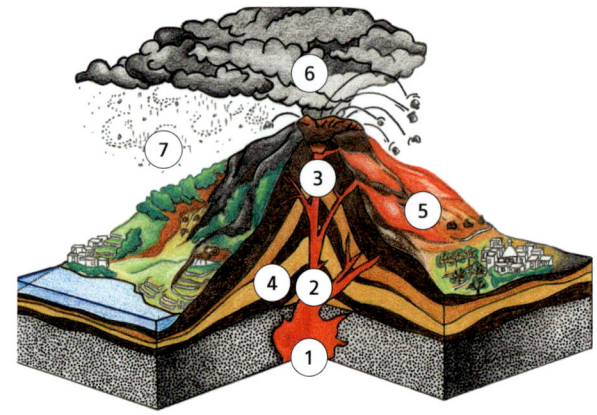

**M2** Schnitt durch einen Schichtvulkan

## Marie berichtet:

Schon Tage vor dem Ausbruch waren Rauchschwaden zu sehen, die aus den Haupt- und Nebenkratern des Vulkans kamen. Doch am Tag des Ausbruchs rauchte der Vulkan nicht nur, er spuckte auch Asche und Lavabrocken, die Bomben genannt werden.
Richtig Angst bekam ich, als sich der Himmel verdunkelte. Ich sah, wie sich ein orangeroter Lavastrom den Berg hinunterbewegte. Auf seinem Weg walzte er Weingärten und Felder nieder. Zum Glück waren Helfer schnell vor Ort und errichteten Schutzwälle, um die Lavaströme umzuleiten. Da Vulkanausbrüche unberechenbar sind, wurden die dort lebenden Menschen vorsorglich evakuiert, das heißt, an einen sicheren Ort gebracht. So kamen die Bewohner der Dörfer in der Gefahrenzone zwar mit einem Schrecken, aber unbeschadet davon. Doch leider lassen sich Menschen und Tiere nicht immer schützen.

**M1** Eine Urlauberin

## Herr Pucchini erklärt:

Obwohl bei einem Vulkanausbruch immer wieder große Schäden entstehen, ziehen wir nicht weg. Wir würden unsere Heimat am Ätna niemals verlassen! Der Ätna zerstört unsere Lebensgrundlage nicht nur, er schafft sie auch. Schließlich nutzen wir das, was er ausspuckt. Ohne die fruchtbare Vulkanasche würden unsere Pflanzen bei Weitem nicht so gut wachsen. Außerdem speichert der vulkanische Boden hervorragend Wasser – was gut für die Pflanzen ist. Die Erträge beim Wein-, Obst- und Gemüseanbau sind sehr gut. Und dann sind da auch noch die Touristen, so wie du und deine Eltern. Ohne unseren Vulkan würden sicher weniger zu uns kommen.

**M3** Ein Anwohner

**M4** Ausbruch an einem Nebenkrater des Ätnas

**M5** Weinanbau am Ätna

Extra

## Eine Vulkanrallye durch Deutschland

In Deutschland gibt es mehr Vulkangebiete, als du denkst. Allerdings waren die Vulkane bereits vor vielen Tausend Jahren tätig. Heute erinnern nur noch erkaltete Vulkankegel oder Vulkangesteine an sie. Mithilfe von M6 und dem Atlas findest du Gebiete mit vulkanischen Erscheinungen.

Für das Lösungswort brauchst du bestimmte Buchstaben aus den gesuchten Begriffen, die du aber noch in die richtige Reihenfolge bringen musst.

**Die gesuchten Begriffe:**

1. Der höchste Berg dieses Mittelgebirges ist mit 950 m die Wasserkuppe. (4/2 = Länge des gesuchten Begriffes: 4 Buchstaben / für das Lösungswort wird der 2. Buchstabe benötigt.)
2. 774 m hoher Berg im Hessischen Bergland (10/7)
3. Mittelgebirge im Nordosten von Koblenz (10/6)
4. In der Eifel findest du viele berühmte … (5/3)
5. Berg bei der Stadt der „Roten Teufel" (11/7)
6. Dieser Vulkanberg ist als Weinanbaugebiet bekannt. Sein Name ist eine andere Bezeichnung für „Thron" (11/9).
7. Landschaft im Dreieck Donaueschingen, Tuttlingen und Singen (5/5)
8. Mittelgebirge südöstlich der Landeshauptstadt von Baden-Württemberg (14/2)

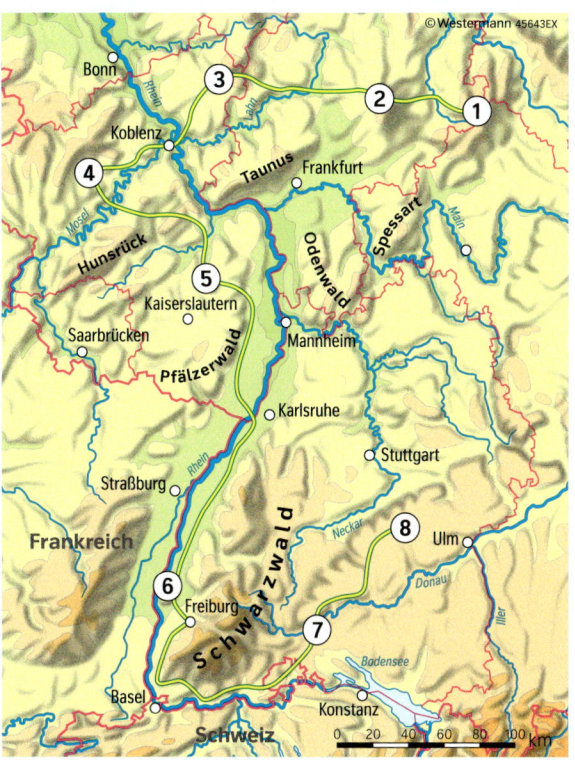

**M6** Die Strecke der Vulkanrallye

## Aufgaben

**1** Beschreibe Gefahren und Vorzüge, die das Leben am Ätna mit sich bringen.

**2** Ordne den Ziffern des Blockbildes M4 die folgenden Begriffe zu: Asche, Ascheschicht, Aschewolke, Hauptkrater, Lavastrom, Magmakammer, Vulkanschlot

**3** Erkläre die Entstehung eines Schichtvulkans.

**4** „Der Ätna ist zwischen 3200 und 3350 m hoch." Erläutere, warum die Höhenangabe des Ätnas nur ungefähr angegeben werden kann.
↗ S. 226

**5** Sollten Menschen in der Nähe des Ätnas leben? Welcher Meinung bist du? Begründe deine Antwort.

# Island – Insel aus Feuer und Eis

Die Insel Island im Atlantischen Ozean wurde vor allem durch Vulkanismus erschaffen. Mit rund 200 Vulkankratern und 150 Vulkanausbrüchen pro Jahr ist Island eine äußerst aktive Region. Auch die Hauptstadt Reykjavik – das bedeutet übersetzt „rauchende Bucht" – verdankt ihren Namen dem heißen vulkanischen Dampf.

Neben den großen Vulkanen sind noch weitere Erscheinungen in Island allgegenwärtig. Es liegt genau an der Nahtstelle zwischen den Erdplatten Europas und Nordamerikas. Hier dringt glutheißes Magma bis kurz unter die Erdoberfläche vor.

## Gefährliche Vulkanasche

Ihr Leben haben die Isländer auf den Vulkanismus abgestimmt. Gefährliche Gebiete werden der Natur überlassen. Trotzdem sind die vulkanischen Bedingungen immer wieder unberechenbar. Einer der folgenreichsten Ausbrüche ereignete sich im Frühjahr 2010. Nach fast 200 Jahren Ruhe spuckte der Eyjafjallajökull mehrere Tage lang wieder Lava, Rauch und Asche. Nach wenigen Tagen hatte der Wind die Vulkanasche über weite Teile Europas bis hin zu den Kanaren verteilt. Der Luftraum musste geschlossen werden, da Asche die Triebwerke lahmlegen könnte. Tausende von Reisenden saßen fest und zahlreiche Wirtschaftsgüter konnten nicht transportiert werden.

## Geysire und heiße Quellen

An manchen Stellen wird das Grundwasser durch das heiße Magma so stark erhitzt, dass es in Form von Geysiren und heißen Quellen an die Oberfläche steigt. Der Begriff *Geysir* (Wasserfontäne) kommt von dem isländischen Wort „geysa", was wirbeln, strömen bedeutet. Es handelt sich dabei um eine heiße Quelle, die regelmäßig oder in unregelmäßigen Abständen Wasser schwallartig hoch in die Luft spritzt. Dieser Vorgang wird wie ein Vulkanausbruch Eruption genannt. Das erhitzte Wasser im Untergrund kann jedoch auch als warmes bis kochend heißes Wasser in heißen Quellen an die Oberfläche blubbern.

**M1** Aschewolke des Eyjafjallajökull und ausgefallene Flüge

**M2** Ausbruch des Eyjafjallajökull im April 2010

**M5** Touristen am Geysir Strokkur

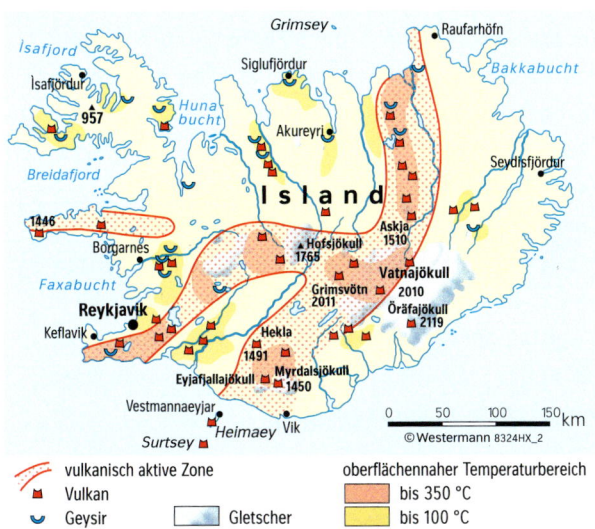

**M3** Vulkane und heiße Quellen in Island

vulkanisch aktive Zone
Vulkan
Geysir | Gletscher

oberflächennaher Temperaturbereich
bis 350 °C
bis 100 °C

© Westermann 8324HX_2

**M6** Freibad am Geothermalkraftwerk Svartsengi

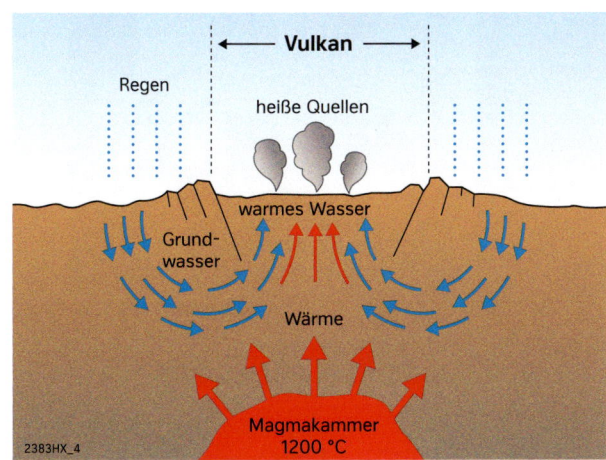

**M4** Entstehung von Erdwärme

## Aufgaben

1 Erkläre, warum es auf Island so viele Vulkane und heiße Quellen gibt.

2 Nenne die Gefahren, die von Vulkanen ausgehen, und beschreibe die Folgen.

3 Erkläre die Entstehung und die Eruption eines Geysirs.

4 Informiere dich im Internet, wie Island die Erdwärme nutzt (Stichwort: Geothermie).

# Erdbeben – Zerstörung in Sekunden

## Entstehung eines Erdbebens

Um zu verstehen, wie Erdbeben entstehen, solltest du wissen, dass die Erdkruste aus einzelnen Platten besteht. Diese sind nicht fest und starr, sondern bewegen sich untereinander (M3). Bei diesen Bewegungen entstehen Spannungen. Erdbeben entstehen also als Folge von Spannungen zwischen Gesteinen im Untergrund. Wird der Druck zu groß, bricht das Gestein, die Spannungen lösen sich ruckartig und die Erde bebt.

Erdbeben sind meist in großem Umkreis noch zu spüren. Vergleichen kannst du dies mit einem Stein, den du ins Wasser wirfst. An der Stelle, an der er auf die Wasseroberfläche trifft, entsteht die größte Erschütterung. Um diesen Punkt breiten sich nun ringförmig nach allen Seiten Wellen aus. Deshalb beginnen auch im Wasser weiter entfernt schwimmende Blätter zu schaukeln. Ähnlich verhält es sich mit Gebäuden, die weiter vom eigentlichen Ursprung des Erdbebens liegen.

### Italien: Erdbeben erschüttert L'Aquila

Wohin man in L'Aquila auch sieht: Obdachlose, Verletzte, Tote, Trümmer. Öffentliche Verkehrsmittel fahren nicht mehr. Strom-, Wasser- und Telefonleitungen sind unterbrochen. – Es ist ein Bild des Grauens.

Am 6. April 2009 mitten in der Nacht um 3:32 Uhr bebte die Erde 30 unendlich lange Sekunden. In dem Gebiet 100 km nordöstlich von Rom wurden Tausende von Häusern zerstört oder beschädigt. Über 250 Menschen starben, etwa 1500 Menschen wurden verletzt, Dutzende werden noch vermisst. 17 000 sind obdachlos. Es war das schwerste Beben in Italien seit November 1980. Damals kamen im Süden des Landes 2570 Menschen um.

„Wir wurden plötzlich aus dem Schlaf gerissen und rannten in Schlafanzügen auf die Straße", berichtet Alessandro Liatore. Der 12-Jährige steht zusammen mit seinen Eltern ratlos auf der Straße vor ihrem beschädigten Haus. Und Rosita, 49, erzählt: „Ich war drei Stunden unter den Trümmern begraben. Erst dann haben mich die Helfer befreit."

Das Beben hatte nach Angaben italienischer Wissenschaftler eine Stärke von 6,3 auf der Richterskala. Das Epizentrum lag etwas nördlich von L'Aquila, der Erdbebenherd etwa zwölf Kilometer unter der Erde. Die Erschütterungen des Erdbebens waren sogar in Rom spürbar.

Erdbebenschäden in L'Aquila

**M1** Zeitungsartikel vom 8. April 2009

## Versuch zu den Plattenbewegungen

Um die Bewegungen an den Plattengrenzen im Modellversuch nachzustellen, solltet ihr zu zweit sein.

Ihr braucht dazu zwei Styroporplatten, auf die ihr Modellhäuser oder Spielfiguren stellt. Verschiebt nun die Platten in entgegengesetzter Richtung aneinander vorbei. Sie sollten sich dabei verhaken und ruckartig wieder lösen. Beobachtet, wie sich das Lösen der Spannung auf die Modellhäuser und Spielfiguren auswirkt. Was geschieht, wenn ihr die Styroporplatten langsam, schnell oder mit leichtem seitlichem Druck aneinander vorbeigleiten lasst?

Notiert eure Ergebnisse.

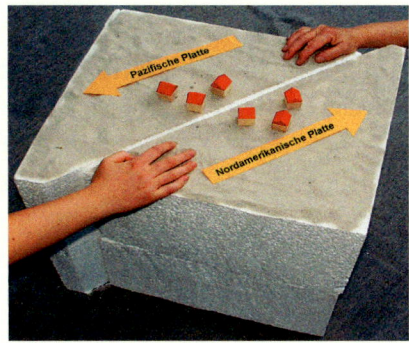

**M2** Bewegungen der „Erdplatten"

## Erdbebensicher bauen?

Erbeben gehören zu den gewaltigsten Naturereignissen, die auf der Erde bekannt sind. Sie entstehen zumeist ohne Vorwarnung, dauern oft nicht mehr als ein paar Sekunden und treten viele Tausend Mal in einem Jahr auf. Allein an einem Tag werden weltweit mehr als einhundert Beben gemessen.

Ihre Auswirkungen und Folgen hängen vor allem von der Stärke eines Bebens ab, die mit der Richterskala gemessen wird. Aber auch die Anzahl der im Erdbebengebiet lebenden Menschen (Bevölkerungsdichte) und die Bauweise der Gebäude spielen eine wichtige Rolle. Problematisch ist, dass Wissenschaftler die Wahrscheinlichkeit, nicht aber den Zeitpunkt eines Bebens und das Ausmaß voraussagen können.

| Wert auf der Richterskala | Auswirkungen |
|---|---|
| 1 – 2 | nicht spürbar, messbar |
| 3 | oft spürbar, selten Schäden |
| 4 | Erschütterungen, Gegenstände schwanken |
| 5 | leichte Schäden an Gebäuden |
| 6 | Gebäudeschäden, Baume wanken |
| 7 | Gebäude stürzen ein, Erdrutsche, Bodenrisse |
| 8 | Verwüstungen, Bodenspalten, Beschädigungen an Deichen und Dämmen |
| 9 | weitreichende Zerstörungen von Gebäuden und Umwelt |

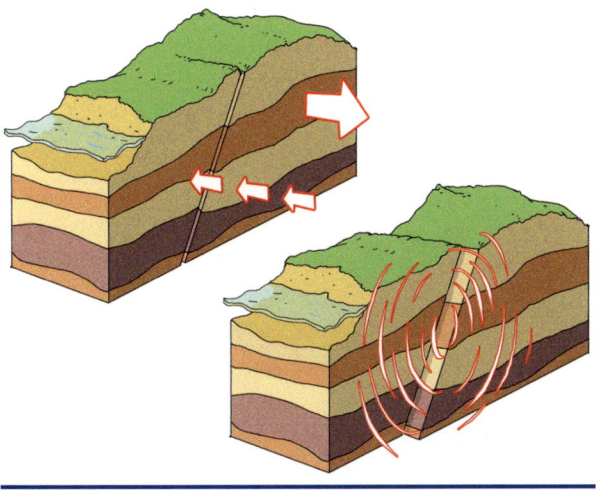

**M3** Entstehung eines Erdbebens

## Aufgaben

1. Nenne unter Verwendung des Zeitungsartikels M1 Folgen, die ein Erdbeben mit sich bringen kann.
2. Beschreibe die Entstehung eines Erdbebens.
3. Begründe, weshalb Erdbeben zu den am meisten gefürchteten Naturkatastrophen zählen.
4. Schaue im Internet nach, wo in Europa die letzten Beben der Stärke 5 und mehr stattgefunden haben. Suche diese Orte im Atlas und verorte sie auf einer Europakarte.

# Wohin in den Urlaub?

## Davids Familie möchte in den Urlaub und diskutiert ...

Die Familie des 11-jährigen David möchte in den Urlaub fahren. Vorher diskutieren sie die unterschiedlichen Urlaubswünsche.

„Am liebsten würde ich nach Rom fahren, mitten in die Stadt. Es gibt dort interessante Museen und Kirchen, die wir besichtigen können, Einkaufsmöglichkeiten und tolle Veranstaltungen", sagt Davids Mutter.

Davon ist Tina, Davids 14-jährige Schwester, gar nicht begeistert. „Shopping ist ja okay, aber nur Kultur und Museen? Bitte keine Bildungsreise! Ich möchte mit Gleichaltrigen zusammenkommen und Spaß haben! Am liebsten wäre mir ein Cluburlaub in Spanien. Dort ist immer tolles Wetter, man kann im Meer baden und es gibt Discos und Sportangebote."

„Nicht mit mir!", widerspricht der Vater. „Ich will nicht den ganzen Tag nur mit Urlaubern zusammen sein. Ich brauche auch mal Ruhe und will in unberührter Natur wandern oder Fahrrad fahren können."

David meldet sich zuletzt zu Wort. „Bitte keinen Wanderurlaub! Für mich es wichtig, dass ich Gleichaltrige finde, mit denen ich im Wasser toben und auch Fußball spielen kann. Da wäre ein Campingurlaub optimal."

Wohin geht Davids Familie in den Urlaub? Es ist schwierig, sich auf eine Form des Urlaubs zu einigen. Doch es gibt noch weitere Urlaubsarten. Manche möchten im Urlaub fremde Menschen oder etwas Unbekanntes kennenlernen. So ein Abenteuerurlaub hinterlässt bleibende Eindrücke. Andere Reisende sind nicht zu ihrem Vergnügen unterwegs. Aus beruflichen Gründen sind sie auf Geschäftsreisen.

## „Was machst du?" „Wo fährst du hin?"

Endlich Ferienzeit! Keine Schule, keine Arbeit, kein Haushalt ...

Aber wohin in den Urlaub? Etwa drei Viertel der Deutschen unternehmen jedes Jahr mindestens eine Urlaubsreise. Da hat jeder bestimmte Vorstellungen und Wünsche. Die Entscheidung, wo jemand seinen Urlaub verbringt, hängt auch von dessen finanziellen Möglichkeiten ab. Daher kann nicht jeder Reisewunsch erfüllt werden. In den letzten Jahren machen viele Menschen immer häufiger Kurzurlaube.

## Wohin reisen die Deutschen?

Keine andere Nation verreist so gerne wie die Deutschen. Dabei werden die unterschiedlichsten Ziele aufgesucht. Die meisten Urlauber bleiben jedoch in Deutschland. Besonders beliebt sind Städtereisen. Wegen des warmen und beständigen Wetters zieht es viele Deutsche in die sonnigen Mittelmeerländer. Seit die Preise für Flugreisen gesunken sind, werden immer häufiger Fernreisen gebucht. So ist es möglich, innerhalb weniger Stunden um die halbe Welt zu fliegen und fremde Kulturen kennenzulernen.

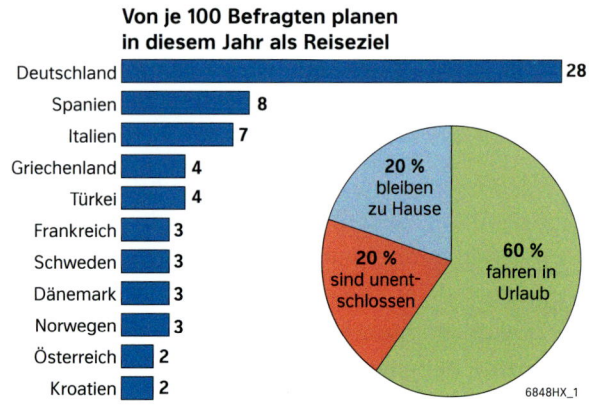

**M1** Die beliebtesten Reiseziele der Deutschen 2023

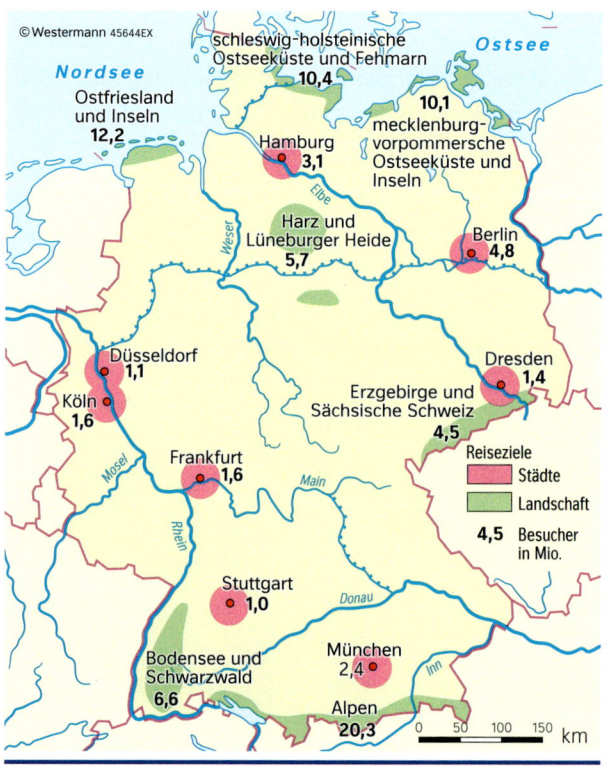

**M2** Reiseziele in Deutschland (Schätzung)

**M3** Davids Familie bei der Urlaubsplanung

## Aufgaben

**1** **a)** Nenne die verschiedenen Möglichkeiten, seinen Urlaub zu verbringen (S. 208).
**b)** Welche Vor- und Nachteile haben die verschiedenen Urlaubsarten?

**2** Beschreibt eure Wunschreiseziele und sammelt dann die Wünsche in eurer Klasse.

**3** Vergleicht die Ergebnisse eurer Klasse aus Aufgabe 2 mit den beliebtesten Reisezielen der Deutschen (M2) .

**4** Viele Deutsche machen im eigenen Land Urlaub. Begründe, warum manche Bundesländer bevorzugt werden.

**5** Stelle Vermutungen an, warum viele Deutsche an der Küste oder in den Bergen Urlaub machen wollen.

**6** In Davids Familie hat jeder einen anderen Wunsch. Gestaltet ein Rollenspiel, in dem Wünsche und Vorstellungen der Familienmitglieder diskutiert werden. Notiert, wer welchen Wunsch hat und vergleiche die Wünsche. Könnt ihr einen Kompromiss finden?

# Massentourismus auf Mallorca

Als vor etwa 50 Jahren das Reisen mit dem Flugzeug günstiger wurde, konnten sich immer mehr Menschen einen Urlaub am Mittelmeer leisten. Die Zeit des Massentourismus begann. In keiner anderen Ferienregion entwickelte er sich so rasant wie auf Mallorca und bescherte der Insel einen enormen wirtschaftlichen Aufschwung. Einen Flug auf die Insel Mallorca mit zwei Wochen Auf-enthalt kann man in der Ferienzeit für etwa 500 Euro buchen. Solche Angebote locken zahlreiche Urlauber an.

## Der Tourismusboom von Mallorca – ein Erfolg ...

Für die Hunderttausenden Urlaubsreisenden, die jedes Jahr am Strand vom Palma de Mallorca Wasser, Sonne und Partyleben genießen wollen, wurden entlang der Küste zahlreiche große Hotelanlagen gebaut. Mit den Hotels entstanden Bars, Discos und weitere Freizeiteinrichtungen. Viele Menschen auf Mallorca arbeiten heute nicht mehr in der Landwirtschaft oder der Fischerei, sondern in den Touristenzentren oder im Baugewerbe.

## ... mit Schattenseiten

Der wirtschaftliche Erfolg des Massentourismus hat auch Schattenseiten. Die lärmenden und trinkfreudigen Besucherinnen und Besucher der Bars und Discos haben der Insel das Image einer billigen Partymeile und den Spitznamen „Ballermann" eingebracht. Durch den Bauboom wurden weite Teile der Küste mit sogenannten Bettenburgen zubetoniert. Wertvolle Naturlandschaften wurden dadurch zerstört. Außerdem werden im Landesinneren zunehmend Ferienhäuser gebaut oder es werden alte Bauernhäuser (Fincas) von Fremden gekauft. Weil damit die Nachfrage nach Häusern und Grundstücken steigt, steigen die Preise und viele Mallorquiner können sich kein eigenes Haus mehr leisten.

## Ökologische Probleme

Der Massentourismus hat auch erschreckende ökologische Folgen. Um die Touristen zu versorgen, wird auf Mallorca Obst und Gemüse verstärkt im Bewässerungsfeldbau angebaut. Der Wasserverbrauch ist dadurch erheblich angestiegen. Auch in den Hotels werden gerade in den niederschlagsarmen Sommermonaten große Mengen an Wasser verbraucht.

Wasser ist auf Mallorca inzwischen so knapp, dass Tankschiffe vom spanischen Festland die Insel mit frischem Wasser versorgen mussten. Inzwischen liefern auch Meerwasserentsalzungsanlagen, die jedoch sehr viel Energie verbrauchen, frisches Trinkwasser. Außerdem fallen große Mengen an Abwasser und Müll an, die entsorgt werden müssen. Autos und Flugzeuge verursachen Lärm und tragen zur Luftverschmutzung bei. Motorboote und Jachten, die rund um Mallorca unterwegs sind und ankern, zerfurchen den Meeresgrund, vertreiben Vögel und ihr Benzin verschmutzt das Wasser.

**M1** Strand bei Palma

## Massentourismus – was ist das?

*Massentourismus* ist eine Form des organisierten Reisens, die vielen Menschen ermöglicht, an bestimmten Orten Urlaub zu machen.

**Die Touristinnen und Touristen**
– konzentrieren sich auf wenige Urlaubsorte, wo sie in Massen auftreten,
– erwarten, dass das touristische Angebot an ihre Ess- und Lebensgewohnheiten angepasst wird,
– buchen preisgünstige Pauschalreisen, Kosten für Anfahrt, Unterkunft, Verpflegung sind inklusive, Ausflüge usw. werden vom Reiseveranstalter pauschal berechnet.

**M2** Steckbrief Massentourismus

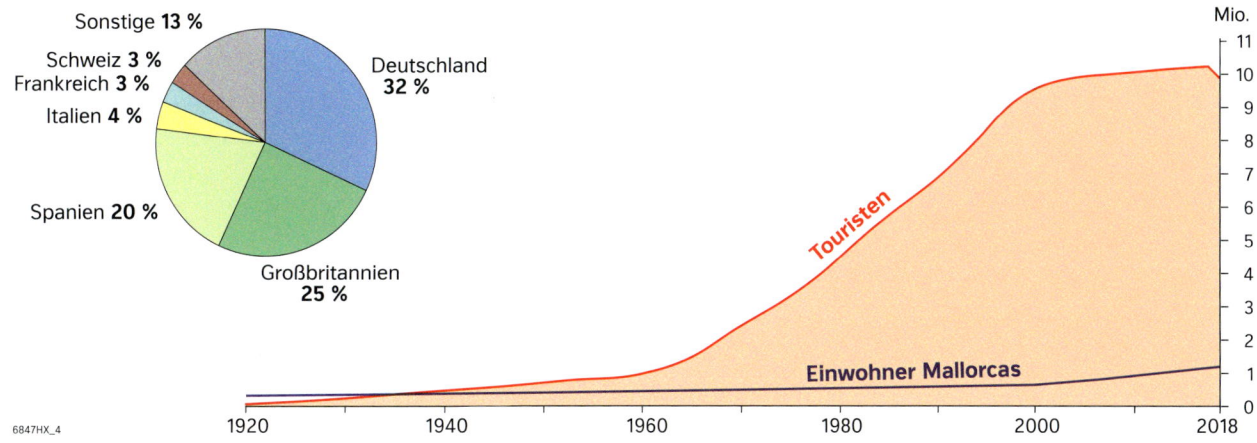

**M3** Entwicklung der Bevölkerung und Zahl der Reisenden auf Mallorca sowie die Herkunft der Reisenden

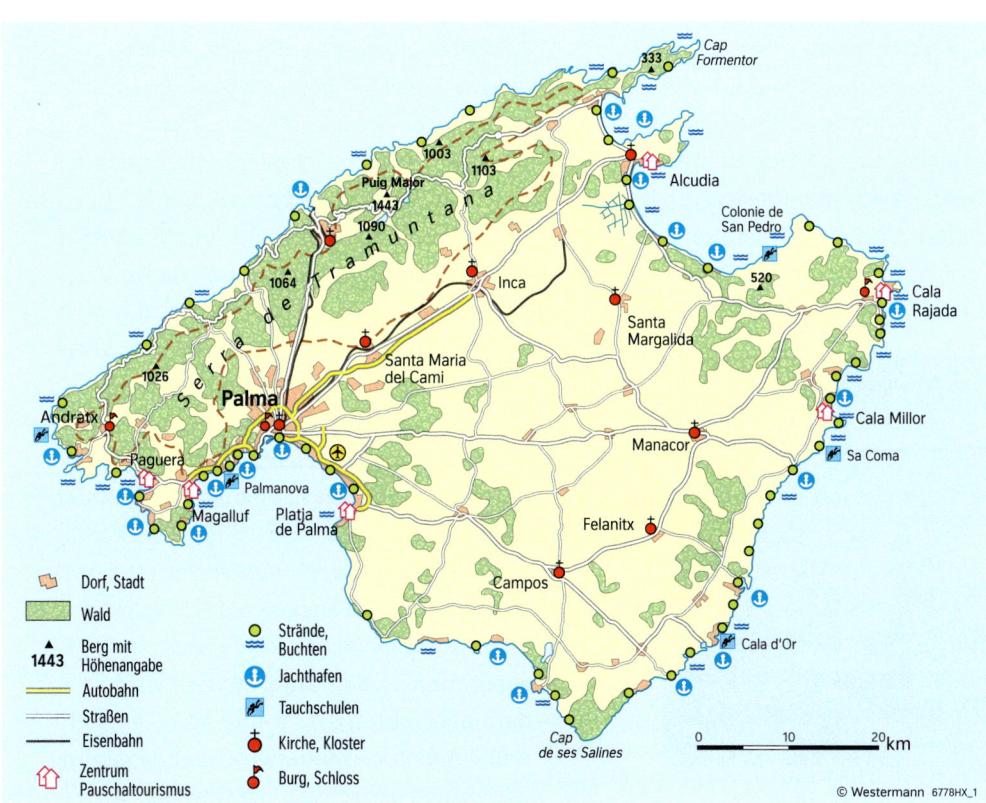

**M4** Freizeitmöglich-keiten auf Mallorca

## Aufgaben

**1** Arbeite mit der Karte M4:
a) Nenne die Zentren für den Pauschal-tourismus auf Mallorca und beschreibe, wo sie liegen.
b) Mallorca ist mehr als Party am Strand. Welche Urlaubsangebote hält die Insel noch bereit? Beschreibe auch, wo sie liegen. Fallen dir weitere Freizeitangebote für Mallorca ein, die man auf der Karte eintra-gen könnte?

**2** Beschreibe anhand von M3, wie sich die Besucherzahlen und Einwohnerzahlen verän-dert haben.

**3** Welche Vor- und Nachteile hat der Massen-tourismus für Mallorca? Erstelle eine Liste.

**4** Der Massentourismus ist Verursacher vieler ökologischer Probleme auf Mallorca. Sammle Ideen für einen umweltfreundlichen Tourismus auf Mallorca.

**5** Mallorca will weg vom „Ballermann-Image". Welche Maßnahmen könnten dazu beitragen?

# Nachhaltig Reisen mit dem Fahrrad

Nach einigem Hin und Her hat David eine überraschende Entscheidung getroffen. Dieses Jahr darf er im Urlaub etwas ganz Neues ausprobieren. Eine Familie aus der Nachbarschaft, mit der Davids Familie gut befreundet ist, wird ihn auf eine mehrtägige Radtour mitnehmen. Eltern und Kinder werden gemeinsam mit dem Zug nach Aalen fahren und von dort mit den Fahrrädern auf dem Kocher-Jagst-Radweg über Schwäbisch Hall, Bad Friedrichshall und Crailsheim zurück nach Aalen.

Entlang des Radwegs wird es einiges zu sehen und zu entdecken geben: Natur, kleine Städtchen zum Bummeln, Badeseen und vieles mehr. Übernachten werden sie in Gasthöfen oder auch mal im Heu. So kommen alle auf ihre Kosten. Und die Familie reist umweltfreundlich ...

**M1** Fahrradtour

**M2** Ausrüstungsgegenstände für eine Fahradtour

## Rücksichtsvoll Reisen

Durch den Massentourismus werden Natur und Umwelt stark beansprucht und teilweise erheblich verschmutzt. Die Landschaft wird mit großen Hotels zugebaut. Die Bevölkerung muss sich auf die Bedürfnisse der Touristinnen und Touristen einstellen, die ihren Urlaub uneingeschränkt genießen wollen. Nachhaltiger Tourismus versucht, diese negativen Folgen des Massentourismus in den Urlaubsgebieten zu verhindern. Der nachhaltige Tourismus nimmt Rücksicht auf die Natur. Tiere und Pflanzen werden geschützt. Die Umwelt wird weniger verschmutzt. Denn die Urlaubsgäste reisen möglichst nicht mit dem Auto oder dem Flugzeug, sondern mit dem Zug oder dem Fahrrad. Viele nachhaltig Reisende sind auch zu Fuß auf Fernwanderwegen unterwegs.

Lange Transportwege werden vermieden, weil Hotels und Pensionen das Essen vor allem aus heimischen Produkten zubereiten. In den Unterkünften wird darauf geachtet, dass wenig Abfall entsteht und möglichst erneuerbare Energie genutzt wird. Auch das schützt die Umwelt. Die Unterkünfte für die Urlauberinnen und Urlauber sind keine großen Hotelanlagen, sondern kleinere Hotels, Gasthöfe oder Pensionen bei örtlichen Anbieterinnen und Anbietern. Urlaubsgäste und Einheimische können sich so besser kennenlernen. Nachhaltiger Tourismus bedeutet nämlich auch, dass die Urlauberinnen und Urlauber Natur und Kultur der Region intensiv erleben können. Baumwipfelpfade oder Stadtführungen mit Fackeln bei Nacht sind Angebote, die das ermöglichen.

**M3** Nachhaltiger Tourismus

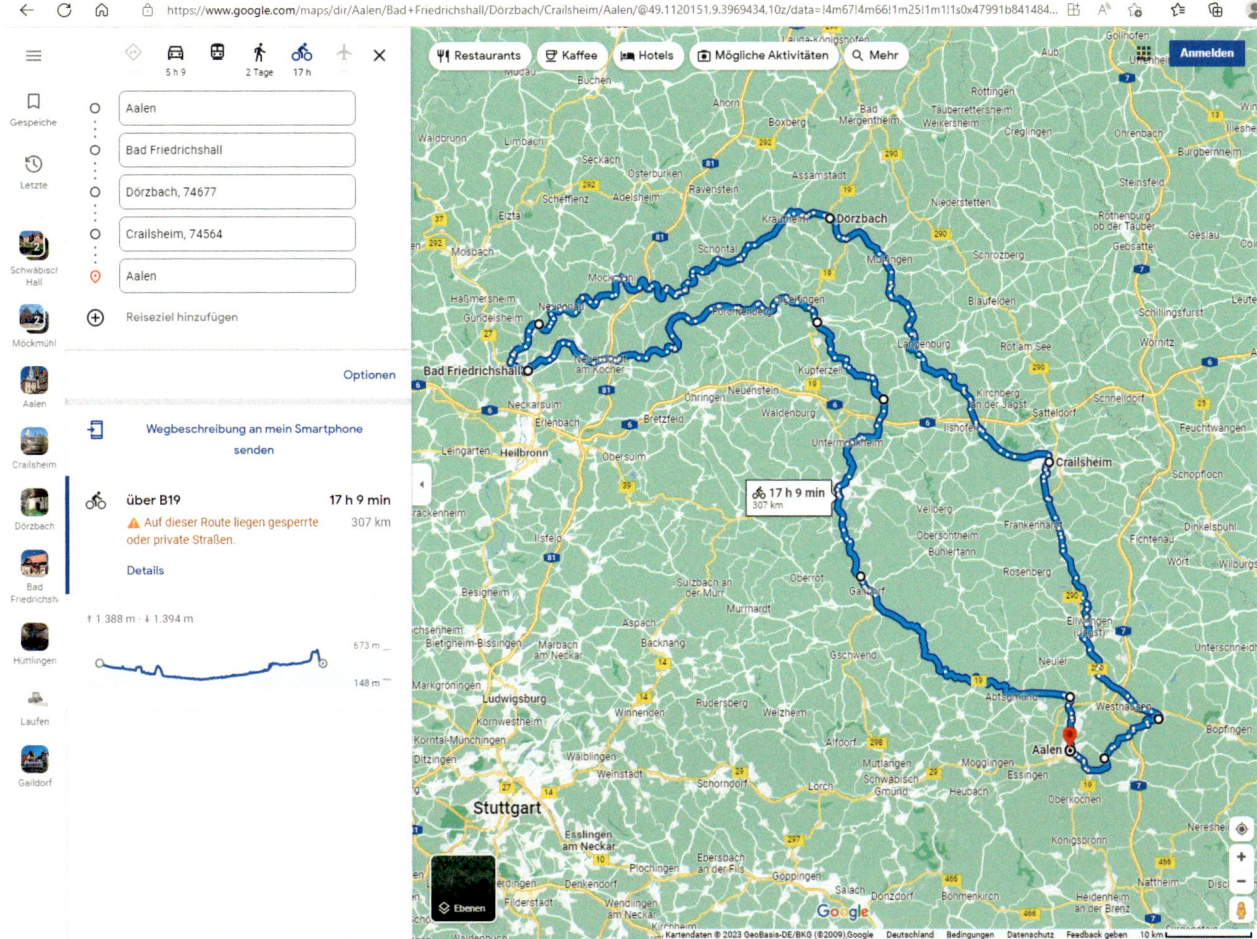

**M4** Planung der Fahrradtour im Internet

## Was ist wichtig für die Radtour?

Im Internet kann ich wichtige Informationen zum Radweg finden. Das hilft beim Planen. Diese Fragen muss ich vor meiner Abreise beantworten:
– Wie weit will ich jeden Tag radeln?
– Wann und wo will ich Pausen oder einen Ruhetag einlegen?
– Wie ist die Wegstrecke beschaffen? Wo sind Abschnitte, an denen es beispielsweise steil bergauf geht?
– Wo kann ich übernachten?
– Was kann ich zusätzlich zum Radfahren unternehmen? Wo sind z. B. interessante Museen, Innenstädte zum Bummeln oder Badeseen?
– Wie viel und welches Gepäck muss ich mitnehmen?

**M5** David plant für die Radtour

## Aufgaben

**1** **a)** Nenne Merkmale eines nachhaltigen Tourismus. Nutze dazu den Text M3.
**b)** Mit dem Fahrrad reist man nachhaltig. Warum?

**2** Überprüfe die Ausrüstung von M2 und ergänze sie sinnvoll. Unterscheide dabei zwischen Kleidung, Sicherheit und Verpflegung.

**3** **a)** David möchte gerne auf einem Hof im Heu übernachten. Informiere dich im Internet über den Kocher-Jagst-Weg und finde heraus, wo das möglich ist. ↗ S. 226
**b)** Eigentlich wollte David im Urlaub im Wasser toben.
Zeichne eine Skizze des Radwegs, auf der du Bademöglichkeiten für David einträgst.

**4** Entwickle anhand der Fragen aus M6 für David und seine Mitreisenden einen Tourenplan. Sie haben zehn Tage Zeit für etwa 330 km Radweg. Nutze dazu auch das Internet.

# Reise nach Istanbul

## Stadt der Gegensätze

Istanbul ist die einzige Stadt auf der Welt, die auf zwei Kontinenten gleichzeitig liegt. Der westliche Teil der Stadtfläche liegt in Europa, der östliche in Asien. Dazwischen befindet sich der Bosporus, eine Meerenge, die das Mittelmeer mit dem Schwarzen Meer verbindet.

Istanbul ist von Gegensätzen geprägt. Wie in allen großen Städten gehören einerseits das alltägliche Verkehrschaos, Autobahnen und Hochhäuser zum Stadtbild. Andererseits findet man in den Seiten-straßen Märkte, Basare genannt, auf denen Händler Gewürze verkaufen und Handwerker ihrer Arbeit nachgehen.

Istanbul ist eine rasant wachsende Metropole. Der schnelle Aufstieg der Stadt hat ihr zwar Reichtum gebracht, aber auch viele Probleme. Die Einwohnerzahl ist heute etwa fünf Mal so groß wie vor drei Jahrzehnten. Istanbul besitzt eine vielfältige Industrie und ist in der Türkei das Zentrum für Handel, Finanzen, Medien und Kultur.

Istanbul steht ganz oben auf der Hitliste der beliebtesten Städtereisen in Europa. Etwa zehn Millionen Touristen kommen jedes Jahr zu Besuch. Die berühmtesten Sehenswürdigkeiten liegen in der Altstadt von Istanbul: die Blaue Moschee mit ihren sechs Minaretten, der Topkapi-Palast sowie das Wahrzeichen der Stadt, die Hagia Sophia. Sie war ursprünglich eine Kirche und ist heute ein Museum.

**M1** Istanbul am Bosporus

**M2** In einem Basar

**M3** Im neuen Flughafen

**M4** Die Hagia Sophia

| Die Entwicklung der Bevölkerungszahl in Istanbul | |
|---|---|
| 1950 | 980 000 |
| 1960 | 1 470 000 |
| 1970 | 2 130 000 |
| 1980 | 2 800 000 |
| 1990 | 6 600 000 |
| 2000 | 8 800 000 |
| 2010 | 13 200 000 |
| 2020 | 15 500 000 |

**M7** Bevölkerungsentwicklung

**M5** Satellitenfoto von Istanbul

## Nächste Station: Asien

**29. Oktober 2013** Heute ist es so weit: Nach einem Jahrzehnt Bauzeit wird in der Türkei der weltweit erste Bahntunnel, der zwei Kontinente miteinander verbindet, eingeweiht. Eine Fahrt durch den 1,4 Kilometer langen Marmaray Tunnel von Europa nach Asien kostet ca. einen Euro und dauert gerade einmal zweieinhalb Minuten. Die Bahnen verkehren im Zweiminutentakt und können somit bis zu 75 000 Fahrgäste pro Stunde befördern. Eine echte Verkehrsentlastung für Istanbul und seine zwei Brücken über den Bosporus könnte die Bahnstrecke unter dem Bosporus werden. Das hoffen jedenfalls die Behörden. Ein prickelndes Erlebnis ist die Fahrt durch den tiefsten Bahntunnel der Welt auf jeden Fall.

**M6** Zeitungsmeldung

## Aufgaben

**1** Beschreibe das Satellitenbild M5 und ordne die Namen Europa, Asien, Mittelmeer, Bosporus, Schwarzes Meer den Zahlen 1 – 5 in dem Satellitenbild zu. Nutze dazu die Karte S. 242/243.

**2** Zeichne zu der Tabelle M7 ein Säulendiagramm.

**3** Werte dein Diagramm aus. Beschreibe es dazu in ganzen Sätzen. ↗ S. 226

**4** Wenn du in Istanbul von Europa nach Asien möchtest, kannst du entweder mit der Bahn fahren (M6), eine der beiden Brücken über den Bosporus benutzen oder mit dem Boot fahren. Erstelle einen Steckbrief für den Bahntunnel und die 1973 eröffnete Bosporus-Brücke.

**5** Istanbul ist eine Stadt der Gegensätze. Erkläre mithilfe des Textes, was damit gemeint ist.

**6** Recherchiere im Internet und gestalte einen Reiseführer für Istanbul. Berücksichtige dabei Sehenswürdigkeiten und Besonderheiten der Stadt.

# Fremdenverkehrsregionen in Europa

Nördlicher Polarkreis

Island

*Europäisches Nordmeer*

*Lappland*

Hammerfest · *Nordkap*

Trondheim

NORWEGEN

SCHWEDEN

Finnland

3,2

*Fjordküste*

6,3

Lillehammer

Oslo

6,9

Stockholm · *Schären-küste*

*Vättersee* · *Gotland*

Helsinki

3,2 Estland

St. Petersburg

Russland

24,4

Moskau

*Bottnischer Meerbusen*

*Ladoga-see*

*Weißes Meer*

Riga · Lettland · 2,0

*Düna*

Litauen · 2,5

Vilnius

Minsk

Weißrussland
(Belarus)

Kiew

Ukraine

14,2

*Dnipro*

*Highlands*

Glasgow

*Nordsee*

Dänemark

Kopen-hagen

11,0

10,4 Dublin

Irland

*Lake District*

Vereinigtes Königreich

*Wales*

*Cornwall*

London

37,7

Brighton

*Friesische Inseln*

Nieder-lande

Amsterdam 17,3

Belgien
Brüssel

8,4

Köln

*Rügen*

Hamburg

Berlin

*Oder*

Danzig

*Masuren*

Polen

18,4

Warschau

Tschenstochau

*Elbe*

*Harz*

37,5

Deutsch-land

*Erzgebirge*

*Sudeten*

Prag

12,0

Tschechien

*Weichsel*

Zakopane

*Tatra*

Slowakei

2,0

Wien

Budapest

*Theiß*

Ungarn

*Balaton
(Plattensee)*

15,5

*Karpaten*

MOLDAU

Rumänien

2,8

Bukarest

*Donau*

Odessa

*Krim*

Jalta

*Atlantischer Ozean*

*Normandie*

St. Malo

*Bretagne*

Paris

1,1

Luxem-burg

Frank-reich

*Loire*

*Vogesen*

*Schwarz-wald*

*Zentral-massiv*

87,0

*Rhône*

München

Schweiz

Genf

Zermatt

Chamonix

11,1 Davos

Innsbruck

*A l p e n*

Mailand

Cortina d'Ampezzo

Venedig

*Gardasee*

*Istrien*

Österreich

29,9

Slowenien

3,6

KROATIEN

15,6

Bosnien-
Herzegowina

Belgrad

Serbien

Monte-
negro

Kosovo

ALBANIEN

Makedonien

4,6

Sofia

Bulgarien

8,9

*Bulgarische Riviera*

*Balkan*

Istanbul

Schwarzes Meer

Ankara

Türkei

37,6

Izmir

Pamukkale

Antalya

Santiago
de Compostela

*Côte d'Argent*

Bordeaux

Biarritz

Lourdes

*Pyrenäen*

*Ebro*

21,2

Fátima

Madrid

Lissabon

*Tajo*

Portugal

Spanien

Barcelona

*Costa Brava*

81,8

Valencia

Benidorm

*Balearen*

*Menorca*

Palma

*Ibiza* · *Mallorca*

*Costa Blanca*

*Sardinien*

*Algarve*

Faro

Sevilla

Torre-
molinos

Granada

*Sierra
Nevada*

*Costa del Sol*

Tanger

Marokko

Algier

Algerien

Tunis

Hammamet

Sousse

Tunesien

*Dscherba*

Tripolis

Libyen

*Côte d'Azur*

Marseille

Nizza

*Riviera*

Genua

Florenz

*Toskana*

Assisi

Rimini

*Adria*

*Dalmatien*

Dubrovnik

*Abruzzen*

Rom

Neapel

*Capri*

Italien

58,3

Palermo

*Sizilien*

Taormina

*Kalabrien*

Malta

2,0

Montenegro

27,5

Athos

Griechenland

*Peloponnes*

Athen

*Griechische Inseln*

*Korfu*

*Ägäis*

Rhodos

*Kreta*

Zypern

3,7

Ägypten

Gise · Kairo

*Nil*

## Legende

- ● viel besuchte Stadt
- ● Fremdenverkehrsort
- ● Erholungsort
- ● Wallfahrtsort
- ● Wintersportort
- *Ibiza* Feriengebiet
- 🟨 Feriengebiet am Meer
- 🟪 Wintersportgebiet
- — Staatsgrenze

**Zahl der Touristinnen und Touristen**

**2017** (ein Kästchen entspricht 10 Mio. Touristinnen und Touristen)

30,0

0 250 500 km

**M1** Tourismus in Europa

## Heute hier, morgen dort

Katjas Onkel gehört ein Hotel am Meer in Spanien. Dort war sie als Kind oft und gerne im Urlaub. Katja hat extra Spanisch gelernt, weil sie gerne mal für längere Zeit in Spanien wohnen und vielleicht sogar arbeiten wollte. Das tut sie mittlerweile auch, aber nur im Sommer. Den Winter verbringt Katja in den Alpen.

**M2** Animateurin bei der Arbeit

## Katja, die Animateurin, erzählt ...

*Wenn mein Onkel im Frühjahr sein Hotel für die neue Saison öffnet, fliege ich nach Spanien. Dort arbeite ich nämlich jedes Jahr von April bis September als Animateurin in der Kinderbetreuung. An Pfingsten und während der Sommerferien bietet unser Hotel auch ein Programm für Jugendliche an. Da kommen dann auch noch drei weitere Animateure zu uns ins Hotel, weil wir die Arbeit sonst gar nicht bewältigen würden.*

*Das Jugendprogramm gefällt mir immer am besten – auch wenn es ganz schön anstrengend sein kann. Zum Programm gehören ganz viele Aktivitäten am Strand wie Beachball, Slacklining, Klettern und natürlich viele Spiele im Wasser. Wenn der Schwimmlehrer da ist, dürfen die Jugendlichen auch von einem der Felsen an der Bucht ins Wasser springen. Am späten Nachmittag gibt es häufig Hip-Hop-Kurse,*

*abends Musik. Einmal pro Woche machen wir einen Ausflug und eine Mountainbike-Tour. Und wir bieten auch Zeltnächte am Strand an.*

*Gegen Ende der Sommersaison bin ich dann ganz schön urlaubsreif. Denn ich habe während der Saison kein richtiges Wochenende, sondern immer nur einen Tag pro Woche frei. Daher freue ich mich jedes Jahr auf den Rückflug nach Stuttgart und die freie Zeit im Oktober.*

*Im November mache ich mich dann auf den Weg in ein Alpenhotel in Bayern und freue mich auf den Schnee. Im Hotel bin ich bis Ende Februar für die Kinderbetreuung zuständig. Im März habe ich dann noch mal frei zum Durchschnaufen und dann steige ich wieder ins Flugzeug nach Spanien.*

**M3** Eine Animateurin

## Aufgaben

**1** Manche Länder sind bei Touristinnen und Touristen besonders beliebt. Nenne die drei Länder, welche die Hitliste der Reiseländer Europas nach Anzahl der Urlaubsreisenden anführen (M1).

**2** In welchen Großlandschaften Europas (siehe S. 198, M1) liegen folgende Feriengebiete: Abruzzen, Cevennen, Harz, Highlands, Loiretal, Vättersee.

**3** Suche dir aus der Karte eine viel besuchte Stadt aus und erstelle eine Liste der Sehenswürdigkeiten. Nutze dazu Reiseprospekte, Reiseführer oder das Internet.

**4** In welchen Fremdenverkehrsregionen Europas kann ganzjährig Urlaub gemacht werden? Wo konzentriert sich der Tourismus auf eine Saison? Begründe deine Entscheidung.

**5** Katjas Freundin Theresa lebt und arbeitet das ganze Jahr in den Alpen. Im Winter ist sie Skilehrerin.
Womit verdient Theresa im Sommer Geld?

**6** Im nächsten Sommer übernimmt Katja die Kinderbetreuung in der Bretagne. Hilf ihr bei der Zusammenstellung eines neuen Ferienprogramms.

# Erstellen einer Infomappe: Wie sieht es in meinem Urlaubsland aus?

## Anlegen einer Infomappe

Auf den Seiten 210/211 wurde die Insel Mallorca als beliebter Urlaubsort vorgestellt. Du kannst dir über diese Insel oder auch über einen anderen Urlaubsort, den du gerne besuchen möchtest, selbst Informationsmaterial zusammentragen und präsentieren. Dazu eignet sich eine Infomappe. In so einer Sammelmappe kannst du alle Informationen und Arbeiten zusammenstellen, die du bei der Erarbeitung des Themas gefunden hast. In der Schule werden Infomappen auch als „Werkstattbücher" bezeichnet. Bei der Erstellung einer Infomappe ist ein hohes Maß an eigenverantwortlicher Arbeit erforderlich. Die Arbeit kann alleine, aber auch in der Gruppe durchgeführt werden. Eine selbstständige Planung ist notwendig.

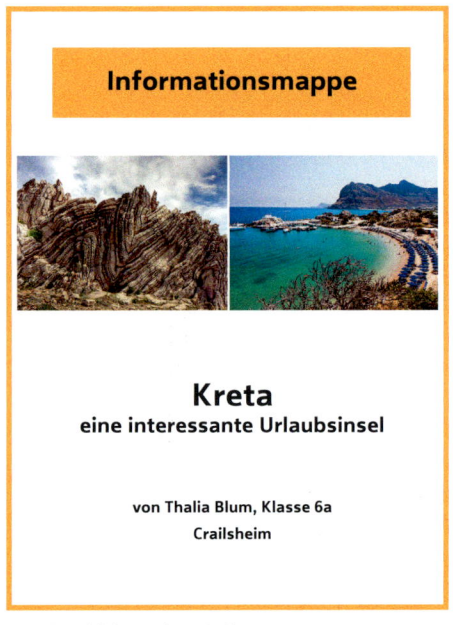

**Informationsmappe**

**Kreta**
**eine interessante Urlaubsinsel**

von Thalia Blum, Klasse 6a
Crailsheim

**M1** Deckblatt einer Infomappe

## Die folgende Arbeitsschritte können zu einem guten Ergebnis führen:

### Schritt 1: Vorbereitung

– Formuliere dein Ziel sowie die Fragestellung des geplanten Themas (zum Beispiel „Die Insel Kreta – ein bekanntes Urlaubsziel in Griechenland" oder „Kreta – eine interessante Urlaubsinsel?").
– Überlege dir dann Inhalte zum Thema (zum Beispiel mithilfe eines Brainstormings oder mit einer Mindmap wie M2).
– Sammle nun deine Materialien und Informationen zu den ausgewählten Inhalten. Dabei helfen dir zum Beispiel Zeitungsartikel, Reiseführer oder das Internet.
– Erstelle einen Zeitplan. Dabei musst du wissen, wie viel Zeit dir zur Verfügung steht.
– Überprüfe noch einmal, ob das Thema oder die Fragestellung zu umfassend oder zu eng formuliert wurde. Halte – wenn nötig – dazu Rücksprache mit der Lehrkraft.

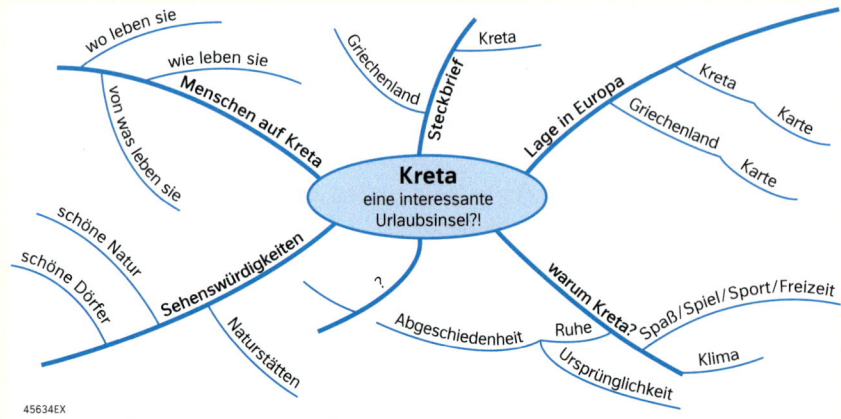

45634EX

**M2** Mindmap

## Schritt 2: Durchführung

– Lege dir eine Mappe oder einen Ordner zu. Sichte die gesammelten Materialien und sortiere unwichtige Materialien aus.
– Gestalte für deine Infomappe ein Deckblatt (M1). Es sollten zumindest das Thema, dein Name und deine Klasse darauf zu lesen sein. Fertige das Deckblatt bereits zu Beginn an und gestalte es dann immer weiter aus. Halte dich aber nicht zu lange daran auf.
– Lege ein gut lesbares Layout (Schriftgröße, Spaltenbreite, Zeilenabstand) fest.
– Ordne deine Materialien in eine sinnvolle Reihenfolge und nummeriere die Seiten durch.
– Gliedere nun deine Mappe in sinnvolle Kapitel. Erstelle im Anschluss daran das Inhaltsverzeichnis.
– Formuliere nun die einzelnen Kapitel aus. Schreibe deinen Text mit eigenen Worten. Gestalte die Seiten mit Bildern und Grafiken aus.
– Lege eine Liste von wichtigen Wörtern oder Fachbegriffen mit den Erklärungen an (= Glossar).

## Schritt 3: Die Abschlussbewertung

– Ziehe eine Bilanz deiner Arbeitsergebnisse: Was hat gut geklappt, wo hattest du Schwierigkeiten? Konntest du die Arbeitszeiten einhalten?
– Überlege, ob du mit deiner Infomappe deine anfangs formulierten Inhalte und Ziele erreicht hast.
– Wenn du mit einem Partner oder in der Gruppe zusammengearbeitet hast: Wie hat die Zusammenarbeit geklappt?

## Weitere Tipps zur Erstellung einer Infomappe

– Hast du eigenes Material verwendet und deine Sätze möglichst selbst formuliert?
– Erstelle deine Infomappe mithilfe eines Computers. Lege dazu vorher das Layout fest: Schrifttyp, Schriftgröße, Spaltenbreite, Zeilenabstand.
– Direkt übernommene Sätze musst du mit den Anführungszeichen „ …“ kennzeichnen.
– Weise deine Quellen aus (z. B. die verwendeten Bücher, Internetadressen mit Zugriffsdatum).

## Inhaltsverzeichnis

### Kreta – ein interessantes Urlaubsziel?

**M3** Spinalonga im Nordosten Kretas

**M4** Uralte Wandmalereien auf Kreta

# Europa als Kontinent

## Kannst du schon

– Grenzen in Europa beschreiben
und an einer Karte zeigen? (S. 198/199)
– Großlandschaften Europas beschreiben und
verorten? (S. 198/199)
– anhand der Maßstabsleiste die Größe
Europas errechnen? (S. 198/199)
– Staaten Europas nennen und ihre Lage
beschreiben? (S. 200/201)
– erklären, wie die Europäische Union entstand und sich bis heute entwickelte. (S. 201)

## Zeig, was du kannst

1 Löse das Europa-Rätsel M1. Die richtigen
Antworten wurden durch einen Geheim-
code verschlüsselt. Übernimm die
Lösungen in dein Heft.
2 Löse das Rätsel M2: Wie heißen die
gesuchten Staaten? Nur einer der drei
Namen ist richtig. Die rot gedruckten
Buchstaben in den richtigen Namen
ergeben nacheinandergelesen ein
Lösungswort (Name eines Staates).
3 Erstelle eine Tabelle, in der du aus jeder
Staatengruppe drei Staaten einträgst, die
in der Europäischen Union (EU) sind. Hinter
Staaten, die den Euro eingeführt haben,
schreibst du ein €. Was stellst du fest?
4 Erkläre, welche Vorteile die Bürgerinnen
und Bürger der EU haben.

1 Fluss, der Deutschland und Frankreich abgrenzt
2 anderer Name für den Ölbaum
3 Fluss, der durch Berlin fließt
4 gehört zu den Britischen Inseln, nicht aber zum
Vereinigten Königreich
5 Anzahl der Nachbarstaaten Deutschlands (als Wort)
6 Meerenge, die Europa von Asien abgrenzt
7 der Frankfurter Flughafen – Tor zur ….
8 größtes Land der Erde, liegt auf zwei Kontinenten
9 Gebirge, das Europa von Asien trennt
10 Farbe der Flagge der EU

| | | | | | | | | | |
|---|---|---|---|---|---|---|---|---|---|
| 1 | 22 | 12 | 9 | 13 | 18 | | | | |
| 2 | 19 | 16 | 13 | 26 | 9 | 18 | 6 | 5 | 25 | 17 |
| 3 | 23 | 20 | 22 | 9 | 9 | | | | |
| 4 | 13 | 22 | 16 | 5 | 18 | 8 | | | |
| 5 | 18 | 9 | 25 | 18 | | | | | |
| 6 | 6 | 19 | 23 | 20 | 19 | 22 | 25 | 23 | |
| 7 | 7 | 9 | 16 | 10 | | | | | |
| 8 | 22 | 25 | 23 | 23 | 16 | 5 | 18 | 8 | |
| 9 | 25 | 22 | 5 | 16 | | | | | |
| 10 | 6 | 16 | 5 | 25 | | | | | |

**M1**

1 westlicher Nachbarstaat von Schweden
2. seine Hauptstadt ist Sofia
3 er sieht aus wie ein Stiefel
4 liegt zwischen Estland und Litauen
5 Zwergstaat in den Alpen
6 seine Hauptstadt ist Paris
7 liegt in Europa und Asien
8 größter Staat Europas
9 er heißt auch Holland
10 hat als einzigen Nachbarn Spanien
11 nördlicher Nachbar von Deutschland
12 ist eine Insel

| | |
|---|---|
| 1 | NORWEGEN – WEISSRUSSLAND – MALTA |
| 2 | RUMÄNIEN – BULGARIEN – UNGARN |
| 3 | SPANIEN – ITALIEN – SLOWENIEN |
| 4 | FINNLAND – UKRAINE – LETTLAND |
| 5 | ANDORRA – ZYPERN – LIECHTENSTEIN |
| 6 | TSCHECHIEN – FRANKREICH – SLOWENIEN |
| 7 | SCHWEIZ – TÜRKEI – MAKEDONIEN |
| 8 | DEUTSCHLAND – BELGIEN – RUSSLAND |
| 9 | IRLAND – NIEDERLANDE – ÖSTERREICH |
| 10 | KROATIEN – GROSSBRITANNIEN – PORTUGAL |
| 11 | DÄNEMARK – POLEN – LUXEMBURG |
| 12 | SLOWAKEI – ISLAND – ALBANIEN |

**M2**

## Fachbegriffe

– **Kontinent Europa:** Euro, Europäische Union, Großlandschaften, Hochgebirge, Mittelgebirge, Tiefland
– **Vulkanismus:** Erdwärme, Geysir, Krater, Lava, Magma, (Schicht-)Vulkan, Schlot, Vulkanausbruch
– **Erdbeben:** Epizentrum, Plattenbewegung, Richterskala
– **Tourismus:** Fremdenverkehrsgebiet, Massentourismus, nachhaltiger Tourismus, Pauschalreise

# Vulkane und Erdbeben

### Kannst du schon

– beschreiben, wie ein Schichtvulkan aussieht? (S. 202)
– erklären, warum das Leben am Vulkan sowohl Vorteile als auch Nachteile mit sich bringt? (S. 202–205)
– beschreiben, welche Folgen ein Erdbeben für die dort lebenden Menschen haben kann? (S. 206–207)
– die Entstehung eines Erdbebens erklären? (S. 207)

**M3**

## Zeig, was du kannst

**5** Ordne den Ziffern in M3 die folgenden Begriffe zu:
Asche, Ascheschicht, Aschewolke, Krater, Lavabrocken / Lavabomben, Lavastrom, Magmakammer, Vulkanschlot

**6** Erkläre deinem Nachbarn, welchen Gefahren die Menschen am Vulkan ausgesetzt sind und warum viele von ihnen trotzdem dort wohnen bleiben.

**7** Ein kleines Erdbeben hat die folgenden Wörter durcheinandergebracht. Finde die richtigen Begriffe heraus und erkläre sie:
**breissdoen** (können bei Erdbeben entstehen)
**predletnat** (schieben sich gegeneinander)
**lenlew** (übertragen die Kraft der Erdstöße)
**zuptrimene** (dort ist das Erdbeben am stärksten)
**galpertzentren** (an solchen Nahtstellen sind die Erdbeben am häufigsten)

# Tourismus in Europa

### Kannst du schon

– typische Aktivitäten verschiedener Urlaubsarten benennen? (S. 208/209)
– beliebte Reiseländer Europas nennen und ihre Attraktivität begründen? (S. 216/217)
– erklären, worin sich Massentourismus und sanfter Tourismus unterscheiden? (S. 210–213)

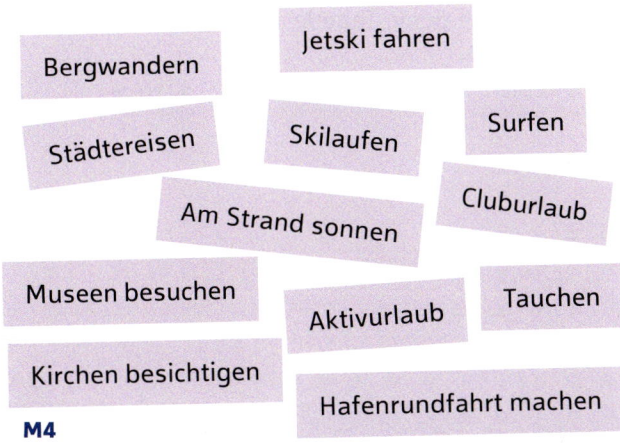

**M4**

## Zeig, was du kannst

**8** Ordne die Aktivitäten aus M4 den passenden Urlaubsarten zu.

**9** Nenne drei europäische Länder, die bei Touristen beliebt sind. Finde jeweils mindestens zwei Gründe für deren Beliebtheit.

**10** Ordne die Begriffe dem Massentourismus oder dem sanften Tourismus zu:
wenige Eingriffe in die Natur – begrenzte Anzahl an Gästebetten – bekannte Sehenswürdigkeiten – Urlauber erwarten einen Lebensstil wie zu Hause – ein sehr aktiver Urlaub – viele Urlauber an einem Ort – öffentliche Verkehrsmittel werden genutzt – auch für eine große Anzahl an Urlaubern zu verwirklichen

# 1 Unser blauer Planet

### Seite 11 | Aufgabe 2
Zeichne einen Kreis als Erdkugel. Dazu kannst du einen Zirkel oder ein größeres rundes Gefäß benutzen. Zeichne die schräge Erdachse ein. Trage den Äquator ein. Auch er muss etwas schräg gezeichnet werden. Beschrifte nun deine Skizze wie in M5.

### Seite 15 | Aufgabe 1

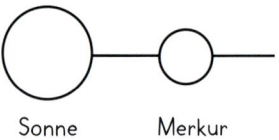

Sonne      Merkur

### Seite 15 | Aufgabe 5
Nutze Formulierungen wie z. B.:
... ist doppelt so groß ... oder ... ist 7 x so weit ...

### Seite 16 | Aufgabe 2
Zeichne deine Tabelle so:

| Name | Größe ( in Mio. km²) |
|---|---|
| Asien | 44 |
| ... | ... |

### Seite 16 | Aufgabe 5
Schaue dir die Antarktis einmal auf dem Globus an.

### Seite 19 | Aufgabe 5
Beachte: Bei den Gradnetzangaben wird immer zuerst der Breitenkreis und dann der Längenkreis genannt. Sucht daher auch zunächst den angegebenen Breitenkreis. Sucht dann den angegebenen Längenkreis. Geht dann mit den Fingern entlang dieser Linien, bis sie sich treffen.

### Seite 20 | Aufgabe 2
Lies noch einmal den Text zu Rahels Schulweg. Schreibe deinen Bericht ähnlich.

### Seite 23 | Aufgabe 2
Mit so einer Tabelle behältst du die Übersicht:

| Stadt | Atlasseite | Plan-quadrat | Kontinent |
|---|---|---|---|
| | | | |

### Seite 23 | Aufgabe 6
Finde heraus, welche Informationen du nur bei welchem Kartentyp findest. Du kannst auch die Legenden dieser Kartentypen in einem Atlas vergleichen.

# 2 Wetter und Klima

### Seite 33 | Aufgabe 2
Benutze dabei Begriffe wie warm, kalt, windig, stürmisch, regnerisch usw.

### Seite 37 | Aufgabe 4
Lege eine Tabelle mit zwei Spalten an, die erste überschreibst du mit „Wettervorhersage" und dem jeweiligen Datum, die zweite mit „tatsächliches Wettergeschehen". Dann unterteilst du die Spalten nach Niederschlag, Bewölkung, Windrichtung, Windstärke und Temperatur. Beobachte dann die Wetterelemente, wie du es auf den Seiten 34/35 gelernt hast.

### Seite 39 | Aufgabe 3
Gib in der Suchmaschine den Suchbegriff „Klimadaten" mit der gesuchten Stadt ein.

### Seite 43 | Aufgabe 1
So könnte deine Tabelle aussehen:

| Grund | Erscheinung | Folgen |
|---|---|---|
| | | |

# 3 Landwirtschaft bei uns

### Seite 49 | Aufgabe 1
Unterscheide dabei zwischen Viehzucht, Pflanzenvielfalt sowie Maschineneinsatz.

### Seite 51 | Aufgabe 6
Denke dabei an den möglichen Verdienst und an die Haltbarkeit verschiedener Obst- und Gemüsesorten.

### Seite 53 | Aufgabe 6
Du kannst deine Ergebnisse in einer Tabelle festhalten.

### Seite 54 | Partnerarbeit:
Damit die Partnerarbeit erfolgreich abläuft, bietet es sich an, in fünf Schritten vorzugehen:
1. Einige dich mit deinem Partner, wer welches Thema bearbeiten will.
2. Informiere dich über dein Thema.
3. Schreibe dir die wichtigsten Informationen für den Austausch mit deinem Partner auf.
4. Informiere deine Partnerin oder deinen Partner über dein Thema.
5. Schreibt eure gemeinsamen Ergebnisse auf.

### Seite 57 | Aufgabe 5
Erstelle eine Tabelle mit drei Spalten und zwei Zeilen und beschrifte wie folgt:
Spalten:
– landwirtschaftliche Fläche je Betrieb in Hektar
– Anzahl der landwirtschaftlichen Betriebe
– landwirtschaftliche Fläche insgesamt in Hektar
– Von 100 Erwerbstätigen sind in der in der Landwirtschaft tätig
Zeilen:
– 1960
– 2020

| Ziffern auf dem Ei | Anteil der Legehennen | Bezeichnung | Stallfläche pro Huhn | Auslauffläche pro Huhn | Hühner pro m² Stall |
|---|---|---|---|---|---|
| 0 | 8 % | Bioeier | 1667 cm² (= ca. 2,5 DIN-A4-Blätter) | 4 m² | 6 |
| 1 | | | | | |
| 2 | | | | | |
| 3 | | | | | |

**M1** Tabelle zu Seite 53, Aufgabe 6

# 4 Schwarzwald und Oberrhein

### Seite 71 | Aufgabe 1
Verwende bei deiner Beschreibung z. B. die Lage des Schwarzwaldes zu Städten oder Flüssen. Beschreibe auch mithilfe der Himmelsrichtungen.

### Seite 73 | Aufgabe 4
Du kannst dazu Sätze bilden wie:
Je höher ..., desto ... oder  Je schneller ..., desto ...

### Seite 73 | Aufgabe 5
Wenn du dir klarmachst, was mit der Geschwindigkeit des Flusswassers im Meer geschieht, hilft dir das vielleicht bei deinen Überlegungen.

### Seite 77 | Aufgabe 4
Nutze eine Atlaskarte „Landwirtschaft Deutschland". Denke bei deiner Erklärung, dass Weidewirtschaft dort betrieben wird, wo die Bedingungen für Ackerbau nicht so günstig sind.

### Seite 83 | Aufgabe 4
Nutze dazu eine physische Karte im Atlas mit einem möglichst großen Maßstab (= kleine Maßstabszahl).

### Seite 91| Aufgabe 1
Zeichne die X-Achse und Y-Achse nach der abgebildeten Vorlage in dein Heft und trage dann den Stromverbrauch ein.

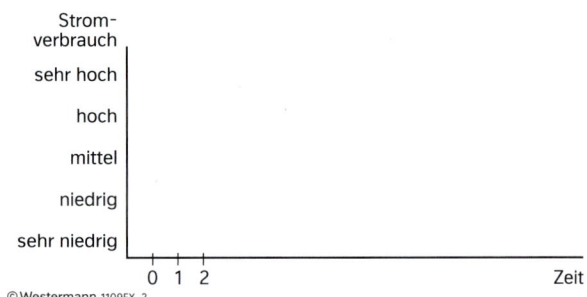

© Westermann 1109FX_2

# 5 Schwäbische Alb

### Seite 97 | Aufgabe 3:
So kann deine Tabelle aussehen:

| Albvorland | Albtrauf | Kuppenalb | Flächenalb |
|---|---|---|---|
| Aalen | ... | ... | ... |
| ... | | | |

### Seite 99 | Aufgabe 2:
Da kannst dazu folgende Begriffe verwenden:
Sedimente – Druck – Zeit – Meer

### Seite 101 | Aufgabe 5:
Tipps zur Plakatgestaltung:
Schriftgröße mindestens 5 cm, Farben gezielt einsetzen, Überschriften einbauen und Absätze machen, Beschränkung auf Stichwörter, Bilder und Zeichnungen in entsprechender Größe verwenden. Euer Plakat sollte Informationen zu dem Zeitraum beinhalten. Unterscheidet zwischen Pflanzen und Tieren.

### Seite 103 | Aufgabe 3:
Folgende Leitfragen helfen dir zum Erstellen eines „Höhlenführers":
– Wo liegt die Höhle?
– In welchem Höhlenteil befindest du dich?
– Welche Besonderheiten, Auffälligkeiten gibt es in dem von dir ausgewählten Höhlenbereich?

### Seite 111 | Aufgabe 2:
Ergänze die Satzanfänge:
– Der Untergrund der Schwäbischen Alb besteht aus ...
– Das Regenwasser ...
– Betrachtet man die Ackerflächen auf der Schwäbischen Alb, so sieht man ...

# 6 Lebensraum Stadt

**Seite 119 | Aufgabe 6:**
Überlege z. B., welche Arten von Häusern es in den verschiedenen Orten gibt, und achte auch auf die Bahnlinien.

**Seite 120 | Aufgabe 3:**
Du kannst dir folgende Fragen auf dein Plakat schreiben und beantworten:
– Wo arbeiten in meiner Stadt die Menschen?
– Wo können sie einkaufen und sich versorgen?
– Wo können die Menschen sich erholen? Kinder erholen sich woanders als Erwachsene.
– Wo können die Menschen sich bilden?
– Welche Wohnviertel gibt es in unserer Stadt?

**Seite 123 | Aufgabe 4:**
Denke dabei an Arbeitnehmer, Jugendliche und Rentner. Wie würden sie sich entscheiden und warum?

**Seite 125 | Aufgabe 4:**
Folgende Überlegungen können dir dabei helfen:
– Miete auf dem Land ist niedriger
– wie schnell bin ich in der Stadt?
– Kosten bei Fahrt mit dem Auto
– gibt es am neuen Wohnort eine Anbindung an den öffentlichen Nahverkehr?
– welche Freizeitangebote gibt es?
– alte Freunde verlassen, neue Freunde finden

# 7 Deutschland im Überblick

**Seite 130 | Aufgabe 3:**
siehe Tabelle, M1 unten

**Seite 130 | Aufgabe 6:**
Folgende Satzanfänge können dir helfen:
Der Mittellandkanal verbindet …. mit … . Das hat den Vorteil, dass die Schiffe …

**Seite 135 | Aufgabe 1:**
Am besten verwendestu du eine politische Karte (= Staatenkarte) von Europa.

**Seite 137 | Aufgabe 1:**
Nutze zur Beschreibung der geographischen Lage die Angaben des Kontinents, des Landes, … in der die Stadt liegt. Nenne evtl. noch weitere Besonderheiten (an einem Fluss, Berg usw.)

**Seite 137 | Aufgabe 3:**
Zeichne als Zeitleiste einen Strich. Trage auf ihm die Jahreszahlen auf und schreibe das Ereignis darunter.

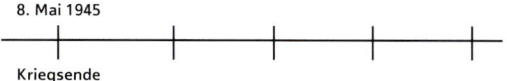

**Seite 141 | Aufgabe 5:**
Beschreibe zuerst das Anliegen des Nationalparks Wattenmeer. Erkläre dann das Hinweisschild auf der Seite 140. Gestalte anschließend das Plakat zum richtigen Verhalten im Watt.

**Seite 151 | Aufgabe 2:**
Die blau hervorgehobenen Begriffe stehen schon in der richtigen Reihenfolge im Text: Nadelwaldstufe – …

**Seite 155 | Aufgabe 3:**
Nutze dazu eine Weltkarte aus dem Atlas (mögliche Stichworte: Geotektonik, Vulkanismus, Erdbeben).

**Seite 156 | Aufgabe 3:**
Denke an das Wetter, die Ausrüstung und die Zeitplanung.

| Großlandschaft | Lage in Deutschland | Aussehen der Landschaft | Besonderheiten |
|---|---|---|---|
| Alpen und Alpenvorland | es reicht über 150 km von der Südgrenze Deutschlands bis zur Donau | hohe Berge, Richtung Norden waldbedeckte Hügel mit vielen Seen | höchster Berg Zugspitze (2962 m), bedeutendes Ferien- und Erholungsgebiet |
| Mittelgebirge | … | … | … |
| Tiefland | … | … | … |
| Küste | … | … | … |

**M1** Tabelle zur Starthilfe 130.3

# 8 Arbeit und Versorgung

**Seite 163 | Aufgabe 4:**
Denke bei deiner Erklärung an die Bereiche
Umwelt und Kosten.

**Seite 167 | Aufgabe 4:**
Schau im Geolexikon unter Standortfaktoren nach
und überlege, welche davon bei der Stahlproduktion wichtig sind.

**Seite 171 | Aufgabe 4:**
Denke dabei auch an die Beschäftigten, die z. B. in
der Verwaltung arbeiten.

**Seite 173 | Aufgabe 3:**
Schau im Geolexikon unter „Standortfaktoren"
nach und überlege, welche davon für ein Automobilwerk wichtig sein könnten.

# 9 Klima- und Vegetationszonen ...

**Seite 187:**
Formuliere etwa so:
Je näher am Ozean, desto ...
Je weiter im Landesinneren, umso ...

**Seite 189 | Aufgabe 5:**

Der Olivenbaum
Verbreitung:
Aussehen:
Produkte:
Besonderheiten:
...

**Seite 193 | Aufgabe 5:**
Sehr viel Gemüse, das in unseren Supermärkten
angeboten wird, kommt z. B. aus Holland, obwohl
es dort ebenso kühl ist wie in Deutschland.
Erkläre! Hilfen: Atlas und Internet.

# 10 Europa im Überblick

**Seite 203 | Aufgabe 2:**

| Staatengruppe | Staat |
|---------------|-------|
| Nordeuropa | ... |
| | ... |
| | ... |
| ... | ... |

**Seite 203 | Aufgabe 4:**
Die Beantwortung der Fragen „Was geschieht bei
einem Vulkanausbruch?" und „Wie wirken Wasser
und Wind auf die Erdoberfläche ein?" helfen dir
bei der Beantwortung der Frage, warum die Höhe
des Ätnas nur ungefähr angegeben werden kann.

**Seite 213 | Aufgabe 3a:**
Informationen zu Fernradwegen bieten in der
Regel Tourismus- und Marketing-Verbände, hier
zum Beispiel des Landes Baden-Württemberg
oder der Region Kocher-Jagst.

**Seite 215 | Aufgabe 3:**
Ein Diagramm kannst du beschreiben, indem du
z. B. solche Formulierungen verwendest:
Auf der Hochachse, auf der Rechtsachse sieht man
...
Es ist interessant ... / Es fällt auf ... / Überraschend
ist ...

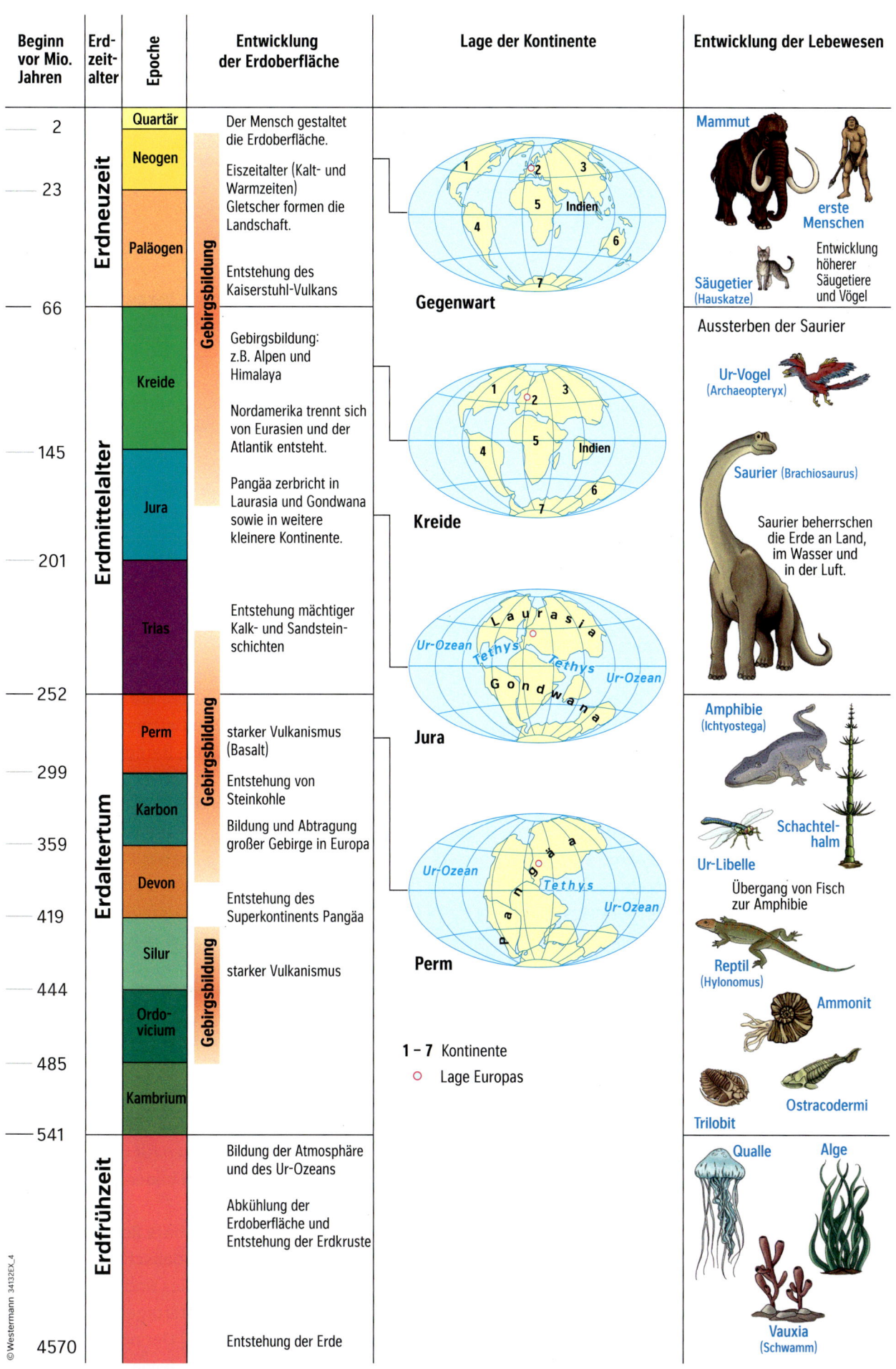

| Beginn vor Mio. Jahren | Erd-zeit-alter | Epoche | Entwicklung der Erdoberfläche | Lage der Kontinente | Entwicklung der Lebewesen |
|---|---|---|---|---|---|
| 2 | Erdneuzeit | Quartär | Der Mensch gestaltet die Erdoberfläche. | | Mammut / erste Menschen |
| 23 | | Neogen | Eiszeitalter (Kalt- und Warmzeiten) Gletscher formen die Landschaft. | **Gegenwart** | |
| 66 | | Paläogen | Entstehung des Kaiserstuhl-Vulkans | | Säugetier (Hauskatze) / Entwicklung höherer Säugetiere und Vögel |
| | Erdmittelalter | Kreide | Gebirgsbildung: z.B. Alpen und Himalaya | | Aussterben der Saurier / Ur-Vogel (Archaeopteryx) |
| 145 | | | Nordamerika trennt sich von Eurasien und der Atlantik entsteht. | **Kreide** | Saurier (Brachiosaurus) |
| 201 | | Jura | Pangäa zerbricht in Laurasia und Gondwana sowie in weitere kleinere Kontinente. | | Saurier beherrschen die Erde an Land, im Wasser und in der Luft. |
| | | Trias | Entstehung mächtiger Kalk- und Sandstein-schichten | **Jura** | |
| 252 | Erdaltertum | Perm | starker Vulkanismus (Basalt) | | Amphibie (Ichtyostega) / Schachtel-halm |
| 299 | | Karbon | Entstehung von Steinkohle | | Ur-Libelle |
| 359 | | | Bildung und Abtragung großer Gebirge in Europa | | Übergang von Fisch zur Amphibie |
| | | Devon | Entstehung des Superkontinents Pangäa | **Perm** | Reptil (Hylonomus) |
| 419 | | Silur | starker Vulkanismus | | Ammonit |
| 444 | | Ordovicium | | **1 – 7** Kontinente | Trilobit / Ostracodermi |
| 485 | | Kambrium | | ○ Lage Europas | |
| 541 | Erdfrühzeit | | Bildung der Atmosphäre und des Ur-Ozeans | | Qualle / Alge |
| | | | Abkühlung der Erdoberfläche und Entstehung der Erdkruste | | Vauxia (Schwamm) |
| 4570 | | | Entstehung der Erde | | |

© Westermann 34132EX_4

**M1** Die Erdzeitalter

# A

**Abtragung** (S. 72, 82) Zerstörung und Abtransport von Gesteinen und Böden durch den Einfluss von Luft, Wasser oder Eis (Gletscher) sowie Schwerkraft. In der Regel sehr langfristiger Prozess.

**Albhochfläche** (S. 96) Fast ebene Hochfläche der Schwäbischen Alb. Im Nordwesten begegnet uns eine hügelige Landschaft (Kuppenalb). Zur Donau wird sie immer flacher (Flächenalb).

**Albtrauf** (S. 96) Bis zu 300 m hoher Steilanstieg der Alb von Nordwesten her.

**Albvorland** (S. 96) Dicht besiedeltes Ackerland am Fuße der Schwäbischen Alb.

**Almen- und Mattenstufe** (S. 150) → Höhenstufe der natürlichen Wiesen in den Alpen oberhalb der Waldgrenze.

**Almwirtschaft** (S. 152) Besondere Form der Weidewirtschaft im Hochgebirge. Sobald die Almen im Frühjahr schneefrei sind, wird das Jungvieh aus den Ställen in den Tälern auf die Alm getrieben. Dort bleibt es bis zum Herbst. Nach dem Abtrieb im Herbst werden die Tiere im Stall gehalten und gefüttert.

**Alpen** (S. 131) Größtes und höchstes Gebirge Europas, an dem Frankreich, Italien, die Schweiz, Deutschland, Liechtenstein, Österreich und Slowenien Anteil haben. Sie entstanden vor etwa 30 Millionen und wachsen heute noch etwa 0,5 mm / Jahr.

**Alpenvorland** (S. 63, 131) Das Alpenvorland gehört zu den vier Großlandschaften Deutschlands. Es ist relativ flach und dehnt sich von der Donau bis zu den Nordalpen aus.

**Antarktis** (S. 16) Der Name Antarktis wird zum einen auch für den schnee- und eisbedeckten Kontinent Antarktika am Südpol verwendet. Zum anderen nennt man so das gesamte Südpolargebiet, das heißt den Kontinent mit dem umgebenden Meer.

**Äquator** (S. 10) Gedachte Linie, die die Erde in eine nördliche und in eine südliche Halbkugel teilt.

**Arbeitskraft** (S. 172) Das Angebot an Arbeitskräften ist ein wichtiger Standortfaktor. Dabei spielt z. B. die Ausbildung der Arbeitskräfte und die Höhe der Löhne (je niedriger, desto besser) eine Rolle.

**Arktis** (S. 16, 192) Die Arktis ist das Gebiet um den Nordpol. Hier ist das Nordpolarmeer größtenteils von Eis bedeckt. Auch Grönland und andere polnahe Inseln sowie kleine Teile des kanadischen und russischen Festlands zählen zur Arktis. Gegenpol: → Antarktis.

**Atlas** (S. 22) Kartensammlung mit physischen Karten und thematischen Karten sowie einem Register.

**Atmosphäre** (S. 32) Die Lufthülle der Erde. Sie besteht aus verschiedenen Gasen und schützt uns vor zu viel schädlicher Sonneneinstrahlung.

**Ausgangsgestein** (S. 58) Gesteinsschicht, aus der durch Bodenbildungsprozesse → Boden entsteht.

# B

**Ballungsraum** (S. 136) Auch: Verdichtungsraum. Gebiet mit hoher Einwohnerdichte, einem großen Angebot an Arbeitsplätzen und gut ausgebautem Verkehrsnetz.

**Baumgrenze** (S. 150) Mit zunehmender Höhe wird es immer kälter. In hohen Berglagen können deshalb die Pflanzen schlechter wachsen. Die Höhe, bis zu der Bäume wachsen können, heißt Baumgrenze. Oberhalb der Baumgrenze wachsen nur noch Sträucher, Gräser und andere Pflanzen, die das kalte Klima vertragen können.

**Bewässerungsfeldbau** (S. 190) Form der landwirtschaftlichen Nutzung, bei der die Niederschläge in der Wachstumszeit nicht ausreichen. Dies kann in Gebieten mit geringen Niederschlägen sein oder bei Pflanzenkulturen, die besonders viel Wasser benötigen, wie zum Beispiel Reis.

**Bevölkerungsdichte** (S. 118) Berechnung der Bevölkerungsdichte. Die Zahl der Einwohner eines Gebiets wird durch die Quadratkilometer (km²) der Fläche geteilt. Das Ergebnis ist die Zahl der Einwohner pro Quadratkilometer (Einw./km²). Große Gesamtfläche des Gebiets und wenig Einwohner: niedrige Bevölkerungsdichte. Kleine Gesamtfläche des Gebiets und viele Einwohner: hohe Bevölkerungsdichte.

**Boden** (S. 58) Der Boden ist die oberste lockere Schicht der Erdoberfläche, die aus zersetztem Gestein, abgestorbenen und lebenden Pflanzen und Tieren sowie Wasser und Luft besteht.

**Bodenlebewesen** (S. 58) Wichtige Bodenlebewesen sind Insekten und andere Kleintiere sowie Pilze und Bakterien. Sie sorgen für die Umwandlung von Pflanzenresten und bilden somit den → Humus.

**Bodenschätze** (S. 162) Nutzbare Rohstoffe, die in der Erde lagern. Wichtige Bodenschätze sind z. B. Erdöl, Erdgas, Kohle, Erze, Kies und Sand. Sie werden im Tagebau oder Untertagebau abgebaut.

**borealer Nadelwald** (S. 192) Der nördliche Nadelwald, auch borealer Nadelwald oder → Taiga genannt, ist die nördlichste Vegetationszone, in der Bäume und größere Sträucher wachsen. Hier gibt es noch große, zusammenhängende Urwälder. Die Durchschnittstemperatur beträgt in dieser Vegetationszone nur etwa –15 °C bis 0 °C.

**Breitenkreis** (S. 18) Im Gradnetz der Erde gibt es Längen- und Breitenkreise. Der längste Breitenkreis ist der → Äquator; alle anderen liegen parallel zu ihm und werden nach Norden bzw. Süden hin immer kürzer. Je Erdhalbkugel gibt es 90 Breitenkreise, wobei der Äquator die Bezeichnung 0° hat und die Pole 90° nördlicher bzw. südlicher Breite entsprechen.

**Bundeshauptstadt** (S. 136) Stadt, in der die Regierung und das Parlament eines Bundesstaates ihren Sitz haben. In der Bundesrepublik Deutschland ist dies Berlin.

**Bundesland** (S. 134) Gliedstaat der Bundesrepublik Deutschland. Es gibt insgesamt 16 Bundesländer, davon sind drei Stadtstaaten.

**Buntsandstein** (S. 71) Rötlich gefärbtes → Sedimentgestein aus Sand.

# C

**City** (S. 116) In den großen Städten bezeichnet man die Innenstadt mit dem Geschäftsviertel als City. Hier gibt es vorwiegend Geschäfte und Büros. Wohnungen sind kaum vorhanden. Das Bild bestimmen Kaufhäuser, Spezialgeschäfte, Banken, Gaststätten, Kinos und Behörden.

# D

**Deckgebirge** (S. 71) Auf dem → Grundgebirge in Jahrmillionen abgelagerte Gesteinsschichten (Ablagerungen) z. B. → Buntsandstein.

**Deich** (S. 146) Mehrere Meter hoher Erdwall, der bei Sturmflut die Küstenbewohner vor Überschwemmungen schützt.

**digitale Karte** (S. 24) Karte, Landkarte, Stadtplan für die Nutzung am Computer, Smartphone oder Tablet.

**Doline** (S. 104) Eine Doline ist eine schüssel- oder trichterförmige Vertiefung im Karst. Ihr Durchmesser kann wenige Meter bis 1,5 Kilometer betragen.

# E

**Ebbe** (S. 142) Gezeitenphase mit ablaufendem Wasser.

**Eiszeiten** (S. 63) Während der Eiszeiten waren große Gebiete Europas vom Eis bedeckt. Von Nordeuropa drangen damals Gletscher bis ins Norddeutsche Tiefland vor.

**Epizentrum** (S. 206) Stelle an der Erdoberfläche (senkrecht über dem Erdbebenherd), an der die stärksten Erschütterungen gemessen werden.

**Erdachse** (S. 12) Eine gedachte Linie zwischen Nord- und Südpol. Die Erde dreht sich um die Erdachse Richtung Osten.

**Erdkruste** (S. 82, 202) Äußerste Schicht der Erde, die zwischen 5 km (unter den Ozeanen) und 50 km (unter den Kontinenten) dick sein kann.

**Erdrevolution** (S. 14) Die Bewegung der Erde in 365 Tagen, 5 Stunden, 48 Minuten und 46 Sekunden (ein Jahr) von West nach Ost um die Sonne. In dieser Zeit legt sie 936 Mio. km zurück, sie bewegt sich also mit einer Geschwindigkeit von 107 280 km/h. Da die Erde eine Schrägstellung von 23,5 Grad hat (gegenüber der Senkrechten zur Erdbahnebene), entstehen die verschiedenen Jahreszeiten sowie die unterschiedliche Länge von Tag und Nacht.

**Erdrotation** (S. 12) Die Drehung der Erde in etwa 24 Stunden (genau: 23 Stunden, 56 Minuten und 4 Sekunden) von West nach Ost um die eigene Achse. Dadurch wird der Wechsel von Tag und Nacht hervorgerufen.

**Erz** (S. 164) Ein natürlich vorkommendes, metallhaltiges Gestein. Das Eisenerz wird z. B. als Rohstoff zur Eisenherstellung verwendet.

**Erzeugergemeinschaft** (S. 111) Zusammenschluss mehrerer Betriebe mit dem Ziel, sich bei der Herstellung ihrer Produkte untereinander abzusprechen, um diese dann gemeinsam zu bewerben und zu verkaufen.

**Europäische Union** (S. 54, 200) Zusammenschluss von bis jetzt 27 europäischen Staaten, durch den eine möglichst enge, wirtschaftliche und politische Zusammenarbeit erreicht werden soll. Mitgliedsstaaten sind: Belgien, Dänemark, Deutschland, Griechenland, Finnland, Frankreich, Irland, Italien, Luxemburg, Niederlande, Österreich, Portugal, Schweden und Spanien. Im Jahr 2020 trat das Vereinigte Königreich wieder aus der EU aus.

**Exkursion** (S. 108) Dabei handelt es sich um eine Erkundung vor Ort beziehungsweise einen Ausflug, der ein bestimmtes Ziel verfolgt.

# F

**Fels- und Eisstufe** (S. 150) Höchstgelegene → Höhenstufe im → Hochgebirge.

**Flächenalb** (S. 96) → Albhochfläche

**Flut** (S. 142) Gezeitenphase mit auflaufendem Wasser.

**Forstwirtschaft** (S. 182) Der → Wirtschaftssektor, der den Wald wirtschaftlich nutzt. Die Forstwirtschaft gehört zum → primären Sektor.

**Fossilien** (S. 98) Versteinerungen von Urtieren oder Urpflanzen. Sie entstanden unter Luftabschluss und hohem Druck. So haben sie sich über Millionen von Jahren erhalten.

**Fremdenverkehr** (S. 78) Unter Fremdenverkehr versteht man einen längerfristigen Reiseverkehr.

**Fruchtwechsel** (S. 49) Anbausystem in der Landwirtschaft, bei der Nutzpflanzen im Wechsel angepflanzt werden, wie z. B. Getreide und Zuckerrüben. Dadurch laugt der Boden nicht aus.

**Furchenbewässerung** (S. 191) Bewässerungsmethode, bei der das Wasser durch schmale Furchen auf die Felder geleitet wird.

# G

**Galaxie** (S. 10) Eine Ansammlung von Sternen und Planetensystemen, Gasnebeln, Staubwolken und sonstigen Objekten. Es wird auch der Begriff Sternensystem verwendet.

**gemäßigte Zone** (S. 192) → Klimazone zwischen der kalten und warmen Klimazone. Sie ist geprägt durch gemäßigte Temperaturen und deutliche Jahreszeiten.

**Geologie** (S. 82) Diese Wissenschaft befasst sich mit Aufbau und Zusammensetzung der Erde.

**Gewerbegebiet** (S. 116, 122) Besonders ausgewiesenes Gebiet einer Stadt oder auf dem Land, das der gewerblichen Nutzung (z. B. Industrie, Handel) vorbehalten ist.

**Geysir** (S. 204) Durch Grundwasser gespeiste, heiße Springquelle, die in zum Teil konstanten Zeitabständen springbrunnenartig und mit großem Druck Wasser ausstößt. Geysire sind eine typische Erscheinung aktiver Vulkangebiete.

**Globus** (S. 10) Verkleinerte Abbildung der Erde. Der Globus kann um eine schräg gestellte Achse gedreht werden. Der erste Globus wurde von Martin Behaim 1492 gebaut.

**Gneis** (S. 71) Unter dem Einfluss hohen Drucks und hoher Temperaturen chemisch und mechanisch umgewandelter Granit.

**Golfstrom** (S. 184) Der Golfstrom ist benannt nach seinem Ursprungsort, dem Golf von Mexiko. Er transportiert mehr Wasser als alle Flüsse der Erde zusammen. An der wärmsten Stelle ist sein Wasser bis zu 30 Grad Celsius warm. Auf seinem Weg von der Karibik nach Nordeuropa bringt er unserem Kontinent ein mildes Klima. Ohne ihn

wäre es bei uns im Schnitt fünf bis zehn Grad kälter.

**GPS** (S. 18, 26) (Global Positioning System) Gerät, das mithilfe von Satelliten jeden Standort auf der Erde bis auf wenige Meter bestimmen kann.

**Grabenbruch** (S. 82) Aufgrund von Erdkrustenbewegungen entstandenen Risse, die zu einem Graben wurden. (Oberrheingraben)

**Gradnetz** (S. 19) Unterteilung der Erde mit gedachten Linien, den → Längen- und → Breitenkreisen. Mithilfe des Gradnetzes lässt sich ein bestimmter Punkt auf der Karte oder dem Globus schnell finden.

**Granit** (S. 71) Ein Gestein, das aus dem Erdinneren stammt und zum Grundgebirge zählt.

**Großlandschaften** (S. 130, 198) Die Landschaft Deutschlands lässt sich in Großlandschaften unterteilen. Von Norden nach Süden sind das: → Norddeutsches Tiefland → Mittelgebirge, → Alpenvorland und → Hochgebirge.

**Großstadt** (S. 116) Stadt mit mehr als 100 000 Einwohnern und deutlich ausgeprägten Stadtvierteln.

**Grünlandwirtschaft** (S. 62) Eine weit verbreitete Form der Landwirtschaft ist die Grünlandwirtschaft. Auf Weiden wird Viehzucht (Rinder, Milchkühe) betrieben. Wiesen werden gemäht; das Gras dient als Viehfutter.

**Grundfunktion** (S. 120) Angebot eines Ortes, das ein Mensch zum normalen Leben braucht. Dazu zählt eine ausreichende Versorgung mit Nahrung, Trinkwasser und Kleidung. Wichtige Grundbedürfnisse sind außerdem Unterkunft, Bildung, Arbeit und ärztliche Versorgung.

**Grundgebirge** (S. 71) Alte, aus dem Erdinnern stammende Gesteinsschichten wie → Granit und → Gneis.

# H

**Hartlaubvegetation** (S. 188) Hartlaubvegetation ist der Überbegriff für die Vegetationsformation der winterfeuchten Subtropen ( → Mittelmeerklima). Hartlaubgewächse zeichnen sich dabei durch kleine, steife, langlebige bis immergrüne Blätter aus.

**Himmelsrichtung** (S. 24) Wenn du mit dem Fahrrad fährst, zu Fuß gehst oder dich sonst auf der Erde in eine Richtung bewegst: Du bewegst dich immer in eine bestimmte Himmelsrichtung. Die Haupthimmelsrichtungen sind Norden, Süden, Westen und Osten. Auf Karten ist in der Regel Norden oben.

**Hochgebirge** (S. 198) Gebirge mit schroffen Formen und deutlichen Höhenunterschieden: Die Berge erreichen über 1500 m Höhe, wie z. B. die Alpen.

**Höhenlinie** (S. 24) Höhenlinien sind auf manchen Karten (in der Regel auf Wanderkarten) verzeichnet und verbinden die Punkte, die in gleicher Höhe liegen. Eng zusammenliegende Höhenlinien verdeutlichen, dass das Gelände steil ist, weit auseinanderliegende Höhenlinien zeigen an, dass das Gelände flach ist.

**Höhenstufe** (S. 151) Mit zunehmender Höhe ändern sich im Gebirge Klima, Boden und Pflanzendecke. Die unterschiedlichen Stufen nennt man Höhenstufen.

**Höhle** (S. 102, 104) → Karsterscheinungen

**Humus** (S. 58) Bei der Umwandlung und Zersetzung von abgestorbenem organischem Material im → Boden wird durch die Neubildung von Stoffen Humus produziert. Dieser Prozess wird durch → Bodenlebewesen, die den Boden durchmischen und das Material abbauen, begünstigt.

# J

**Jurameer** (S. 98) Dieses Meer bedeckte vor etwa 205 Millionen Jahren bis vor etwa 140 Millionen Jahren weite Teile Deutschlands.

**Juraschichten** (S. 100) Gesteinsschichten, die in der Jurazeit entstanden sind und die das Jurameer zurückgelassen hat. Wegen ihrer typischen Farben heißen diese Gesteinsschichten Schwarzer Jura, Brauner Jura und Weißer Jura.

# K

**kalte Zone** (S. 180) Klimatisches Gebiet nahe der Pole, das auf der Nordhalbkugel nördlich und auf der Südhalbkugel südlich an die → gemäßigte Zone anschließt.

**Karsterscheinungen** (S. 104) Dazu gehören Dolinen, Höhlen, Trockentäler und Quelltöpfe. Die Karsterscheinungen sind in Karstgebieten zu finden, da hier das Kalkgestein vom Wasser leicht gelöst werden kann. Risse und Spalten werden über einen längeren Zeitraum hinweg zu Höhlen ausgewaschen. Stürzen diese Hohlräume in sich zusammen, entstehen Dolinen. Trockentäler sind Zeugen versickerter Flüsse und Bäche. Das Wasser fließt auf einer wasserundurchlässigen Schicht im Untergrund ab und tritt an Quelltöpfen am Fuß der Alb wieder aus.

**Klima** (S. 38) Als Klima wird das über Jahre gemessene Wetter an einem Ort oder in einem Gebiet bezeichnet. Durch die jahrelange Messung und Aufzeichnung der Wettererscheinungen Temperatur und Niederschlag können Klimadiagramme erstellt werden.

**Klimazone** (S. 192) Die Erde ist untergliedert in verschiedene Klimazonen (kalte, gemäßigte und heiße Zone). In den einzelnen Zonen herrscht ähnliches Klima, das durch die jeweiligen Einfallswinkel der Sonne bestimmt ist.

**Kompass** (S. 24) Ein Kompass ist ein Gerät zur Bestimmung der → Himmelsrichtungen. Er enthält eine längliche Nadel, die nach Norden in Richtung → Nordpol zeigt. Unter der Kompassnadel ist eine → Windrose. Mit ihrer Hilfe kann man die übrigen Himmelsrichtungen bestimmen.

**Kontinent** (S. 16) Die sieben Erdteile werden als Kontinente bezeichnet. Sie heißen Afrika, Antarktis, Asien, Australien, Europa und Nord- und Südamerika.

**kontinentales Klima** (S. 185) Ein durch heiße Sommer und kalte Winter geprägtes Klima, mit starken Unterschieden der Jahreszeiten und nur geringem Niederschlag.

**Koordinaten** (S. 24) Diese geben den Schnittpunkt des → Breiten- und Längenkreises an, an dem ein bestimmter Ort zu finden ist.

**Kuppenalb** (S. 96) → Albhochfläche

**Küste** (S. 133) Schmaler Grenzraum zwischen Festland und Meer, unterschieden nach ihrer Gestalt in Steilküste (Kliff) und Flachküste.

# L

**Lahnung** (S. 147) Pfahlreihe aus Buschwerk (Stroh und Reisig), die an Wattküsten und Flussufern als Schlickfänger angelegt wird.

**Landeshauptstadt** (S. 134) Die Bundesrepublik Deutschland besteht aus 16 Bundesländern. Die Stadt, in der die Regierung des jeweiligen Landes ihren Sitz hat, bezeichnet man als Landeshauptstadt. Meistens ist sie auch die größte Stadt des Bundeslandes. Die Landeshauptstadt von Baden-Württemberg ist Stuttgart.

**Landwirtschaft** (S. 47) Teil des → primären Sektors mit Ackerbau und/oder Viehzucht.

**Laub- und Mischwaldzone** (S. 192) Aufgrund der langen Vegetationszeit und der über das gesamte Jahr verteilten Niederschlagsmenge bietet die Vegetationszone der sommergrünen Laub- und Mischwälder gute Wachstumsbedingungen für viele Pflanzenarten. Vorherrschend sind Wälder aus Buche, Eiche, Fichte sowie Sträucher und Kräuter.

**Lava** (S. 202) Geschmolzenes Gestein, das bei Vulkanausbrüchen an die Erdoberfläche tritt. Solange sich diese im Erdinneren befindet, nennt man es → Magma.

**Lawine** (S. 156) An Gebirgshängen plötzlich niedergehende Schnee- und Eismasse. Die Lawinengefahr ist groß, wenn in kurzer Zeit viel Neuschnee fällt, der sich nicht mit der alten Schneedecke verbinden kann. Lawinen erreichen Geschwindigkeiten bis zu 160 km/h und können große Zerstörungen anrichten.

**Legende** (S. 21) Die Legende ist die Zeichenerklärung einer Karte. Alle Flächenfarben und Signaturen, die in der Karte eingetragen sind, werden hier erklärt, sodass man die Karte verstehen kann.

**Löss** (S. 62) Windanwehungen von fein zerriebenem Gesteinsmehl in der Eiszeit. Der darauf entstandene Lössboden ist besonders fruchtbar (meist tiefgründig, locker, und er kann schwammartig Wasser speichern). In Norddeutschland befinden sich Böden auf Löss am Rand der Mittelgebirge, in den Börden. In Süddeutschland liegen sie in den Gäulandschaften.

**Luftdruck** (S. 34) Die Luft hat ein Gewicht. Der Luftdruck ist das Gewicht der Luft, mit dem sie auf der Erdoberfläche lastet. Die Maßeinheit ist Hektopascal (hPa).

**Luftfeuchtigkeit** (S. 35) Bezeichnet den Anteil des Wasserdampfs in der Luft.

# M

**Mäander** (S. 86) Zahlreiche Flussschlingen, entstehen wegen geringer Fließgeschwindigkeit eines Flusses.

**Macchie** (S. 188) Buschwald aus überwiegend Hartlaubsträuchern im Mittelmeergebiet. Nachdem der Hartlaubwald durch Abholzung oder Brandrodung vernichtet wurde, bildete sich die Macchie.

**Magma** (S. 202) Gesteinsschmelze im Erdinneren.

**Malaria** (S. 86) Die Krankheit wird heutzutage hauptsächlich in den Tropen und Subtropen durch den Stich einer weiblichen Stechmücke (Moskito) übertragen.

**maritim** (S. 184) auf das Meer bezogen, zum Meer gehörend. Klimatischer Gegensatz zu kontinental.

**maritimes Klima** (S. 185) Klima, das durch die Nähe zum Meer beeinflusst wird und durch kühle Sommer und milde Winter sowie ganzjährig hohe Niederschläge gekennzeichnet ist.

**Massentierhaltung** (S. 52) Bei der Massentierhaltung werden oft Tausende von Tieren (z. B.

Schweine, Puten, Hühner) in einem landwirtschaftlichen Betrieb gehalten. Dieser Betrieb ist in der Regel stark automatisiert und mechanisiert, um die anfallenden Arbeiten (z. B. Füttern, Entmisten usw.) schnell erledigen zu können.

**Massentourismus** (S. 210) Die Touristenströme steigen durch mehr Urlaub, mehr Autos und Geld an und gefährden die Umwelt. Verkehrsstau, Zersiedlung, Lärm- und Luftbelastung und Landschaftsschäden können Folgen von Massentourismus sein.

**Maßstab** (S. 25) Auf Karten ist eine Landschaft kleiner als in Wirklichkeit dargestellt. Der Maßstab ist ein Maß für die Verkleinerung. Er gibt an, wie stark die Inhalte einer Karte gegenüber der Wirklichkeit verkleinert worden sind. Der Maßstab 1 : 50 000 bedeutet, dass 1 cm auf der Karte 50 000 cm oder 500 m (0,5 km) in der Natur sind.

**Mechanisierung** (S. 48) Ersatz der Arbeitskraft des Menschen durch Maschinen (z. B. Mähdrescher). Dadurch wird die Arbeit erheblich erleichtert und es werden Arbeitskräfte eingespart.

**Meridian** (S. 18) Im Gradnetz der Erde ein den Nord- und Südpol verbindender Halbkreis.

**Meteorologie** (S. 37) Die Meteorologie (Wetterkundler) beobachtet und misst jeden Tag die Wettererscheinungen. Mithilfe ihrer Informationen und Berechnungen versucht sie, das Wetter vorauszusagen.

**Mittelgebirge** (S. 70, 132, 198) Meist alte Gebirge, bis um die 1500 m hoch. Im Gegensatz zum → Hochgebirge sind die Oberflächenformen abgerundet. Mittelgebirge sind häufig bewaldet. Deutsche Mittelgebirge sind z. B. der Harz und die Eifel.

**Mittelmeerklima** (S. 188) Mittelmeerklima bezeichnet ein Klima der Subtropen mit trockenen, heißen Sommern und regenreichen, milden Wintern und hohen Sonnenstundensummen. Namengebend ist das Mittelmeer, das Klima findet sich aber auch auf anderen Kontinenten.

**Mond** (S. 11) Allgemein ist ein Mond ein Himmelskörper, der einen Planeten auf einer Umlaufbahn umkreist. Unser Mond begleitet die Erde auf ihrem Weg um die Sonne.

# N

**Nadelwaldstufe** (S. 150) diese wird auch → borealer Nadelwald genannt. Sie bildet eine Vegetationszone auf der Nordhalbkugel. Die langen und kalten Winter lassen nur einen artenarmen Nadelwald, hauptsächlich aus Fichten, Kiefern und Tannen, zu.

**nachhaltiger Tourismus** (S. 212) Fremdenverkehr, der den Ort, an dem er stattfindet, nicht schädigen soll. Das heißt, er soll möglichst umweltschonend sein, den Einheimischen nutzen und nicht schaden. Er wird oft als Gegenteil von Massentourismus bezeichnet.

**nachhaltiges Wirtschaften** (S. 182) Grundsatz, nach dem nicht mehr verbraucht werden darf, als jeweils nachwachsen oder künftig wieder bereitgestellt werden kann.

**Naherholungsgebiet** (S. 116) So nennt man ein Gebiet in der Nähe großer Städte, das für Kurzerholung (z. B. an den Wochenenden) wegen seiner landschaftlichen Schönheit (Berge, Seen, Wälder) genutzt wird.

**Nationalpark** (S. 80, 140) Schutzgebiet, das nur der natürlichen Entwicklung unterliegt und vor menschlichen Eingriffen geschützt werden soll.

**Naturkatastrophen** (S. 42) Naturereignis, das vielen Menschen Schaden zufügt, wie z. B. ein Erdbeben, ein Vulkanausbruch, ein Wirbelsturm, eine Überschwemmung oder Dürre. Wenn große Zerstörungen und Menschenleben zu beklagen sind, wird das Naturereignis zur Naturkatastrophe.

**Navigationssystem** (S. 18) Technisches System, das deine Position auf der Erde bestimmenn kann (z. B. mit GPS per Satellit) und dich zu einem bestimmten Ort auf einer bestimmten Route führen kann.

**Niederschlag** (S. 34) Wasser, das aus der → Atmosphäre die Erdoberfläche erreicht (z. B. Regen, Niesel, Tau, Schnee, Hagel, Reif).

**Norddeutsches Tiefland** (S. 133) Naturraum Deutschlands, der sich von der Nord- und Ostsee bis zu den → Mittelgebirgen erstreckt. Es liegt im Bereich bis zu 200 m über dem Meeresspiegel und ist sehr flach.

**Nordpol** (S. 10) Den Endpunkt der gedachten Erdachse auf der Erdoberfläche bezeichnet man im Norden als Nordpol.

**Nullmeridian** (S. 18) Als Nullmeridian wurde der Meridian (Längenkreis) bestimmt, der durch die Sternwarte von Greenwich (London) verläuft. Von ihm aus zählt man 180 Meridiane nach Westen und 180 nach Osten.

# O

**Ozean** (S. 16) Die drei Weltmeere heißen Atlantischer Ozean, Pazifischer Ozean und Indischer Ozean. Jeder einzelne Ozean ist größer als der größte Kontinent. Die Ozeane machen etwa drei Viertel der Erdoberfläche aus.

# P

**Pendler** (S. 124) Personen, die regelmäßig eine größere Entfernung zurücklegen, um von ihrem Wohnort z. B. zu ihrem Arbeitsort oder Schulort zu gelangen.

**physische Karte** (S. 22) In einer physischen Karte wird die Oberflächengestalt dargestellt. Die Farben kennzeichnen die Höhengliederung der Landschaft.

**Planet** (S. 10) Großer Himmelskörper, der sich auf einer Kreisbahn um die Sonne bewegt und von ihr beschienen wird.

**Planquadrat** (S. 23) Karten werden in Planquadrate eingeteilt. Jedes Planquadrat wird durch einen Buchstaben und eine Zahl bestimmt.

**polare Kältewüste** (S. 192) Als Kältewüste bezeichnet man Gebiete, in denen es so kalt ist, dass dort keine Pflanzen mehr wachsen und Tiere nur schwer überleben können. Die polare Zone ist eine Kältewüste, in welcher die Temperaturen selten die Nullgradgrenze überschreiten und eine verminderte Sonneneinstrahlung und ein geringer Niederschlag herrscht. Bekannte Tiere der polaren Kältewüsten sind zum Beispiel Pinguine (→ Antarktis) und Eisbären (→ Arktis).

**Polder** (S. 88) Gebiet, das bei Flusshochwassern gezielt geflutet werden kann, um die Wasserführung flussabwärts gelegener Flussabschnitte vorübergehend zu vermindern und dadurch die Spitze einer Flutwelle zu verkleinern.

**politische Karte** (S. 22) Eine politische Karte zeigt die Staaten in einem Raum oder die Einteilung eines Staates in kleinere Verwaltungseinheiten.

**primärer Sektor** (S. 104) Wirtschaftssektor, zu dem die → Land- und Forstwirtschaft, die Jagd, die Fischereiwirtschaft sowie der Bergbau ohne Aufbereitung zählen. Es wird von der Urproduktion gesprochen. Wirtschaftszweige innerhalb dieses Sektors gewinnen ausschließlich → Rohstoffe unmittelbar aus der Natur.

**Profil** (S. 84) Querschnitt durch eine Landschaft, z. B. zur Veranschaulichung der Gesteinsabfolge.

# Q

**Quelltopf** (S. 104) → Karsterscheinungen

# R

**Recycling** (S. 162) Wiederverwertung von Müll. Viele Abfälle enthalten neu zu verwendendes Material: Glas, Aluminium, Papier, Kunststoffe. Sie müssen getrennt gesammelt werden. In vielen Städten gibt es für diesen sogenannten Wertmüll gesonderte Mülltonnen sowie Container.

**Regenfeldbau** (S. 48) Der Regenfeldbau ist eine Form des Bodenbaus, die in Gebieten betrieben wird, wo der Jahresniederschlag größer ist als die Verdunstung. Dies ermöglicht einen Pflanzenanbau ohne zusätzliche künstliche Bewässerung.

**regionale Produkte** (S. 50) Erzeugnisse, die aus der unmittelbaren Umgebung kommen.

**Rohstoff** (S. 162) Ein Rohstoff ist ein unverarbeiteter Stoff, so wie er in der Natur vorkommt (z. B. Holz, Eisenerz, Rohöl). Rohstoffe werden bearbeitet und weiterverarbeitet. Man stellt daraus häufig Fertigwaren (z. B. Möbel, Pkw) her.

# S

**Säulendiagramm** (S. 17) Zeichnerische Darstellung von Zahlen; diese werden dabei als senkrecht stehende Säulen dargestellt.

**saisonale Produkte** (S. 50) Erzeugnisse, die es nur zu einer bestimmten (Jahres-)Zeit gibt.

**Schichtquelle** (S. 104) Wasserquelle, bei der das Wasser oberhalb einer wasserundurchlässigen Erdschicht an die Erdoberfläche gelangt.

**Schichtstufen** (S. 96) Geländestufe im Bereich flach lagernder Gesteine. Die Stufe ist an widerständiges aufliegendes Gestein gebunden, während der Stufenunterhang aus weniger widerständigem Gestein besteht.

**Sedimente** (S. 86) Ablagerungen von verwittertem Material, vor allem in Tälern, an Gebirgsrändern und in Meeren.

**Sedimentgestein** (S. 98) Gestein, das aus der mechanischen oder chemischen Zersetzung verschiedener Ausgangsmaterialien entsteht. Zumeist weist es eine Schichtung auf. Sedimentgesteine können als Lockergestein (z. B. Sand) oder Festgestein (z. B. Sandstein) auftreten. Auch Kohle und Erdöl gehören zu dieser Gesteinsgruppe (= biogene Sedimente).

**sekundärer Sektor** (S. 174) → Wirtschaftssektor der Weiterverarbeitung. Er umfasst alle be- und weiterverarbeitenden Tätigkeiten im Handwerk oder der Industrie sowie die Energiegewinnung aus Wasser, Wind und Sonne.

**Sonderkulturen** (S. 50, 84) Nutzpflanzen, die mit hohem Aufwand an Arbeitskraft und Geld meist auf kleinen Flächen angebaut werden, wie z. B. Obst, Wein oder Gemüse.

**Sonnensystem** (S. 10) Auch Planetensystem genannt. Es umfasst die Sonne, die sie umkreisenden Planeten sowie deren Satelliten. Dem Sonnensystem gehört auch die Erde an.

**Stadtviertel** (S. 116) Größere Städte teilen sich in Stadtviertel auf, die durch bestimmte Funktionen gekennzeichnet sind und sich durch eine entsprechende Bebauung auszeichnen, wie z. B. Hauptgeschäftsviertel, Industriegebiet oder Wohngebiet.

**Stalagmit** (S. 104) Tropfstein in einer Höhle, der vom Boden nach oben wächst.

**Stalagnat** (S. 104) Tropfstein in einer Höhle, der vom Boden bis zur Höhlendecke zusammengewachsen ist.

**Stalaktit** (S. 104) Tropfstein in einer Höhle, der von der Höhlendecke nach unten wächst.

**Standortfaktor** (S. 172) Einflussgrößen, die bei der Auswahl eines Standortes für Unternehmen eine Rolle spielen. Aufgrund der Bewertung der Standortfaktoren fällt die Entscheidung über den Standort. Zu den Standortfaktoren zählen u. a. das Lohnniveau, das Angebot an Fachkräften oder die Nähe zum Absatzmarkt.

Fachleute unterscheiden auch zwischen harten und weichen Standortfaktoren. Bei den weichen Standortfaktoren geht es u. a. darum, wie attraktiv der Standort für die Beschäftigten ist.

**Steigungsregen** (S. 40) Er entsteht, wenn Luftmassen an Gebirgen zum Aufsteigen gezwungen werden und abkühlen. Der in der Luft enthaltene Wasserdampf kondensiert zu Wassertröpfchen, das heißt, es bilden sich Wolken und es regnet.

**Strukturwandel** (S. 56, 78) Die Veränderung der Wirtschaftsstruktur im Laufe der Zeit. Die Bedeutung der Landwirtschaft nimmt ab, Gewerbe und Industrie nehmen zu, v. a. nimmt aber die Dienstleistung (z. B. der Tourismus) zu und ersetzt schließlich die Industrie.

**Sturm** (S. 144) Die Stärke des Windes wird in m/s oder km/h gemessen. Sturmschäden können bei einer Geschwindigkeit von mehr als 20 m/s auftreten. Ab einer Windgeschwindigkeit von mehr als 100 km/h spricht man von einem Orkan.

**Sturmflut** (S. 144) Bei einer Sturmflut steigt die Flut durch starke Winde an der Küste höher als sonst. Wenn die Sturmflut besonders stark ist, dann können Deiche brechen und das dahinter liegende Land wird überschwemmt.

**subpolare Klimazone** (S. 192) Klimatisches Gebiet nahe der Pole, das auf der Nordhalbkugel nördlich und auf der Südhalbkugel südlich an die → gemäßigte Zone anschließt.

**Südpol** (S. 10) Den Endpunkt der gedachten Erdachse auf der Erdoberfläche bezeichnet man im Süden als Südpol.

# T

**Taiga** (S. 180) Unter dem gemäßigten Klima der Nordhalbkugel natürlich entstandene Vegetationszone, die durch ausgedehnte Nadelwälder, die teilweise auf Dauerfrostboden stehen, gekennzeichnet ist. Sie wird auch → borealer Nadelwald genannt.

**Temperatur** (S. 34) Die Temperatur gibt den Wärmezustand der Luft oder eines anderen Stoffes an. Sie wird in Grad Celsius (°C) gemessen.

**tertiärer Sektor** (S. 174) Der → Wirtschaftsbereich, in welchem die Dienstleistungen zusammengefasst werden. Hierzu zählen Handel, Verkehr, Verwaltung, Bildungs- und Schulwesen sowie die freien Berufe (Ärzte, Rechtsanwälte, Architekten usw.).

**thematische Karte** (S. 22) Dieser Kartentyp stellt immer ein spezielles Thema dar. So gibt es z.B. thematische Karten zur Bevölkerungsdichte, zum Tourismus oder zur Landwirtschaft. Um die Karten zu veranschaulichen, werden sie häufig mit Tabellen, Diagrammen usw. ergänzt.

**Tiefland** (S. 198) Größeres Gebiet der Erdoberfläche mit geringen Höhenunterschieden. Es liegt bis zu 200 m über dem Meeresspiegel (NN), wie z.B. das Norddeutsche Tiefland.

**Tourismus** (S. 78) Anderer Begriff für → Fremdenverkehr.

**Tundra** (S. 180) Landschaft am Rande der Arktis in der → subpolaren Zone. Hier wachsen wegen der niedrigen Temperaturen nur niedrige Pflanzen, z.B. Gräser, Flechten, Moose, Sträucher.

**Trockental** (S. 104) → Karsterscheinungen

**Tröpfchenbewässerung** (S. 191) Bewässerungssystem, mit dessen Hilfe Wasser, Dünger und Pflanzenschutzmittel tropfenweise direkt in die Wurzelzone der Pflanzen gelangen. Daher ist die Verdunstung und damit auch die Gefahr der Versalzung sehr gering.

# U

**Umlaufbahn** (S. 10) Die Planeten umkreisen andere Himmelskörper auf bestimmten Bahnen. Diese heißen Umlaufbahnen. Der Planet Erde braucht ein Jahr, um auf seiner Umlaufbahn die Sonne zu umrunden.

# V

**Verkehrsinfrastruktur** (S. 118) Alle Einrichtungen, die dem Transport von Menschen und Gütern dienen, z.B. Straßen, Ampeln, Parkplätze, Kanäle, Häfen oder Bahnhöfe.

**Verkehrsknotenpunkt** (S. 136) Ort, an dem sich unterschiedliche Verkehrswege, zum Beispiel Straßen, Eisenbahnlinien, Wasserwege und Fluglinien, kreuzen. Hat eine hohe Verkehrsdichte.

**Verkehrswege** (S. 168) Verkehrswege sind alle Wege, auf denen sich Verkehr bewegt, wie zum Beispiel Straßen, Eisenbahnschienen, Kanäle und Flüsse, aber auch Schifffahrtslinien über das Meer oder Luftverkehrswege.

**Vulkan** (S. 82) / **Vulkanausbruch** (S. 202) Ein Vulkan entsteht, wenn geschmolzenes Gestein (→ Magma) bis an die Erdoberfläche aufsteigt. Tritt es an der Oberfläche aus, entsteht ein Vulkanausbruch. Bei diesem können neben → Lava auch Asche, Wasserdampf, Gase oder Schlacken austreten.

# W

**Wattenmeer** (S. 140) Flacher Übergangsbereich zwischen Land und Meer; wird bei → Flut überschwemmt; besteht aus Schlickflächen, abgestorbenen Tier- und Pflanzenteilen sowie Sand.

**Wetter** (S. 32, 38) Das Wetter ist der augenblickliche Zustand der Lufthülle der Erde (Atmosphäre) in einem bestimmten Gebiet. Das Wetter ändert sich ständig. Zu den beobachtbaren und messbaren Erscheinungen des Wetters gehören Luftdruck, Wind, Bewölkung, Niederschlag und Temperatur.

**Wirtschaftssektor** (S. 174) Sie bilden den gesamten Produktionsbereich eines Landes. Zu ihnen zählen der → primäre Sektor, der → sekundäre Sektor und der → tertiäre Sektor.

**Wohngebiet** (S. 116) Das Wohngebiet ist ein Stadtviertel, in dem überwiegend Wohnhäuser stehen.

# Z

**Zeugenberg** (S. 96) Ein Einzelberg vor einem Gebirgsrand, der anzeigt, wie weit das Gebirge früher einmal gereicht hat, heißt Zeugenberg.

**Zone des Mittelmeerklimas** (S. 192) Bezeichnet das Klima um das europäische Mittelmeer. Die Sommer sind warm und trocken, die Winter regenreich und mild.

# Baden-Württemberg – Karten Seite 238/239

# Deutschland – Karten Seite 240/245

**Europa – Karten Seite 242 – 245**

**Die Welt – Karten Seite 246 – 249**

# Baden-Württemberg – physische Karte

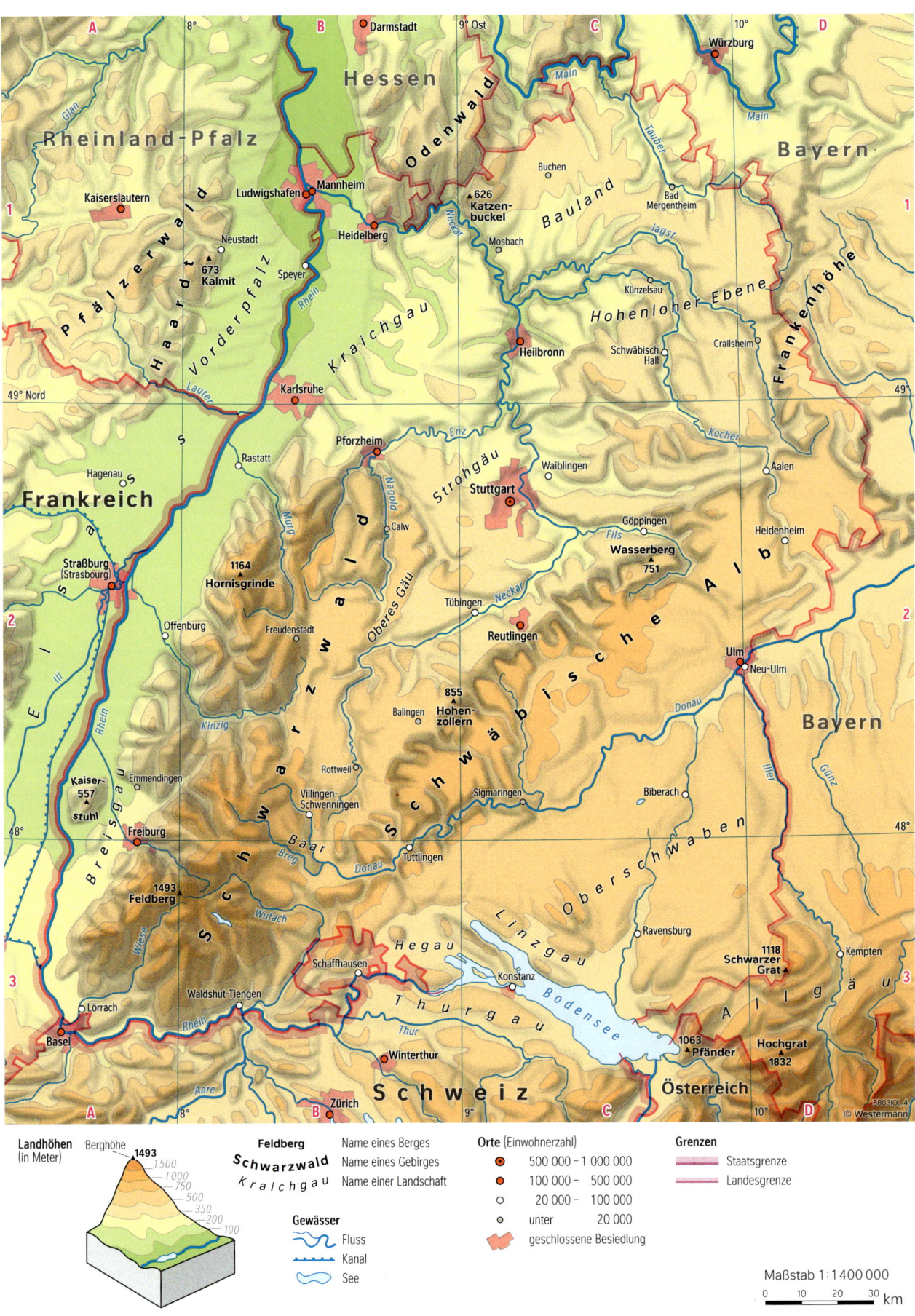

A | B | 8° | 9° Ost | C | 10° | D

**Landhöhen**
(in Meter)

Berghöhe
1493

1500
1000
750
500
350
200
100

**Feldberg** Name eines Berges
*Schwarzwald* Name eines Gebirges
*K r a i c h g a u* Name einer Landschaft

**Gewässer**

〜〜 Fluss
---- Kanal
〜〜 See

**Orte** (Einwohnerzahl)
⊙ 500 000 – 1 000 000
● 100 000 – 500 000
○ 20 000 – 100 000
· unter 20 000
geschlossene Besiedlung

**Grenzen**
Staatsgrenze
Landesgrenze

Maßstab 1 : 1 400 000
0 10 20 30 km

# Baden-Württemberg – politische Karte

**Staaten und Verwaltung**

| | |
|---|---|
| Staatsgrenze | |
| Landesgrenze | |
| Regierungs-bezirksgrenze | |
| Kreisgrenze | |

**Schweiz** Name eines Staates

**Bayern** Name eines Bundeslandes

*Freiburg* Name eines Regierungsbezirks

Enzkreis Name eines Landkreises, der nicht nach seinem Verwaltungssitz benannt ist

AA Kraftfahrzeugkennzeichen

- Landeshauptstadt
- Verwaltungssitz des Regierungspräsidenten
- Verwaltungssitz eines Land- oder Stadtkreises

Maßstab 1 : 1 400 000

0  10  20  30 km

5804KX_2
© Westermann

# Deutschland – physische Karte

A   6° Ost   B   8°   C   10°   D   12°   E   14°   F   16°

**Dänemark**

*O s t s e e*

*N o r d s e e*

Helgoland   Kap Arkona   Rügen   Kolberg (Kołobrzeg)

Flensburg   Kiel   Stralsund   Usedom

Westfriesische Inseln   Ostfriesische Inseln   Cuxhaven   Lübeck   Schwerin   Haff   Stettin (Szczecin)

Wilhelmshaven   **Hamburg**   Rostock   *Mecklenburgische Seenplatte*   Uckermark

Emden   Bremerhaven   *Landrücken*   Müritz

Groningen   Oldenburg   Bremen   *Lüneburger Heide*   Prignitz   **Polen**

Amsterdam   *Emsland*   Osnabrück   Hannover   Altmark   Wittenberge   Havel   Oderbruch   Warthe (Warta)

**Niederlande**   Utrecht   Bielefeld   Braunschweig   Magdeburg   *Fläming*   **Berlin**   Frankfurt   Oder (Odra)

Münster   *Teutoburger Wald*   *Weser bergland*   *Börde*   Potsdam   Grünberg (Zielona Góra)

*Münsterland*   Brocken ▲1142   *Harz*   Dessau-Roßlau   Spreewald   Cottbus (Chóśebuz)

Eindhoven   Essen   Dortmund   Göttingen   Halle   *Leipziger*   *Niederlausitz*   *Oberlausitz*

Duisburg   Kassel   *Thüringer*   Leipzig   *Tieflandsbucht*   Dresden   Görlitz

Lüttich (Liège)   Düsseldorf   *Rothaargebirge* ▲841 Kahler Asten   *Hessisches Bergland*   Erfurt   Jena   Gera   Chemnitz   *Elbsandsteingebirge*   Reichenberg (Liberec)

**Köln**   Bonn   Aachen   *Westerwald*   *Vogels-berg*   Wasser-kuppe ▲950   Großer Beerberg ▲982   Zwickau   *Erzgebirge*   Elbe (Labe)

**Belgien**   *Rheinisches Schiefergebirge*   *Eifel*   *Taunus*   *Rhön*   *Thüringer Wald*   Plauen   *Vogtland*

*Ardennen*   Koblenz   Wiesbaden   Frankfurt   *Spessart*   *Franken-wald*   *Fichtel-gebirge*   Schnee-berg ▲1051   **Prag (Praha)**

Luxemburg   *Hunsrück*   Mainz   *Oden-wald*   Würzburg   Bamberg   *Oberpfälzer Wald*   Pilsen (Plzeň)   **Tschechien**

Luxemburg (Luxembourg)   Trier   Mannheim   Nürnberg   *Fränkische Alb*   Großer Arber ▲1456

Metz   Saarbrücken   *Pfälzer-wald*   *Schwäbisch-Fränkisches Stufenland*   Donau   Regensburg   *Böhmerwald*

Karlsruhe   Straßburg (Strasbourg)   Stuttgart   *Fränkische Alb*   Donau   *Bayerischer Wald*   Passau

**Frankreich**   *Oberrheinisches Tiefland*   *Schwäbische Alb*   Ulm   Augsburg   Isar   Linz

Freiburg   *Schwarzwald*   Donau   **München**   *Alpenvorland*

Besançon   Mülhausen (Mulhouse)   Feldberg ▲1493   Konstanz   Bodensee   *Allgäu*   Chiemsee   Salzburg

Basel   *Vogesen*   *A l p e n*   Zugspitze ▲2962   Innsbruck   **Österreich**

**Schweiz**   Liechtenstein

*Deutschland*

© Westermann

**Landhöhen** (in Meter)   **Berghöhe** 2962

1500 · 1000 · 500 · 200 · 100 · 0 (Küstenlinie)

Depression

**Orte** (Einwohnerzahl)
- ■ über 1 000 000
- ◉ 500 000 – 1 000 000
- ● 100 000 – 500 000
- ○ unter 100 000

**Gewässer**
- Fluss
- Kanal
- See
- Moor, Sumpf

**Staaten**
- Staatsgrenze
- **Berlin** Hauptstadt

Maßstab 1 : 4 500 000

0 20 40 60 80 100 km

# Deutschland – politische Karte

**Staaten**
— Staatsgrenze
■ Hauptstadt
**Polen** Name eines Staates

**Verwaltung**
— Landesgrenze
● Landeshauptstadt
**Bayern** Name eines Bundeslandes

Maßstab 1 : 4 500 000
0 20 40 60 80 100 km

241

# Europa – physische Karte

**Ballungsräume** (Einwohnerzahl)
- ▣ über 10 000 000
- ▣ 3 000 000 – 10 000 000
- ■ 1 000 000 – 3 000 000
- ◉ unter 1 000 000

**Grenzen**
- —— Staatsgrenze
- – – – umstrittene Grenze

**Gewässer**
- ∿ Fluss
- ⋯ Fluss, jahreszeitlich Wasser führend
- ≈ Wadi, Trockenfluss
- ⊢⊣ Kanal
- ⬭ See
- ⬭ Salzsee
- ⬭ Salzpfanne

**Landhöhen** (in Meter)
- Gletscher
- über 3000
- 1500 – 3000
- 1000 – 1500
- 500 – 1000
- 200 – 500
- 100 – 200
- 0 – 100
- Depression
- ▲ 4810 Berghöhe
- 187 sonstige Landhöhe

Maßstab 1 : 18 000 000

0 100 200 300 400 500 km

**Europäisches Nordmeer**

Island
Hekla ▲ 1491
Hvannadals- hnúkur ▲ 2110

Lofote
Nördlicher Polarkreis

Atlantischer Ozean

Faröer

Shetland- Inseln

Skandinavien
▲ 2469
Oslo
Vänersee 44
Kattegat
Vättersee

Britische Inseln
Hebriden
Orkney- Inseln
Schottisches Hochland ▲ 1344
Glasgow
Newcastle upon Tyne
Irland
Dublin
Irische See
Liverpool Leeds
Manchester Sheffield
▲ 1039
Birmingham
England
London
Land's End
Sankt-Georgs-Kanal
Ärmelkanal
Straße von Dover
Kanalinseln
Bretagne
Normandie
Pariser Becken
Paris
Seine
Loire

Nordsee
Jütland
Kopenhagen
Born- holm
Hamburg
Norddeutsches Tiefland
Amsterdam
Rotterdam
Hannover
Ruhrgebiet ▲ 1142
Brüssel
Lille
Düsseldorf
Köln
Deutsche Mittelgebirge
Frankfurt
Nürnberg
Prag
Stuttgart
Donau
München
Wien
Berlin
Oder
Elbe
Sude ▲ 1603
187

Golf von Biskaya
Kap Finisterre
Bordeaux
Bilbao
Porto
Kantabrisches Gebirge
Pyrenäen ▲ 3404
Toulouse
Zentral- massiv ▲ 1886
Lyon
Rhône
Jura
Zürich
Mont Blanc ▲ 4810
Großglockner ▲ 3798
Alpen
Mailand
Turin
Poebene
Po
Marseille
Golfe du Lion
Korsika ▲ 2710
Sardinien ▲ 1834
Apenninen
Rom ▲ 2914
Neapel
Adriatisches Me
Dinarisch

Hochland von Kastilien
Tejo
Madrid
Lissabon
Tajo
Ebro
Barcelona
Valencia
Sierra Morena
Sevilla
Betische Kordillere ▲ 3478
Straße von Gibraltar
Balearen
Mallorca
Tyrrhenisches Meer
Palermo
Ätna ▲ 3357
Sizilien
Malta
Mi

Madeira
Kanarische Inseln
Teneriffa
Lanzarote
Gran Canaria
Fuerteventura

Casablanca
Rabat ▲ 2456
Fès
Er Rif
Oran
Algier
Kap Blanc
Tunis ▲ 2328
Atlasgebirge
Moulouya
Toubkal ▲ 4167
Wadi Djedi
Schott el Djerid
Schott Melghir –30
16
Djerba
Golf von Gabès

50° Nord
40°
30°
30° West
20°
10° West
0°
10° Ost

20° G    Nordkap   30° H   40° J   Kolgujew   50° K   60° L   70° M   Ob   80° N

B a r e n t s s e e

2111    Lappland   Kanin-   Halbinsel   2   Ural

114   Inarisee   Kola   Timanrücken   1895   Narodnaja   W e s t s i b i r i s c h e s

Weißes   Meer   Nordrussisches   1569   Tiefland   Omsk   3

Bottnischer Meerbusen   Finnische   Onegasee   Nordrussischer Landrücken   Kama-   stausee   Irtysch   Tawda

Seenplatte   33   Suchona   Perm   Jekaterinburg

Ladoga-   see   Wotkinsker   Stausee   Tscheljabinsk

Helsinki   Sankt   Petersburg   Rybinsker   Stausee   102   Gorkier   Stausee   Wolga   Kasan   Kama   Ufa   Belaja   Ural   Tobol   50°

Stockholm   Finnischer Meerbusen   Peipussee   Waldai-   höhen   323   63   Nischni   Nowgorod   Kuibyschewer   Stausee   Samara   Obschtschi Syrt

Saaremaa   Moskau   110   16

Gotland   Riga   Baltischer Landrücken   Mittelrussische Platte   Don   Wolgaplatte   Saratower   Stausee   Saratow   Nördlicher   Aralsee   4

Vilnius   Dnjepr   Woronesch   Wolgograder   Stausee   Westlicher   -31   Aralsee

Warschau   86   Minsk   Pripjat-   sümpfe   Wolgograd   -10   Kaspische Senke   -28   Amudarja

Katowitz   Weichsel   Wolhynisch-Podolische Platte   Kiew   90   Charkiw   Don   Wolga   Zimljanser   Stausee   -132

Karpaten   Dnipro   Kachowkaer   Stausee   Donezplatte   Donezk   Rostow   Manytschniederung   Kuma   40°   Nord

Budapest   Alföld   Siebenbürgen   Kischinau   Odessa   Asowsches   Meer   Kaspisches   Meer

Belgrad   Südkarpaten   Bukarest   Krim   1545   K a u k a s u s   5642   Elbrus   Baku

Donau   Balkan   S c h w a r z e s   M e e r   Tiflis   Kura

bírge   Sofia   2376   3931   Jerewan   5137   Ararat   Araxi

2764   2925   Rhodopen   Pontisches Gebirge   Täbris   Elburs   5610

2917   Olymp   İstanbul   Bosporus   Ankara   Westl. Euphrat   In Östl. Euphrat   Vansee   Urmiasee   1275   Teheran

Pindos   Ägäisches   Bursa   Kleinasien   Taurus   3917   Gaziantep   Mossul   Zagrosgebirge   Isfahan

İzmir   Tuzsee   Adana   Aleppo   Euphrat   Mesopotamien   4550   30°

Pelo-   ponnes   Athen   Antalya   Homs   Bagdad   38   Tigris

Meer   2456   Kreta   1953   Zypern   3086   Beirut   Damaskus   S y r i s c h e   Basra   Shiraz   6

Ionisches   Meer   20° G   30° H   40° J   Wüste   Kuwait-Stadt   2011KX_1b   © Westermann

# Europa – politische Karte

2012KX_1b © Westermann

# Die Erde – physische Karte

**Landhöhen**
(in Meter)

Berghöhe **8848**

Gletscher

5000
3000
1500
1000
500
200
100
0

Depression

# Die Erde – politische Karte

1KXc © Westermann

**Abkürzungen**

| | | | |
|---|---|---|---|
| [Fr.] | = Frankreich | **A** = Österreich | **EST** = Estland |
| [Port.] | = Portugal | **B** = Belgien | **H** = Ungarn |
| [Span.] | = Spanien | **CH** = Schweiz | **LT** = Litauen |
| [VK.] | = Vereinigtes Königreich | **CZ** = Tschechien | **LV** = Lettland |
| | | **D** = Deutschland | **NL** = Niederlande |
| | | **DK** = Dänemark | **SRB** = Serbien |

|123RF.com, Hong Kong: tobi 35.3. |akg-images GmbH, Berlin: dpa, Heidtmann, Lothar 145.1; euroluftbild.de/Gerhard Launer 62.3. |Alamy Stock Photo (RMB), Abingdon/Oxfordshire: Angela Hampton Picture Library 121.2; Arco Images GmbH 74.4; Avalon/Photoshot License 162.5; Bildagentur Geduldig 236.5; Boelter 126.4; Booth, Mike 175.5; Cephas Picture Library Ltd 203.2; Deco 7.3, 197.1; geogphotos 59.3; Gottschalk, Manfred 5.3, 114.1; Hicks, Nigel 180.1; imageBROKER 78.1, 104.1, 236.6; jozef sedmak 237.4; Kasle, Niteen 167.2; KeyWorded 101.10, 112.8; KH-Pictures 89.1; Maarten Udema 74.1; Malcolm Park France images 156.2; McPHOTO 143.1; Mike Hughes 148.6; NASA/Landsat/Phil Degginger 73.5; Panther Media GmbH 26.3; Ranta Images 123.1; Remsberg, Edwin 66.2; Rottem, Boaz 187.3; The Art Archive 164.6, 166.3; Tsado 165.1; Universal Images Group/ DeAgostini 190.1; Wlodarczyk, Jan 58.2; zixia 210.1; Zoonar GmbH/Schoop, Matthias 158.4. |APA-PictureDesk GmbH, Wien: Wild, Gerhard 150.1, 159.4. |Astrofoto, Sörth: Atlas Photo Bank, Japan 12.1; Bernd Koch 10.4; Koch 10.3. |Atelier tigercolor Tom Menzel, Scharbeutz/Klingberg: 60.3. |bpk-Bildagentur, Berlin: Seidenstücker, Fiedrich 56.1. |Bundesministerium für Ernährung und Landwirtschaft (BMEL), Bonn: 54.2. |Colorphoto Hinz, Allschwil/Basel: 86.2. |Dietz, Joachim, Böllenborn: 134.1, 134.2, 142.2, 259.4. |dreamstime.com, Brentwood: Dariya64 181.1; Photographieundmehr 101.2, 112.9. |fotolia.com, New York: afe207 162.3; Asento, Robert 183.6; asikkk 214.1; BEAUTYofLIFE 212.2; Beboy 18.4; bpstocks 212.3; by-studio 53.6, 56.9; Celeste-RF 175.2; chaya1 - 57.3; Christian Pedant 25.1; Closs, Sébastien 188.1; contrastwerkstatt 175.8; dubova 148.1; Elisabeth 54.7; Eppele, Klaus 20.5; Ernst, Daniel 148.3; Etzold, Daniel 159.1; F.C.G. 191.3; Fälchle, Jürgen 147.1; FM2 162.1; Givaga 51.10; grafikplusfoto 32.3; Hermanns, Patrick 51.7; Hildebrandt, E. 116.5; industrieblick 173.1; irish 85.3; JH-Photo 163.3; jonasginter 164.5, 166.1; Kadmy 91.2, 172.2; Konstantin Kulikov 177.4; kromkrathog 168.4; Kzenon 172.1; lesniewski 117.1; M.E.A. 159.2; margo555 189.3; maunzel 162.2; mimacz 189.4; Natika 51.6; Pittiplatsch 76.2; Reinartz, Petra 49.3; Reiner Wellmann - 32.2; Sanders, Gina 53.3; sepy 172.4; skmjdigital 56.6; Stihl024 56.7; StudioLaMagica 167.1; Teamarbeit 51.5; tomm - 59.2; travelpeter 79.5; twoandonebuilding 189.2; Vladimir Melnikov 199.2; VRD 85.2; W. Heiber Fotostudio 172.3; waechter-media.de 106.2; Wilhelm, Andrea 132.1; Wolfilser 6.2, 128.2; Xavier, Marc 164.2, 175.4; Zerbor 110.1. |Generallandesarchiv Karlsruhe, Karlsruhe: S Thomas Kellner K 48,6 86.1. |Getty Images (RF), München: Souders, Paul 237.1; Thomas Paul/EyeEm 148.2. |Gewässerdirektion Südlicher Oberrhein/Hochrhein, Lahr: 89.2. |Google Earth: 138.1, 138.2, 139.1. |Google Maps: Google GeoBasis-DE/BKG ((c) 2009) 20.3; Kartendaten (c) 2023 GeoBasis-DE/BKG ((c) 2009 Google 213.1. |Güttler, Peter - Freier Redaktions-Dienst (GEO), Berlin: 22.1, 22.2, 22.3, 127.1, 134.5, 145.3, 181.3. |Imago Editorial, Berlin: blickwinkel 49.4; Diederich, Wolfgang 142.4; Virginia Garfunkel 236.9. |Interfoto, München: imagebroker/Kerstin Langenberger 205.1; imagebroker/Paul Mayall 164.1; imageBROKER/Simon Katzer 156.1; Marka 56.5; Mary Evans 56.2. |iStockphoto.com, Calgary: 3DSculptor 25.2; 8vFanl 153.1; aapsky 37.2; abey 159.3; amoklv 190.2; bluejayphoto 134.3; ChrisBoswell 188.4; cinoby 158.1; clu 236.8; damircudic 148.5; DiyanaDimitrova 191.4; Dux, Simon 70.4; EdStock 137.2; Eureka_89 26.2; eyewave 142.3; fesoj 48.4; FrankRamspott 215.1; golero 139.2; Hero Images 60.1; hifografik 79.6; jaranjen 209.3; jirkaejc 51.8; Klein, Malte Florian 104.3; Kranendonk, Jan 136.1; LivingImages 51.2; Maica 20.2; ManuWe 97.1; MartinKovalenkov 237.7; Maui01 237.5; Meinkov, Vladimir 194.2; Michel VIARD 101.6; NADOFOTOS 202.3; NNehring 188.3; PaulMaguire 183.9; Prill Mediendesign & Fotografie 212.4; RelaxFoto.do 184.2; Sack, Juergen 7.2, 178.2; Saravia, Jeronimo 191.2; Sutterby, Lee 41.6; ThomasFluegge 6.1, 128.1; Thomson, Alasdair 51.9; Wicki58 182.1; xavierarnau 237.3; YakobchukOlena 81.2. |juniors@wildlife Bildagentur GmbH, Hamburg: Arndt, S.E. 52.1. |Karto-Grafik Heidolph, Dachau: 10.1, 15.1, 16.1, 16.2, 18.1, 18.2, 18.3, 21.1, 23.1, 24.1, 24.2, 28.1, 28.2, 33.1, 33.2, 33.3, 40.1, 40.2, 40.3, 44.1, 45.1, 45.2, 52.3, 53.2, 55.1, 55.2, 55.3, 55.4, 56.11, 63.3, 66.1, 70.3, 71.1, 73.1, 76.1, 79.2, 81.1, 82.1, 82.2, 82.3, 82.4, 85.5, 89.3, 90.2, 90.3, 91.5, 93.1, 93.2, 93.3, 96.1, 97.2, 98.1, 101.4, 101.11, 105.1, 105.2, 107.3, 112.1, 112.2, 112.3, 112.4, 113.1, 113.2, 120.1, 122.2, 122.4, 123.3, 141.1, 143.2, 146.1, 147.5, 147.6, 149.1, 151.1, 167.4, 167.5, 174.1, 174.2, 174.3, 181.4, 182.3, 184.3, 189.5, 190.6, 201.1, 201.2, 205.4, 208.1, 211.1. |Kartographie Michael Hermes, Hardegsen Hevensen: 17.1, 39.1, 39.2, 39.3, 56.12, 120.2, 163.4, 218.3. |laif, Köln: Arcticphoto 180.2. |Landesamt für Geoinformation und Landentwicklung Baden-Württemberg (www.lgl-bw.de), Stuttgart: Grundlage: Topographische Karte 1:50.000 - © vom 16.05.2023, Az.: LGL23-2851-98/172/4 87.2; Grundlage: Topographischer Atlas über das Großherzogtum Baden, Blatt 11 1838 - © vom 11.03.2015, Az.: LGL23-2851-98/172/4 87.1. |Langbein, Andreas, Freiburg: 77.6, 77.9, 185.1. |Lauteracher Alb-Feld-Früchte, Lauterach: 111.2. |mauritius images GmbH, Mittenwald: Frank, Roland T. 140.3; imageBROKER 147.4; Jiri Hubatka 85.1; NPL-Wild Wonders of Europe 193.3; United Archives 153.2; Waldkirch, Rainer 183.4. |mauritius images GmbH (RF), Mittenwald: Loftphoto 123.2; Siebig, Udo 147.3. |Meier, Hartmut, Ditzingen: 119.1, 119.2, 119.3. |Minkus Images Fotodesignagentur, Isernhagen: 54.8, 125.1, 259.3. |Mithoff, Stephanie, Egestorf: 11.2, 60.2, 61.1, 74.3, 98.2, 100.1, 112.5, 112.6, 112.7, 112.10, 146.2, 146.3, 227.1. |Müller, Stefan, Hameln: 64.1. |NASA - Earth Observatory, Washington: NASA Earth Observatory image by Lauren Dauphin, using VIIRS data from the Suomi National Polar-orbiting Partnership. Caption by Kasha Patel. 37.1. |Neuer, Birgit, Karlsruhe: 20.1, 26.4, 27.1, 27.2, 27.3. |Ochsenwadel, Brigitte, Möckmühl: 100.2, 102.1, 102.2, 102.3, 103.1, 103.2, 103.3, 103.4, 103.5, 103.6, 103.7, 108.1, 108.2, 109.1, 109.2, 109.3, 140.5, 157.1, 157.2, 157.3, 180.3, 207.1. |OKAPIA KG - Michael Grzimek & Co., Frankfurt/M.: Maximilian Stock Ltd./Animals 49.2. |Opencaching Deutschland e.V., Voerde: 26.1. |PantherMedia GmbH (panthermedia.net), München: Balazh, Anton 4.1, 8.1; Eder, Christa 153.4; Hathaway, Brent 51.3; Humber, Jürgen 134.4; Katja Pfannenschmidt 138.3; Landshoef, Heinz-Jürgen 41.5; Martin Schlecht 116.4; Rinaldi, Giuseppe 130.1; Robert McIntyre 99.1; Serebrina, Alla 177.2; shalamov 33.4; Siegfried Kopp 168.1; Weber, Andreas 65.1. |Pflügner, Matthias, Berlin: 51.4. |Picture-Alliance GmbH, Frankfurt a.M.: 133.2; augenklick/firo Sportphoto 32.1; Baumgarten, Ulrich 169.2; Becker&Bredel 177.3; BeckerBredel 54.1; Bildagentur Huber/PictureFinders 41.3; Bildagentur Huber/R. Schmid 131.2; blickwinkel/Luftbild Bertram 63.2; dpa 144.1; dpa-infografik 156.3; dpa-Report 206.1; dpa-ZB/euroluftbild.de/Gerhard Launer 91.3; dpa-Zentralbild/euroluftbild.de 63.1; dpa-Zentralbild/euroluftbild.de/Blossey, Hans 127.2; dpa/ANSA/Pezza, Cara 203.1; dpa/Bernd Schoelzchen 77.2; dpa/BMW AG 170.3; dpa/DB Koslwski 107.2; dpa/Deck, Uli 81.4; dpa/dpaweb/ epa Chirikov 185.2; dpa/epa Bothma 43.1; dpa/epa/Haas, Horst 107.1; dpa/Harry Melchert 122.3; dpa/LaPresse Roberto Monaldo 206.2; dpa/ Patrick Seeger 77.3; dpa/Roland Weihrauch 42.1; dpa/Stein, Silas 119.6; dpa/Ulrich Perrey 190.4; DUMONT Bildarchiv/Lueger, Ralph 105.3; imageBROKER/F. Schneider 41.4; imageBROKER/Kuttig, Siegfried 121.3; Imaginechina/Jiansheng, Chen 162.4; KPA/HIP 56.8; OKAPIA KG/Meul, Jef/ SAVE 43.3; Penner, Andre 165.3; Rolf Haid/dpa 79.4; Sportpressefoto M.i.S 53.1; ZB/euroluftbild.de 168.2; ZB/euroluftbild.de/Grahn, Robert 6.3, 148.4, 160.1. |Regierungspräsidium Freiburg - Abt. 9 Landesamt für Geologie, Rohstoffe und Bergbau, Freiburg im Breisgau: 101.7, 101.9. |Rock, Tammo, Darmstadt: 137.1. |Röhr, Christian, Friedberg: 83.1. |Ruckenbrod, Johannes, Ettlingen: 11.1, 12.3, 19.2, 70.1, 70.5, 71.2, 71.3, 71.4, 71.5, 71.6, 71.7, 71.8, 219.1, 219.2, 259.1, 259.2. |S. Siedle & Söhne Telefon- und Telegrafenwerke OHG, Furtwangen: 75.1, 75.2. |Schmidt, Marianne, Teningen: 42.2, 42.3, 53.4, 58.1, 101.8, 155.2, 155.3, 155.4, 202.1, 221.1. |Schobel, Ingrid, Hannover: 72.1. |Schönauer-Kornek, Sabine, Wolfenbüttel: 141.2. |Schutzbach, Hans-Jürgen, Waldstetten: 101.12, 110.4. |Schwarzstein, Yaroslav, Hannover: 207.2, 207.3. |Schwarzwaldmilch GmbH Freiburg, Freiburg: 77.4, 77.5, 77.7, 77.8. |Science Photo Library, München: SPL/Dr. Jürg Alean 189.1. |Shutterstock.com, New York: A_Lesik 175.7; Ales Liska 154.1; Alex-505 101.3, 112.11; Aniszewski, Paul 35.2; Bacin 70.2; Cetin, Mehmet 199.6; cigdem 201.3; Conrad, Reiner 158.3; Coprid 163.2; Dudarev Mikhail 132.2; Eder 153.3; Efimova, Elena 190.7; ESB Professional 191.1; Everett Historical 19.1; Ewa Studio 214.3; FiledIMAGE 66.3; Frontpage 175.10; Gerhardinger, Andreas 236.4; Golovnev, Oleg 175.9; hxdyl 166.2; James Thew 12.2; Jamo Images 193.1; jazzmxx 237.8; jopelka 5.2, 94.1; Krakenimages.com 91.1; Imstockwork 168.3; Lopatin, Viacheslav 209.2; Mainka, Markus 119.5; Maria Sbytova 32.5; Matauw 218.1; Miroslav, Beneda 218.2; muph 50.3; ND700 35.1; Przemyslaw Wasilewski 183.2; Sereda, Slavko 54.6; SF photo 74.2; silverfox999 151.2; steve estvanik 214.2; Timofey, Astakhov 182.2; Tupungato 116.1; Visionsi 152.1; Wackenberg, Rolf G 3.1. |Simec, Gertrud, Wien: 41.1. |Stephan, Thomas, Munderkingen: 110.5, 111.3. |stock.adobe.com, Dublin: Adamczyk, Michal 199.4; Adrian72 131.1; ah_fotobox 126.2; AkimaFutura 50.4; Andreas 236.3; Andrushko, Galyna 209.1; Anikakodydkova 27.4; Animaflora PicsStock 170.1; annatronova 194.1; antoine2k 199.1; ARochau 79.1, 158.2; ArTo 10.2; Atstock Productions 237.11; AUFWIND-LUFTBILDER.de 164.4; Babkina, Yulia 193.2; Becke, Jan Christopher 212.1; bennytrapp 193.5; Berg, Martina 140.2; Berlin85 139.3; Bernd S. 77.1; Bilkova, Helena 205.2; blende11.photo 34.1; blende40 79.3; Bogdanski, Silvia 111.1; by paul 236.10; C. Schüßler 79.7; Caio 164.3; Cohn, Michael 73.4; Comofoto 56.4, 122.1; Countrypixel 48.2, 48.3; Curto, Josep 140.1; Danuta 205.3; Dar1930 Titel; dieter76 54.9; Dote 144.2; dottedyeti 99.2; drubig-photo 217.2; Eberhard 97.3, 97.5; EinBlick 4.3, 46.1; Elnur 183.8; Erik 147.2; Ettmer, Sina 84.1; Explos, Phil 199.3; Fälchle, Jürgen 81.3, 104.2, 116.3, 119.4; familie-eisenlohr.de 91.4; foto8tik 73.2; Fotoschlick 166.4; fototrm12 90.1; Georgiev, Deyan 50.2; gerhbaum 20.4; grafikplusfoto 152.2, 213.2; Gyukli, Gyula 236.2; haenson 85.4; helmutvogler 56.10; hxdyl 183.5; industrieblick 177.1; JackF 209.4; Jäger, Michael 183.3; Jancik, David 171.2; Jargstorff, Wolfgang 57.2; JCG 116.2; jeson 170.2; Jirasukhanont, Kittipong 170.4; JRG 99.3; Kapitalist63 110.3; Kartouch-ken 184.4; kasparart 110.2; Kenz, Dieter 236.1; Klein, Malte Florian 106.1; Kneschke, Robert 183.1; Krautschick, Frank 150.2; Madeleine 155.1; makasana photo 187.1; makoto-garage.com 163.1; Marco2811 54.5; Margitta 133.1; Metzae 73.6; Michael 101.1; mojolo 236.11; Monkey Business Images 124.1; Morijn, Ruud 49.5; Mosert, Stefan 7.1, 178.1; murattellioglu 214.4, 237.2; natalia_maroz 237.10; nblxer 199.5; Papaulakis, Lefteris 101.5, 112.12; pe-foto 32.4; penofoto.de 57.1; perfectmatch 36.1; Peter Kensbock 142.1; photocrew 175.1; photohampster 188.2; photoprojektrm 52.2; photoschmidt 175.3; PiLensPhoto 237.9; rdnzl 237.6; Rido 202.2; Rochau, Alexander 126.1; Rohde, Gabriele 236.7; Rolf 4.2, 30.1; Rudolf, Marco 187.2; Rudyi, Denys 167.3; Ryolemon 73.3; Sanders, Gina 183.7; Schmidt, Irina 41.2; Schönfeld, Manuel 62.4, 97.4; schuemann, hans 49.1; Schurr, Stefan 193.4; Schwier, Christian 34.2, 121.1, 121.4, 127.3; soniccc 126.3; sonnenblumewiese 43.2; staphy 37.3; Stepanov, Andrei 181.2; Studio Wilkos Titel; stylefoto24 140.4; th-photo 190.3, 190.5; Thome, Eugen 99.4; tkphotography 5.1, 62.2, 68.1; Traimak, Ivan 171.1; uslatar 116.6; vadimborkin 171.3; vBlue Jean Images 171.4; vladimircaribb 209.5; wachiwit 25.3; Weil, Mathias Titel; Wylezich, Björn 169.1; Zerbor 212.5; Zisler, Frank 48.1, 62.1. |Stoppel, Franz, Bakum: 59.1. |TopicMedia Service, Mehring-Öd: Bruckner/Silvestris 43.4. |Trebels, Rüdiger, Düsseldorf: 3.2. |ullstein bild, Berlin: Imagebroker.net 136.2; Krüger, Günther 145.2. |vario images, Bonn: 53.5, 56.3; Photostock 184.1. |Verkehrs- und Tarifverbund Stuttgart GmbH (VVS), Stuttgart: 118.1. |Visum Foto GmbH, Asbach: Mueller, Joerg 217.1; Reeg, Andreas 13.1; Rudhart, Werner 165.2. |Wellinghorst, Rolf, Quakenbrück: 54.4, 175.6. |Werb, Irmgard, Freiburg: 87.3. |Westmeier, Holger, Herford: 50.1, 51.1. |© European Union: © European Union, 2019 54.3.

# Klimadaten aus Deutschland und Europa

| Deutschland | | J | F | M | A | M | J | J | A | S | O | N | D | Jahr |
|---|---|---|---|---|---|---|---|---|---|---|---|---|---|---|
| Albstadt, 759 m | °C | 0 | −1 | 4 | 8 | 11 | 15 | 17 | 17 | 13 | 9 | 5 | 1 | 8 |
| | mm | 67 | 46 | 34 | 50 | 108 | 92 | 129 | 90 | 77 | 62 | 53 | 84 | 892 |
| Berlin, 57 m | °C | −1 | 2 | 5 | 9 | 14 | 17 | 19 | 19 | 14 | 10 | 5 | 2 | 10 |
| | mm | 50 | 36 | 38 | 42 | 53 | 60 | 81 | 57 | 43 | 41 | 40 | 40 | 581 |
| Freiburg, 236 m | °C | 3 | 3 | 7 | 11 | 15 | 18 | 20 | 19 | 15 | 11 | 7 | 4 | 11 |
| | mm | 52 | 50 | 48 | 59 | 100 | 82 | 102 | 91 | 79 | 76 | 58 | 73 | 870 |
| Magdeburg, 79 m | °C | −1 | 0 | 4 | 9 | 13 | 16 | 19 | 18 | 15 | 10 | 5 | 1 | 9 |
| | mm | 36 | 31 | 29 | 35 | 49 | 58 | 64 | 57 | 38 | 43 | 40 | 33 | 513 |
| Norderney, 5 m | °C | 3 | 3 | 5 | 9 | 12 | 15 | 18 | 18 | 15 | 12 | 8 | 4 | 10 |
| | mm | 65 | 41 | 39 | 28 | 49 | 61 | 99 | 115 | 57 | 75 | 70 | 72 | 771 |
| Stuttgart, 259 m | °C | 0 | 2 | 5 | 9 | 13 | 16 | 18 | 17 | 14 | 9 | 4 | 1 | 9 |
| | mm | 38 | 35 | 36 | 35 | 72 | 94 | 68 | 82 | 53 | 38 | 48 | 34 | 633 |
| Zugspitze, 2962 m | °C | −11 | −11 | −10 | −7 | −3 | 0 | 2 | 2 | 1 | −2 | −7 | −9 | −5 |
| | mm | 185 | 154 | 186 | 197 | 172 | 185 | 183 | 170 | 115 | 105 | 156 | 183 | 1991 |

| Europa | | J | F | M | A | M | J | J | A | S | O | N | D | Jahr |
|---|---|---|---|---|---|---|---|---|---|---|---|---|---|---|
| Bergen, 36 m (Norwegen) | °C | 2 | 1 | 3 | 6 | 10 | 13 | 15 | 15 | 12 | 8 | 6 | 3 | 7 |
| | mm | 179 | 139 | 109 | 140 | 83 | 126 | 141 | 167 | 228 | 236 | 207 | 203 | 1958 |
| Brest, 103 m (Frankreich) | °C | 6 | 6 | 7 | 9 | 11 | 14 | 16 | 16 | 15 | 12 | 9 | 7 | 11 |
| | mm | 136 | 106 | 104 | 70 | 73 | 51 | 46 | 59 | 79 | 106 | 118 | 137 | 1085 |
| Catania, 45 m (Italien) | °C | 11 | 12 | 13 | 15 | 19 | 23 | 27 | 27 | 24 | 20 | 16 | 13 | 18 |
| | mm | 93 | 54 | 102 | 60 | 37 | 8 | 3 | 12 | 41 | 171 | 113 | 92 | 786 |
| Inari, 149 m (Finnland) | °C | −14 | −13 | −9 | −3 | 4 | 10 | 13 | 11 | 6 | −1 | −7 | −13 | −2 |
| | mm | 22 | 19 | 15 | 20 | 29 | 54 | 53 | 66 | 44 | 28 | 25 | 30 | 405 |
| Istanbul, 40 m (Türkei) | °C | 5 | 6 | 8 | 12 | 17 | 21 | 23 | 23 | 20 | 15 | 12 | 8 | 14 |
| | mm | 99 | 67 | 62 | 49 | 31 | 22 | 19 | 26 | 41 | 71 | 89 | 122 | 698 |
| Kiew, 179 m (Ukraine) | °C | −6 | −5 | −1 | 7 | 15 | 17 | 19 | 18 | 14 | 8 | 1 | −4 | 7 |
| | mm | 43 | 39 | 35 | 46 | 56 | 66 | 70 | 72 | 47 | 47 | 53 | 41 | 615 |
| London, 5 m (Großbritannien) | °C | 4 | 5 | 7 | 9 | 12 | 16 | 18 | 17 | 15 | 11 | 8 | 5 | 11 |
| | mm | 54 | 40 | 37 | 37 | 46 | 45 | 57 | 59 | 49 | 57 | 64 | 48 | 593 |
| Moskau, 156 m (Russland) | °C | −10 | −10 | −4 | 5 | 12 | 17 | 19 | 17 | 11 | 5 | −2 | −7 | 4 |
| | mm | 31 | 28 | 33 | 35 | 52 | 67 | 74 | 74 | 58 | 51 | 36 | 36 | 57 5 |
| Murcia, 28 m (Spanien) | °C | 11 | 11 | 13 | 15 | 17 | 21 | 24 | 25 | 23 | 19 | 14 | 11 | 17 |
| | mm | 29 | 19 | 27 | 27 | 26 | 16 | 6 | 8 | 31 | 59 | 42 | 37 | 328 |
| Rom, 3 m (Italien) | °C | 8 | 9 | 11 | 13 | 17 | 21 | 24 | 24 | 21 | 17 | 13 | 9 | 16 |
| | mm | 81 | 74 | 64 | 50 | 42 | 21 | 19 | 37 | 74 | 94 | 105 | 94 | 756 |